Java
sin errores

CONSULTOR EDITORIAL
ÁREA DE INFORMÁTICA Y COMPUTACIÓN

Gerardo Quiroz Vieyra
Ingeniero de Comunicaciones y Electrónica
por la ESIME del Instituto Politécnico Nacional
Profesor de la Universidad Autónoma Metropolitana
Unidad Xochimilco
MÉXICO

Java
sin errores

Will David Mitchell

Traducción
RICARDO DE CÓRDOBA HERRALDE
Doctor Ingeniero en Telecomunicaciones

Revisión técnica
ANTONIO VAQUERO SÁNCHEZ
Catedrático de Lenguajes y Sistemas Informáticos
Escuela Superior de Informática
Universidad Complutense de Madrid

BALTASAR FERNÁNDEZ MANJÓN
Profesor de Lenguajes y Sistemas Informáticos
Escuela Superior de Informática
Universidad Complutense de Madrid

MADRID • BUENOS AIRES • CARACAS • GUATEMALA • LISBOA • MÉXICO
NUEVA YORK • PANAMÁ • SAN JUAN • SANTAFÉ DE BOGOTÁ • SANTIAGO • SÃO PAULO
AUCKLAND • HAMBURGO • LONDRES • MILÁN • MONTREAL • NUEVA DELHI • PARÍS
SAN FRANCISCO • SIDNEY • SINGAPUR • ST. LOUIS • TOKIO • TORONTO

Java sin errores

DERECHOS RESERVADOS © 2001, respecto a la primera edición en español, por
McGRAW-HILL/INTERAMERICANA DE ESPAÑA, S. A. U.
Edificio Valrealty, 1.ª planta
Basauri, 17
28023 Aravaca (Madrid)

profesional@mcgraw-hill.es
www.mcgraw-hill.es

Traducido de la primera edición en inglés de
Debugging Java: Troubleshooting for programmers
Copyright © MM, por The McGraw-Hill Companies
ISBN: 0-07-212562-4

ISBN: 84-481-3107-X
Depósito legal: M. 16.306-2001

Editor: Javier Fernández
Compuesto en EDYGE, S. L.
Impreso en Impresos y Revistas, S. A. (IMPRESA)

IMPRESO EN ESPAÑA - PRINTED IN SPAIN

Soli Deo Gloria

Acerca del autor

Will David Mitchell ha trabajado con computadoras desde 1973. Cuando era profesor de informática en la Universidad de Nebraska, dedujo de su experiencia que las personas que aprendían primero las técnicas de depuración dominaban los lenguajes informáticos significativamente más rápido. Como resultado, explicaba las técnicas de depuración en la segunda semana de sus clases. Mientras que ninguna otra clase de la Universidad llegaba a la puntuación de 73 en exámenes estándares, la clase del Sr. Mitchell obtenía repetidamente una puntuación que estaba en el rango de 80-82. La única diferencia era su énfasis en la depuración nada más comenzar. En *Java sin errores*, el autor revela los secretos que pueden convertirle en un maestro en Java en un tiempo récord.

El Sr. Mitchell comenzó a escribir artículos para las revistas en 1971 y es el autor de más de mil manuales técnicos, artículos y documentos desde entonces. En los últimos años, ha escrito cinco novelas de intriga de alta tecnología. Su famoso nodo de Web para autores es http://weblications.net. Además de ser un autor y un experto en computadoras, es un consultor informático independiente, un piloto de reactores, un matemático, un artista y un músico. Él y su familia residen cerca de Omaha, Nebraska.

Resumen del contenido

Agradecimientos xvii
Introducción xix

PARTE I: EMPIECE CON CÓDIGO A PRUEBA DE ERRORES **1**

CAPÍTULO 1.   ¡Nunca se pueden encontrar todos los errores!   3
CAPÍTULO 2.   Evitar que aparezcan los errores en Java 11
CAPÍTULO 3.   Establecimiento de capturadores de errores en Java 27
CAPÍTULO 4.   ¡No deje que se le termine un plazo nunca más!
              Análisis del factor de riesgo 49
CAPÍTULO 5.   Escribir evitando los errores 57

PARTE II: ELIMINACIÓN DE ERRORES EN JAVA **103**

CAPÍTULO 6.   Clases de errores 105
CAPÍTULO 7.   Disciplinas mentales 145
CAPÍTULO 8.   El poder imponente de los depuradores 157
CAPÍTULO 9.   Estrategias de depuración 193
CAPÍTULO 10.   Pruebas 207
CAPÍTULO 11.   El entorno multihilo 239
CAPÍTULO 12.   El que se ha escapado 265

PARTE III: RENDIMIENTO **291**

CAPÍTULO 13.   Utilice la mejor estrategia de pruebas 293

APÉNDICE A.   Software comercial 321
APÉNDICE B.   Recursos de Java 345
APÉNDICE C.   Las veinticuatro leyes de la programación 351
APÉNDICE D.   Glosario de Java 357
APÉNDICE E.   Macros de Word 365

Contenido

Agradecimientos.. xvii
Introducción xix

PARTE I: EMPIECE CON CÓDIGO A PRUEBA DE ERRORES **1**

Capítulo 1.   ¡Nunca se pueden encontrar todos los errores! **3**

La prueba 3
    Hoja de trabajo 4
Ni la depuración ni las pruebas encuentran todos los errores 5
Se complica 7
El código debe evitar los errores desde el principio 8

Capítulo 2.   Evitar que aparezcan los errores en Java **11**

Filosofía de desarrollo 11
    Cerebro izquierdo <==> cerebro derecho 12
    ¿Cómo ser más creativo? 14
    ¿Cómo ser más organizado? 17
    Los programadores crean; al probar se destruye 17
Los documentos primero 18
    Primero, el manual del usuario 19
    Conseguir una firma segura 20
    El manual de usuario se convierte en las especificaciones
        de la programación 20
Aprenda a querer a Javadoc 21
Los elementos arriesgados antes que los seguros 23
    Ocuparse de las sorpresas pronto, no tarde 23
    Evitar la presión por la finalización del plazo 25

Capítulo 3.   Establecimiento de capturadores de errores en Java **27**

Introduzca instrumentos en su código... 28
    Instrumentos de código 28
    Las excepciones de Java en detalle 30

Las excepciones superan al estado del arte 32

Codificación para el manejo de excepciones 38

Anidamiento del bloque try 41

throw 41

La palabra clave throws 42

Errores que ocultan errores fantasma 45

Práctica en la generación de errores 45

Registre automáticamente los resultados 46

Capítulo 4.   ¡No deje que se le termine un plazo nunca más! Análisis del factor de riesgo **49**

Utilización del Análisis del factor de riesgo (RFA) 50

¿Por qué es el RFA importante para la depuración en Java? 53

Capítulo 5.   Escribir evitando los errores **57**

Procesadores de textos comunes 58

Utilización de Microsoft Word 59

Utilice el mejor editor de Java que pueda 71

Trucos de la edición 72

Haga que la tipografía se identifique a sí misma 74

Amplíe el búfer de copiar y pegar 75

Enseñe a la autocorrección a eliminar errores y ahorrar pulsaciones de teclado 77

Enseñe a su verificador ortográfico 80

Escriba en la secuencia principio-final-zona intermedia 81

El marcador QQQ 82

El truco de la tarjeta de 3 x 5 83

Utilización de un subconjunto conocido de Java 86

Los comentarios, primero; el código, después 87

Memorizar las diferencias entre lenguajes 88

Java y C / C++ 88

Diferencias principales entre Java y Visual Basic (VB) 92

Entornos de desarrollo integrados (IDE) 97

JBuilder 97

JDK Commander 100

Mojo 100

VisualCafé 100

Clases de errores 102

PARTE II: ELIMINACIÓN DE ERRORES EN JAVA **103**

Capítulo 6.   Clases de errores **105**

Errores de diseño 105

Las condiciones aparecen en potencias de dos 106
Errores de sintaxis 108
Generadores de código 108
El futuro de los generadores de código 112
Verificadores tipo Lint 114
Errores en las decisiones lógicas 123
Errores reales en la decisión lógica 123
Resolución de todos los misterios 128
Errores matemáticos 129
Matemáticas cerca del límite 130
Booleanos 131
Operadores poco habituales: desplazamientos 134
Errores poco habituales 139
Errores por efectos secundarios 141
Errores provocados por el optimizador 141
Los seudo-errores 142

Capítulo 7. Disciplinas mentales **145**
¿Cómo pensar de forma consistente? 145
Utilice convenciones personales inviolables 146
No mezcle las búsquedas "primero en profundidad" con las búsquedas
"primero en anchura" 152
¿Cuándo hacer la depuración? 154
Su entorno 155

Capítulo 8. El poder imponente de los depuradores **157**
El Depurador de Java (JDB) es gratuito 158
Instalación 158
Descripción general 158
Guía de referencia de los comandos 159
Depuradores de terceras empresas 162
Assure 163
JBuilder 169
JProbe 176
Visual Café 182

Capítulo 9. Estrategias de depuración **193**
Ensamblar los mejores recursos 193
Aislamiento de los errores 194
Comenzar a cambiar cosas 195
El enfoque de la pistola 196

Depurar utilizando el razonamiento 196
Búsquedas binarias de errores 198
Pruebas 202
Haga preguntas cuando se bloquee 204

Capítulo 10.   Pruebas **207**

Localice y extermine los errores 207
Aplique instrumentos a su código 208
Compilación condicional 209
¿Dónde se encuentran los errores? 209
Pruebas de caja negra 217
Pruebas de caja transparente 217
Prueba de todas las decisiones lógicas 219
Cree matamoscas mejores 220
Grabador de macros 221
Analizador de las mejores costumbres 221
Analizador estático de cobertura 222
Analizador dinámico de cobertura 222
Seguimiento de los errores 223
Asistente para datos de prueba 224
¿Cuándo parar las pruebas? 225
Sembrar las semillas de los errores 230
Usted necesita una segunda computadora 232
Herramientas software comerciales para Java 235

Capítulo 11.   El entorno multihilo **239**

Revisión de los antiguos algoritmos paralelos 241
Errores de la computación en paralelo 243
Hilos de daemon y de usuario 243
La protección inherente de Java 244
Paralelización de los bucles 244
Gestión de la entrada y salida 245
Tareas asíncronas 247
Temporizadores 249
Errores en los hilos sensibles al tiempo 249
Evitar los conflictos entre hilos 253
¡Bloqueos circulares al rescate! 254
Bloqueos utilizando monitores y semáforos 256
Más aspectos de los monitores y semáforos 259
Algunas de las mejores técnicas para hilos 260
Aspectos de rendimiento 262
Seguridad de los hilos 262
Prevención 263

Capítulo 12. El que se ha escapado **265**

¿Cómo perciben los usuarios los errores? 265

Consiga que su cliente le ame 268

Los errores confunden, por definición 270

¿Qué más puede ir mal? 271

Elementos del mensaje de error perfecto 271

Hablar en el idioma del usuario 271

Evite ser conciso 272

Elija las palabras con cuidado 272

Asegúrese de deletrear mal una palabra 273

Disculparse nunca hace daño 273

Una revelación total es lo mejor 273

El usuario está en un estado cercano al pánico 274

Los mensajes de error deben calmar 274

Evite ser condescendiente con algo 274

Estandarice la redacción 275

Los títulos de los botones 276

¿Cómo dar formato a un mensaje de error? 277

Contenido del mensaje de error 278

¿Qué ha sucedido? 278

¿Por qué ha sucedido? 278

¿Qué sucederá a continuación? 278

¿Qué puede hacer el usuario ahora mismo? 279

¿Qué puede hacer el usuario en el futuro? 280

¿Dónde puede obtener ayuda el usuario ahora mismo? 280

¿Cómo puede ayudar el usuario a los desarrolladores
a mejorar la situación? 280

¿Qué problemas similares se han producido recientemente
en el software del usuario? 281

¿Qué le debería decir el usuario a un técnico acerca del problema? 284

¿Qué restitución ofrece el desarrollador del software al usuario? 286

¿Cuál era el estado de la computadora cuando
se produjo el problema? 286

¿Está el error en el cliente o en el servidor? 286

¿Qué bases de datos, tablas y campos están abiertos? 286

¿Qué programa, qué módulo, qué método y qué línea
han disparado el error? 287

¿Qué hilos están activos a la vez? 287

Con tanta precisión como permita la computadora, ¿cuándo
se ha producido el problema? 288

¿Quién es el usuario conectado? 288

¿Qué mostrar en la pantalla o informe? 288

Garantice que su software cumple las especificaciones para siempre 289

PARTE III: RENDIMIENTO **291**

Capítulo 13. Utilice la mejor estrategia de pruebas **293**

Prueba incremental frente a la de módulos 293
   Ventajas de las pruebas incrementales 293
   Ventajas de las pruebas de módulo 294
   Pruebas de la integración 294
Pruebas arriba-abajo frente a pruebas abajo-arriba 295
   Pruebas arriba-abajo 295
   ¿Por qué el diagrama de flujo es defectuoso? 296
   Pruebas abajo-arriba 297
   Un compromiso 298
Filosofía de las pruebas 298
Comprobar el espacio en blanco de un diagrama de flujo 298
Sistemas de pruebas automatizados 300
   Pruebas automatizadas de caja negra 304
   Pruebas automatizadas de caja transparente 305
   Pruebas automáticas de regresión 306
   Análisis automático estático 307
   Análisis automático de la cobertura 313
   Falsas expectativas y mitos 316
Coste de la corrección de los errores 317
Otros tipos de pruebas 318
¿Cuántos errores quedan? 319

Apéndice A: Software comercial **321**

Agentes de solicitud de objeto (ORB) 321
Analizadores 321
Bibliotecas añadidas 322
Colaboradores 322
Comercio electrónico 322
Compiladores e intérpretes 323
Creadores de informes 323
Datos y datos de web 324
Depuradores 326
Desarrollo gráfico 327
Editores 328
Equipo de desarrollo de software (SDK) 328
Extractor automático de JAR 329
Generadores de código 329
Gestores de proyectos y de seguimiento 330
Herramientas de documentación 330

Herramientas de modelado, UML y CASE 331
Herramientas de pruebas 332
Herramientas de visualización y visualizadores 333
Hoja de cálculo 333
IDE y herramientas de desarrollo 334
Instaladores y despliegue 336
Inteligencia artificial 337
Internacionalización 337
Internet 337
Java Beans y Java Beans de empresa (EJB) 338
Mapper 339
Máquinas virtuales de Java 339
Ofuscadores y optimizadores 340
Procesador de textos en Java 341
Realización de sistemas de ayuda 341
Reconocimiento de voz 341
Seguridad 341
Servidores y servlets 342
Sistemas de mensajería 343
XML 344

Apéndice B: Recursos de Java **345**
Cursillos 345
Libros 347
Newsgroups (Grupos de noticias) 347
Nodos de Web 347
Revistas 349
Revistas electrónicas 350

Apéndice C: Las veinticuatro leyes de la programación **351**
1. Los errores fatales nunca están permitidos. 351
2. Escriba en este orden: manual de usuario, especificaciones, ayuda,
   código fuente 351
3. A no ser que utilice el Análisis del factor de riesgo (RFA),
   un programa tarda el doble en desarrollarse de lo que piensa,
   recursivamente 352
4. La codificación no debería abarcar más del 20 por 100 del
   esfuerzo de desarrollo 352
5. Las pruebas deberían abarcar al menos el 30 por 100
   del proyecto... 352
6. Los comentarios deberían abarcar al menos el 20 por 100
   del código fuente.. 352

7. Un mensaje de error debe indicar lo que ha sucedido, qué puede hacer el usuario al respecto, qué hará el programa a continuación y qué línea de código ha provocado el problema. Puede indicar también la hora, el nombre de usuario y el entorno 353

8. Los programas buenos envían automáticamente mensajes de error recientes a medio permanentes 353

9. ¿Llama a una rutina tres veces? Ocúltela. ¿La llama una vez? No la oculte 353

10. Las rutinas necesitan exactamente una entrada y una salida. Las excepciones son los menús y capturadores de error 353

11. Documente el código con nombres claros para las variables y rutinas 353

12. Las bases de datos deberían ser relacionales 354

13. Utilice siempre el mejor algoritmo 354

14. Optimice primero las rutinas más lentas. Utilice un analizador para identificarlas 354

15. El mejor lenguaje es habitualmente el que tenga el tiempo de desarrollo más breve 354

16. Exija la firma del cliente 355

17. Programe primero los módulos más arriesgados 355

18. Haga que el mantenimiento sencillo sea la luz que le guíe 355

19. Firme y compruebe todo lo que escriba 355

20. No escriba ningún programa que pueda replicar con una pila de tarjetas de 3 x 5 pulgadas 355

21. Sepa cuándo se ha terminado algo 356

22. Ninguna lista está completa nunca 356

23. La dificultad no está donde está mirando 356

24. Las reglas y las leyes existen para que la gente no tenga que pensar 356

Apéndice D: Glosario de Java **357**

Apéndice E: Macros de Word **365**

Bookmark y GoTo 365
Ocultar texto 367
Comentarios personales 368
Palabras clave en verde 369
Ayudas a la programación 381
Más macros 383

Índice **385**

Agradecimientos

Sólo Dios sabe los nombres de todas las personas que han contribuido a este libro. Se necesitaría otro libro únicamente para nombrarlas. Me siento bendecido extraordinaria e inmerecidamente.

Carol, mi mujer, y Christie, mi hija, superan a la habilidad del autor. Ellas, y Andrew, mi hijo pequeño, compartieron con este libro un tiempo que debía ser suyo, verificando los capítulos, trayendo aperitivos por sorpresa y ofreciendo unos ánimos enormes. El suyo es el mayor sacrificio de todos, y no existen palabras adecuadas para expresarles mi gratitud y amor.

Bill Slater, mi hermano y científico informático colega en Chicago, que redefine la palabra "excepcional", ha contribuido a este libro de cientos de maneras importantes, además de unas cuantas que él ya conoce. También soy un privilegiado por tener un vecino y amigo íntimo como Scott Novotny, otro genio, que tiene la capacidad única de hacer observaciones que penetran perfectamente en el núcleo de una materia.

Mis queridos padres, Will y Nelda Mitchell, me enseñaron a mí y a mis hermanos el entusiasmo, la diligencia, el honor, la música, el arte y, por encima de todo, cómo amar a Dios y a la humanidad. Todos mis hermanos, Delle Jacobs, John Mitchell, Paul Mitchell y Kathi Richardson son buenos escritores.

Muchos compañeros de trabajo, demasiados para poder mencionarlos, me han dado ejemplos y me han mostrado el humor que ayuda a aliviar el dolor de encontrar errores. Amigos personales cercanos como Galen, Barb, Robert, Frank, Lonnie, Bill, Lou, Ted, Gary, Steve, Sue, Evelyn, Clarke, Joe, Sam, Roy, Sandy, Dennis, Russ, Don, y varias personas llamadas Mike, John y David; podrá ver sus contribuciones esparcidas por todo el libro y se lo agradezco a todos ellos.

La gente brillante que ha inventado Java y que lo ha llevado a su estado actual como el segundo lenguaje informático más popular del mundo, derivado de la experiencia de los que desarrollaron C++, cuyos conocimientos surgieron del arte de los desarrolladores del lenguaje C. Todas estas personas se merecen mi agradecimiento.

Cientos de personas que me han enseñado informática, han contribuido todos y me gustaría poder agradecérselo a cada uno personalmente. Estoy obligado a mencionar a cuatro de los mejores: Marilyn Mantel-Guss, Hsing Liu, Stan Wileman y Matthew Payne.

Menciono a las siguientes personas en último lugar solamente para añadir más énfasis a sus contribuciones. Osborne/McGraw-Hill debe estar orgullosa con toda seguridad de su personal. La editora de compras, ahora ascendida a directora editorial, Wendy Rinaldi, que me contrató para que escribiera este libro, es la defensora perfecta para proyectos como éste. Su desbordante ímpetu de ideas excepcionales y su entusiasmo han sido decisivos en la realización de esta serie de libros. Su hábil ayudante, Monika Faltiss, coordinó el enorme número de detalles de la planificación. He sido afortunado, de verdad, de tener al insuperable Mark Karmendy como editor del proyecto. Cuando revisé la contraportada del libro, pensé que era una de las 2 o 3 contraportadas más atractivas que había visto. William Voss y Dodie Shoemaker la diseñaron. Mi agradecimiento sincero también a los autores Chris Pappas y William Murray que concibieron la serie Sin errores, y cuyo excelente libro que trata la depuración de C++ es el estandarte de la serie.

Este libro sería mucho menos de lo que es si no fuera por cada una de estas personas maravillosas y cientos más que me han ayudado a crearlo.

Introducción

¿Qué aspecto de la informática le produce a usted, a su supervisor y a sus clientes (internos y externos) más dolor de cabeza? ¿Los errores software? No es usted el único.

Los más poderosos vendedores del mundo descubrieron lo que produce más dolor a la gente y después trabajaron duro para aliviar dicho dolor. Por la misma razón, los programadores más respetados del mundo adquirieron un estatus de héroes al crear un código no dañino y libre de errores. Muchas de las mejores técnicas no son nada intuitivas, pero *Java sin errores* las revela. Muestra cómo:

- Evitar los errores desde el principio.
- Escribir código que evite tener errores.
- Localizar y eliminar los pocos errores que se hayan introducido.
- Crear una captura de errores mejorada.
- Escribir el mensaje de error perfecto.
- Utilizar herramientas poderosas automatizadas para eliminar errores de los programas.
- Conseguir que sus usuarios le quieran.

Los errores hacen daño porque son desmesuradamente caros. Piense en las decenas de miles de millones gastados en el llamado error del año 2000, o el coste de sustituir una sonda espacial que ha colisionado por error en Marte. Aunque es matemáticamente imposible comprobar todos los posibles errores, es bastante factible evitar que aparezcan en nuestro código en Java. *Java sin errores* revela los poderosos secretos de un programador experto para conseguirlo. Aunque este libro se centra en Java y sus productos relacionados, los principios del autor se aplican a cualquier proyecto, incluso los que se apartan del terreno de la informática.

Java sin errores muestra las causas de los errores en Java y formas inteligentes de resolverlos. A continuación se muestran tres ejemplos:

- **Presión por finalización de un plazo.** En el capítulo "No deje que se le termine un plazo nunca más", este libro muestra el Análisis del factor de riesgo

(RFA) al público por primera vez. El RFA permite estimar los costes del proyecto con una precisión tres veces superior que la del resto del mercado. Las estimaciones del RFA son convincentes y defendibles, lo que le permitirá cumplir los plazos con seguridad y de forma razonable con sus jefes y clientes. Al evitar la presión por la finalización de un plazo, eliminará una clase completa de errores.

- **Alcance progresivo.** En el capítulo "Escriba primero el manual de usuario", el autor muestra cómo convertir un manual de usuario en un conjunto de especificaciones del programa que su usuario podrá comprender. Este enfoque "hacia atrás" elimina el miedo del usuario a comprometerse con un documento de aspecto legal y facilitará que el usuario firme el contrato. Después, bastará con que escriba y pruebe sus programas de acuerdo al manual de usuario.

- **Hilos.** Los hilos son inherentes a Java. Su potencia permite tener una clase de algoritmos de procesamiento en paralelo rara vez utilizados y sus acostumbrados errores. Dichos errores están relacionados con la fecha, los datos, máquinas virtuales diferentes o incluso la rapidez a la que pulse el ratón dos veces. La mayoría solamente se producen en el extraño momento en que dos o más hilos se encuentren en estados de conflicto mutuo, haciendo que dichos errores sean muy difíciles de reproducir. El autor revela las tácticas especiales que se necesitan para hacer un seguimiento, localizar y exterminar dichos errores.

- **Automatización.** ¡La mayoría de las empresas prueban menos de una tercera parte del código que venden! El resultado se comenta en los comedores de todo el mundo. Java ha creado un conjunto de herramientas realmente capaces y automáticas para ayudarnos a depurar los programas. Utilizando dichas herramientas, podremos asegurar que se comprueba todo nuestro código. Se puede estar seguro de que el código ha sido probado en más profundidad que cualquier código que haya sido probado hasta hace unos años. *Java sin errores* muestra cómo utilizar muchas de las mejores herramientas automatizadas.

Realmente su lema puede ser, como ha sido el del autor durante dos décadas, "Software garantizado para cumplir las especificaciones para siempre".

Capítulo 1. Afirma, y demuestra informalmente, que ningún conjunto de pruebas es suficiente para encontrar todos los errores. Por tanto, se debe escribir código que evite los errores desde el principio.

Capítulo 2. Profundiza en las razones psicológicas y fisiológicas por las que existen los errores. Al hacerlo, le ayudará a ser más creativo, o más organizado, a su voluntad. Enfatiza que se escriba la documentación antes que el código, y muestra cómo convertir esa documentación en una especificación consistente de la programación. Hacerlo le aliviará de la mayoría de las presiones por la finalización de un plazo, pero el capítulo continúa con la introducción del Análisis del factor de riesgo por primera vez en un libro. Esta herramienta potente permite estimar el esfuerzo con mucha mayor precisión que sin ella. Además, podrá defender sus estimaciones y conseguir que el cliente firme al instante.

Este capítulo muestra cómo organizar las tareas de programación, de forma que las sorpresas desagradables se produzcan pronto, cuando se pueden afrontar con mayor facilidad.

Capítulo 3.   Comienza con cómo crear un capturador de errores mejorado. Muestra cómo preparar el código en Java para que nos diga cuándo se producen los problemas.

Es un mecanismo avanzado para la captura de errores introducido por C++, y adaptado para Java, que no entierra el código fuente original dentro de los capturadores de errores. Este capítulo muestra cómo se debe y cómo no se debe utilizar este mecanismo.

Termina animándole a practicar provocando errores para que se familiarice con ellos. Los errores huyen de los conocimientos más rápido que las cucarachas de la luz.

Capítulo 4.   Explica el Análisis del factor de riesgo (RFA), mostrando con exactitud cómo utilizarlo para aprovecharlo al máximo. Los programadores deben convertirse en expertos en la estimación de cuánto tardarán en hacer algo que no saben cómo hacer. ¡Qué divertido! Sólo algo como el RFA le dará una oportunidad de conseguirlo.

Capítulo 5.   Explica los editores y los Entornos de desarrollo integrado (IDE). Utilizando un proyecto para enseñar algunos de los aspectos más controvertidos de Java, este capítulo muestra cómo convertir Microsoft Word en un editor de Java avanzado, con docenas de herramientas automatizadas integradas en él. A continuación, el capítulo explica los mejores editores de Java disponibles en el mercado.

Muestra cómo conseguir que aparezcan muchos tipos de errores resaltados en rojo y cómo ampliar el Portapapeles de Windows de forma que se evite que aparezcan clases completas de errores.

Podrá tener un verificador ortográfico orientado a Java.

Las tarjetas de 3 x 5 pulgadas marca "holey" pueden organizar su proyecto de una forma que sólo un programa informático puede duplicar, pero en mucho menos tiempo.

Los IDE son despreciados por algunos puristas, que escriben un código Java magnífico. Sin embargo, un IDE puede ser 10.000 veces más rápido que un programador y cometer la milésima parte de errores en el proceso. Este capítulo muestra distintas formas de utilizar los editores IDE más famosos. Algunos IDE son gratuitos.

Capítulo 6.   Clasifica los errores en Java, mostrando formas innovadoras de detectarlos y manejarlos. Algunos son comunes a otros lenguajes. Por ejemplo, durante la fase de diseño, siempre que tenga un número impar de condiciones a considerar, como hombre, mujer y niños, es probable que se haya olvidado de una.

Los errores se aglomeran en lugares específicos. Saber cómo encontrar dichos lugares, le permitirá dedicar el 20 por 100 de su tiempo a buscar el 80 por 100 de los errores, en vez de al revés. Dichos lugares son diferentes para las diversas clases de errores: matemáticos, lógicos, de sintaxis, booleanos, dirigidos por datos, de memoria, de hilos, de operadores, desplazamientos, cadenas, y otros. Este capítulo muestra cómo detectar dichos errores eficientemente y expulsarlos del código.

Java fue escrito específicamente para evitar muchas causas de problemas, como la molestia de los punteros en C/C++. Sin embargo, los hilos de Java introducen nuevas clases de errores que se deben manejar.

Capítulo 7.

Compara la depuración con los mejores métodos de Sherlock Holmes. El capítulo vuelve a la filosofía y la fisiología para mostrar cómo pensar de forma inductiva o deductiva, como requiera la situación. Muestra cuándo y cómo utilizar la táctica de búsqueda de errores "en profundidad primero" y cuándo emplear la táctica "en anchura primero".

Los estándares de codificación personal evitan los errores de forma poderosa, y este capítulo ofrece el conjunto personal del autor. Lo importante no es que adopte estos estándares concretos, sino que adopte su propio conjunto y que sea inviolable.

Capítulo 8.

Explica los depuradores automatizados. Estas herramientas potentes pueden escribir conjuntos de pruebas, analizar el código antes de que lo compile, analizar el código en ejecución, asegurar que se prueben todas las ramas, comprobar si hay fugas de memoria, predecir los conflictos entre hilos, hacer un perfil de los posibles problemas de rendimiento o de memoria y hacerlo todo sin ayuda, cientos de veces, mientras dormimos. Dado que es posible que un error solamente se produzca cada 100 ejecuciones, esta ventaja puede ser impresionante. Se pueden analizar las llamadas a método, el montículo, la pila, la RAM, la E/S, los puertos, etc. Se pueden establecer puntos de ruptura y puntos de observación que le permiten ver el contenido de todos los hilos y las variables siempre que se produce algo interesante. Se puede cambiar el código sobre la marcha, recompilar y continuar, o reiniciar el programa.

Se puede depurar un Macintosh en Chicago, un Pentium en Roma y un VAX en Brisbane, todo ello desde un Solaris en San Diego y, a la vez, a medida que interactúan entre ellos. Se pueden detectar y arreglar automáticamente errores que nunca se podrían detectar manualmente.

Capítulo 9.

Presenta importantes estrategias de depuración. Es interesante destacar que este libro existe casi en el vacío. Casi no hay ninguna información publicada referente a la depuración en Java, y no demasiada acerca de la depuración en general. La depuración, como las pruebas, se beneficia de hacer las cosas de forma inteligente y utilizar los mejores recursos disponibles.

Este capítulo se sumerge en varios tipos de razonamiento, en lo que afectan a la depuración. Muestra cómo emplear búsquedas binarias para mejorar la depuración, igual que mejoran la búsqueda en archivos. Muestra que las pruebas "desde abajo hacia arriba", aunque apenas se utilizan, son el medio más eficiente de generar código preciso.

El capítulo previene frente a los errores de regresión y muestra cómo evitarlos. A continuación, muestra cómo escribir fragmentos de prueba que simulan módulos que todavía no se han escrito, de forma que se puedan hacer pruebas incrementales.

Capítulo 10. Examina a fondo las pruebas. Las pruebas tipo caja negra afectan únicamente a la entrada y las salidas. Por el contrario, las pruebas tipo caja transparente examinan el funcionamiento más interno del código.

El capítulo propone y proporciona especificaciones para seis analizadores automatizados, para usted o para empresas que deseen crearlos y venderlos. Algunos de ellos ya están incorporados en productos comerciales y algunos son totalmente nuevos.

¿Le gustaría saber cuántos errores quedan en su código? Hay formas de averiguarlo, mucho antes de haber localizado todos los errores. Este capítulo explica dos formas, dejando la tercera para el Capítulo 13.

El capítulo termina defendiendo que usted necesita una segunda computadora. En comparación con el elevado coste de los errores, e incluso en comparación con su sueldo, el precio de otra computadora es insignificante. El mismo dinero, invertido en un depósito a plazo, tendría que obtener un interés de cinco a diez veces superior al mejor disponible.

De forma similar, el precio del software resulta insignificante en comparación con lo que le cuestan los errores. Este capítulo muestra por qué usted y sus clientes deberían elegir siempre software robusto, independientemente de su precio. Es más barato.

Capítulo 11. Explica los hilos y cómo interactúan. No podrá evitar los hilos de Java. Tienen la reputación de complicar los programas, pero realmente lo simplifican todo. Los hilos emulan la forma de pensar y vivir de la gente. Aunque estamos programados para escribir código secuencial, el entorno de los hilos nos simplifica la vida, porque podemos ver en nosotros mismos ejemplos de diseño.

Sin embargo, los hilos pueden chocar. Pueden sufrir bloqueos. Pueden entrar en "carreras de datos", como el ejemplo típico en que se permite que dos personas tomen $1.000 de una cuenta bancaria que solamente tiene $1.000 porque han actuado a la vez. Los hilos pueden morir, dejando parados a otros hilos que dependen de ellos. Bibliotecas completas, especialmente Swing, tienen problemas con los hilos.

La sentencia **synchronized** de Java puede impedir las carreras de datos, pero también puede exponer el mismo código a bloqueos. Además, un bloque **synchronized** se ejecuta aproximadamente a un 25 por 100 de su velocidad. Los bloqueos circulares, los supervisores, los semáforos, el sondeo, la multiplexación, los planificadores y otras metodologías de codificación son a menudo más eficientes que los bloques **synchronized**. Este capítulo muestra cómo implementar dichos procedimientos avanzados.

Capítulo 12. Le ayuda a asegurar que sus usuarios le sean leales. Da pena el pobre usuario que tiene que entregar a su jefe un informe en una hora, pero está mirando un pequeño cuadro que le dice "Invalid Page Fault" (Fallo de página inválida). El usuario sabe que la computadora se va a colgar. A continuación, el jefe le echará la culpa al usuario, no al culpable real que escribió el código con errores.

De todos modos, ¿por qué tenemos que hacer una copia de seguridad de los archivos?

Este capítulo muestra cómo redactar los mensajes de error de forma que el confundido usuario le aprecie y no busque una cuerda para asesinarle. Incluso puede lograr gratis el consejo sabio del usuario. Todo depende de cómo le presente el error.

Responder a las preguntas básicas de quién, qué, por qué, cuándo, dónde y cómo es necesario, pero puede resultar abrumador. Por tanto, debería presentar la mayor parte de dicha información de una forma única y que mejor les beneficie a usted y a su usuario.

Y, por el amor de Dios, ¡nunca permita que haya una falta de ortografía en un mensaje de error!

Debería grabar los mensajes de error en el disco duro de su usuario, en una cola circular que evite terminar con el espacio. Este capítulo muestra la forma más sencilla de implementar una cola así y de cómo el equipo de soporte técnico puede utilizarla para ofrecer un servicio asombroso, a la vez que barato.

Capítulo 13. Vuelve a las pruebas, aprovechando los nuevos conocimientos de los hilos. Muestra cómo se pueden automatizar la mayor parte de las pruebas hasta un cierto grado.

Este capítulo muestra otros diez tipos de pruebas, como las pruebas de resistencia, la inserción de fallos y las pruebas de copia de seguridad.

Termina con una forma de incluir las pruebas automatizadas en el nuevo paradigma que indica cuántos errores se nos han pasado. Si puede estimar el número de errores que quedan, puede decidir si va a reducir o no ese número a cero. La decisión puede estar fuera de su alcance por razones económicas. Por otro lado, puede que haya vidas que dependan de que su código no contenga errores.

Apéndice A. Enumera un gran número de títulos de software comercial relacionados con Java.

Apéndice B. Indica dónde encontrar un gran volumen de información en libros, revistas, grupos de noticias, nodos de Web y academias.

Apéndice C. Proporciona mis "24 leyes de la programación", un texto provocador que se mete con unas cuantas vacas sagradas.

Apéndice D. Es un glosario de términos relacionados con Java utilizados en este libro, junto con muchos no utilizados aquí.

Apéndice E. Proporciona el código fuente de varias macros poderosas de Microsoft Word. Estas macros le ayudarán a convertir Word en un editor en Java muy útil, con unas cuantas características que hasta ahora no tiene ningún IDE.

Sólo por diversión

Pase a las páginas del Capítulo 1 y mire por qué es imposible escribir un conjunto de pruebas que encuentren todos los errores. ¡Disfrútelo!

PARTE I

Empiece con código a prueba de errores

CAPÍTULO **1**

¡*Nunca se pueden encontrar todos los errores!*

Errores, de eso se trata.

Comenzaré con una afirmación que parecerá precipitada. Incluso en el programa más pequeño (que tenga entrada, salida y procesamiento), es imposible preparar pruebas que localicen todos los errores.

Entonces, si dicha afirmación es cierta, ¿es un sueño la perfección? ¿Deberíamos abandonar la esperanza y resignarnos a crear código entre pobre y mediocre? ¡No lo quiera Dios! Nosotros que hemos aprendido uno de los mejores lenguajes de programación de la historia, nos debemos esforzar ahora en crear programas tan perfectos que la probabilidad que alguien encuentre un error sea nula. Esa es la razón por la que existe este libro. Las pruebas son una de las mejores herramientas del programador para escribir código de gran calidad, pero como veremos en breve, las pruebas son insuficientes. Por ejemplo, justo antes de las Navidades de 1999, los astronautas actualizaron las computadoras del telescopio Hubble de la tecnología 386 a la 486, a la vez que se vendían sin parar las computadoras con Pentium-III. La NASA no podía utilizar las CPU más nuevas porque necesitaba cuatro años para probar el firmware integrado en los chips. Después de cuatro años de pruebas, la NASA seguía diciendo que sus pruebas no eran exhaustivas. Las pruebas rigurosas no son suficientes. Intentaré demostrar esa afirmación.

La prueba

Es posible que recuerde la fórmula de Heron de trigonometría que se veía en el bachillerato. Proporcione a la fórmula de Heron los tres lados de un triángulo y le descubrirá su área. Esta fórmula es lo suficientemente compleja para desafiar a los estudiantes primerizos de informática, pero la utilizaremos con un objetivo diferente.

Supongamos que nuestro objetivo es utilizar entradas y salidas para probar un programa de computadora que implementa la fórmula de Heron. Debemos crear casos de prueba. ¿Qué tipos de datos se introducirían y qué se espera a la salida?

Por ejemplo, podríamos introducir:

- Los enteros 3, 4 y 5 y esperar un área entera igual a 6.
- Enteros distintos de 3, 4 y 5 y esperar una respuesta en coma flotante.
- Varios números en coma flotante como entrada.

Por favor, deje a un lado el libro durante diez minutos y piense en cuántos tipos de conjuntos de pruebas de entrada y salida puede diseñar. Utilice la hoja de trabajo de esta página para hacerlo. Más adelante, en este capítulo, presentaré una lista bastante larga, que no es en absoluto exhaustiva.

HOJA DE TRABAJO

(En la enseñanza primaria, nos decían que no escribiéramos nunca en un libro. Más adelante, en la Universidad, me di cuenta de que si tomaba notas en los márgenes, podía encontrar y correlacionar dichas notas con mucha más facilidad que si tenía que revolver entre múltiples cajas de papeles. ¡Escriba en este libro! Después de todo, es suyo.)

Ni la depuración ni las pruebas encuentran todos los errores

Cuando enseño clases de informática en la Universidad, les doy a mis alumnos un examen de diez minutos (sin calificaciones) diciéndoles que piensen en todos los tipos de datos de pruebas que puedan para el problema hipotético de la fórmula de Heron. A continuación, tabulamos los resultados. La mayoría de las clases encuentran de 15 a 18 ejemplos. De manera ocasional, sucumbiendo al error final, un alumno escribe un programa de computadora para resolver la fórmula de Heron.

Después de diez minutos, propongo unas cuantas ideas claras halladas por clases anteriores y reto a los alumnos a descubrir más. Tras la diversión consiguiente, amplían invariablemente la lista a 30 o más, y yo añado un par de elementos a mi lista personal. Hago esto tanto por investigación como por docencia.

Una conclusión es que las pruebas son un proceso muy creativo e intuitivo. Es bastante difícil pensar en un conjunto exhaustivo de pruebas. Ninguno de mis alumnos ni colegas lo ha conseguido nunca, ni yo tampoco. Sin un conjunto exhaustivo de pruebas, ¿cómo se pueden encontrar todos los errores mediante pruebas?

Incluso aunque alguien pudiera escribir un conjunto exhaustivo de clases de pruebas, dicho conjunto sería insuficiente. Por ejemplo, uno de mis mejores alumnos descubrió algo asombroso acerca del compilador de Pascal. De forma aleatoria, introdujo 16, 20 y 12,50613300415 en su programa de la fórmula de Heron, y dicho programa imprimía 101,001. Hasta ahora, bien.

La segunda parte de sus deberes era redondear el resultado a dos posiciones decimales. Esperaba obtener 101,00 y obtenía en su lugar un 101,01 erróneo. ¡El compilador de Pascal redondeaba mal! Sin embargo, 101,002 se redondeaba correctamente, igual que 101,0001, 101,0011 y 101,005.

Demostró que era un fallo del compilador y a continuación escribió un nuevo programa para comprobar si el compilador cometía más errores. Su nuevo programa comparaba la función de redondeo del compilador con el algoritmo estándar de redondeo de números. Si la comparación presentaba una discrepancia, su programa la imprimía.

El primer diseño consistió en recorrer todos los números en coma flotante posibles permitidos por la precisión cuádruple del compilador del VAX. Cuando resultó obvio que este programa bloquearía el VAX durante todo el semestre, restringió el rango del programa. En cuatro tardes, comprobando billones de posibilidades, 101,001 fue el único ejemplo erróneo que encontró. Escribimos una carta a Digital Equipment Corp. (DEC) y recibimos una amable respuesta. Más adelante, recibimos una nota que indicaba que DEC había resuelto el problema.

Lo importante es que esa suerte total y aleatoria permitió que una persona aislara un error que existía en casi todo programa de VAX Pascal que utilizara el redondeo de números, y ¡en todo el mundo! Dado que el conjunto de números de coma flotante en un VAX puede ser prácticamente infinito, se necesita un número infinito de pruebas para descubrir todos los errores.

Este no es el único ejemplo así de la historia. ¿Se acuerda del problema con los primeros chips del Pentium? A veces no calculaban correctamente los números en coma flotante. Mi primera calculadora Hewlett-Packard (HP) avergonzó a sus creadores porque se equivocaba en el dígito número 17 al calcular pi. No me había dado cuenta hasta que HP me ofreció enviarme una calculadora nueva.

Claro está, la "prueba" anterior no tiene rigor matemático, pero demuestra que no hay un número de pruebas práctico que garantice encontrar cualquier error.

Después de varios semestres de mis clases, preparé esta lista de casos de pruebas. Probablemente pueda inventarse varios tipos más de entradas.

- Enteros positivos como 3, 4 y 5.
- Números positivos en coma flotante como 3,1, 4,1 y 5,1.
- Uno, dos o tres enteros negativos.
- Uno, dos o tres números negativos en coma flotante.
- Todas las permutaciones de enteros y flotantes positivos y negativos.
- Símbolos de números con precisión infinita como pi y e.
- Números racionales como 3/7, 4/7 y 5/7, esperando obtener un área de 6/7 en vez de 0,857142 aproximadamente.
- Logaritmos.
- Letras en vez de números. El programa debería seguir comportándose con racionalidad.
- Caracteres especiales, como $, & y *. El programa no debería quejarse.
- Frases y palabras, especialmente palabras como "tres", "cuatro" y "cinco", esperando obtener "seis".
- Datos mezclados, como 3 metros, 4 metros y 5 metros, esperando 6 metros cuadrados en este caso.
- Cuatro o más números en vez de tres.
- Uno o dos números en vez de tres.
- Ningún dato en absoluto, esperando obtener un mensaje como "No hay que hacer nada".
- Triángulos imposibles, como 3, 4 y 8. ¡Los escépticos pueden intentar dibujar uno!
- Puntos en un plano, como (3, 3), (4, 4) y (5, 3).
- Puntos en una esfera u otras superficies en 3 dimensiones.
- Puntos en el espacio libre en 3 dimensiones como (3, 1, 2), (4, 1, 1) y (5, 2, 2). Observe que en este caso es posible que la información sea insuficiente, porque es necesario definir el espacio.
- Puntos en el espacio n-dimensional.
- Puntos en un espacio de dimensión fraccional, como los habitados por el Conjunto de Mandelbrot o Julia, y el Polvo de Cantor.
- Triángulos isósceles con un lado igual a cero. El área debería ser cero.
- Triángulos con dos lados iguales a cero y uno distinto de cero. Dichos triángulos no pueden existir.
- 0, 0, 0, que es diferente de ningún dato en absoluto.
- Cadenas nulas.
- Boleanos y otros tipos de datos.
- Números de entrada muy grandes, más pequeños que el máximo, diseñados para proporcionar un área ligeramente menor que el máximo.
- Números de entrada muy grandes, más pequeños que el máximo, diseñados para proporcionar un área mayor que el máximo.

- Uno o más números de entrada mayores que el máximo permitido por la computadora.
- Números muy pequeños distintos de cero, aproximándose a los límites de la precisión.
- Objetos de programación, como los cuadros de lista o su contenido.
- Dos lados enormes y el otro muy pequeño, que representen un triángulo válido.
- Dos lados enormes y el otro muy pequeño, que representen un triángulo no válido.
- Las salidas de funciones y otros procesos.
- Datos de entrada de varios procesos externos.
- Números binarios, octales y hexadecimales.
- Números de otros sistemas., como el septuadecimal o el duodecimal.
- Sistemas mixtos de números, como binario, octal y decimal.
- Datos cifrados.
- Números comprimidos, como los procedentes de PKZIP.
- Números imaginarios, como 3i, 4i, 5i.
- Números en el plano complejo, como (3 + 3i), (7 + 3i), (7 + 8i).
- Números de programas como WordPerfect que suprimen el octavo bit.
- Celdas de una hoja de cálculo.
- Direcciones de memoria de los números.
- Miles de combinaciones de todas las anteriores.

Obviamente, muchas de estas pruebas generan triángulos inválidos, pero el programa debería manejar los resultados inválidos igual que los válidos. Por ejemplo, la fórmula de Heron no puede manejar 3, 4 y 8, que componen un triángulo imposible. Proporcione esos números e intentará calcular la raíz cuadrada de (-59,0625). En ese punto, el programa no se debería interrumpir, ni siquiera decir que no puede realizar el cálculo. Probablemente no deba lanzar la excepción habitual de Java. En su lugar, debería detectar el problema y emitir un mensaje adecuado y amigable. El Capítulo 12 se ocupa de cómo emitir el mensaje de error perfecto.

A propósito, todavía estoy esperando a que un alumno mencione un caso de prueba que presente los puntos en uno de los más típicos sistemas de medición: latitud y longitud. Sí, buscar los casos de prueba es un proceso muy creativo.

Se complica

Ni siquiera he mencionado el hecho de que las pruebas de entrada/salida tienen otra tarea difícil. También deben identificar todos los casos de datos de entrada inválidos.

La dificultad empeora en órdenes de magnitud cuando un programa accede a una base de datos. Ahora los resultados de una prueba pueden depender de cualquier otra prueba que se haya realizado. Como ejemplo trivial, un programa seguirá habitualmente un camino cuando no existan datos –es decir, recopilará información y creará tablas de datos–. Cuando existan datos, no creará tablas porque ya existirán. Una reserva válida de un vuelo en avión puede depender de muchas cosas, como de estos aspectos determinados por los datos, y de otros como:

- ¿Existen los aeropuertos?
- ¿Hay un vuelo entre dichos aeropuertos en ese momento?
- ¿Se puede aceptar la tarjeta de crédito?
- ¿Está autorizada la agencia de viajes a vender este billete?
- ¿Está lleno el vuelo?
- ¿Hay asientos libres en primera si se desea primera?
- ¿Está operativo el avión?
- ¿Es correcta la tarifa?

Si escribe condiciones de pruebas para un nuevo compilador de Java, la tarea realmente se complica. Las pruebas exhaustivas deben detectar todas las sintaxis, buenas y malas. Deben comprobar todos los posibles programas válidos en Java y deben asegurar que no se compila sin problemas ningún programa en Java incorrecto.

El código debe evitar los errores desde el principio

Incluso aunque fuera posible encontrar todos los errores en un programa del mundo real, un proceso de pruebas tan extravagante sería prohibitivamente caro. Los directores de proyecto deben gestionar costes y no pueden permitir que las pruebas consuman el presupuesto total del proyecto. Por tanto, y de nuevo, ¿significa esto que los programadores deben perder la esperanza y no probar su código? ¡Ni mucho menos! El ejercicio de este capítulo es un ejemplo de prueba de *caja negra* y únicamente muestra que las pruebas de caja negra, por sí solas, son insuficientes. Hay muchas otras formas poderosas de evitar errores, incluyendo otros métodos de prueba.

Las pruebas de *caja transparente* son lo opuesto a las pruebas de caja negra en un aspecto importante. Las pruebas de caja negra ocultan el código fuente. Hacen la prueba insertando una entrada y examinando la salida. Por el contrario, las pruebas de caja transparente muestran el código fuente. La idea es que un pequeño equipo de programadores, que incluye habitualmente al desarrollador, examine el código en detalle. Lo mejor es que el desarrollador explique todo el código a un equipo, que incluye una grabadora o secretaria, uno o dos programadores de otro proyecto, quizá un par de alumnos, uno o dos colegas y al menos un desarrollador de gran experiencia.

El líder del equipo prepara el terreno comentando que todos los códigos contienen errores, y que una prueba de caja transparente con éxito es aquella que encuentra errores, no la que no puede encontrarlos. En otras palabras, la idea es encontrar errores, no confiar en que no los haya. Cuando dirijo este tipo de pruebas, concedo pequeños premios por los errores encontrados, obteniendo el desarrollador un premio doble.

Las pruebas de caja transparente encuentran errores que las pruebas de caja negra descuidan. Sin embargo, las pruebas de caja transparente son también insuficientes. La recursividad es especialmente difícil de probar en un entorno de caja transparente, porque los caminos del programa dependen de los datos de entrada y de decisiones anteriores que realiza dicho programa. Los límites de la mente humana, además de los límites de la paciencia, evitan que las pruebas de caja transparente comprueben todos los caminos en un programa complejo.

Java identifica y no permite el código muerto en tiempo de compilación, por lo que realiza ciertas *pruebas de camino*. Sin embargo, en tiempo de compilación es imposible que el compilador prevea todas las posibles condiciones de los datos y las decisiones del programa. Al examinar todos los posibles caminos, podrá descubrir código que no se ejecutará, pero que el compilador permitiría. Sin embargo, es posible que dichas pruebas omitan errores de diseño.

Al intentar reducir el número infinito de pruebas a un tamaño manejable, los desarrolladores han probado varias versiones de *cobertura de la decisión*. La idea es que se deberían recorrer todas las ramas de cada decisión, y todos los puntos de entrada de procedimiento, al menos una vez. Sin embargo, el código aberrante que tiene bucles con múltiples puntos de entrada no sería probado correctamente mediante la cobertura de la decisión. Afortunadamente, un programador de Java tendría que pensar un poco para diseñar un bucle con dos puntos de entrada. Un error más difícil de detectar con la cobertura de la decisión es uno que implique la utilización incorrecta de las leyes de DeMorgan. Por ejemplo, si un programador utiliza "and" donde lo adecuado es "or", y no ha hecho eso al menos una vez, la cobertura de la decisión podría fallar espectacularmente cuando el operador erróneo lleve el programa a los caminos equivocados.

Java simplifica las pruebas al eliminar clases completas de errores. Sin embargo, Java introduce nuevas clases de errores en los hilos autónomos que puede generar. Estos errores se producen casi por coincidencia. Los conflictos de los hilos, como los bloqueos totales, son posibles en un programa, pero puede que no se produzcan durante años. Y de nuevo, se podrían producir diez minutos después y luego no producirse hasta un mes más tarde. Probar de forma exhaustiva dichas anomalías es tan imposible como escribir un conjunto exhaustivo de pruebas de caja negra para la fórmula de Heron.

En lo que respecta a las *pruebas de unidad*, citaré a un avezado piloto de pruebas de las FAA antes de que me concediera mi título de profesor de vuelo: "Imagino que sabrá volar. Si no puede hacerlo, este examen ha terminado. Quiero ver si es capaz de enseñar mientras vuela." Todos los programadores deben dominar las pruebas de unidad, que son poco más que una prueba de caja transparente de una persona, aunque la prueba de unidad es casi la forma menos eficiente de encontrar errores. El único método menos eficiente es dejar a un chimpancé sobre el teclado.

Los usuarios exigen, como debe ser, código libre de errores. Los mejores programadores del mundo, los que generan código sin errores, prueban sus programas y envían su código a otros para que lo prueben, porque en las pruebas se encuentran errores. Pero, para conseguir y mantener el estatus de héroes, los mejores programadores deben hacer algo más que eso. Deben programar de forma que se eviten los errores desde el principio, establecer capturadores para capturar los errores que se introduzcan a pesar de todo e incluso animan al usuario a que encuentre los pocos que puedan quedar. Afortunadamente, los programadores de Java tienen herramientas, técnicas y estrategias poderosas para la creación de programas a prueba de errores. El propio lenguaje le ayuda de este modo:

- El lenguaje Java elimina muchos errores prohibiendo la aritmética de punteros. He leído dos libros completos dedicados a capturar errores de punteros en C y C++.
- Al no permitir la sentencia **goto** y exigiendo que todo esté en clases, Java evita que aparezcan la mayoría de los errores tipo "spaghetti".
- Al adoptar las ideas de **try/catch/finally** de ML y C++, la captura de errores de Java es todo lo buena que permite el estado del arte.
- Cuando los diseñadores de Java especificaron que las clases primitivas deben siempre abarcar el mismo número de bits, independientemente de la plataforma de computadora utilizada, y que el lenguaje debía ser muy estricto en los tipos, un gran grupo de errores numéricos desaparecieron, seguido de una clase mortal de errores provocados por la sobrescritura de zonas erróneas de la RAM.
- Como Java comprueba los límites de array y de cadena, también se elimina otra clase de errores en tiempo de ejecución.
- De forma similar, la forma en que el lenguaje comprueba la legalidad de las conversiones de tipo elimina otra clase de errores en tiempo de ejecución.
- Al automatizar la recogida de la mayor parte de la basura, Java elimina la mayoría, pero no todos, de los errores de asignación de memoria, del tipo que pueden incluso bloquear un sistema operativo y provocar numerosas fugas de memoria.
- Al especificar estrictamente el proceso de verificación del código de bytes en la entrada de todas las Máquinas virtuales de Java (JVM), permitir las firmas digitales y especificar un "modelo de sandbox" claro que puede utilizar Java cuando ejecuta código desconocido, Java desbarata la mayoría de los errores de seguridad y ataques maliciosos en la puerta principal.

Sun Inc. y terceras empresas proporcionan y venden un gran número de productos de software que le ayudarán a:

- Hacer un análisis de su código, identificando las áreas que consumen cantidades desmesuradas de tiempo, RAM, potencia de CPU o espacio en disco.
- Comprobar que todo el código es útil y ha sido probado.
- Analizar los hilos por si se encuentran conflictos.
- Evitar fugas de memoria que el recopilador de basura no puede descubrir.
- Hacer pruebas de regresión de los programas modificados para asegurar que no se hayan introducido errores nuevos.

Ningún lenguaje puede evitar todos los errores. Ninguna herramienta los puede encontrar todos. Sin embargo, un buen programador, utilizando los mejores métodos y estrategias, ayudado por un lenguaje como Java, y utilizando herramientas poderosas, puede escribir programas a prueba de errores. Este libro se ocupa de las pruebas, pero también de la utilización de herramientas, técnicas y estrategias que van más allá de las pruebas y le dará la potencia de conseguir que su código esté lo más libre de errores posible. Continúe leyendo para ver cómo podrá "garantizar con seguridad que el software cumple las especificaciones para siempre".

CAPÍTULO **2**

Evitar que aparezcan los errores en Java

Es una ironía que uno de los mejores aspectos de Java sea su capacidad de multitarea o multihilo, y lo es porque los hilos emulan cómo trabajan las personas.

Las personas hacen varias cosas a la vez. En este momento, estoy tecleando, escuchando a mi mujer y a mi hijo pequeño discutir por la cena, pensando en mis pensamientos, oyendo una sirena de bomberos y balanceándome suavemente en una silla sin caerme. Mis pulmones y corazón trabajan casi de forma autónoma. Mis ojos parpadean cuando están secos y, si lo deseo, me puedo estirar para coger mi vaso de tónica. Sin darme cuenta, mi cerebro está ejecutando miles o millones de hilos simultáneos, igual que el suyo.

Java parece que realiza ese tipo de multitarea, por lo que parece estar más "vivo" que cualquier lenguaje basado en procedimientos. Ayuda a los desarrolladores a crear y organizar los programas como si fueran procesos en los que se piensa todos los días. Toda esta actividad de los hilos libera a los programadores de Java de desarrollar software que actúa de forma parecida a una mente. De este modo, podrá mirar en su humanidad para descubrir formas mejores de programar. ¿Por qué mira si se acerca algún coche antes de cruzar una calle? Por el mismo tipo de razón, la seguridad, podría comprobar si un archivo está abierto o no antes de ejecutarlo.

Filosofía de desarrollo

La programación implica a dos opuestos psicológicos: creatividad y organización. Incluso la filosofía del cerebro separa los dos procesos. El diseño de un nuevo método utiliza, fundamentalmente, el hemisferio derecho del cerebro humano, mientras que el acto de organizarlo y escribirlo se desplaza más al hemisferio izquierdo.

La programación requiere que ambas actividades sean efectivas, y la mayoría de los proyectos fracasados se deben a una organización pobre.

De forma similar, el diseño de pruebas del software utiliza el hemisferio derecho del cerebro, mientras que la realización de dichas pruebas utiliza el hemisferio izquierdo. Las pruebas son una actividad del cerebro completo. De hecho, crear un conjunto de pruebas de software puede ser la actividad más creativa que vaya a realizar. Las pruebas requieren un propósito específico, uno que parece poco común entre los programadores. Algunos desarrolladores podrían decir que una prueba tiene éxito si no encuentra nada mal. Ese punto de vista es parecido a llevar un coche renqueante al mecánico y alegrarse cuando las pruebas del mecánico no son capaces de encontrar el problema. De forma similar, aunque nadie quiere oír al médico decir que está a punto de sufrir un ataque al corazón, no saberlo es mucho peor. Una prueba de computadora con éxito es aquella que localiza el mayor número de errores posible, de forma que se puedan arreglar.

Una filosofía de desarrollo sólida considera estos elementos poco habituales (entre otros muchos):

- Creatividad y organización son opuestos.
- Encontrar errores es bueno.
- Los elementos arriesgados tienen prioridad.

Cerebro izquierdo <==> cerebro derecho

Hasta un cierto punto, creamos y organizamos a la vez. Sin embargo, los procesos creativos y organizativos son opuestos en el cerebro.

Como he mencionado, el cerebro está dividido en dos hemisferios: un cerebro izquierdo y un cerebro derecho. La conexión entre los dos es un rico conjunto de nervios de comunicaciones llamados el *corpus callosum*.

Los estudios relativos a los pacientes con daños en el cerebro, epilepsia y cáncer han demostrado que una persona puede funcionar bastante bien cuando ¡no tiene una mitad del cerebro! Sin embargo, algunas capacidades se ven reducidas. El hemisferio izquierdo, o cerebro izquierdo, contiene la mayor parte de la capacidad organizativa, mientras que el derecho alberga la mayor parte de la capacidad creativa. Si fuera a perder la mitad izquierda del cerebro, su creatividad no se vería afectada demasiado, pero su capacidad de organizar dichos pensamientos creativos se reduciría de forma significativa. Se convertiría en lo que algunos llamarían cabeza de chorlito. Por otra parte, si pierde la mitad derecha del cerebro, seguiría siendo capaz de organizarse, pero tener un pensamiento creativo sería mucho más difícil. Sería una persona resuelta y decidida.

Resulta que dirijo un nodo de Web famoso para autores de libros (http://Weblications.Net) que habla de esta información con más detalle. Recientemente, recibí un correo electrónico amable y elogioso de una mujer que había perdido la mitad izquierda del cerebro en una operación de cáncer. Su carta decía que eso explicaba por qué tenía tantas dificultades para organizar su escritura, aunque parecía que su creatividad se había incrementado de forma significativa tras la operación. Estaba bastante aliviada de saber el porqué y me envió un hermoso poema.

Dado que usted desarrolla código, debe utilizar ambos hemisferios de su cerebro. Debe crear nuevos pensamientos y debe organizarlos de una forma coherente. En Java, como en otros lenguajes orientados a objetos, no es necesario que el patrón de la organización sea lineal, pero debe estar organizado.

El cerebro izquierdo es muy dominante. Odia perder el control de todo el cerebro. Cuando organizamos, es difícil que seamos creativos. Por otra parte, cuando se es creativo, es muy fácil deslizarse al modo organizativo. Creo que eso se debe al aprendizaje de la niñez, pero parece que el *corpus callosum* pasa la información más eficientemente desde el hemisferio creativo, el derecho, al hemisferio organizativo, el izquierdo, que en el sentido contrario. El resultado es que la mayoría de la gente de nuestra sociedad es bastante lógica y no muy creativa.

O eso piensan.

Aplicando todo eso al arte de escribir código a prueba de errores, piense en este hecho: a medida que se desarrolla un código, independientemente de lo buena que sea la planificación, se piensa en nuevas y mejores maneras de hacer las cosas. ¡Es importante que se haga! Sin embargo, el hacerlo supone un dilema.

Si deja de hacer lo que está haciendo y se dedica a la nueva idea, perderá su flujo actual de creatividad y deberá reiniciarlo más adelante. Si lo hace, las posibilidades de que se introduzcan errores en su código crecerán significativamente.

La razón es que el flujo de creatividad contiene cientos de enlaces a cosas que hay que hacer. Es posible que tenga un algoritmo completo en su mente, junto con:

- Varias maneras de implementarlo.
- Varias llamadas posibles a funciones de biblioteca.
- Declaraciones que realizar.
- Tipos de bucles a utilizar.
- Cuándo se necesita contar desde cero y cuándo desde uno.
- Y, claro está, cómo va a impactar este sistema fantástico a sus usuarios.

La mitad de dichos pensamientos pueden no volver hasta un día o una hora después.

Por otra parte, si continúa con lo que está haciendo y espera acordarse de esa idea nueva más adelante, se olvidará de dicha idea un buen número de veces.

Es igualmente importante recordar nuevas ideas más adelante cuando las necesite y recordar lo que está haciendo en ese instante para no olvidarse de un paso crítico.

Supongamos que estamos escribiendo los comentarios de una rutina complicada y se nos ocurre otro enfoque que puede ser incluso mejor. ¿Qué debemos hacer? ¿Qué idea desea arriesgarse a perder?

Afortunadamente, puede quedarse con ambas. Escriba **QQQ** y anote el germen de esa idea, ahí mismo donde se encuentre. Termine el comentario, pero prescinda de la gramática, sintaxis e incluso la ortografía, y después vuelva rápido a la tarea original. Simplemente, introduzca una representación de esa idea en un medio semipermanente de forma que pueda continuar con el proceso creativo actual.

¿Por qué QQQ? No hay ninguna razón en especial, excepto que es poco probable que la cadena "QQQ" aparezca en un programa. Un amigo mío utiliza sus iniciales en vez de QQQ. Más adelante, podrá buscar todas las veces que aparezca QQQ y la nota le ayudará a recordar esa idea perdida.

Unos minutos después, le puede cruzar por su mente una nueva idea con la que se inicia un nuevo hilo mental. De nuevo, introduzca **QQQ** y esa idea. Después vuelva a su primera tarea.

Sin embargo, si persigue a sus ideas con la misma rapidez con que se producen, es probable que se pierda en las complicaciones de su camino original. Esto es una vía abierta para los errores en el código. Cuando escriba, pensará en todas las formas en que el código tendrá éxito y fallará, y deberá capturar todos los modos de fallo. Siga con otra idea y es muy probable que olvide algunos modos de fallo.

Por otra parte, si ignora dichos caminos laterales, verá que los olvida mucho antes de volver a ellos e investigarlos. Muchos de dichos caminos laterales son modos de fallo que es necesario investigar o para los cuales debe dedicar un tiempo de programación adicional. Es obligatorio volver a cada uno de ellos. Los comentarios QQQ le ayudarán

Lo último que hay que hacer antes de entregar el programa, es buscar todas las apariciones de QQQ. No debería quedar ninguna.

Habitualmente, mientras programo, suelo tener una idea que se aplica a otro proyecto. Me parece que las tarjetas pequeñas de $7,5 \times 12,5$ cm (o 3×5 pulgadas) son perfectas para capturar dichas ideas. Una idea cabe muy bien en una tarjeta. Las tarjetas se ordenan con facilidad, se insertan con facilidad en libros e incluso caben en el teclado. Por la noche, deje una pegatina encima del teclado que indique dónde lo ha dejado y qué queda por hacer. Así se elimina otra fuente de errores de diseño. Mis colegas me llaman el rey de las tarjetas de $7,5 \times 12,5$ y yo me río con ellos del tema. Muchos de ellos se "han convertido" y el departamento de suministros de oficina ha cuadriplicado su stock.

La idea global es mejorar la creatividad y la organización simultáneamente. El Capítulo 5 contiene varios trucos de tarjeta de $7,5 \times 12,5$.

¿Cómo ser más creativo?

Piense en la palabra "pensar". Es una palabra bonita, lógica o del cerebro izquierdo, ¿no cree usted que es así? Es una palabra que el cerebro izquierdo utiliza para aseverar su dominio. Es una palabra en la que la persona creativa, de cerebro derecho, no debe confiar.

Sustitúyala temporalmente por la palabra "creer" del cerebro derecho. O "sentir". O "imaginar". Son palabras del cerebro derecho.

Ahora, para que empiecen a fluir los jugos creativos, debe desplazar los procesos mentales al cerebro derecho. ¿Pero cómo? Los antiguos dirían que la creación llega cuando aparece tu musa. Algunos escritores y artistas se han vuelto alcohólicos, porque parecía que el alcohol les ayudaba a liberar sus inhibiciones y crear. Algunos de sus críticos decían que lo que escribían estando bajo los efectos del alcohol apestaba. No busque su musa en el alcohol. No la encontrará durante mucho tiempo y pronto la perderá para siempre.

En cambio, intente comprender su cerebro.

Dado que el cerebro izquierdo domina, póngalo a dormir, y el cerebro derecho tomará el control. A continuación, cree durante todo el tiempo que pueda. Prohíba cualquier tipo de pensamiento lógico o de organización, o se despertará el cerebro izquierdo y perderá su racha creativa.

Entonces, ¿cómo poner a dormir al cerebro izquierdo? Realmente es bastante simple. El cerebro izquierdo se aburre con facilidad, y cuando se aburre se pone a dormir. Abúrralo hasta que se duerma.

Pocas cosas son tan aburridas como un viaje largo en coche o avión. En cuanto desaparece la novedad, el cerebro izquierdo se pone a dormir y el cerebro derecho estará preparado para ser creativo. Aproveche esas ocasiones. Si está conduciendo o pilotando, coja una grabadora de bolsillo y grabe sus ideas cuando se le ocurran. Prepárese para soltar la grabadora cuando la seguridad lo exija. Si es un pasajero, coja una libreta o un ordenador portátil.

Una de las razones por las que vamos a dormir por la noche es que el cerebro izquierdo se aburre y se rinde. Cientos de escritores triunfadores guardan libretas al lado de su cama. En esos momentos maravillosos de sueño intermedio del cerebro derecho, que llamamos dormitar, podemos encontrarnos miles de ideas creativas. Esfuércese por volver a la conciencia para anotarlas antes de que se evaporen para siempre. No las evalúe ni decida si merecen o no la pena. Hacerlo es una actividad del cerebro izquierdo. No confíe demasiado en su cerebro izquierdo en esos momentos. Si evalúa las ideas, observará que se ha levantado para escribir una idea de entre cien, perdiendo 75 grandes ideas (y 24 malas) en el proceso.

Son las 12 del mediodía y está sentado programando. Se le termina el plazo en cinco días y tiene que escribir unas 3.000 líneas para entonces. Es el momento de asustarse, ¿no le parece?

¡No! Es el momento de relajarse, como si tuviera toda la confianza del mundo.

Mientras piense que va a tener que asustarse, el cerebro izquierdo tendrá el control. Si puede relajarse, pondrá a dormir al cerebro izquierdo y descubrirá que el cerebro derecho está preparado para proporcionarle las 3.000 líneas en un tiempo récord.

Deje de pensar y cree por un momento.

Piense en volver a este pequeño insecto momentáneamente.

Realice un proceso personalizado y formal de obligar a su cuerpo a relajarse cada vez que se siente a programar. Piense en cosas como esta:

- Si puede, desconecte el teléfono. Cuelgue un cartel en la puerta que diga que se encuentra en un proceso creativo y que no se le debe molestar. Advierta a sus colegas o a la familia de que guarda un oso pardo en la habitación y que no deben abrir la puerta cuando está creando.
- Siéntese. Estire todos sus músculos, ténselos y reléjelos.
- Cierre los ojos. Rece. Medite silenciosamente acerca de cosas que sean buenas, agradables y de buen recuerdo, no permitiendo de este modo que entren en su mente pensamientos angustiosos.
- Concéntrese en respirar más lentamente y en más profundidad.
- Continúe durante diez o quince minutos y después, estando relajado, comience a escribir (básicamente comentarios o lo que le venga a la mente). Comience por en medio, al principio o al final, o simplemente en paralelo con su tema.
- Deje que la creatividad fluya durante el tiempo que quiera. Estos son cuatro consejos para hacer que fluyan las cosas:

- No evalúe nada. Simplemente siga escribiendo.
- No corrija nada (gramática, ortografía). Simplemente siga escribiendo.
- No se pare a pensar en la orden correcta o en buscar una referencia. Simplemente escriba una palabra que se acerque, identifíquela con las letras QQQ y siga escribiendo, sabiendo que más adelante puede buscar las QQQ y reorganizar sus pensamientos.
- Haga lo que haga, siga escribiendo.

Cuando termine, piense que todavía no ha terminado. En ese punto, comience a leer lo que ha escrito –no para editarlo, sino para que aparezcan nuevas ideas en el cerebro derecho–. Ignore a su cerebro izquierdo cuando le diga que debe organizar o corregir sus pensamientos. Todavía está buscando ideas. Cuando le surja una, escríbala, esté donde esté. Al lado de ella, anote QQQ.

Estamos intentando capturar lo que está pensando su mente. Afortunadamente o no, se puede pensar unas siete veces más rápido que hablar. La mecanógrafa más rápida puede hablar unas cuatro veces más rápido de lo que puede teclear, y eso es unas cinco veces más rápido de lo que se puede escribir a mano. Por tanto, aprenda a teclear muy rápido. Incluso aunque pueda teclear 80 palabras por minuto, es capaz de pensar de 25 a 100 veces más rápido, pero no tiene sentido introducir 20 palabras por minuto y pensar de 100 a 400 veces más rápido.

Cada segundo que desperdicie escribiendo palabras en la pantalla es un segundo en el que puede desvanecerse una idea y no volver nunca.

Sin embargo, volver a leer lo escrito ayuda a recuperar la mayoría de esas ideas que se han evaporado –hasta que permita a su cerebro izquierdo que sea el dominante–. La relectura parece ser el equivalente a hacer un reinicio de su cerebro derecho, porque la mayoría de las grandes ideas desaparecen en ese proceso. Recordarlas es como intentar recordar detalles de un sueño que se ha tenido una hora antes. Incluso puede ser el mismo proceso mental.

Finalmente, el cerebro izquierdo no será capaz de soportarlo más, y se reafirmará a sí mismo gritando: "Es absolutamente necesario que ponga orden en este lío".

Ese es el momento. Se ha terminado el tiempo creativo. Deje que su cerebro haga lo que tan bien hace. Déjele que organice su creatividad en fragmentos de código coherentes, días antes de la finalización del plazo.

Todo esto es simplemente magia y polvo celestial, a no ser que crea en que funciona. Lógicamente, nunca funcionará si no cree en que funciona, por lo que no tendrá una evidencia de que funciona. Por tanto, lógicamente no puede funcionar. ¿No es así?

Observe la palabra "lógicamente". ¿No es sorprendente cómo el cerebro izquierdo puede decepcionarnos a nosotros y a él mismo?

Compruebe que la magia puede funcionar. Realice esta simple prueba de escritura.

Coja un reloj que tenga segundero. ¿Recuerda ese pequeño insecto del margen que hemos visto hace una o dos páginas? Vuelva allí y vuelva a recorrer el proceso del cerebro derecho.

Cuando esté preparado para escribir, anote la hora incluyendo los segundos.

La tarea de escritura es simple. Escriba exactamente durante seis minutos, todo lo rápido que pueda, respecto al tema:

"¿Por qué programo?"

Cuente el número de palabras que escribe. Supongamos que es 200.

Multiplíquelo por 10 y tendrá el número de palabras que escribe por hora. En este caso, estaría escribiendo a una velocidad de 2.000 palabras por hora. Es sorprendente, si se piensa que una novela media contiene 80.000 palabras. A esa velocidad, en 40 horas podría escribir la "Gran novela nacional." ¡Piense en la velocidad con la que podría crear su documentación!

Veremos muchos más aspectos de este tema posteriormente en este capítulo, porque una de las mejores maneras de evitar errores es escribir la documentación lo más pronto posible.

Algún otro día, pruebe de hacerlo al revés. Nada de relax. Escriba un párrafo, vuelva a él y retóquelo hasta que quede bien, después siga con el párrafo siguiente, durante seis minutos. La velocidad de escritura cae drásticamente, probablemente a unos cientos de palabras por hora. Además, a menudo se encontrará con el típico bloqueo del escritor.

La gramática será mejor en el segundo caso, pero cualquiera puede corregirla, y pocas personas creen que pueden escribir con creatividad. ¡Pregúnteselo!

El bloqueo del escritor no se produce nunca cuando se escribe con el cerebro derecho. Tiene trillones de ideas en él que nunca tendrá tiempo de escribir, porque realmente la gente no vive el tiempo suficiente para escribirlas.

¿No es excitante? Se acabó el bloqueo del escritor y sus resultados se multiplicarán.

No sólo eso, sino que pronto descubrirá que lo que escribe es mucho más creativo e innovador de lo que nunca había conseguido antes, tanto si es documentación como código en Java. La razón es que escribirá con su corazón, no con su mente. Incluso aunque escriba acerca de la lógica matemática, es necesario que escriba con su corazón, su pasión, no con su mente. Eso lo sé con seguridad, porque todos mis títulos universitarios están relacionados con las matemáticas.

Es el mejor de todos los mundos posibles.

¡Alegría! La mañana es fresca, las flores son preciosas y se ha demostrado a sí mismo que realmente es muy creativo.

¿Cómo ser más organizado?

La creación y la organización son las dificultades gemelas a las que se enfrentan los programadores. Unas buenas habilidades organizativas le ayudan a escribir programas que evitan los errores. El Capítulo 5 muestra varias maneras de mejorar sus habilidades organizativas, quizá drásticamente.

Los programadores crean; al probar se destruye

Cuando se programa, se intenta que las cosas funcionen a la primera. Es casi antinatural intentar romper la preciosa mentalidad infantil que hemos creado con tanto cuidado.

A la inversa, el objetivo de las pruebas es destruir el programa de todas las maneras posibles. Las pruebas parecen mezquinas por naturaleza.

Algunas empresas de programación tienen equipos agresivos dedicados exclusivamente a probar el código. Los supervisores son conscientes de que crear y probar requiere mentes opuestas. Los miembros agresivos del equipo maquinan nuevas formas diabólicas de romper los programas. Algunos llegan hasta el extremo de llevar camisas y sombreros negros como símbolo de su espíritu. A pesar de odiar a los equipos agresivos, los programadores aprenden gracias a ellos mejores técnicas de codificación.

Cuando termine una función, piense en el ejercicio de la fórmula de Heron. ¿De cuántas formas puede probarla de forma razonable? Piense que su código está en manos del equipo agresivo. ¿Cómo se desenvolvería? ¿Cómo intentarían romperlo? Usted es tan creativo e inteligente como los miembros del equipo agresivo, por lo que debe ponerse en su lugar.

Se ahorrará alguna vergüenza y escribirá una función mejor.

Si es usted el director del proyecto, estos párrafos –especialmente la última afirmación– deberían encender una lucecita roja en su mente. Las he escrito con un enfoque negativo premeditadamente.

Nunca piense en la vergüenza si desea que el proyecto avance con normalidad. En caso contrario, su personal creativo se mostrará cada vez más reacio a dejar el código en manos de los equipos de pruebas. Cuando reciban la realimentación de las pruebas, estarán a la defensiva y poco receptivos.

Por el contrario, diga a todos que cuando una prueba tiene éxito –es decir, cuando encuentra errores– eso es bueno. Los errores están ahí. ¿Recuerda el ejercicio de la fórmula de Heron? La idea es encontrarlos, no esperar que permanezcan ocultos frente a ese equipo agresivo tan embarazoso y que luego los encuentre el cliente.

Permita a su personal creativo que sea más creativo, en vez de hacer que se preocupen por lo que sucederá cuando alguien encuentre sus errores. Inculque en sus diseñadores, analistas y desarrolladores que el pecado no es tener errores, sino despreciar las técnicas para evitarlos.

Los documentos primero

¿Odia la documentación? Si es así, está bien acompañado, porque la mayoría de los desarrolladores la odian también. La investigación me ha convencido de que los programadores que escriben primero los documentos tienen una gran ventaja en la eficiencia. Terminan su código más rápido, se ejecuta de forma más eficiente y tiene muchos menos errores. Hay muchas razones por las que debería pensar en hacer la documentación primero. Entre ellas, mencionaré las siguientes:

- Si documenta su programa antes de escribirlo, lo habrá escrito en un plan, porque la documentación es su plan.
- Su documentación es también su plan de pruebas, por lo que no tendrá que escribir eso.
- Escribir la documentación primero es semejante a realizar primero las tareas más arriesgadas. Es un alivio cuando terminan, y tendrá menos dolores de cabeza al final del día.
- Cuando su programa esté listo para su entrega, no tendrá que escribir la documentación y la finalización del plazo no afectará a su calidad.

- La forma de conseguir no odiar la documentación es hacerla lo primero.

Los usuarios a menudo saben lo que quieren, pero no lo que necesitan. Desgraciadamente, rara vez es tarea del programador decirles lo que necesitan. Sin embargo, sí es tarea del programador ayudar a los usuarios a descubrir lo que necesitan, de forma que se puedan especificar con precisión las necesidades en un conjunto de especificaciones.

Sin unas buenas especificaciones de la programación, es difícil dar a los usuarios lo que necesitan o lo que desean. Entonces, después de terminar el programa, gran parte del trabajo se debe abandonar o modificar porque no satisface las necesidades de los usuarios. ¡Qué pérdida de talento y tiempo! ¡Qué error más caro!

Primero, el manual del usuario

Su primera meta fundamental debería ser afianzar las especificaciones de programación. Para poder continuar, necesitará un mapa de carreteras que le guíe, y un final claramente definido que le indique cuándo ha llegado. Las especificaciones le proporcionan estas cosas. Sin embargo, el usuario típico tiene dificultades con un conjunto de especificaciones escritas en términos legales o de programación. Hasta ahí es el entendimiento entre usuarios y desarrolladores, errores de diseño aparte.

¡La solución más innovadora es escribir primero el manual de usuario!

Pida a su usuario que escriba una gran parte del manual de usuario. Presente la idea como una forma perfecta de que el usuario muestre exactamente el tipo de programa que desea. Si el usuario no puede plasmar lo que desea, sólo podrá adivinarlo. Aunque las conjeturas a veces son correctas, las apuestas estarán totalmente en su contra. Por otra parte, el manual de usuario se puede convertir en ese mapa de carreteras, además del plan de pruebas. Cuando el programa haga lo que dice el manual de usuario, el trabajo estará terminado.

Habitualmente, tendrá que escribir el manual de usuario, pero coordínese con su usuario estrechamente y escríbalo antes de empezar la programación.

Concéntrese en la entrada y la salida del programa, dejando el procesamiento para su documentación técnica. Identifique todas las fuentes y el contenido de las entradas. La entrada es, claro está, cualquier información que el programa deba conocer, tanto si procede de archivos, de los usuarios o del diseño. Los programadores se olvidan a menudo de incluir dos cosas: las constantes y los nombres de archivo.

Para la salida, diseñe la pantalla y las presentaciones de los informes, y especifique qué información se va a almacenar. El olvido más habitual en este apartado es el conjunto de mensajes de error.

Identifique cualquier aspecto de temporización en la entrada y la salida. Si el preguntar por un cierto archivo debe preceder a la generación de un informe, mencione ese hecho. Si se deben introducir los archivos en un cierto orden o si llegan en fechas específicas, incluya dichos datos. Anote cuándo se producen los informes mensuales y otros similares.

Prevea los aspectos de interfaz. Busque posibles conflictos entre procesos asíncronos y multihilo, especialmente cuando los hilos modifican datos comunes de cualquier tipo.

Antes de su publicación, pruebe manualmente sus fórmulas sobre datos reales. Compruebe sus algoritmos para asegurar que no sean erróneos. Piense en fórmulas similares alternativas. Por ejemplo, puede descubrir más de una forma de calcular la desviación estándar, además de varias fórmulas matemáticas equivalentes para cada una de las formas.

Si hay algo que se divida o promedie, observe que debe evitar errores de división por cero. Por ejemplo, si hace el promedio de cero elementos, dividirá por el total de elementos, que es cero. Si realiza un logaritmo, observe el hecho de que $\log(1) = 0$, y que $\log(0)$ es una forma de división por cero.

En los informes, intente recorrer jerárquicamente el informe, desde la cabecera hasta la sección de detalles y el resumen. Los informes que utilizan otros órdenes son inherentemente difíciles y propensos a errores. Los informes que tienen información de detalle en el resumen o la cabecera son propensos a errores. Además, un enfoque jerárquico proporciona un informe más sencillo de comprender.

Para ayudar a su usuario con colores y segundos planos, prepare un ejemplo. Cree una docena de "formatos" típicos para la Interfaz gráfica de usuario (GUI) y preséntelos como pantallas aparte en un programa especial. El usuario puede elegir uno, y de este modo proporcionarle el segundo plano, los colores, fuentes e iconos que prefiere, ahorrándole varios errores habituales de diseño.

Consiga un acuerdo y creará una joya.

Conseguir una firma segura

Cuando termine el manual, trátelo como conjunto de especificaciones y como plan de pruebas. Dígales a sus usuarios que les entregará un programa que hará exactamente lo dicho en el manual, ni más ni menos, y pregúnteles si eso les satisfará. Recuérdeles que si después vienen con mejoras, dichos cambios requerirán un nuevo manual, trabajo adicional y tiempo adicional, y que todo ello se debe negociar. Por tanto, ¡el momento de incluir las mejoras es ahora!

Lea el nuevo manual con sus usuarios. En cada captura de pantalla, muestre lo que sucederá cuando pulsen un botón. Siga todos los caminos del manual. Inspeccione cada pantalla y cada informe impreso. Recorra cada fórmula. Pocas cosas pueden ser más persuasivas que un recorrido así para mostrar que el programa hará lo que el usuario desea.

No hay nada que impida mejor un incremento de la funcionalidad, con la presión asociada de la finalización del plazo que provoca su propia clase de errores mortales, que un conjunto firme de especificaciones.

El manual de usuario se convierte en las especificaciones de la programación

El manual indica lo que hará el programa, pero no cómo. No hay problema, porque la parte del "cómo" es su responsabilidad. Sin embargo, un manual de usuario no es un conjunto completo de especificaciones de programación. Es necesario añadir algunos detalles. Afortunadamente, el manual de usuario ya es un marco para el conjunto de especificaciones. Debería añadir cosas como estas:

- Análisis del tiempo, es decir, qué finalizaciones de plazo está dispuesto a aceptar. Consulte el apartado "Análisis del factor de riesgo (RFA)" en el Capítulo 4. El RFA permite estimar las finalizaciones de plazo con tanta precisión que probablemente nunca se le pasará otra finalización de plazo.
- Análisis de costes, es decir, qué recursos (dinero, personal, herramientas, hardware) necesita para cada parte del proyecto.
- Algoritmos que piensa considerar.
- Referencias a estándares de programación que ya haya establecido.

A continuación, lleve su análisis de costes a su director y a sus usuarios, mostrando los recursos que se necesitan para cada parte del sistema. Su director o los usuarios pueden decidir que ciertas partes son demasiado caras y que deberían ser eliminadas, o retrasadas para una nueva fase. Sin embargo, cuando los usuarios se den cuenta de que obtendrán un programa que hará lo que desean y si el precio es adecuado, autorizarán de buena gana el trabajo.

¡Hay tanto que hacer!

Es cierto, pero el proceso se hace exponencialmente más sencillo con la experiencia. Más pronto de lo que piensa escribirá estas cosas en una tarde y estará programando de acuerdo a un mapa grabado en acero, con una luz al final que le indica cuándo ha terminado. Pocas cosas hacen que la programación sea más divertida.

Aprenda a querer a Javadoc

Una vez, cuando escribía en COBOL, tuve la suerte suficiente de conseguir un hat trick[1] con mi manual de usuario. Fui capaz de organizar el manual del mismo modo que planeaba escribir el programa. En un rapto de inspiración, copié el manual en un nuevo archivo y escribí un programa en BASIC de diez líneas que convertía todo ello en un conjunto de comentarios línea por línea. A continuación, comencé a escribir el código de COBOL alrededor de los comentarios. Me gustaron tanto los resultados que he probado ese enfoque en casi todos mis proyectos desde entonces.

La primera ventaja es organizativa. Los manuales son sencillos de organizar, y habitualmente tiene sentido organizar un programa del mismo modo. Por tanto, no es necesario reinventar la organización.

La segunda ventaja es que cuando termine el método, clase o aplicación, la mayoría de los comentarios estarán limpiamente en su sitio. Habitualmente, si hay un problema con los comentarios, ¡es que hay demasiados!

¿Alguna vez le han acusado de este pecado? Lo más probable es que no.

---

[1] N. del T.: es un término del fútbol, que representa marcar tres goles en un partido.

Java es interpretado además de compilado. BASIC y otros lenguajes interpretados sufren un rendimiento degradado cuando tienen demasiados comentarios. El intérprete debe leer todas las líneas, tanto si son de comentario como si no, en tiempo de ejecución. Por tanto, los comentarios ralentizan la ejecución en la mayoría de los lenguajes interpretados.

Java es una excepción. Java no ve afectado su rendimiento por los comentarios, independientemente de su tipo. El compilador los elimina cuando crea su código de bytes (*bytecode*). Es cierto que una plétora de comentarios ralentiza el proceso de compilación, pero solamente un poco y nunca en tiempo de ejecución. El código Java bien comentado se ejecuta a la misma velocidad que el mismo código sin comentarios.

Es más crucial el hecho de que el código bien comentado es de cinco a diez veces más rápido de mejorar o mantener.

Hace dos años, heredé un sistema inmenso, de urgencia crítica y en Visual Basic que necesitaba seis meses de mejoras –una planificación agresiva–. Una semana más tarde, descubrí que había una disputa política en los dos niveles superiores a mí. Lo descubrí cuando mi jefe entró pidiéndome que documentara totalmente el sistema completo en gran detalle antes de continuar con las actualizaciones. El hacerlo impediría con seguridad cumplir con el plazo, por lo que comencé a hacerle preguntas discretas.

Resultó que mis mejoras y el plazo estricto habían recibido una atención absoluta de los accionistas, porque se preveía una fusión de empresas muy lucrativa. Este software era una parte fundamental del valor de la empresa. Si las mejoras se retrasaban, el valor de la empresa se reduciría en consecuencia. Si eso sucedía, la gente de "arriba" quedaría tocada, lo que, como algunos especulaban, podría ser el objetivo de mi jefe. Si eso sucedía, ¡imagine quién sería el cabeza de turco cuya cabeza cortarían! Sin embargo, estaba claro que también me la cortarían si no cumplía la exigencia de tener la documentación a tiempo y que necesitaría dos meses para realizarla. Mientras mis protestas se las llevaba el viento, tuve que ser creativo.

Aunque era una aplicación en Visual Basic, Javadoc me mostró la respuesta. El código estaba muy bien documentado, por lo que escribí una aplicación que documentó el sistema completo. Se basaba en dichos comentarios buenos. Examinaba el código fuente buscando palabras clave como Sub, Function y Dim, además de los delimitadores de comentarios. Recopilaba los comentarios del programa, los nombres de procedimiento y las declaraciones de variables en un archivo de texto, añadiendo un poco de formato por el camino. Después retoqué el resultado con un procesador de textos, utilizando básicamente macros.

Cuatro días después, podría haber colocado el equivalente en páginas de cinco novelas en el escritorio de mi jefe. En cambio, me sumergí en las mejoras y tuve la suerte de poder terminarlo todo –documentos y código– con unos días de adelanto respecto al plazo.

Simplemente implementé lo que hace javadoc. Cuando se utiliza el estilo de comentarios /** se habilita javadoc.

El compilador de Java trata los comentarios de javadoc igual que los comentarios normales o, como he mencionado, los elimina en tiempo de compilación. Así no se reduce el rendimiento al utilizar javadoc.

Javadoc prepara documentación con formato HTML que se puede ver con cualquier explorador de Web. Se generan varios archivos HTML con hiperenlaces entre ellos. Se pueden incluir etiquetas de marcas HTML como <PRE> e <IT> para mostrar la utilización del código, pero no se deberían añadir etiquetas como <H3><B> que alteran el formato del documento. El Capítulo 5 mostrará formas automatizadas de crear un conjunto de comentarios para cada cabecera de método. Algunos de estos comentarios, como el objetivo de la clase o el método, deberían estar en javadoc.

| **Consejo de diseño** | *Cuando examine la lista de comentarios especiales de javadoc, es decir, los que comienzan con el signo @, observará que @version* |

y @author solamente se pueden utilizar con clases. @param, @return y @exception solamente se pueden utilizar con métodos. Por ejemplo, javadoc ignorará los comentarios @author para métodos. Si desea nombrar al autor de un método, quite el signo @ y ponga el nombre del autor en su propio comentario de estilo /**.

| **Cuidado con los errores** | *Si javadoc no puede encontrar el archivo de código fuente, genera un esqueleto de archivo HTML, pero no avisa. Cuando* |

se haya tomado el trabajo de crear correctamente la línea de órdenes, siga un paso más y vea la salida HTML de javadoc para asegurarse de haber creado algo utilizable.

Los elementos arriesgados antes que los seguros

Un proyecto típico, al menos uno que se merezca nuestro talento, contiene elementos que se pueden escribir directamente y otros para los cuales tendremos que pensar un poco. Es posible que tengamos que realizar alguna investigación. Pueden existir elementos de los que no estemos seguros que sean posibles. Puede ser que el programa tenga que ir donde ningún otro programa haya ido antes y, para hacerlo, tengamos que inventarnos un nuevo paradigma.

Java se creó pensando en este último tipo de situaciones.

Tiene sentido resolver los elementos arriesgados primero. En caso contrario, se podrían perder semanas o meses de esfuerzo antes de descubrir que un elemento arriesgado se carga el proyecto.

Ocuparse de las sorpresas pronto, no tarde

Resolver un elemento arriesgado concreto puede resultar imposible. O también puede ser factible, pero puede consumir la mayor parte del presupuesto total del proyecto. Conocer eso al principio le ayudará a usted y a su jefe a controlar las cosas con tranquilidad. Por ejemplo, podría hacer una de estas cosas:

- Cancelar el proyecto, gastando los recursos en otra parte.
- Retrasar el proyecto hasta que aparezca una nueva herramienta o paradigma.
- Comprar y aprender a utilizar una herramienta software existente.

- Buscar un experto que domine la realización de este elemento arriesgado concreto.
- Eliminar el elemento de elevado coste, pero mantener lo que quede y sea valioso.
- Desplazar el elemento arriesgado a la siguiente fase del proyecto.

La regla 80:20 omnipresente se mantiene aquí. Afirma que el 80 por 100 de los elementos requerirán el 20 por 100 del esfuerzo, y que el 20 por 100 requerirá el 80 por 100 del esfuerzo. Dicho 20 por 100 son habitualmente los elementos arriesgados. Sin embargo, para estar seguro de cuáles son, debería categorizar el proyecto en estos niveles de riesgo subjetivos:

A. "He realizado este elemento muchas veces antes y sé exactamente cómo hacerlo".

B. "Lo he visto hecho, o quizá lo hice una vez, hace bastante tiempo."

C. "Estoy bastante seguro de que mi colega sabe cómo hacerlo, o sino tendré que investigarlo bastante."

D. "Parece que toda la información necesaria está disponible. No sé cómo hacerlo, pero confío en que podré resolverlo."

E. "Puede que ni siquiera sea posible, pero lo voy a intentar."

F. "No se puede hacer. Y, ¿para cuándo quiere que esté?."

A continuación, trabaje con los elementos en orden inverso: de F a A.

La razón fundamental de gestionar los proyectos de este modo es protegerse frente a errores. Los errores se agrupan en áreas arriesgadas. Se debe a que las áreas de bajo riesgo ya se han visto sometidas a un esfuerzo y experiencia considerables. Los errores potenciales en dichas áreas son bien conocidos y están documentados.

Por ejemplo, el bucle **for** de Java tiene espacio para un error clásico. La mayoría de las sentencias requieren un punto y coma al final, y el bucle **for** permite uno ahí, pero, en general, no querremos tener un punto y coma al final de la sentencia **for**. Considere el siguiente programa en Java:

```
1: class CeroANueve {
2:    public static void main(String[] argumentos) {
3:        int i = 0;
4:        for (i=0; i<10; i++);
5:            {
6:                System.out.println(i);
7:            }
8:    }
9: }
```

Únicamente imprime el número 10, no la lista prometida de números del 0 al 9, porque el bucle se termina antes de que se produzca la sentencia **println**. Se debe a que el punto y coma del final del bucle **for** delimita el bucle. Cuando se termina el bucle, i = 10 y se ejecuta el bloque. Ya conocía eso.

Quite el punto y coma de la línea 4 y la sentencia **println** estará dentro del bucle.

Por cierto, el ejemplo **for** es un argumento para adoptar estándares de codificación. Un estándar muy utilizado pone la llave directamente después del comienzo de un bucle, como recordatorio psicológico de que no se debe poner ahí ningún punto y coma. La línea 4, programada de este modo, parecería extraña:

```
4:          for (i=0; i<10; i++); {
```

Es importante evitar los errores y los estándares ayudan. Cuando no se pueden evitar los errores, es igualmente importante descubrirlos pronto, porque es más barato erradicarlos pronto. Cuando no los pueda descubrir, se verá sujeto a la presión de la finalización del plazo, que es el nido de los más dañinos errores que se encuentran en el código. Aparecen porque los programadores no tienen (o no se toman) tiempo de erradicarlos o evitarlos.

Evitar la presión por la finalización del plazo

Si le queda el trabajo de dos semanas, tiene que terminarlo el viernes y su puesto de trabajo peligra, va a crear código con errores. Por un motivo: no tendrá tiempo para probarlo en profundidad. Y por otro: mientras su cerebro derecho piensa en cómo crear los algoritmos correctos, el cerebro izquierdo domina sus pensamientos y no le permitirá que sea creativo. El cerebro izquierdo está pensando en la supervivencia: qué explicar al jefe, cómo cambiar el primer párrafo de su currículo, qué le va a decir a su mujer respecto a quién va a pagar la hipoteca y una docena de otros pensamientos desastrosos. El cerebro izquierdo dominante se vence a sí mismo no dejando que el cerebro derecho creativo le resuelva el problema.

Si su puesto de trabajo no pende de un hilo, es muy probable que el siguiente incremento de su sueldo sí lo esté.

Así es la presión por la finalización del plazo. Los directivos bien informados lo saben y tratarán de evitársela. Se colocarán entre su supervivencia y aquellos que puedan amenazarla. Respaldarán la responsabilidad y obligarán a los otros a aceptar el hecho de que el programa necesitará inevitablemente dos semanas adicionales. Sabrán que si no hacen eso, es probable que el programa necesite seis semanas adicionales y seguirá teniendo errores al entregarlo.

Dichos directivos gestionan proyectos y factores externos mucho mejor que su gente. Si tiene un directivo así, es muy probable que le solicite que le apoye con algo parecido a un Análisis del factor de riesgo (RFA).

Si su directivo se centra en dirigirle a usted, entonces el RFA puede ser su única esperanza para tener un escudo protector. Lo veremos en el Capítulo 4.

CAPÍTULO 3

Establecimiento de capturadores de errores en Java

Instrumentos. Al volar en un reactor a gran altura, un piloto sin los instrumentos de la cabina tiene poca idea de si la velocidad del aire es 310 o 355 mph, o de si la altitud es 29.000 o 33.000 pies. El ruido de la cabina y los movimientos del avión proporcionan unas pequeñas pistas, pero son insuficientes.

Cualquier piloto cualificado puede mantener el avión en horizontal cuando se puede ver el horizonte. Sin embargo, ningún piloto puede mantener el avión en una actitud segura durante más de unos minutos dentro de nubes espesas sin consultar los instrumentos de la cabina o utilizar el piloto automático. De hecho, si el avión es uno de los pocos que son bastante estables, lo mejor que puede hacer un piloto en una situación así es soltar el mando y confiar en que el avión volará por sí mismo fuera de las nubes. ¡Es alarmante!

Sin embargo, volar es seguro. La razón es que un avión tiene instrumentos especializados que muestran si las alas, el morro o la cola están nivelados. Otros instrumentos le indican al piloto qué dirección es el norte, en qué dirección está el destino e incluso que la presión del aceite en el motor 3 es correcta. Ya habrá visto una cabina. Hay cientos de instrumentos y los pilotos son unos profesionales en la lectura e interpretación de todos ellos, o no tendrían el título para pilotar dicho avión. La capacidad de manejar una crisis con competencia comprende al menos el 75 por 100 del pilotaje. Los instrumentos les indican a los pilotos qué deben saber para volar con seguridad.

Los instrumentos están ahí fundamentalmente para dar a los pilotos información negativa. Si la temperatura del escape del motor 3 se eleva demasiado, el piloto debe cerrar dicho motor para evitar o apagar un incendio. Cuando el altímetro del radar emite un pitido durante la aproximación a un aterrizaje, significa que la tierra está demasiado cerca. Si la brújula indica la dirección sur y el avión debería ir hacia el oeste, es el momento de girar a la derecha. En cada caso, el piloto tiene que evaluar la situación, a menudo al instante, y tomar la acción correctora necesaria.

Introduzca instrumentos en su código

La situación es similar para los programadores que depuran el código. Luchamos porque el código funcione y necesitamos instrumentos de código especializados para las entradas negativas. Si no tenemos medios de ver lo que va mal, no tenemos ninguna forma mejor de encontrar errores que la que tiene un piloto de volar con seguridad con mal tiempo y sin instrumentos. Cuanto mayor sea la cantidad y calidad de los instrumentos de código disponibles, más limpio y seguro será el código.

Instrumentos de código

Los instrumentos de código pueden ser de varios tipos:

- Capturadores de errores de Java permanentes, para ayudar a los usuarios. Son como los instrumentos de la cabina normal de un avión que le indican al piloto que algo va mal.
- Capturadores de errores de Java temporales, solamente para depuración. Son como los instrumentos especiales que se instalan para los vuelos de prueba.
- Código que evita los errores. Es equivalente a la estabilidad inherente de un avión

Capturadores de errores permanentes

Da pena el pobre usuario. Frustrado por el tráfico cuando conduce hasta el trabajo y la presión por conseguir ese informe para el vicepresidente antes de las diez o, si no, el resuelto cliente introducirá un cero no previsto y, ¡boom!, la computadora escupirá un volcado de la pila y terminará el programa. Los números introducidos durante la última hora se disiparán igual que el calor en alguna resistencia eléctrica del interior de la computadora. Bueno, quizá los datos estén seguros, pero el usuario no lo sabe.

El usuario no tiene ni idea del porqué, pero ha sucedido antes. El sufrido usuario vuelve a lanzar la aplicación o reinicia el sistema, jurando esta vez que va a guardar los datos cada 15 segundos. Por tanto, cada 15 segundos el programa desperdicia otros 15 en guardar los datos. La productividad se ha reducido al menos un 50 por 100, y todo porque nada ha capturado esa entrada ilegal en un punto crucial.

Los capturadores de errores permanentes de su código dan al usuario una oportunidad. La última vez que el usuario introdujo un cero, y la vez anterior, la computadora se bloqueó. Con mejor información y preguntas, el usuario podría haber informado del error. Son oportunidades perdidas. De este modo, instale capturadores de errores permanentes que den a sus usuarios una oportunidad de luchar por conseguir que le llegue ese informe al vicepresidente antes de las diez. Consulte el Capítulo 12 para saber cómo emitir el mensaje de error perfecto.

Dos categorías de errores

En este punto, hay dos categorías de errores. Hay errores que se podrá imaginar y otros que no. Cada categoría tiene dos subcategorías.

Si se puede imaginar un error, debería intentar evitarlo. Por ejemplo, si un usuario nunca debería introducir un número menor que cero podría hacer lo siguiente:

1. Comprobar la entrada.
2. Rechazarla si es menor que cero.
3. Decirle al usuario que la entrada debe ser mayor o igual a cero.
4. Enviar de nuevo el código a ese cuadro de introducción de datos.

En este punto, se podría imaginar otro tipo de error. ¿Cómo puede el usuario interrumpir el proceso de introducción, especialmente si el continuar podría corromper la base de datos? Para resolver este problema, podría introducir un código especial, como null, un escape o una pulsación en algún sitio, para interrumpir la rutina.

Después, podría pensar en otro tipo de error. ¿Cómo sabe el usuario cómo interrumpir la introducción? Podría modificar el mensaje de error y explicar cómo.

A veces se imaginará un error que no puede evitar. Quizá el usuario tenga que realizar una llamada pidiendo consejo, utilizando información que usted no tiene en el momento del diseño. El usuario podría incluso solicitar que instale un aviso en un cierto punto. Por ejemplo, si resulta que dos medicinas están en la misma receta a la vez, pero tienen interacciones potencialmente negativas, se podría desear que apareciera un aviso. Podría ser que el médico haya recetado esas dos medicinas porque a pesar de los efectos laterales temporales, se curaría al paciente. O podría ser que se equivocara el médico. El farmacéutico u otro profesional que utilizara el programa podría necesitar un recordatorio en un punto crítico del programa.

Una vez, cuando estaba creando un programa de referencias cruzadas de válvulas hidráulicas, mi cliente me solicitó que apareciera un cuadro en rojo parpadeante para ciertas combinaciones de válvulas. Dichas combinaciones de válvulas se podían crear, pero probablemente no eran lo que quería su cliente. Cuando el usuario del programa pulsaba en el cuadro parpadeante, se convertía en rojo continuo para indicar que se había indicado el posible error. Pensé que era una solución excelente a un problema de diseño difícil.

Resultó que el diseño tenía un error insólito. Uno de los clientes de mi cliente era epiléptico, ¡y las luces en rojo parpadeante pueden provocar ataques! Ahora un cuadro rojo continuo se vuelve amarillo después de pulsarlo.

Como en el episodio del cuadro rojo parpadeante, hay errores que no se pueden prever y son de dos categorías: los errores que se pueden capturar y los que no.

¿Se deben capturar los errores que no se pueden prever? Bueno, si no lo hacemos nosotros, Java lo hará y sería bueno evitar que suceda. En la mayoría de los casos, cuando Java lanza una excepción no manejada, el mensaje de error tiene significado para un programador en Java experto, comparable a los mensajes de los lenguajes más antiguos. ¡Gloria al equipo de diseño de Java por esa bendición! Sin embargo, estos mensajes confunden a los usuarios. Pensados para desarrolladores, son crípticos para los usuarios. Después, para empeorar las cosas, el programa termina mostrando un volcado de la pila.

Para que sus mensajes sigan estando en la categoría de "amigables para el usuario", es necesario mejorar lo que Java les podría decir a los usuarios. Para hacerlo, es necesario conocer cómo maneja Java las excepciones.

Las excepciones de Java en detalle

Las excepciones de Java, llamadas errores en tiempo de ejecución en algunos otros lenguajes, son subclases de una clase de Java llamada **Throwable**, que tiene dos subclases llamadas **Exception** y **Error**. El **Error** está asociado habitualmente a desastres que el programa no puede manejar. Las excepciones (**Exception**) son las clases que le preocupan a diario.

La orientación a objetos de Java ha modernizado el manejo de errores. De hecho, categorías completas de problemas que solían asediar a los programadores, simplemente no se pueden producir en Java. Por ejemplo, no se permite el código no alcanzable y es él mismo una excepción. Esta característica puede provocar su propio tipo de dificultades con capturadores de errores mal construidos, como se explica más adelante en este capítulo.

Cuando Java detecta una excepción, crea un objeto Java para esa excepción y la lanza (**throws** en inglés), es decir, la envía al sistema en tiempo de ejecución contenido en el método que ha lanzado la excepción. Se puede programar que ese método maneje la excepción o que la pase, pero en algún sitio, algo en el programa captura (**catch** en inglés) la excepción. Si ningún método del programa captura la excepción, entonces lo hace el sistema en tiempo de ejecución global. De hecho, podría pensarse que el programa completo está envuelto en código que finalmente captura la excepción y la maneja de forma predeterminada.

El objeto excepción contiene información como el tipo de excepción y el estado del programa cuando se lanzó la excepción. Esta información simplifica la realización de un seguimiento de la excepción hasta su origen. Igual que es fácil eliminar una cucaracha que encontramos en medio del suelo de la cocina, es sencillo corregir un error informático localizado.

Palabras claves de las excepciones

Tenemos cinco palabras claves poderosas para gestionar las excepciones: **try, catch, throw, throws** y **finally**. Trabajan en común del modo siguiente:

Se establece un bloque **try** alrededor del código para el que se desean vigilar las excepciones. Si se produce una excepción dentro del bloque **try**, el bloque **try** envía la excepción a un bloque **catch** para que la maneje. Si se desea crear una excepción propia, se utiliza la palabra clave **throw**. Si se desea que un método eluda una excepción y deje que sea manejada por algún otro método que esté por encima en la cadena de llamadas, se indica mediante la palabra clave **throws**. A menudo, hay código que se debe ejecutar antes de que el método devuelva el control a su padre y se pone dicho código dentro de un bloque **finally**.

Sin preocuparnos por las palabras claves todavía, la estructura básica es como esta:

```
try {
    // Código en el que se supervisan los errores.
}
// No se permite aquí código intermedio.
catch (UnaExcepcion e) {
    // Gestor para UnaExcepcion.
```

```
}
catch (OtraExcepcion e) {
      // Gestor para OtraExcepcion.
}

// Otras capturas se ponen aquí.

finally {
      // Código de limpieza que se debe ejecutar antes de que termine
      // el bloque try.
}
```

Seis notas son interesantes:

- Puede pensar en UnaExcepcion y OtraExcepcion como comodines en los que irán los nombres reales de las excepciones. Son los nombres de los tipos de excepción, como ArithmeticException, o las excepciones que se invente.
- **e** es simplemente un nombre de variable. De hecho, la mayor parte del código en Java utiliza este mismo nombre: *e* para representar un error. Puede utilizarlo para referenciar a una excepción, como **e.getMessage()**.
- Si tiene una cláusula **try**, debe tener al menos una cláusula **catch**, o sino debe tener una cláusula **finally**.
- No se puede poner ningún código entre el bloque **try** y su primer **catch**.
- El primer **catch** que puede hacerlo, maneja la excepción; los otros se omiten y el código continúa después del último bloque **catch** para ese **try** concreto. De este modo, se puede colocar código entre el **catch** final y su bloque **finally**, si existe. Dicho código continúa finalmente su ejecución en el bloque **finally**, si no se le redirige a otro sitio.
- Si se utiliza más de una sentencia **catch**, las subclases de excepción deben estar antes de sus superclases. Una superclase capturará las excepciones de sus subclases. Por tanto, si una subclase está después de una superclase, no es posible alcanzar la subclase **catch**. Como he mencionado antes, el compilador de Java no permite código que no se pueda alcanzar. Recuerde, "las sub antes que las super".

Utilización especializada para *finally*

Por cierto, como el bloque **finally** siempre se ejecuta antes de que se termine su bloque **try**, tiene una utilidad importante que no está relacionada con las excepciones. Se pueden poner las tareas de mantenimiento de un método en el bloque **finally**, sabiendo que se van a ejecutar con seguridad. Se pueden liberar los bloqueos, sockets o descriptores. Se pueden confirmar o deshacer las operaciones con datos, etc. No hay pérdidas por rodear las sentencias de un **try** hasta que se lanza una excepción.

Una pobre utilización de *try* y *catch*

He visto cómo se utilizaban **try** y **catch** para el control de bucles. Es posible instalar un bloque **try** alrededor de un bucle, y capturar una excepción para salir del bucle. Se podría capturar el hecho de que algo ha pasado al final del archivo, o incluso lanzar (**throw**) manualmente una excepción para salir del bucle. Funciona, y es muy eficiente, pero es un diseño pobre y habitualmente refleja un esfuerzo reducido. Sin embargo, puedo pensar en al menos un caso (bloqueos circulares) en el que no hay otra opción sin recurrir a código de aspecto horroroso. Incluso en ese caso, se debería modificar el código si una versión posterior de Java ofreciese otras oportunidades.

Las excepciones superan al estado del arte

Una de las cosas en que C++ mejoraba al lenguaje C era en el manejo de las excepciones.

Las excepciones de Java no son, eh...

Perdón, pero no soy capaz de terminar la última frase con la palabra obvia. Las excepciones de Java son una importante mejora frente a los mecanismos de captura de errores de C, por varias razones:

- Separan el código básico de Java del código de los errores.
- Se trasladan hacia arriba, para ser manejados por el método que más interesado esté en ellos.
- Se agrupan con naturalidad en grupos lógicos.

Separar el código básico del código de los errores

La belleza del sistema de Java es que los gestores de errores están separados del código básico. El código básico se encuentra dentro de un bloque **try**, mientras que los gestores de errores se encuentran dentro de bloques **catch** inmediatamente debajo del bloque **try**. Los sistemas de errores como los que pueden utilizar COBOL, C o Visual Basic, pueden casi oscurecer el código con pruebas de errores. No tiene sentido que el fragmento de código que se ejecuta más habitualmente se oculte entre un marasmo de capturadores de errores que, si no hay problemas, no se van a ejecutar nunca. Por tanto, Java separa los dos, haciendo que los programas sean más sencillos de comprender. Los programas comprensibles son inherentemente menos proclives a tener errores.

Considere este ejemplo. Supongamos que tenemos una función que lee un archivo en memoria. En pseudocódigo, la función podría ser:

```
leerArchivo {
    abrirArchivo;
    determinarTamaño;
    asignarMemoria;
    leerArchivoEnMemoria;
    cerrarArchivo;
}
```

Este código parece directo, pero tiene serias deficiencias. ¿Qué debería hacer el programa si se produce una de estas cosas?

- El archivo no se abre.
- No se puede determinar la longitud del archivo.
- No hay suficiente memoria.

- Falla la lectura.
- Falla el cierre.

La forma tradicional de manejar estos errores potenciales es crear una función con códigos de errores, similar a la siguiente. Como referencia, las líneas originales están en negrita. ¡Mire cómo se desborda el código!

```
tipoCodigoError leerArchivo {
     inicializar codigoError = 0;
     abrirArchivo;
     if (archivoAbierto) {
          determinarTamaño;
          if (sabemosLongitudArchivo) {
               asignarSuficienteMemoria;
               if (memoriaAsignada) {
                    leerArchivoEnMemoria;
                    if (haFalladoLectura) {
                         codigoError = -1;
                    }
               } else {
                    codigoError = -2;
               }
          } else {
               codigoError = -3;
          }
          cerrarArchivo;
          if (noSeHaCerradoElArchivo && codigoError == 0) {
               codigoError = -4;
          }
     } else {
          codigoError = -5;
     }
     return codigoError;
}
```

Las 7 líneas originales se han convertido en 27, y seguirá teniendo que manejar los diversos errores. Pero lo peor es que el código original (en negrita) está perdido entre los capturadores de errores.¡Es incluso difícil decir si el código es correcto! Un punto y coma o una llave mal colocados y difíciles de localizar y las cosas se pueden poner realmente complicadas. Piense en que tiene que volver al código después de un año para modificarlo. ¿Sería sencillo? Sí que podría hacerlo, claro está, pero tendría que dedicarle una energía mental innecesaria. Observe la solución elegante que le proporciona Java, en forma de excepciones. Este ejemplo procede también del nodo de Web de Java.Sun.Com:

```
leerArchivo {
     try {
          abrirArchivo;
          determinarTamaño;
          asignarSuficienteMemoria;
          leerArchivoEnMemoria;
          cerrarArchivo;
```

```
     } catch (NoSeHaAbiertoElArchivo) {
         handle_Error;
     } catch (tamañoNoDeterminado) {
         handle_Error;
     } catch (falloEnAsignaciónMemoria) {
         handle_Error;
     } catch (NoSeHaLeídoElArchivo) {
         handle_Error;
     } catch (NoSeHaCerradoElArchivo) {
         handle_Error;
     }
```

Este fragmento de código es sólo 2,7 veces mayor en tamaño que el original, mientras que el método tradicional es casi 4 veces mayor que el original. Eso es significativo, pero lo mejor es que se puede ver lo que está sucediendo. El código básico sigue intacto y los gestores de errores están agrupados limpiamente debajo suyo. Además, el bloque **catch** dirá claramente lo que sucede cuando se produce cada excepción.

Claro está, es necesario todavía detectar, informar y manejar los errores, pero observe lo claro y lógico que es ahora el proceso.

Los diseñadores de Java tomaron esta gran idea de C++, que la tomó de un lenguaje oscuro llamado ML, o Meta Language.

Trasladar hacia arriba a través de la pila de llamadas

Las excepciones suben por la pila de llamadas de forma más eficiente que los antiguos métodos de manejo de errores. Si un método de profundidad cinco en la pila de llamadas lanza una excepción en la que sólo está interesado el método superior, los gestores de errores tradicionales exigen que cada método que intervenga considere y maneje el error, incluso aunque manejarlo signifique únicamente pasarla hacia arriba en la cadena.

Por otra parte, Java permite que los métodos no interesados "eludan" la tarea de manejar la excepción simplemente listándolas en la cláusula **throws**. El manejo de errores, el incremento del código y el enmarañamiento del programa prácticamente se reducen a la mitad.

Los errores se dividen en categorías naturales

Las excepciones de Java son objetos que pertenecen a jerarquías de clases, que se agrupan con naturalidad. Por ejemplo:

```
Objeto
| -- etc.
| -- Error
|       |-- etc.
|       |-- AWTError
|       |       |-- etc.
|       |       |-- VirtualmachineError
|       |       |-- OutOfMemoryError
|       |       |-- StackOverflowError
```

```
| -- Exception
     |-- RuntimeException
     |-- |-- etc.
     |-- |-- ArithmeticException
     |-- |-- NullpointerException
     |-- |-- IndexOutOfBoundsException
     |-- |--|-- ArrayIndexOutOfBoundsException
     |-- |--|-- StringIndexOutOfBoundsException
     |-- IOException
          |-- etc.
          |-- EOFException
          |-- FileNotFoundException
```

En los casos en los que Java no las agrupa, se pueden crear subclases de **Throwable**, o de sus subclases, hasta el infinito, para nuestras propias excepciones. También puede crear subclases de sus subclases, con la profundidad que desee. Se pueden tener excepciones sin subclases. Se pueden crear grupos, que tienen subclases de excepciones relacionadas lógicamente. La organización es tan sencilla como dibujar un diagrama jerárquico.

No más números de código de error difíciles de memorizar, o difíciles de investigar para sus usuarios. El manual de usuario no necesita contener una lista complicada de códigos de error.

La jerarquía de excepciones de Java incluso permite crear un gestor de excepciones general con una línea como esta:

catch (Exception e) {

Pero no se lo recomiendo. Esa línea tendrá éxito en la captura de todas las excepciones que sean subclases de la clase **Exception**. Ese conjunto de excepciones incluye todas las que no son de la clase **Error** y no son subclases de **Throwable** que se podrían crear. Es un grupo inmenso, que contiene casi cualquier excepción que se pueda gestionar. El problema es que tendría que gestionarlas todas en un solo sitio y sería muy fácil olvidarse de algo. Y peor, los procesos de gestión de errores ya no estarían cerca de los métodos más interesados en ellos. Durante el mantenimiento del código, el pobre desarrollador (¿usted?) tendría que recorrer todas las páginas del código al trabajar con las excepciones. El enfoque jerárquico natural de Java es mejor.

Orden de la ejecución

Si la excepción lanzada coincide con el primer argumento del **catch**, entonces ese bloque **catch** la maneja. Si no es así, la excepción mira si coincide con el segundo argumento del **catch**, etc., hasta el final.

Si ninguno de los **catch** era adecuado, se ejecuta el bloque **finally**, si existe, y el método actúa como si no hubiera un bloque **try** en absoluto.

A continuación, el método padre vuelve a obtener el control del programa y recibe la excepción. Si tiene un bloque **try** con un bloque **catch** que coincide con la excepción, ese **catch** manejará la excepción. En caso contrario, se ejecuta el bloque **finally**, si existe, y el método actúa como si tampoco hubiera un bloque **try**. El siguiente método padre vuelve a obtener el control, etc., subiendo por la pila de llamadas.

Si la excepción se traslada hasta la parte superior de la pila de llamadas sin encontrar un **catch** que coincida, entonces el método superior detiene su ejecución y emite un mensaje.

Sin embargo, si algún **catch** por el camino coincide con la excepción, entonces se ejecuta el código de ese bloque **catch**. Puede que sea posible o no que usted pueda impedir una interrupción del programa en ese punto. Ciertamente, si es posible, debería impedir la interrupción. Si no puede hacerlo, entonces quizá deba revisar las líneas de código que han lanzado la excepción.

Eliminación de los errores de RuntimeException

Si el programa está lanzando excepciones reales en tiempo de ejecución –es decir, subclases de la clase **RuntimeException**–, entonces debe realizar un trabajo serio. Debería eliminar inmediata y totalmente estos errores del código. La Tabla 3.1 enumera estas subclases.

Tabla 3.1.   *Subclases de la clase RuntimeException*

Nombre de la excepción	Explicación
ArithmeticException	Algún tipo de error aritmético, como una división por cero o el log(0).
ArrayIndexOutOfBoundsException	El índice del array es menor o mayor que su límite.
ArrayStorageException	El tipo de un elemento del array es incompatible con los datos que se asignan.
ClassCastException	La conversión de tipos no es válida.
IllegalArgumentException	Se está utilizando un argumento erróneo para llamar a un método.
IllegalStateException	El estado de la aplicación o el estado del entorno de la computadora es erróneo.
IllegalThreadStateException	El estado actual del hilo es incompatible con la operación solicitada.
IndexOutOfBoundsException	Un índice es demasiado alto o bajo.
NegativeArraySizeException	Se ha creado un array con un número negativo de elementos.
NullPointerException	Se ha utilizado mal una referencia a null.
NumberFormatException	Conversión de cadena a número no válida.
SecurityException	Algo ha intentado realizar una violación de la seguridad.
StringIndexOutOfBounds	El índice de la cadena es menor o mayor que su límite.
UnsupportedOperationException	La operación no es admitida por Java.

No hay ninguna sentencia goto

Aunque los diseñadores de Java reservaron inteligentemente la palabra clave **goto**, no la utilizaron en el lenguaje. Es posible que la hayan reservado para utilizarla en el futuro, o posiblemente querían impedir que alguien la definiera y utilizara como método, probablemente ambos. No se puede incluir un **goto** dentro de una sentencia **catch**. No funcionará. Cuando el método que captura una excepción termina su bloque **catch**, se ejecuta el bloque **finally** (si existe) y después el método devuelve el control a lo que le haya llamado. No se puede utilizar un **goto** para modificar dicha cadena de eventos.

El **goto** clásico, u orden de salto de otros lenguajes, no viola los principios de la programación estructurada. Los escépticos pueden leer a Dijkstra y Knuth. Sin embargo, la utilización de un **goto** en otros lenguajes debe tener restricciones. No se debería utilizar para lo siguiente:

- Para entrar en un bucle en varios puntos.
- Para volver a un lugar anterior en el código. Sin embargo, los menús implementados sin saltos son desagradables de programar, porque el programador tiene dificultades para saber dónde va a pulsar el usuario a continuación.
- Para crear bucles. Sin embargo, dichos bucles son habitualmente lo más rápido que se puede construir.

En muchos lenguajes, el **goto** es especialmente útil para la captura de errores, pero los diseñadores de Java nos proporcionaron un paradigma más elegante con el conjunto de órdenes **try-catch-throw-throws-finally**. **goto** simplemente no hace falta en Java.

El compilador asegura la comprobación de las excepciones

Otro de los atractivos de la forma en que Java maneja las excepciones es que el compilador asegura la comprobación de las excepciones cuando se utilizan bibliotecas. Cada método de biblioteca que se utiliza ya ha declarado las excepciones que puede lanzar. Por ejemplo, es posible que los diversos métodos de E/S a archivo lancen varios errores de la clase **IOException**. Cuando el código llama a dichos métodos, debe prever cada una de estas excepciones. Si no lo hace, obtendrá un mensaje de tiempo de compilación como el siguiente:

```
SanDiego.java:25: Exception java.lang.IOException must be caught or it
must be declared in the throws clause of this method.
(Se debe capturar la excepción java.lang.IOException o se debe decla-
rar en la cláusula throws de este método.)
```

El mensaje significa exactamente lo que indica. El método que provoca el error debe tener un bloque **catch** que coincida con la excepción (y su correspondiente bloque **try**, claro está) o debe enumerar la excepción en su cláusula **throws**.

Como ya sabe, la mayoría de los compiladores avisan de los problemas con el número y tipo de argumentos utilizados al llamar a algo, un método en este caso. Los compiladores pueden hacer eso porque los argumentos se declaran formalmente en la cabecera de la subrutina. En Java, los métodos utilizan la palabra clave **throws** para declarar formalmente al compilador (y al programador de mantenimiento) qué posibles excepciones pueden lanzar. De este modo, el compilador puede comprobar que el código que llama a estos métodos podrá manejar las excepciones. Esta característica hace que Java sea más robusto que sus predecesores en el manejo de errores.

Y la cosa mejora. No es necesario memorizar qué excepciones son lanzadas por cada método, ni incluso buscar en un manual. El compilador es quien lo comprueba. Le avisa a usted y a otros que utilicen sus métodos de qué excepciones se manejan.

Excepciones comprobadas y no comprobadas

Java define varias clases de excepción en **java.lang**. Como **java.lang** se importa automáticamente en todos los programas en Java, la mayoría de las excepciones que son subclases de **RuntimeException** estás disponibles por defecto. El compilador no comprueba si un método maneja o lanza la mayoría de estas excepciones, por lo que no es necesario incluirlas en la lista **throws** de algún método. A estas excepciones se les llama habitualmente "excepciones no comprobadas".

Java tiene varias "excepciones comprobadas" definidas en **java.lang**. Debe incluirlas en la lista **throws** de sus métodos, o capturarlas (**catch**) cuando sea adecuado. La Tabla 3.2 enumera estas excepciones comprobadas.

Tabla 3.2. *Excepciones comprobadas en java.lang*

Nombre de la excepción	Explicación
ClassNotFoundException	Java no ha encontrado la clase a la que se hacía referencia.
CloneNotSupportedException	Se ha intentado clonar un objeto que no implementa la interfaz **Cloneable**.
IllegalAccessException	Se ha denegado el acceso a una clase.
InstantiationException	Se ha intentado crear ilegalmente un objeto de una clase abstracta o interfaz.
InterrumpedException	Se produce cuando un hilo interrumpe a otro.
NoSuchFieldException	El campo no existe. (Compruebe si tiene errores tipográficos.)
NoSuchMethodException	El método no existe. (Compruebe si tiene errores tipográficos.)

Codificación para el manejo de excepciones

Entonces, ¿cómo se codifica un programa para que maneje las excepciones? Es necesario hacer dos cosas:

1. Rodee el código con un bloque **try**. A eso se le llama proteger el código.
2. Ocúpese de cada excepción en un bloque **catch**.

En el bloque **catch**, se puede descartar la variable "e" (los programadores en Java utilizan habitualmente e), pero se puede utilizar con líneas como:

```
System.out.println("Error: " + e.GetMessage());   // Imprime el mensaje
                                                   // de error.
System.out.println(e.toString());    // Imprime también el nombre de la
                                      // excepción.
```

Otros métodos útiles para el manejo de excepciones son los siguientes:

Método	Acción
PrintStackTrace()	Imprime el volcado de la pila hacia arriba desde el punto del error.
GetLocalizedMessage()	Crea una descripción del error o excepción que una subclase puede utilizar para suplantar el mensaje, generando de este modo un mensaje específico de este método.
FillInStackTrace()	Inserta el estado de la pila para este hilo en el objeto excepción.
PrintStackTrace (PrintStream)	Imprime un volcado de la pila relativo al flujo de impresión especificado.

Mensajes de error pesados

El método GetMessage() existe en todas las excepciones, y en cierto modo es más detallado. Siempre podrá utilizarlo para obtener, y presentar, el texto del mensaje de error. Sin embargo, debe leer dicho mensaje de error para asegurarse de que sea adecuado para sus usuarios concretos. Escriba un simple esqueleto para lanzar ese error concreto si no puede encontrar el texto del mensaje en una referencia. Por ejemplo:

```
class ProbarDivisiónPorCero {
  public static void main(String args[]) {
      int a=0, b=1, c=o;
      try {
          a = b / c; // Lanzar (throw) deliberadamente una excepción
                     // de división por cero
      }
      catch (ArithmeticException e) {
          System.out.println(e.getMessage());
      }
  }
}
```

Codificación del bloque *catch*

El bloque **catch** debería impedir una interrupción fatal, si es posible. Para permitirle que lo haga, es posible que tenga que reinicializar variables, cerrar archivos, abrir archivos o corregir numerosas cosas que podrían haber causado el error. Por ejemplo, si tenemos un programa que divide a por b, asignando el resultado a c, y b se hace cero antes de que se produzca la división, se producirá un error de división por cero. El bloque **catch** podría emitir un mensaje de error, asegurando que se asigne algún número muy grande a c, y continuar.

| Cuidado con los errores | *La división por cero lanza únicamente una excepción para los tipos enteros y flotantes, no long ni double. En dichos casos,* |

la división por cero obtiene como resultado POSITIVE_INFINITY o NEGA-TIVE_INFINITY, según corresponda. Si se divide por un cero negativo, se obtiene NEGATIVE_INFINITY si el dividendo es mayor que cero y POSITIVE_INFINITY si es menor que cero. Como se podía esperar, 0.0 / -0.0 es NEGATIVE_INFINITY, igual que –0.0 / 0.0. Tanto 0.0 / 0.0 como -0.0 / -0.0 son POSITIVE_INFINITY.

El programa no se interrumpe simplemente porque se haya lanzado y capturado una excepción. Si el resultado de a/b está dirigido a una base de datos y no debería ir ahí cuando b = 0, entonces se puede utilizar el bloque **catch** para impedir esa escritura en la base de datos.

Nuestro hijo pequeño nos preguntó recientemente qué tal se vivía en los "viejos tiempos". En los viejos tiempos, hace cinco años, el código devolvería un indicador. Hoy en día, dejamos que Java se encargue de gestionar las cosas. Por ejemplo, si se calcula a/b y después se escribe el resultado en la base de datos, pero se tiene todo dentro de un bloque **try,** y b = 0, se produce esto:

1. El bloque **try** captura la **ArithmeticException**.
2. El control salta al bloque **catch**, que maneja la excepción. Para hacerlo, el código se salta el proceso de escribir en la base de datos.
3. El bloque **catch** maneja la excepción y simplemente omite la escritura en la base de datos. ¡Error resuelto!
4. Cuando el bloque **catch** termina, se ejecuta el bloque **finally** (si existe) y después termina el método, permitiendo al resto del método continuar su ejecución.
5. Si ha terminado el método después de que termine el bloque **finally**, entonces el padre (el método llamante) continúa su ejecución.

Por tanto, nuestra tarea es crear un bloque **catch** que resuelva la excepción como si nunca se hubiera producido.

Por ejemplo, hay ocho maneras de insertar un disco flexible, y sólo una de ellas nos interesa. Realmente tuve que utilizar una vez unas pinzas para retirar un disco mal insertado. El programa podría lanzar una excepción, por diseño, cuando el usuario intente leer un disco flexible que esté mal insertado. El bloque **catch** debería indicarle al usuario que no hay ningún disco en la unidad a:, permitirle al usuario que corrija el problema y volver a intentarlo. Hay varias maneras de dejar que el usuario corrija el problema, entre las que cabe mencionar:

- Emitir un mensaje amistoso como "No hay ningún disco flexible en la unidad a:", y utilizar **throws** para devolver la excepción al método que ha solicitado el nombre de archivo. Dejar que dicho método solicite de nuevo el archivo o interrumpir el proceso si el usuario no introduce nada.

- Simplemente solicitar que se inserte el disco y que el usuario pulse sobre Reintentar o Cancelar.
- Permitir que el usuario examine el disco duro para buscar el archivo o que cancele.
- Emitir el mensaje de error y dejar que **finally** termine el método.

Es su elección. Elija lo que elija, debería consultar ideas adicionales en el apartado "Emitir el mensaje de error perfecto" del Capítulo 12.

Anidamiento del bloque try

Un bloque **catch** y su bloque **try** son atómicos, es decir, no se pueden dividir. Un bloque **catch** no puede capturar una excepción lanzada en un bloque **try** diferente, excepto cuando se anidan las sentencias **try**.

Se pueden anidar sentencias **try** en el mismo método. Además, cuando un método llama a otro y ambos tienen bloques **try**, se consigue un anidamiento implícito. En esos casos, un método subordinado (o cláusula **try**) puede lanzar una excepción, no capturarla y dejar que la capture su método padre. Si el padre no captura la excepción, la traslada hacia arriba en la pila de llamadas. Si se sigue sin capturar la excepción, el sistema en tiempo de ejecución de Java se encarga del tema emitiendo un mensaje de error y un volcado de la pila.

throw

Java no es capaz de considerar todas las excepciones que se podrían desear programar, por lo que permite que lancemos las que queramos, con una línea como esta:

```
throw MiExcepción;
```

MiExcepción debe ser un objeto de tipo **Throwable**, o una subclase de **Throwable**. Este tipo no incluye tipos simples como **char** o **int**, o clases que no se pueden lanzar como **Object** o **String**. Cuando se lanza una excepción, se tienen dos opciones:

- Introducir un parámetro en la cláusula **catch**.
- Utilizar la palabra clave **new** para crear dicho objeto.

Vamos a ver un ejemplo que demuestra ambos:

```
class Dallas {
  static void subrutina() {
     try {
          throw new ArithmeticException("MiCadena");
     } catch (ArithmeticException e) {
          System.out.println("Capturado dentro de Dallas.");
          throw e;  // lanzar la excepción fuera de la subrutina
     }  // Observe que finally es opcional porque hay cláusulas
        // catch.
```

```
    }
    public static void main(String args[]) {
        try {
            subrutina();
        } catch (ArithmeticException e) {
            System.out.println("Capturado. " + e + " en el main.);
        }
    }
}
```

La salida de este programa es la siguiente:

```
Capturado dentro de Dallas.
Capturado: java.lang.ArithmeticException: MiCadena en el main.
```

Observe que "MiCadena" procede de la línea **throw new**. Cuando se construye una nueva (**new**) instancia de la excepción, se puede especificar una "cadena de descripción" y mostrarla cuando se utiliza el objeto como argumento en **print()** o **println()**. Esa cadena de descripción es una forma de indicar al usuario algo valioso. Sin embargo, el código que se instala en el bloque **catch** del método culpable es más versátil.

La palabra clave throws

Para anular cualquier confusión que pueda existir entre **throw** y **throws**:

- Se lanza (**throw**) una excepción de forma intencionada en el código.
- Un método lanza (**throws**) una excepción hacia el exterior, para que sea capturada por sus ascendientes en la jerarquía.
- Un método que no tiene interés en capturar una excepción que sabe que puede lanzar un método al que llama, indica dicha ausencia de interés con la lista **throws**.

Esta tercera idea es lo suficientemente complicada para merecer un ejemplo. Supongamos que son ciertos los tres elementos siguientes:

- **miMétodoA** llama a **miMétodoB**, que llama a **miMétodoC**, que llama a **miMétodoD**.
- **miMétodoD** lanza **miExcepción**, y no tiene ninguna razón para manejarla.
- **miMétodoC** tampoco está interesado en manejarla, pero **miExcepción** es de vital interés para **miMétodoB**.

En ese caso, **miMétodoC** debe citar **miExcepción** en su lista **throws**, con una línea como esta:

```
public Bolean miMétodoC (int x, int y, int z) throws miExcepción {
// etc.
}
```

Lo que significa es que **miMétodoC** puede lanzar **miExcepción** fuera de él, para dejar que sus ascendientes (**miMétodoB** o superiores) se encarguen de ella.

Si hay varias excepciones posibles, enumérelas, separadas por comas:

```
public Bolean miMétodo (int x) throws Excepción1, Excepción2,
  Excepción3 {
// etc.
}
```

Para evitar tener que enumerar numerosas excepciones en una cláusula **throws**, se puede utilizar una superclase de un grupo de excepciones para indicar que el método puede, pero no necesariamente, lanzar cualquier subclase de esa excepción. Por ejemplo, **IOException** tiene varias excepciones subordinadas. Se podría indicar lo siguiente, y **miMétodo** podría lanzar cualquiera de las subordinadas de **IOException**:

```
public Bolean miMétodo () throws IOException {
// etc.
}
```

Hay una forma de equivocarse. No utilice la palabra clave **throws** en un método que no pueda realmente lanzar esa excepción, a no ser que el método llame a un método subordinado que pueda lanzarla. ¡El compilador le descubrirá! El método que realmente lanza la excepción puede estar sepultado a varios niveles subordinados de profundidad, pero tiene que estar en algún sitio.

No es necesario utilizar **throws** para especificar todas las excepciones posibles que pueda lanzar el método. No es necesario (pero se puede) enumerar las excepciones de la clase **Error** o de la subclase **RuntimeException**, o de cualquiera de sus subclases. Los programadores en Java las llaman "excepciones no comprobadas" o "excepciones implícitas":

- Los errores (**Error**) son habitualmente excepciones en las que no podemos hacer nada y que probablemente no han causado problemas en el programa.
- Las **RuntimeException**, las enumeradas en la Tabla 3.1, serán manejadas por Java si no lo hacemos nosotros.

Dado que podemos hacer poco, o nada, en las excepciones tipo **Error**, rara vez hay alguna razón para enumerarlas en una sentencia **throws** (aunque es posible).

| Consejo de diseño | *Si el entorno en tiempo de ejecución de Java gestiona una* **RuntimeException***, el pobre usuario verá un mensaje bastante críptico y un volcado de la pila justo antes de que termine el programa. ¡Eso no es forma de tratar a un usuario!*

Este es un aspecto de diseño filosófico importante. Si **miMétodoC** llama a **miMétodoD** y mi **miMétodoD** declara que lanza una excepción concreta, entonces **miMétodoC** debe capturarla o especificar que la lanza (**throws**) hacia arriba en la cadena de llamadas (o ambas). **miMétodoC** debe manejar la excepción de algún modo.

De forma similar, si **miMétodoD** lanza realmente una excepción, debe declarar que la lanza, o el compilador se quejará.

Eso es complicado. Otro ejemplo a continuación:

```
// Esto genera un error en tiempo de compilación.
class Denver {
  static void throwDemo() {
     System.out.println("Intentando lanzar una excepción");
     throw new ExcepciónEstoCompilara("Lanzada dentro de throwDemo");
  }
  public static void main(String args[]) {
     throwDemo();
  }
}
```

El código anterior parece normal, pero si se examina más detenidamente, **throwDemo()** intenta lanzar la excepción llamada **ExcepciónEstoCompilara**. El problema es que **throwDemo()** no dice que lance nada. Una posible corrección es que **throwDemo()** diga, en su línea de declaración:

```
static void throwDemo() throws ExcepciónEstoCompilara {
```

La otra posibilidad es que **throwDemo()** tenga sus propias cláusulas **try** y **catch** para esa excepción, manejando de este modo la excepción localmente.

Si **throwDemo()** lanza la excepción al exterior, como en la línea anterior de declaración modificada, entonces el main debe tener el **try** y el **catch** de esa excepción. El programa corregido podría ser el siguiente:

```
// Ningún compilador genera errores aquí.
class Denver {
  static void throwDemo() throws ExcepciónEstoCompilara {
     System.out.println("Intentando lanzar una excepción");
     throw new ExcepciónEstoCompilara("Lanzada dentro de throwDemo");
  }
  public static void main(String args[]) {
     try {
          throwDemo();
     } catch (ExcepciónEstoCompilara e) {
        System.out.println("Capturada " + e);
     }
  }
}
```

El programa se compila ahora y genera esta salida:

```
Intentando lanzar una excepción.
Capturada: java.lang.ExcepciónEstoCompilara: Lanzada dentro de
  throwDemo.
```

¿Por qué este es un aspecto de diseño importante de Java? El compilador de Java obliga al cumplimiento de estas reglas para evitar errores de diseño, y también para permitirse poder manejar las excepciones de forma más eficiente. Un método que lanza una excepción hacia arriba en la cadena sólo necesita invertir unos cuantos ciclos de programa en hacerlo, en vez de invertir una gran cantidad de tiempo manejando y rechazando la excepción.

Es posible engañar a la sabiduría de Java en este punto, pero no lo haga. Siempre es posible que un método capture una excepción y no haga nada con ella. En su lugar, si un método no desea manejar una excepción lanzada hacia arriba desde un submétodo, utilice la palabra clave **throws** y pase la excepción hacia arriba en la cadena a donde vaya a ser manejada.

Errores que ocultan errores fantasma

En el laboratorio de computadoras de la Universidad, un novato mostraba una enorme frustración con un programa. Preocupado por el equipo, me acerqué para ayudarle y vi que el compilador le estaba indicando que existían cuatro errores, por lo que le sugerí cómo atacar el primero de la lista. El alumno declaró una variable y volvió a compilar. De repente, ¡aparecieron 50 nuevos errores! Me alegré enormemente, a la vez que mi alumno estaba a punto de abandonar el curso. Por tanto, continué la explicación. La mayor parte de estos nuevos errores eran realmente fantasmas, provocados por otros errores. Se había olvidado de un paréntesis, por lo que el compilador pensó que la mayor parte del código contenía errores de sintaxis. Y no era cierto. Corregimos ese error de sintaxis y desaparecieron aproximadamente 40 fantasmas. Después llegó el momento de la clase y el alumno decidió asistir. ¡Nadie se queja de que la programación no sea frustrante! Sin embargo, esa persona consiguió un sobresaliente y se ha convertido en un programador de gran categoría.

El incidente representa la frustración de tener errores que ocultan a errores fantasma y reales.

Los errores ocultan a menudo otros errores de una forma lineal. Habitualmente, la mejor estrategia para eliminarlos es hacerlo linealmente. Corrija el primero que vea, no el primero que sepa cómo corregir, porque es bastante probable que el primero que vea no sea un fantasma. No podrá estar seguro de eso para muchos de los otros. A continuación, vuelva a compilar y corrija los errores que vea, de forma iterativa.

Debería modificar esa estrategia cuando pueda identificar otros errores de los que esté seguro que no son fantasmas. Por ejemplo, si observa una **ArithmeticException** provocada porque un divisor es cero. Probablemente, resulte necesario ocuparse de ese caso, especialmente si el primer error de la lista es el que ha provocado que el divisor se haga cero. Si corrigiese el primer error, es posible que no volviera a ver nunca esa **ArithmeticException** de división por cero, hasta recibir una llamada de socorro después de que alguien haya introducido datos erróneos provocando que el divisor se haga cero.

Práctica en la generación de errores

Hasta que sea un profesional en la corrección de errores de sintaxis, éstos pueden ser tan frustrantes para usted como para mi alumno novato. Una forma de evitar la frustración es practicar en la generación de errores. Cree un programa sencillo del tipo "¡Hola, Mundo!" y consiga que se ejecute correctamente. A continuación juegue con él. Mueva los paréntesis, las llaves y los puntos y coma. Acostúmbrese a los errores de compilación que se obtienen y a su significado. Amplíe el programa "¡Hola, Mundo!" e intente generar otros tipos de excepciones. Vea lo que ocurre si intenta ejecutar una applet como si fuera un programa y viceversa. Genere un error capturando una excepción de superclase antes de una de subclase. Comente las sentencias importantes. Cambie el nombre de una clase. Realice errores de mayúsculas/minúsculas en las variables y métodos.

Créame, ¡aprenderá más de este método que de simplemente leer un capítulo de este libro!

Traslade la idea de este ejercicio a sus tareas de programación. Cuando no esté seguro de algo, pruébelo. Cuando tenga un error extraño, intente generarlo con un fragmento de código pequeño, como hizo uno de mis alumnos cuando comprobaba si el compilador de Pascal tenía un error al redondear 101'001 con dos posiciones decimales. Cuando quiera llamar a un método mal documentado, escriba un programa pequeño para probarlo de todas las formas que pueda y escriba su propia documentación acerca de él.

Tenga a mano una libreta.

Registre automáticamente los resultados

"Oh, sueño de los sueños," cantaba el acosado técnico del centro de atención al cliente. "Si pudiera ver la pantalla que tú ves. O ver tus mensajes de error exactos".

Los productos software de PC como Carbon Copy, Reach Out y PC Anywhere son fantásticos para los consultores. Desde la tranquilidad de su oficina, pueden ejecutar su programa en la máquina de un cliente y ver exactamente dónde se bloquea el programa. Un error aislado es casi un error eliminado. ¡Si todos tuviéramos los presupuestos necesarios para instalar programas así en las máquinas de todos nuestros clientes!

Puede crear un producto casi equivalente. Escriba un sistema de registro de mensajes de error. Siempre que su programa lance una excepción, registre la información disponible en el disco duro de su cliente. Esto es lo que debería registrar:

- Algo único, de forma que un técnico pueda ir directamente a la línea(s) de código que ha provocado el error.
- El texto completo del mensaje, por si ha mejorado (sabiamente) ese mensaje de error. Por favor, no confíe en que los usuarios se familiaricen con las excepciones de Java. Expresan su información en unos términos que usted y yo comprendemos, pero no en el lenguaje del usuario. Por cierto, esto no es algo peyorativo. Los usuarios saben muchísimo más acerca de su trabajo que yo.
- La hora y la fecha, con una precisión adecuada. Si el mensaje de error está asociado a procesos con múltiples hilos, es posible que desee descender hasta los milisegundos. En caso contrario, el minuto más cercano puede resultar suficiente.

- Los estados de los hilos, lo mejor que pueda.
- El nombre de usuario, si es adecuado y está disponible. Es posible que tenga que obtener esa información del sistema operativo o la red, incluso mediante a una llamada de API. Podría obtenerla en el programa en algún punto adecuado, como una pantalla de conexión, y guardarla por si se produce una excepción.
- Otra información de entorno que pueda estar disponible, como el estado de la red y del PC.
- Posibles notas dirigidas al técnico que indiquen qué podría provocar este error. Sin embargo, si consigue sacarse ese conejo de la chistera, probablemente pueda instalar un capturador de errores que impida que se produzca el error desde el principio.
- El estado de los archivos de datos o consultas abiertos que resulten adecuados, los registros que se están manipulando, etc.

A continuación, piense en cómo conseguir que esta información sea útil. Pregúntese a sí mismo: "¿Quién la querría?"

Y por qué hacerlo, está claro que es la persona interesada es la que está al otro extremo de la llamada de socorro.

Es posible que desee que el usuario salga del programa, cargue un editor y localice ese archivo de registro, que incluso podría estar bloqueado por el programa Java que se sigue ejecutando. En cambio, ¿qué tal un enlace directo invisible en la pantalla principal del programa o incluso en todas las pantallas? Si el cliente pulsa con el botón secundario ahí, puede hacer que aparezcan los últimos 100 mensajes de error, del último al principio. Si el programa no se ha bloqueado, el técnico de ayuda puede ofrecer asistencia en tiempo de ejecución en base a los eventos reales, no los eventos filtrados por las imperfectas memorias de los humanos.

Hay varias maneras de crear un enlace directo. Por ejemplo, se puede insertar un objeto sobre el que se puede pulsar en la esquina superior izquierda de la pantalla o debajo de un logotipo. Podría colorear dicho objeto igual que su contorno y eliminar su borde. ¡Ya está, un lugar oculto donde el usuario puede pulsar!

No querremos que los mensajes de error consuman el disco duro de nuestros clientes. Por tanto, limítelos a un número finito, como 100. Para hacerlo, implemente una cola circular. Puede declarar un array de 100 elementos. Escriba el mensaje nuevo en el primer elemento del array y utilice un bucle para cargar los siguientes 99 elementos del array (o hasta el final del archivo) con información del archivo de registro. Después escríbalo todo de nuevo en el archivo de registro, permitiendo de este modo que el sistema de archivos destruya toda la información posterior al elemento 100 del array.

Probablemente no desee que nadie sienta curiosidad y elimine el archivo de registro, por lo que debe nombrarlo con un nombre único que no atraiga la atención y que Windows no abra automáticamente tras una doble pulsación. Incluso podría llegar al extremo de activar el atributo de oculto en el registro, de forma que no aparezca habitualmente en el Explorador o en el indicador de DOS.

CAPÍTULO 4

¡No deje que se le termine un plazo nunca más! Análisis del factor de riesgo

La presión de la finalización de un plazo provoca errores. Es una afirmación obvia, pero evidentemente no lo es para algunos de los que han establecido las fechas de finalización del trabajo.

Realmente cuando se toman decisiones de alto nivel para crear proyectos software, los responsables rara vez son conscientes de las complicaciones que implican. Por tanto, tienen que hacer una estimación aproximada mucho antes de que nosotros tengamos el tiempo para realizar un análisis completo.

A continuación, en base a las estimaciones, los departamentos de marketing, publicidad, producción y otros hacen sus planes. En el momento en que usted le dice al jefe que la parte del proyecto que corresponde a su equipo va a necesitar seis meses en vez de tres, ya se han tomado demasiadas decisiones. Se han firmado contratos. En la publicidad se han realizado promesas públicas. El presidente ha hablado. No tendrá solución.

No debería ser así, pero lo es, incluso en las mejores empresas.

Así que usted y su equipo le darán vueltas al problema. Probarán las ideas típicas. No podrá cambiar la finalización del plazo, por lo que intentará cambiar su alcance, pero no está permitido. Después de todo, en la publicidad se han prometido dichas características. Es necesario ofrecerlas. Sólo queda una cosa que se pueda cambiar: los recursos. Intentará contratar nuevos miembros para el equipo. Intentará aplicar la semana de 80 horas, incluyendo los bonos y pizza en la empresa a mediodía y a medianoche. Buscará nuevas herramientas software, sin olvidar que hay tres reglas inmutables: (1) independientemente del número de horas que trabaje una persona, no podrá generar más de unas 50 horas de código de calidad por semana; (2) si un equipo de cinco personas puede hacer una casa en un mes, 150 personas no pueden hacerla en un día; (3) cualquier herramienta nueva necesita un tiempo de aprendizaje.

En algún sitio leí un estudio que decía que lo obtenido se incrementa en función de la raíz cuadrada del tamaño del equipo. Se necesitan cuatro personas para doblar lo producido por una persona. Si eso se cumple, debería cuadriplicar el tamaño de su equipo para reducir un plazo por la mitad. Mi experiencia me dice que el estudio es correcto. Tener más personas que supervisar implica más coordinación, más reuniones, más informes, más tiempo de enfermedad, más correo electrónico, más llamadas de teléfono, más de todo.

La finalización del plazo se acerca y se pierden dos cosas con el pánico: las pruebas y la documentación. El resultado final es tan predecible como la gravedad. Además de evitar por poco ataques al corazón, su equipo generará un producto mediocre y un 20 por 100 tarde. Y poco después, perderá a sus dos mejores empleados porque se irán a un entorno menos estresante.

La finalización de un plazo provoca errores. No hay ninguna duda. Sin embargo, permiten a la gente sincronizar el inmenso conjunto de tareas necesarias para generar un producto. La presión ayuda a la gente a estar atenta y despierta. Cuando llega el momento de nombrar los males necesarios, la finalización de un plazo es un buen candidato. Ningún entorno competitivo se librará nunca de ellos.

El truco es gestionar las finalizaciones de plazo de forma razonable. Libros como *La marcha de la muerte* deben formar parte de la lista de lecturas de cualquier programador, dada la descripción cruda de la realidad que presentan. Siempre que oigo algo acerca de un proyecto tipo "marcha de la muerte", me estremezco, porque hay un camino mejor. Hay una forma de estimar las fechas de terminación con precisión cuando se está aproximadamente a un 10 por 100 del desarrollo del proyecto. Antes de utilizar el Análisis del factor de riesgo (RFA), necesitaba estar en el 40 por 100 del proyecto antes de tener una buena estimación de lo que iba a tardar. Para entonces, ya se habían tomado todas las decisiones de alto nivel. Ahora me consultan temprano, y varios jefes de departamento utilizan el RFA en sus propias estimaciones. Es útil para cualquier tipo de proyecto, o parte de un proyecto.

Utilización del Análisis del factor de riesgo (RFA)

Previamente, he recomendado escribir primero el manual de usuario y después utilizarlo como documento de especificaciones y como plan de pruebas. Una vez consiga un acuerdo respecto al manual de usuario, intente tratarlo como a las *Sagradas Escrituras*. No se puede cambiar. Cuando sus usuarios deseen incrementar el alcance un poco, simplemente limítese a insistir en que eso implicaría un nuevo proyecto, o al menos una fase nueva. Se necesitaría una nueva estimación de tiempo y dinero. Realmente, debe asegurarse de dejar claro ese aspecto a su usuario antes de firmar el proyecto. Haga saber a su usuario que si se producen cambios, va a exigir una nueva estimación de tiempo y dinero, y aprenda a decir "no".

Políticamente, aprenda cuándo no va a poder decir que no.

¿Cómo se obtiene esa estimación? Y, una vez obtenida, ¿cómo cumplirla? ¿Cómo convencer a todos de que es precisa e inviolable? Esa es una tarea dura para la mayoría de los programadores. Los "antiguos" se consideran muy buenos si pueden estimar de forma consistente, con un error menor del 25 por 100, el tiempo y coste final cuando el proyecto está en el 25 por 100 del camino. Hay un método mejor, al que llamo Análisis del factor de riesgo.

¿Cómo comenzó el RFA?

Al principio de mi carrera como informático, era el vicepresidente de una consultora pequeña. Nos peleábamos duramente con un dilema. En el momento en que habíamos definido un proyecto a la satisfacción de todo el mundo, habíamos gastado la mitad del tiempo total que se necesitaba para desarrollarlo. Sin embargo, habían pocos clientes que quisieran darnos dinero para un proyecto sin definir. Varias veces nos esforzamos en diseñar sistemas buenos, sólo para encontrarnos con que el cliente le pedía a otras empresas que les hicieran un presupuesto para el proyecto, ¡utilizando nuestras especificaciones gratuitas! Perdimos la mayoría de dichos proyectos en favor de la competencia porque nuestro presupuesto tenía que considerar los costes de desarrollo y los de los otros no.

Después de mucho tiempo, el dilema sin solución me seguía preocupando, hasta que llegué a la idea que se oculta detrás del RFA. El RFA me permite ahora estimar de forma consistente el tiempo que se necesita para terminar un proyecto con un margen de un 8 por 100. Antes de que empezase a utilizarlo y enseñarlo, me conformaba con que mi estimación se acercara al 25 por 100 de la realidad. Vamos a ver cómo funciona.

¿Cómo funciona el RFA?

Divida el proyecto en tareas. Utilice el nivel de división que más le guste y sea adecuado. Por ejemplo, podríamos decidir que un proyecto pequeño va a utilizar diez pantallas, cuatro informes y quince funciones especiales para cálculos únicos. De las pantallas, seis pueden ser normales en alcance, dos podrían ser bastante especiales en algún aspecto y dos podrían ser triviales. Supongamos que no tiene ni idea de cómo escribir dos de las funciones, pero que está bastante seguro de que hallará la forma de hacerlo. Dos de las funciones están en alguna biblioteca que ha visto en algún sitio. Está seguro de que sabe cómo hacer el resto porque son cosas que ha hecho repetidas veces en los últimos tres meses. ¿Le parece bastante típico? Comience con el RFA de este modo:

1. Enumere todas las tareas.

2. Decida cuánto tiempo requeriría cada tarea si supiera exactamente cómo realizarla. Ese es un "si" importante, pero haga la estimación como si lo supiera. No está estimando aquí el tiempo de investigación, sino el tiempo necesario para realizar la tarea.

3. Decida el riesgo de cada tarea, en base a los siguientes criterios, que son bastante subjetivos, y asigne una letra a cada tarea:
   A. He realizado esta tarea muchas veces antes y sé exactamente cómo hacerlo. Ni siquiera voy a consultar la sintaxis en un libro. No se requiere ninguna investigación.
   B. He hecho esto antes, pero no me acuerdo exactamente de cómo encajan las cosas. Seguramente, tenga que buscar algo o consultar el sistema de ayuda del JDK.
   C. He visto que esto ya se ha hecho previamente, o he leído acerca de ello en algún sitio. Probablemente, Ricardo o Laura sepan cómo hacerlo.

    D. Parece que toda la información necesaria está disponible para resolver este problema; es decir, existe una solución. Sin embargo, todavía no sé cómo encontrar el cómo hacerlo.

    E. No sé cómo hacerlo, pero lo voy a intentar.

    F. Creo que es imposible hacerlo, pero no lo puedo demostrar todavía.

4. Ahora, asigne valores a las letras A-F en potencias de 2:

$A = 2^0$ o 1
$B = 2^1$ o 2
$C = 2^2$ o 4
$D = 2^3$ o 8
$E = 2^4$ o 16
$F = 2^5$ o 32

5. Multiplique sus estimaciones de tiempo por los valores numéricos asignados de 1 a 32. Obtendrá los tiempos promedio para sus tareas.

6. Sume los tiempos y tendrá la estimación del proyecto.

Nunca he tenido un cliente o jefe que cuestione mis estimaciones de tiempo. A menudo observo unas cuantas cejas levantadas con ciertas tareas, y a veces decidimos en común que un sonidito concreto no se merece el gasto. Eso es bueno, porque probablemente fuese un elemento arriesgado y no estratégico para el proyecto. Eliminarlo reduce el riesgo del proyecto completo, lo que inevitablemente mejora la calidad de la estimación global.

De vez en cuando, un cliente ofrecerá una idea o los servicios de alguien que resulte ser un experto en un área de alto riesgo. En ese caso, un elemento D se podría convertir en uno C o incluso uno B, reduciendo los costes.

Resístase con fuerza a la idea de "jugar" con sus estimaciones. Es tentador pensar que, puesto que Ricardo o Laura han hecho algo, usted puede hacerlo con facilidad, por lo que puede conceder a la tarea una letra B o A. A veces, podrá reducir el tiempo de ese modo. Pero muchas veces se encontrará con que ni Ricardo ni Laura están disponibles o, lo que es peor, que ellos habían hecho algo que sólo parecía similar en la pantalla. ¡El elemento C se podría convertir en uno D!

Además, haga todos los cálculos. Si tiene cuatro elementos C y uno se convierte en B y otro se convierte en D, actualice la información.

No se asuste por rehacer su estimación cuando consiga una información más precisa, especialmente cuando la información cambie el alcance del proyecto. Si es necesario añadir granos, es decir, pantallas, informes, fórmulas y tablas de base de datos en el ejemplo anterior, tendrá que realizar el mismo análisis sobre ellos. Sin embargo, si descubre una forma sencilla de realizar un elemento especialmente arriesgado, sea consciente de que un elemento sencillo podría desbordarle y resultar ser más duro de lo esperado.

Por otra parte, nunca debería intentar introducir un tiempo adicional innecesario, no en el entorno competitivo de hoy en día, porque ser el primero en el mercado es de primordial importancia. La velocidad en llegar al mercado es una de las primeras cosas que los directivos recordarán cuando llegue el momento de las subidas de sueldo. El trabajo rápido y de alta calidad es lo que le hará ser más valioso que sus compañeros.

¿Por qué funciona el RFA?

El RFA descompone el proyecto en dos aspectos: lo conocido y lo desconocido. Para las tareas A, no hay ningún aspecto desconocido. Para todas las demás, hay algún aspecto desconocido que es bastante caro, y ese es el tiempo adicional que la mayoría de los programadores subestiman. El tiempo adicional se consume en la investigación, que puede suponer la lectura de parte de un libro, la consulta a los servicios técnicos, llamar a Ricardo o Laura, llamar a tu profesor de la Universidad o simplemente probar con una docena de posibilidades no documentadas hasta que funcione la correcta de forma consistente. Todos estos tipos de investigación consumen tiempo.

Como científicos de las computadoras, no se espera que lo sepamos todo. Si alguien le proporciona todos los conocimientos informáticos de este instante y se pone a aprenderlos se quedaría anticuado inevitablemente. Hay millones de programadores muy inventivos en todo el mundo que generan software miles de veces más rápido de lo que usted o cualquiera podría aprender a utilizarlo.

Por tanto, debemos ser expertos en la estimación de cuánto tardaremos en hacer algo que no sabemos cómo hacer. ¡Qué divertido!

Lo mejor que podemos hacer es aplicar algo como el RFA, que nos permite basarnos en promedios.

¿Por qué es el RFA importante para la depuración en Java?

Ayuda a evitar la presión por la finalización de un plazo. No ayuda a evitar los plazos, sólo la presión que puedan causar. La presión por la finalización de un plazo provoca algunos de los peores tipos de errores. Cuando es más doloroso y pernicioso para la carrera profesional no cumplir un plazo que permitir que se deslicen algunos errores, los programadores tienden a dejar que el grupo de mantenimiento encuentre el resto de los errores. Desgraciadamente, el programador de mantenimiento no conoce la mente del autor original del código, y debe dedicar un tiempo adicional intentando decidir qué debería haber hecho el código desde el principio. No es un proceso eficiente.

Muchas de nuestras empresas grandes de software favoritas y menos favoritas entregan programas que saben que tienen errores, y realmente me parece mal. El razonamiento es que deben vencer a sus competidores a la hora de llegar al mercado. Se percibe que lo menos malo es el código con errores y que lo peor es el retraso. Creen que sus clientes están tan ansiosos por recibir nuevas características que perdonarán sus errores.

Así que las empresas organizan sus errores. Asignan una categoría a los errores conocidos, corrigen la mayoría de los críticos y posponen los no críticos hasta la próxima versión –que piensan vendernos, claro está–. Ciertos errores no piensan corregirlos nunca. Y otros parece que sólo los van a corregir después de que sus clientes prueben la versión beta de su nuevo software, y entonces, solamente los corregirán si las revistas se quejan mucho de ellos.

Muchas empresas de software han descubierto que la idea de corregir los errores justo antes de entregar el software es como una utopía. Cuando los plazos son de una importancia sobresaliente, cuando es más importante mantener al proyecto en sus plazos, entonces los desarrolladores simplemente catalogan los errores. Si un error retrasa la entrega de un módulo, el error va a una lista. El módulo se entrega en su plazo, sabiendo que tiene errores. Los errores ya se corregirán después de la entrega, pero el proyecto cumplirá los plazos y la gente estará contenta.

Después de todo, si se debe terminar el módulo J antes de que el módulo K pueda superar su puntuación del 50 por 100, entonces no se puede permitir que todo el equipo del módulo K esté sin hacer nada porque el módulo J se retrase, ¿no es así?

El problema es que el módulo J no se termina hasta que se termina, lo que significa que se deben corregir los errores críticos. En caso contrario, es posible que el equipo del módulo K sufra las consecuencias, retrocediendo por cambios en el diseño y realmente corrigiendo los errores del módulo J, cuando deberían estar escribiendo su propio código. O peor, los miembros del módulo K no están cualificados para corregir los errores, porque no conocen el código y no están enterados de sus especificaciones originales.

Es mejor corregir los errores lo más rápido posible.

Sin embargo, compruebe primero si dichos errores son estratégicos para el programa. Si son mejoras, y especialmente si los clientes del proyecto no las han solicitado como características, piense en retenerlas para la mejora siguiente.

Tenía un cliente del ramo de la fabricación que deseaba un programa para gestionar el calendario de las vacaciones. Tenían varias carpetas de anillas grandes de calendarios de vacaciones, con una hoja por empleado y por año. Son hojas de trabajo. Cuando un empleado solicita unas vacaciones, un secretario anota en lápiz la hoja de esa persona y calcula a mano los días de vacaciones que le quedan. Es un proceso simple que ha funcionado durante años.

Mi cliente deseaba que automatizara el proceso de imprimir dichos calendarios, considerando el puesto del empleado, ajustes debidos a ausencias por enfermedad, vacaciones de la empresa y una fórmula estricta para la forma de acumularse las vacaciones. La salida debía ser una hoja impresa que ellos colocarían en las carpetas de anillas.

Ellos mismos sugirieron varias mejoras interesantes. En vez de utilizar hojas de trabajo en papel, el programa podría controlar las vacaciones acumuladas, las solicitadas y las tomadas. Para ello se necesitarían un par más de pantallas de introducción y otra tabla de datos. Sin embargo, dichas mejoras no eran estratégicas para el proyecto. Aunque el cliente estaba interesado en obtenerlas la próxima vez, las mejoras habrían retrasado el proyecto unos cuantos días que eran críticos, y tendrían un coste para el cliente de unos cuantos días para enseñarles, y no sólo en recursos humanos. Habría que explicar los nuevos procesos a todos los empleados de la fábrica.

Los requisitos básicos eran estratégicos, y debían ser desarrollados a la perfección antes de que se entregase el software. El programa tenía que generar páginas impresas sin errores, cada una de ellas con un logotipo de la empresa. Debía obtener la lista de empleados y la cantidad de ausencias por enfermedad a partir de dos archivos de texto. Debía proporcionar una pantalla para gestionar las vacaciones de la empresa. Debía tener una pantalla de menú para gestionar las diversas funciones. Esos elementos eran estratégicos para el proyecto.

Corregí los errores estratégicos cuando los encontré y enumeré las ideas de posibles mejoras para nuestras frecuentes conversaciones telefónicas. Aunque mi cliente tenía pocas esperanzas para el éxito del proyecto al principio, se terminó a tiempo y holgadamente por debajo del presupuesto. Si hubiera añadido las características, el proyecto se habría retrasado.

Corregir los errores a medida que se descubren podría parecer contrario a mi consejo anterior de insertar QQQ en el código y proseguir; sin embargo, no lo es. La idea del QQQ sirve para mantener el flujo de la creatividad, no para retrasar las correcciones de los errores. Le proporciona una forma rápida de catalogar un área con problemas potenciales sin pararse a investigarla en ese momento.

La idea de utilizar una notación QQQ es que podrá terminar el conjunto actual de ideas, y después volver inmediatamente a las áreas de QQQ y desarrollarlas mientras las tenga frescas en la mente. A veces tendrá que posponer el trabajo en una de ellas, porque todavía no tenga los conocimientos, pero la mayoría de las veces podrá resolver las áreas marcadas antes de cerrar el módulo por ese día. Incluso cuando no pueda, son fáciles de localizar el próximo día.

Siempre y cuando no permita que el número de notas QQQ en el código crezca de forma continuada, estará corrigiendo los errores en el momento adecuado.

La idea de "corregir después los errores" es una forma de inducir que los proyectos se retrasen y se llenen de errores, incluso para eliminarlos. Cada vez que los científicos estudian el tema, concluyen que cuanto más se tarda en descubrir un error, más cuesta corregirlo. Si puede evitar los errores, el tiempo para descubrirlos es cero.

Una de las mejores maneras de evitar los errores es utilizar un gran editor de Java o desarrollar uno propio. El Capítulo 5 muestra ambas.

CAPÍTULO 5

Escribir evitando los errores

Si puede matar todas las termitas que se aproximan a su casa antes de que empiecen a comerse la madera, obviamente nunca tendrá que reparar los daños causados por ellas. Los exterminadores de termitas fumigan con insecticida alrededor de la casa para eliminar, o al menos desanimarlas. Colocan estacas de larga duración en el suelo como perímetro de defensa. La idea es mantener fuera a los bichos, porque una vez establecen un nido dentro de la estructura de madera, se ocultan, debilitando la madera hasta que algo los muestra. Después, se debe cambiar una parte importante de la casa, con un gasto destacado.

Como ya sabe, son similares a los errores de computadora. Cuanto más tarde los descubra, más caro será corregirlos. Un buen conjunto de herramientas de desarrollo ayuda a evitar que aparezcan errores. Además, dichas herramientas ayudan a escribir código que evita los errores. Algunas herramientas incluso escriben la mayor parte del código, un hecho que puede resultar una bendición.

Procesadores de textos comunes

Los procesadores de textos son tan poderosos que realmente pueden ser editores especializados buenos, si se toma el tiempo necesario para conocerlos y prepararlos.

Los poderosos procesadores de textos de hoy en día pueden incluso convertirse en lenguajes de programación. No estoy diciendo simplemente que se puede utilizar un procesador de textos para escribir código para un compilador de Java. El propio procesador de textos tiene realmente un lenguaje completo integrado en él. En el caso de Microsoft Word, el lenguaje es VBA, que es similar a Visual Basic. El StarWriter de Star Office tiene StarBasic como lenguaje de programación. Tiene sentido utilizar un procesador de textos como lenguaje si nuestro software necesita ese tipo concreto de potencia en el tratamiento de palabras que está incluido en los procesadores de textos.

Como ejemplo, una aplicación reciente que escribí utilizaba el VBA de Word 97 como lenguaje de programación y como controlador del proyecto. Word llama a Microsoft Access 97 para sus actividades de base de datos. Hace una combinación de correspondencia con datos seleccionados en una serie de documentos normales de Word. Llama a Excel para acciones de hoja de cálculo y a un programa de código de barras de una tercera empresa para las imágenes de código de barras. Podría haber utilizado Java, Visual Basic o C / C++, pero entonces habría tenido que escribir un procesador de textos en miniatura. Word como lenguaje proporcionaba en ese caso el camino más corto hasta tener el proyecto terminado.

Como se puede hacer casi cualquier cosa en un procesador de textos igual que en Java, ¿por qué no programar el procesador de textos que ya posee para ayudarle a crear código en Java sin errores desde el principio? La única respuesta negativa a esa idea es que muchas herramientas comerciales son baratas. Por otra parte, puede personalizar el procesador de textos para que haga cualquier cosa que desee, incluyendo varias cosas que las herramientas comerciales no hacen.

El procesador de textos puede hacer maravillas con el código en Java, haciendo que resulte difícil introducir errores. Por ejemplo, puede hacer que termine la introducción de datos, o no, a voluntad. Cuando introduzca los cuatro caracteres:

```
for(
```

el procesador de textos puede cambiar lo introducido por las tres líneas siguientes y esperar a que completemos los espacios en blanco:

```
for ( ; ; ) {

}
```

Por otra parte, si se introducen los cinco caracteres:

```
for (
```

obtendrá exactamente lo que escriba.

El procesador de textos puede también:

- Verificar la ortografía del código. Puede crear un diccionario especial que contenga todas las palabras clave de Java, además de nombres de las clases, métodos, interfaces, etc., de biblioteca. Cada vez que introduzca algo que no esté en el diccionario, el procesador de textos puede subrayarlo en rojo. Puede realizar una verificación ortográfica y, si lo desea, añadir cada palabra en rojo al diccionario, construyendo gradualmente un diccionario personal de Java.

- Buscar global o localmente cualquier cadena de caracteres y, si lo desea, cambiarla por cualquier otra cadena de caracteres. Esto simplifica el cambio de nombre de una variable, especialmente si la ha deletreado mal aproximadamente la mitad de las veces. Hay varios trucos inteligentes de búsqueda y sustitución que debería conocer. Consulte la Tabla 5.1, que automatiza muchos de estos trucos.

- Mantener varias ventanas cargadas en la computadora y conmutar entre ellas. Realmente puede arrastrar y soltar el código desde un archivo de programa en otro, teniendo copias activas simultáneas del procesador de textos en la pantalla. Se puede utilizar el búfer de copia para replicar fragmentos de código desde un archivo en otro. Un monitor grande, de alta resolución, facilita este proceso.
- Poner un marcador en el código, abandonar esa página y volver luego exactamente al mismo sitio.
- Ordenar las líneas de código seleccionadas, en base a cualquier posición de carácter. Son posibles ordenaciones drásticas o reducidas.
- Poner todas las palabras clave con el mismo color, comentar otras, etc.
- Ocultar los comentarios especiales para que no se impriman o no se vean en la pantalla.
- Quitar todo el texto de un color concreto o que tenga un atributo concreto como "oculto" y guardar los resultados en un nuevo archivo. Por ejemplo, ese archivo puede ser para el departamento de producción, para pruebas internas o el origen de un CD de demostración.
- Mostrar (u ocultar) todas las tabulaciones, avances de línea, espacio, etc., ayudándole con el indentado.
- Indentar automáticamente los elementos.
- Grabar conjuntos de pulsaciones de teclas y reproducirlas posteriormente.

Word, otros procesadores de textos completos y editores poderosos como Multi-Edit contienen lenguajes de programación completos, por lo que puede utilizarlos como base de su Entorno de desarrollo integrado (IDE) de Java personalizado. Muchas de estas cosas están fuera del alcance de cualquier IDE comercial. Sin embargo, la mayoría de los IDE hacen algunas cosas que le parecerá que son difíciles de enseñar a su procesador de textos a que las haga. Se me ocurre la codificación mediante colores.

Utilización de Microsoft Word

Por favor, perdónenme los usuarios de WordPerfect y Ami Pro, pero el ámbito de este libro no me permite escribir estas páginas para más de un procesador de textos. Si es usted un fan de Star Office, como yo, por favor acepte mis disculpas por no utilizarlo en el ejemplo siguiente.

Word tiene actualmente la base de usuarios más grande, por lo que lo utilizaré para la demostración. La idea no es hacer bombo de un producto concreto, sino mostrar cómo se puede crear un editor de Java fantástico desde un procesador de textos. Puede hacer lo mismo con StarWriter, WordPerfect y Ami Pro.

Cuidado con los errores *Se puede utilizar la información de la barra lateral 24 × 7 para eliminar los virus de macro, dado que se propagan habitualmente a través del Normal.dot. Sin embargo, tendrá que eliminar también dichos virus de cualquier documento infectado.*

> **24 × 7** **Restablecimiento de todos los valores predeterminados de Word**
>
> En el caso poco probable de que Word quede totalmente inutilizable, hay una forma simple y segura de restablecer todo a sus valores predeterminados originales. simplemente busque el archivo llamado Normal.dot y cambie su nombre. La próxima vez que se ejecute Word, verá que falta el archivo Normal.dot y lo volverá a crear desde cero. Como al hacerlo se eliminan todas las macros de Normal.dot, guarde una copia actualizada de Normal.dot en otra carpeta. Puede sobrescribir un Normal.dot corrompido con la copia guardada y resta-

El primer obstáculo a superar es muy simple. Word desea guardar el programa con una extensión que elige él mismo. Lo siento, pero ".java" no está en su lista. Si su programa se llama Mediana e intenta guardarlo como Mediana.java, Word insistirá en intentar guardarlo como Mediana.java.doc, lo que habitualmente genera un error.

Un truco inteligente sortea esa dificultad. Simplemente pulse sobre "Archivo | Guardar como..." y ponga comillas dobles alrededor del nombre de archivo Java completo, como aquí:

```
"Mediana.java"
```

Ese truco funciona con muchos otros productos software cuando se desea dar a los archivos nombres no estándares o incluir espacios que de otra forma no serían aceptados.

Algunas de las cosas que son útiles en un editor personalizado de Java harían que Word fuese menos útil para escribir otros tipos de documentos como libros y cartas comerciales. Para evitar dificultades posteriormente, cree una plantilla especial para Java, otra para libros, una tercera para cartas comerciales, otra para procesamiento de textos genérico, etc., tantas como desee. Empezaremos viendo cómo crear y guardar una plantilla especial de Java. El proceso corresponde a Word 2000, pero los pasos para Word 6 y Word 97 son similares.

Creación de una plantilla

Siga estos pasos:
1. En el menú principal, pulse sobre "Archivo | Nuevo". No utilice el icono "Nuevo documento" de la barra de herramientas, porque omite las pestañas que necesita en el paso siguiente.
2. Verá varias pestañas. Seleccione la pestaña General.
3. Pulse sobre el botón de radio Plantilla y seleccione "Documento en blanco". A continuación, pulse sobre aceptar. Habrá creado una plantilla nueva y en blanco, que se convertirá en su nuevo editor de Java. Es una entidad aparte contenida en Word.

4. Guarde la plantilla en el directorio por defecto. Asígnele el nombre JavaEditor (o el nombre que desee) y deje que Word añada la extensión .DOT al nombre del archivo.
5. Ciérrelo todo y vuelva a abrir JavaEditor.dot.

Estará preparado para crear su editor. Personalizará el menú, la fuente y las barras de herramientas. Después, añadirá macros de programación y las asociará a la barra de herramientas. Finalmente, creará combinaciones de teclas de acceso rápido para los comandos más habituales.

Personalización del menú de Word

Asegúrese de estar trabajando con la plantilla de Java, la que ha guardado como JavaEditor.dot. Word debería indicarlo en la barra de título.

Desearemos personalizar el menú, porque Word tiene muchos comandos útiles que no están disponibles en los menús estándares. En primer lugar, mostraré cómo crear o modificar un menú, y después presentaré una lista de elementos que podría desear instalar ahí.

Los menús contienen categorías y comandos. Las categorías son los nombres como Archivo, Edición, Ver, Insertar, Formato, Herramientas, Tabla, Ventana y Ayuda que están en la barra de menú. Los comandos de menú son los subelementos de las categorías de menú. En la categoría Archivo, encontrará comandos como Abrir, Cerrar, Guardar, etc.

En primer lugar, habilite la edición de menús. Pulse sobre "Herramientas | Personalizar | Comandos".

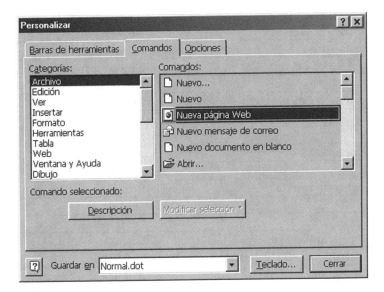

Para añadir una nueva categoría de comandos al menú, arrastre cualquier comando al menú y colóquelo donde desee. En ese momento, solamente es un comando, por lo que en la ventana Personalizar, pulse sobre "Modificar selección". En la lista desplegable, pulse sobre "Iniciar grupo". Eso convierte el Comando en una categoría. Ahora, al pulsarlo ya no se ejecutará el comando original. En cambio, al pulsarlo se conseguirá que la categoría presente un cuadro que actualmente no tiene comandos en él.

Puede renombrar la nueva categoría a algo como &Web. El "&" antes de la W le indica a Word que subraye la W, de forma que Alt-W abrirá esa categoría. Con el "&", el nombre de la categoría se convierte en <u>W</u>eb. El "&" es opcional y se puede utilizar también en los comandos.

Para quitar una categoría del menú, simplemente arrástrela fuera del menú, en cualquier sitio de la ventana abierta Personalizar.

Consejo de diseño	*Curiosamente, se pueden eliminar las categorías y comandos predeterminados de Word, además de los que hemos añadido. En otras palabras, se puede crear una plantilla totalmente nueva y rediseñar completamente la barra de menús.*

otras palabras, se puede crear una plantilla totalmente nueva y rediseñar completamente la barra de menús.

Para añadir un comando a cualquier categoría de menú, primero arrástrelo a una categoría de menú. Inmediatamente se abrirá esa categoría, mostrando todos los comandos que contiene, por lo cual arrastre su comando hasta el lugar deseado y suelte el botón. Con esa facilidad tendrá un nuevo comando en la categoría de menú. Añada todos los comandos que le parezcan razonables, porque podrá eliminarlos con la misma facilidad.

Estos son unos comandos adicionales que me parecen útiles en la programación en Java:

En la categoría Archivo	Nueva página Web
	Cerrar todo
	Guardar todo
	Propiedades
En la categoría Edición	Buscar siguiente
	Modificación anterior
	Modificación siguiente
En la categoría View	Aumentar
	Ajustar a la ventana
En la categoría Insertar	Campo
	Símbolo
	Desde archivo
En la categoría Formato	Oculto
En la categoría Herramientas	Ortografía
	Herramientas Autocorrección Excepciones
	Comparar documentos
	Grabar macro/Detener grabadora
	Seguridad

	Editor de Visual Basic
	Editor de secuencias de comandos
En la categoría Tabla	Orden ascendente
	Orden descendente
	Buscar en campo
En una nueva categoría llamada Web	Dirección
	Abrir
	Abrir Favoritos
	Buscar en la Web
	Barra de herramientas de Web
En una nueva categoría llamada Autoformas	Línea
	Flecha
	Rectángulo
	Óvalo
	Autoformas
	Líneas
	Contornos básicos
	Flechas de bloque
	Diagrama de flujo
	Más autoformas
En una nueva categoría llamada Fuentes de Java	Courier New
	OCR A Extended
	Symbol
	Times New Roman

Puede eliminar cualquier comando que piense que no deba formar parte de su editor de Java. No tenga miedo de eliminarlos, ya que puede reponerlos arrastrándolos de nuevo al menú.

Cuidado con los errores *Asegúrese de no eliminar los comandos que le permiten arrastrarlos de vuelta al menú. Si comete ese error, renombre Normal.dot y comience de nuevo desde cero. Consulte el Consejo de diseño que hemos visto previamente en este capítulo.*

Edición de las barras de herramientas de Word

Desearemos que los comandos que más se utilizan estén disponibles pulsando sobre un icono de una barra de herramientas de Word. Algunos, como Abrir archivo, ya están ahí. Otros, como Cerrar y Cerrar todo, son sencillos de arrastrar hasta ahí. Estos son los dos pasos del proceso:

1. Pulse sobre "Herramientas | Personalizar | Comandos".
2. Arrastre el comando que desee a la barra de herramientas que desee.

Puede crear nuevas barras de herramientas a través de la pestaña Barras de herramientas y arrastrando cualquier comando sobre ellas. Pulse sobre "Herramientas | Personalizar | Barras de herramientas | Nueva". Asigne un nombre a la barra de herramientas, elija JavaEditor.dot como residencia y selecciónela para que esté visible. A continuación, arrastre comandos sobre ella.

Puede eliminar cualquier comando de cualquier barra de herramientas simplemente arrastrándolo a la ventana Personalizar. Algunas de las herramientas más útiles que le podría interesar añadir son las siguientes:

- ArchivoCerrarOCerrarTodo (sí, ¡es un nombre real de comando!).
- Símbolo.
- Oculto.
- Herramientas Autocorrección Excepciones.
- Grabar macro/Detener macro.

Utilización de macros para incrementar la funcionalidad de Word

Existen varias herramientas excelentes en otros procesadores de textos y editores que no aparecen en Word, o requieren demasiadas pulsaciones. Para estas opciones útiles, se pueden crear macros, que se pueden ejecutar desde la barra de herramientas o desde teclas de acceso rápido.

Cuando escribía programas basados en DOS, me enamoré con el sistema de marcadores de Multi-Edit. Al pulsar F7 se instala un marcador en una pila. Después, mediante Mayúsc-F7, se puede volver a cualquier marcador. Por alguna razón, Microsoft no ha instalado nunca un sistema de marcadores sencillo de utilizar en Word, por lo que creé uno, aunque admito que todavía no es tan bueno como el de Multi-Edit.

Varias veces cada hora, necesito comprobar una referencia en otro sitio de un documento o en un fragmento de código. Pulso sobre un icono o pulso una tecla y navego hasta otro sitio. Si sospecho que voy a volver a ese sitio de nuevo, instalo otro marcador cuando llego allí. Vamos a ver cómo insertar un sistema así en su nuevo editor de Java. El proceso es casi idéntico para Word 6 y 97.

El icono de barra de herramientas Marcador

La idea es establecer dos iconos de marcador y dos iconos "Ir a". Así es como se crea un icono de marcador para una barra de herramientas:

1. Pulse sobre "Herramientas | Macro".
2. Pulse sobre "Grabar nueva macro"
3. Llame MarcadorA a esta nueva macro y pulse sobre Aceptar. Claro está, puede llamar a la macro como desee. (No asigne la macro a la barra de herramientas o al teclado todavía. Lo haremos en breve.)

Cuidado con los errores   *Probablemente no desee dar a una macro el mismo nombre que a un comando de Word. Igual que Java puede suplantar un método reutilizando el nombre del método y especificando parámetros o tipos devueltos diferentes, la nueva macro suplanta al comando de Word hasta que se elimine la macro de Word.*

4. La grabadora está activa ahora. Se capturan todas las pulsaciones de teclado y de ratón. Ha aparecido una nueva barra de herramientas pequeña que contiene dos herramientas. Si coloca el cursor del ratón sobre la herramienta rectángulo (sin pulsarla), verá que si pulsa sobre el rectángulo se detendrá la grabación de la macro. El botón de herramienta de la derecha hace una pausa en la grabación de esa macro. No pulse ninguno de los botones todavía.

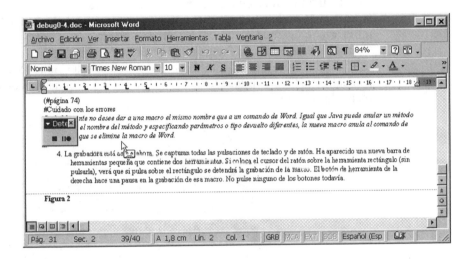

5. En el menú principal, pulse sobre "Insertar | Marcador". Llame A al marcador y pulse sobre Añadir.
6. Pulse sobre la herramienta "Detener grabación" en la nueva barra de herramientas de macros para detener la grabación. La macro estará terminada, por lo que es el momento de instalarla.

Cuidado con los errores *Si pulsa sobre la X de la barra de herramientas de la grabadora, se cerrará la barra, pero la grabadora se seguirá ejecutando, y habrá grabado cosas erróneas. En ese caso, debería detener la grabación y comenzar de nuevo.*

7. Pulse sobre "Herramientas | Personalizar | Comandos".
8. Recorra la lista, si resulta necesario, para seleccionar Macros en la ventana Categorías.
9. Verá Normal.NewMacros.MarcadorA o sólo MarcadorA en la ventana. Arrástrela hasta su barra de herramientas de Word. Un buen sitio es a la izquierda de la ventana de zoom, que probablemente muestre un 100 por 100. Su nuevo botón de barra de herramientas es inmenso y deseará cambiarlo por un icono; por tanto, antes de salir de esta ventana, pulse sobre "Modificar selección". En Word 2000, si no lo hace ahora, no tendrá otra oportunidad después.

> **Cuidado con los errores** *En Word 2000, si no pulsa sobre "Modificar selección" en ese instante, tendrá que quitar la macro de la barra de herramientas y después volverla a poner en ella. En caso contrario, no podrá modificar la selección.*

10. Seleccione "Estilo predeterminado". Obtendrá un icono sin ese nombre largo en él. No salga de la ventana todavía.

11. Ahora elija una imagen para el icono. Para hacerlo, pulse sobre "Modificar selección | Cambiar imagen del botón" y seleccione una imagen. Me gusta utilizar la imagen de la chincheta para esta macro.

12. Opcionalmente, edite la imagen de la macro. Me gusta dibujar la letra A (o la B) en ella. Para hacerlo, pulse sobre "Modificar selección | Modificar imagen del botón" y modifique la imagen. Pulse sobre Aceptar cuando esté satisfecho de su obra.

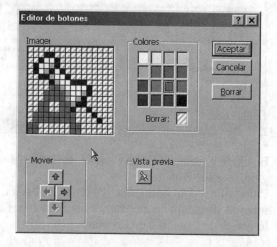

13. Falta una cosa. Cree una tecla de acceso rápido para este icono. Como se llama MarcadorA, la tecla Alt-A es una elección razonable. No tiene una asignación predeterminada. En la ventana Personalizar, pulse sobre Teclado.

14. En la ventana Categorías, resalte Macros. En la ventana Macros, resalte MarcadorA. Pulse dentro de la ventana "Nueva tecla de método abreviado". Ahora pulse Alt-A y verá que Alt-A no tenía una asignación previa. Pulse sobre Asignar.

15. Pulse sobre Cerrar, y sobre Cerrar de nuevo y pruebe su macro. A no ser que tenga los marcadores visibles (Herramientas, Opciones, pestaña Ver, seleccione Marcadores), no sucede demasiado al ejecutarla, pero lo que no se puede ver es que ha establecido un marcador llamado A en la posición del cursor o alrededor de cualquier texto resaltado. A continuación vaya a cualquier otra página y pulse sobre "Edición | Ir a | Marcador", seleccione el marcador llamado A y pulse de nuevo sobre "Ir a". Volverá inmediatamente a esa posición marcada.

El icono de barra de herramientas "Ir a"

Hasta ahora bien, pero necesita otra macro para volver a esa posición marcada con una sola pulsación, no cinco. El proceso de instalación es casi idéntico:

1. Siga los pasos 1-3 anteriores. En este punto, estará grabando todas las pulsaciones de teclado y de ratón de nuevo.
2. Grabe estas acciones en su macro: pulse sobre "Edición | Ir a | Marcador", resalte A y pulse sobre "Ir a | Cerrar". Esas son las acciones que deseamos que recuerde la macro.
3. Siga los pasos 5-14 anteriores. Esta vez, llame a su macro IrAA. Cuando la instale en la barra de herramientas, póngala a la izquierda del icono del MarcadorA y asígnela un icono diferente. Suelo elegir el icono que contiene huellas de pie e inserto una letra A en rojo en él. Como tecla de acceso rápido, utilice Alt-Control-A, en vez de Alt-A.

Para probar la macro, instale un marcador, navegue hasta otra página, pulse sobre ella para desplazar el cursor y utilice el icono IrAA o la combinación de teclas Alt-Control-A para volver a él.

Iconos adicionales de Marcador y de "Ir a"

Obviamente, se pueden instalar tantos iconos de Marcador y de Ir a como se deseen. Me parece que dos pares son necesarios y habitualmente es lo adecuado. Simplemente repita los dos procesos anteriores, sustituyendo B por A.

Si es usted un poco más aventurero, podría escribir un código de Visual Basic para aplicaciones (VBA) para implementar una pila de marcadores.

Edición e incorporación de las teclas de acceso rápido

Word ya utiliza varias teclas de acceso rápido para varias funciones. Obviamente ya conoce Control-X, Control-V y Control-C para el Portapapeles. Control-B y Control-L lanzan los procesos "Edición Buscar" y "Edición Reemplazar" respectivamente. Puede obtener una lista de las teclas de acceso rápido de Word, incluyendo cualquier cambio que haya hecho, pero excluyendo las que haya asignado a macros. Haga esto:

1. Pulse sobre "Herramientas | Macro | Macros".
2. Dentro de las macros del cuadro, seleccione "Comandos de Word". Tendrá que utilizar la flecha desplegable para encontrar la selección.
3. Dentro del cuadro "Nombre de la macro", seleccione ListaDeComandos.
4. Pulse sobre Ejecutar.
5. En el cuadro de diálogo "Listar comandos", pulse sobre "Configuración actual del menú y el teclado".
6. Pulse sobre "Archivo | Imprimir".

También se pueden asignar teclas de acceso rápido a las macros. No es necesario imprimir una lista de teclas para poder elegir las no utilizadas, porque Word se lo indicará en el momento de asignar la tecla. Es de agradecer que las teclas función Alt estén reservadas para que las utilicemos nosotros.

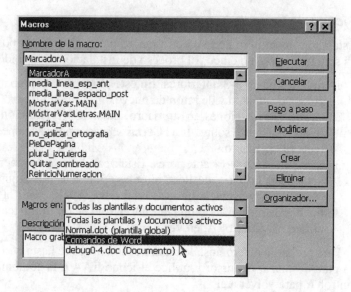

Trucos de búsqueda y sustitución

Durante la búsqueda y sustitución, Word adopta unas cuantas convenciones de aspecto extraño para los espacios en blanco normales. Los espacios son espacios, pero a la tecla Intro se le llama ^p, por ejemplo. Realmente se introduce el símbolo ^ y después la letra **p**. La lista completa de convenciones está disponible pulsando "Edición | Buscar | Especial". Cuando se selecciona un carácter especial, Word lo introduce en el cuadro Buscar o "Reemplazar con". También puede introducirlo usted mismo. Estos son unos cuantos caracteres útiles de memorizar:

Carácter especial	Representación
Nuevo párrafo (Intro)	^p
Tabulación	^t
Cualquier carácter (comodín)	^?
Cualquier número (comodín)	^#
Cualquier letra (comodín)	^$
Cualquier espacio en blanco (comodín)	^w

Cuidado con los errores *Cuando sustituya texto, tenga cuidado al utilizar "Reemplazar todo". Realmente, sustituirá todas las instancias del texto de Buscar por el texto de "Reemplazar con" y puede ser que no sea eso lo que desea. Es más seguro sustituir las cosas una a una.*

Si sustituye algunas cosas por error, el comando Deshacer le resolverá el problema. Su tecla de acceso rápido es Control-Z, una combinación que me ha salvado múltiples veces.

La diferenciación de mayúsculas y minúsculas de Word durante las operaciones de búsqueda y sustitución merece una explicación.

Algunas cosas son obvias. Si se especifica "Coincidir mayúsculas y minúsculas" y se busca "Java", Word no encontrará "java". Una cosa no es tan obvia. Si hay varios sitios en donde desea sustituir la variable miVariable por MiVariable, deberá especificar "Coincidir mayúsculas y minúsculas" y tener cuidado en poner "miVariable" en el cuadro Buscar. Si pone "MiVariable" en los bloques Buscar y "Reemplazar con", la sustitución fallará. Eso no sucedía en versiones anteriores de Word.

Si no se especifica "Coincidir mayúsculas y minúsculas", Word intenta adaptarse al formato del texto encontrado. Por ejemplo, si se sustituye "QQQ" por "truco", se obtiene "TRUCO".

Ordenación de las líneas del código

Supongamos que tenemos que ordenar algunas líneas de programa como estas:

```
String a = "Wilson, Diana A. Omaha, NE";
String b = "Jones, John P. Tacoma, WA";
String c = "Taylor, Jones R. Dallas, TX";
String d = "Wilson, Neil B. Omaha, NE";
```

Versiones anteriores de Word exigían que se convirtiera la información en una tabla, se ordenara y después se convirtiera de nuevo a texto.

En Word 2000, se puede resaltar el texto y pulsar sobre "Tabla | Ordenar", seleccionar las opciones y pulsar sobre Aceptar. Se puede hacer la ordenación en función del párrafo completo, de izquierda a derecha. O se pueden elegir palabras para la ordenación. A continuación, he especificado un espacio como delimitador de palabra y después he realizado la ordenación en sentido ascendente en las palabras 7 (ciudad), 4 (apellido) y 5 (nombre) en ese orden:

```
String c = "Taylor, Jones R. Dallas, TX";
String a = "Wilson, Diana A. Omaha, NE";
String d = "Wilson, Neil B. Omaha, NE ";
String b = "Jones, John P. Tacoma, WA";
```

Cambio de los colores y del formato

Las macros pueden conseguir que Word sea tan poderoso como usted quiera. Muy poca funcionalidad se les puede escapar, dado que están programadas en un lenguaje completo. Puede grabar una macro para ver una pista de cómo utilizar el lenguaje (VBA) y después editar la macro para incrementar su funcionalidad. Los apéndices incluyen varias macros útiles, entre ellas las siguientes:

Palabras clave en verde.   Encontrar todas las palabras clave y cambiar su color a verde, por ejemplo, es una tarea simple. Descartar las palabras clave incluidas en cadenas y comentarios no es ciencia aeronáutica, pero tampoco es trivial. Ambas tareas requieren un poco de codificación en VBA. Los apéndices proporcionan una macro que buscará en un documento Word y pondrá todas las palabras clave de Java en verde, a no ser que estén en cadenas o comentarios. Asume que todas las palabras clave de Java están rodeadas de espacios en blanco o llaves.

QQQ a Oculto.   Si adopta la idea de los QQQ (o algo similar), una macro puede buscar todos los comentarios que contienen QQQ y tratarlos de una forma especial. Por ejemplo, puede eliminarlos o convertirlos en texto oculto. Una macro de los apéndices busca los comentarios que contienen QQQ y pregunta si se desea eliminarlos o convertirlos todos en texto en color rojo y oculto. A continuación, obedece.

Eliminar Oculto.   Otra macro de los apéndices elimina todo el texto oculto y solicita un nombre de archivo "Guardar como...". Aunque le puede indicar a Word que suprima el texto oculto de las impresiones y de la pantalla, no se le puede decir que suprima el texto oculto de un archivo que estamos guardando. Esta macro elimina dicho texto y guarda el resultado con un nombre nuevo que especifique, sin modificar el archivo original.

Grabación de pulsaciones de teclado

Una cosa que Word no ha dominado nunca es la idea de que una macro ejecute otra macro, quizá por la posibilidad de una recursividad infinita. Por tanto, no es posible en Word crear una macro que abra una nueva macro que grabe pulsaciones de teclado.

Si desea grabar pulsaciones de teclado, pulse sobre "Herramientas | Macro | Grabar nueva macro". A continuación, si es una macro que se puede descartar, acepte el nombre de macro predeterminado y comience a teclear. Todo lo que teclee quedará grabado. La barra de herramientas pequeña que se muestra en el margen aparece durante la grabación. Tiene un botón de Detener y otro de Pausa. Este último se convierte en un botón Reanudar si se hace una pausa en la grabación.

| Consejo de diseño | *Si desea resaltar algo con el ratón a la vez que graba una macro, verá que no puede hacerlo. Sin embargo, se puede utilizar un truco.* |

En primer lugar, hay que hacer una pausa en el proceso de grabación, porque las acciones de las teclas de dirección se graban. Utilice las teclas de dirección para desplazar el cursor hasta el área que desee resaltar. Reanude la grabación si resulta necesario, pulse y mantenga pulsada la tecla Mayúsc y utilice las teclas de dirección para desplazar el cursor. Así se resalta el texto. Ahora puede utilizar el texto resaltado en la grabación, quizá copiándolo y pegándolo.

Cuando termine, detenga la grabación. Puede dar a la grabación un nombre nuevo, instalar la macro en una barra de herramientas o asignarla una tecla de acceso rápido, como ya hemos visto. También puede pulsar sobre "Herramientas | Macro | Macros", seleccionar la macro y pulsar sobre Ejecutar.

Utilice el mejor editor de Java que pueda

Un gran editor ayuda a evitar los errores. Algunos editores y la mayoría de los procesadores de textos son configurables, y algunos, como Multi-Edit, tienen una configuración previa para Java u otros lenguajes que elija. La mayoría de los Entornos de desarrollo integrados (IDE) incluyen editores de Java excelentes. Puede programar su procesador de textos para que haga cosas que ningún IDE realiza actualmente. Sin embargo, los creadores de su IDE están leyendo también este libro, y es posible que se encuentre algunas de estas características en el próximo paquete de actualización.

Servirá cualquier editor de texto que pueda guardar los archivos con extensiones de nombre de archivo de cuatro caracteres. Eso incluye a casi todos los editores. Estos son algunos editores de propósito general que he utilizado con Java:

- He disfrutado de Multi-Edit (ME), un producto de American Cybernetics, desde los días de dBase-II y Clipper. Algunas de sus características avanzadas de hace una década siguen sin estar incorporadas en programas como Word. La versión actual con GUI tiene una plantilla para Java, que se puede ampliar a voluntad. También incluye plantillas para unos 30 lenguajes diferentes. Las plantillas permiten configurar todo tipo de cosas, como el estilo de indentación preferido.
- El Cuaderno de notas desde Windows 3. Aparte de su límite de tamaño de archivo de 64 KB, y su incapacidad de editar múltiples archivos, es de gran utilidad en Windows.
- WordPad, que también se incluye con Windows.
- Write es realmente un procesador de textos bastante bueno. Se incluye con Windows.
- Vi es uno de los editores estándares para varias versiones de UNIX. Funciona en computadoras DOS. Aunque es el más complicado de aprender, es extremadamente poderoso. Los maestros de vi pueden editar más rápido con él que con cualquier otra cosa, lo que se debe en parte a que nunca se necesita perder el tiempo poniendo la mano en un ratón.
- EMACS es el otro editor estándar de UNIX. Su código fuente es de descarga gratuita y el editor se puede ampliar. Podrá personalizarlo a su gusto.
- Edit (en el símbolo de MS-DOS) funciona bien, excepto para los comandos de cortar, copiar y pegar entre él y los programas de Windows. Por alguna razón, es difícil copiar parte de una página Web en el búfer de Windows y después pegarlo en Edit. Otros tipos de copia parece que funcionan perfectamente. Obviamente, no se puede programar Edit para que haga todos los trucos especiales que pueden realizar los editores más modernos, pero es gratuito y está disponible cuando se programa en el símbolo de DOS.
- Algunos de mis editores más antiguos, como "Technical Edit" y "Profesional Editor", rechazan guardar extensiones de cuatro caracteres. Posiblemente versiones más modernas funcionen, pero antes de adquirir un editor, asegúrese de que no le obligue a utilizar el convenio de nombres de archivo 8.3. En caso contrario, ¡tendrá que renombrar todos los archivos .java después de guardarlos!

Trucos de la edición

El código SQL siguiente de complicación exagerada fue diseñado para encontrar datos duplicados en una tabla. Tiene un error. Es un fragmento real de SQL que heredé un día. Está escrito en MS Query, pero examínelo durante un tiempo y verá que para encontrar el error se necesita bastante tiempo. Como pista, le daré toda la información que tenía: el código SQL se ejecuta, selecciona los campos correctos y ordena las filas de forma adecuada. Simplemente no selecciona el conjunto correcto de filas. Ah, la función **IsNull()** devuelve **true** o **false**, dependiendo de si el campo referenciado contiene o no un valor null.

```
SELECT DISTINCTROW tblAllDbfInfo.PLANT_CODE, tblAllDbfInfo.ING_CODE,
tblAllDbfInfo.SUPPLIER, tblAllDbfInfo.TRK_CAR, tblAllDbfInfo.DATE_REC,
tblAllDbfInfo.NUTR_1, tblAllDbfInfo.NUTR_2, tblAllDbfInfo.NUTR_3,
tblAllDbfInfo.NUTR_4, tblAllDbfInfo.NUTR_5, tblAllDbfInfo.NUTR_6,
tblAllDbfInfo.NUTR_7, tblAllDbfInfo.DATE_LOG, tblAllDbfInfo.NUTR_8 FROM
tblAllDbfInfo WHERE (((tblAllDbfInfo.PLANT_CODE) In (SELECT [PLANT_CODE] FROM
[tblAllDbfInfo] As Tmp GROUP BY [PLANT_CODE],[ING_CODE],[SUPPLIER],[TRK_CAR],
[DATE_REC],[NUTR_1],[NUTR_2],[NUTR_3],[NUTR_4],[NUTR_5],[NUTR_6],[NUTR_7],
[NUTR_8] HAVING (Count(*)>1) And [PLANT_CODE] = [tblAllDbfInfo].[PLANT_CODE]
And [ING_CODE] = [tblAllDbfInfo].[ING_CODE] And [SUPPLIER] =
[tblAllDbfInfo].[SUPPLIER] And ([TRK_CAR] = [tblAllDbfInfo].[TRK_CAR] Or
(IsNull([TRK_CAR]) And IsNull([tblAllDbfInfo].[TRK_CAR]))) And ([DATE_REC] =
[tblAllDbfInfo].[DATE_REC] Or (IsNull([DATE_REC]) And
IsNull([tblAllDbfInfo].[DATE_REC]))) And ([NUTR_1] = [tblAllDbfInfo].[NUTR_1]
Or (IsNull([NUTR_1]) And IsNull([tblAllDbfInfo].[NUTR_1]))) And ([NUTR_2] =
[tblAllDbfInfo].[NUTR_2] Or (IsNull([NUTR_2]) And
IsNull([tblAllDbfInfo].[NUTR_2]))) And ([NUTR_3] = [tblAIlDbfInfo].[NUTR_3] Or
(IsNull([NUTR_3]) And IsNull([tblAllDbfInfol.[NUTR_3]))) And ([NUTR 4] =
[tblAllDbfInfo].[NUTR_4] Or (IsNull([NUTR_4]) And
IsNull([tblAllDbfInfo].[NUTR_4]))) And ([NUTR_4] = [tblAllDbfInfo].[NUTR_5] Or
(IsNull([NUTR_5]) And IsNull([tblAllDbfInfo].[NUTR_5]))) And ([NUTR_6] =
[tblAllDbfInfo].[NUTR_6] Or (IsNull([NUTR_6]) And
IsNull([tblAllDbfInfo].[NUTR_6]))) And ([NUTR_7] = [tblAllDbfInfo].[NUTR_7] Or
(IsNull([NUTR_7]) And IsNull([tblAllDbfInfo].[NUTR_7]))) And ([NUTR_8] =
[tblAllDbfInfo].[NUTR_8] Or (IsNull([NUTR_8]) And
IsNull([tblAllDbfInfo].[NUTR_8])))))))) ORDER BY tblAllDbfInfo.PLANT_CODE,
tblAllDbfInfo.ING_CODE, tblAllDbfInfo.SUPPLIER, tblAllDbfInfo.TRK_CAR,
tblAllDbfInfo.DATE_REC, tblAllDbfInfo.NUTR_1, tblAllDbfInfo.NUTR_2,
tblAllDbfInfo.NUTR_3, tblAllDbfInfo.NUTR_4, tblAllDbfInfo.NUTR_5;
```

¿Ha descubierto el error? Pocas posibilidades, sin sufrir un cansancio ocular grave.

La versión siguiente casi consigue que el error aparezca delante de sus ojos, incluso aunque no domine el lenguaje. El código es el mismo, excepto por unos cuantos avances de línea colocados de forma juiciosa.

```
SELECT DISTINCTROW tblAllDbfInfo.PLANT_CODE, tblAllDbfInfo.ING_CODE,
tblAllDbfInfo.SUPPLIER, tblAllDbfInfo.TRK_CAR, tblAllDbfInfo.DATE_REC,
tblAllDbfInfo.NUTR_1, tblAllDbfInfo.NUTR_2, tblAllDbfInfo.NUTR_3,
```

```
tblAllDbfInfo.NUTR_4, tblAllDbfInfo.NUTR_5, tblAllDbfInfo.NUTR_6,
tblAllDbfInfo.NUTR_7, tblAllDbfInfo.DATE_LOG, tblAllDbfInfo.NUTR_8
FROM tblAllDbfInfo

WHERE (((tblAllDbfInfo.PLANT_CODE) In (

SELECT [PLANT_CODE] FROM [tblAllDbfInfo] As Tmp
GROUP BY [PLANT_CODE],[ING_CODE],[SUPPLIER],[TRK_CAR],[DATE_REC],
[NUTR_1],[NUTR_2],[NUTR_3],[NUTR_4],[NUTR_5],[NUTR_6],[NUTR_7],[NUTR_8]

HAVING (Count(*)>1) And

[PLANT_CODE] = [tblAllDbfInfo].[PLANT_CODE] And
[ING_CODE] = [tblAllDbfInfo].[ING_CODE] And
[SUPPLIER] = [tblAllDbfInfo].[SUPPLIER] And

([TRK_CAR] = [tblAllDbfInfo].[TRK_CAR] Or
(IsNull([TRK_CAR]) And IsNull([tblAllDbfInfo].[TRK_CAR]))) And

([DATE_REC] = [tblAllDbfInfo].[DATE_REC] Or
(IcNull([DATE_REC]) And IsNull([tblAllDbfInfo].[DATE_REC]))) And

([NUTR_1] = [tblAllDbfInfo].[NUTR_1] Or
(IsNull([NUTR_1]) And IsNull([tblAllDbfInfo].[NUTR_1]))) And

([NUTR_2] = [tblAllDbfInfo].[NUTR_2] Or
(IsNull([NUTR_2]) And IsNull([tblAllDbfInfo].[NUTR_2]))) And

([NUTR_3] = [tblAIlDbfInfo].[NUTR_3] Or
(IsNull([NUTR_3]) And IsNull([tblAllDbfInfo].[NUTR_3]))) And

([NUTR 4] = [tblAllDbfInfo].[NUTR_4] Or
(IsNull([NUTR_4]) And IsNull([tblAllDbfInfo].[NUTR_4]))) And

([NUTR_4] = [tblAllDbfInfo].[NUTR_5] Or
(IsNull([NUTR_5]) And IsNull([tblAllDbfInfo].[NUTR_5]))) And

([NUTR_6] = [tblAllDbfInfo].[NUTR_6] Or
(IsNull([NUTR_6]) And IsNull([tblAllDbfInfo].[NUTR_6]))) And

([NUTR_7] = [tblAllDbfInfo].[NUTR_7] Or
(IsNull([NUTR_7]) And IsNull([tblAllDbfInfo].[NUTR_7]))) And

([NUTR_8] = [tblAllDbfInfo].[NUTR_8] Or
(IsNull([NUTR_8]) And IsNull([tblAllDbfInfo].[NUTR_8])))
)))

ORDER BY tblAllDbfInfo.PLANT_CODE, tblAllDbfInfo.ING_CODE,
tblAllDbfInfo.SUPPLIER, tblAllDbfInfo.TRK_CAR, tblAllDbfInfo.DATE_REC,
tblAllDbfInfo.NUTR_1,
tblAllDbfInfo.NUTR_2,
tblAllDbfInfo.NUTR_3,
tblAllDbfInfo.NUTR_4,
tblAllDbfInfo.NUTR_5;
```

Si todavía no ha visto el error, hay un sitio en el que NUTR_4 debería ser NUTR_5. Si observa en la vertical de la posición de carácter ocho desde el margen izquierdo, observará los números: 1, 2, 3, 4, *4*, 6, 7, 8, un descuido obvio.

Se necesita un poco de trabajo duro, pero siempre que me encuentro con una sentencia larga en SQL, dedico unos minutos a editarla en un formato más fácil de leer, sólo para tener la oportunidad de comprenderla. Varias veces he encontrado errores en código que se suponía que funcionaba perfectamente.

Un caso muy reciente implicaba un fragmento de SQL dinámico que se había estado utilizando durante nueve años. Mientras lo examinaba por una razón totalmente diferente, observé que se ponía un cero delante de los meses 1-10, en vez de ponerlo solamente delante de 1-9. De este modo, el número del mes de octubre se convertía en 010. SQL descartaba el último cero, obteniéndose un 01, es decir, enero. Durante nueve años, cientos de vendedores habían obtenido unas comisiones de un 8 a 12 por 100 superiores en octubre (mes 10) de lo que se merecían, porque el programa duplicaba sus comisiones por elevado volumen de enero en un mes de menor volumen, octubre.

Por alguna razón, ¡ningún vendedor se quejó nunca!

Cambiar el formato para que incluyera avances de línea ayudó a descubrir el error.

Haga que la tipografía se identifique a sí misma

El compilador de Java le ayudará a encontrar muchos tipos de errores, porque Java exige que se declaren las variables y métodos. Si ha deletreado mal un nombre (o se ha confundido entre mayúsculas y minúsculas), el compilador se quejará y resultará recalcitrante. Es decir, rechazará compilar el código.

Los estándares de nombres ayudan. La mayoría de los programadores de Java comienzan sus nombres de variable con caracteres en minúscula, poniendo en mayúscula las palabras interiores: *esteEsUnNuevoNombreDeVariable*. Un nombre de variable como el siguiente debería resultar sospechoso:

esteEsunNuevoNombreDeVariable

El truco anterior de alineamiento vertical hizo que apareciera un error tipográfico. Obviamente, la secuencia numérica 1, 2, 3, 4, *4*, 6, 7, 8 tenía un error, y el alineamiento vertical ayuda a localizarlo. El alineamiento vertical ayuda de otras maneras. Si tuviese que inicializar a cero cinco variables de nombre similar, el alineamiento vertical podría ayudarle a localizar una variable en la que faltase una letra mayúscula. Realmente es más sencillo escribir código en alineamiento vertical que de otra forma. Si necesita inicializar una docena de elementos de array con las letras de la A a la L, escriba una línea como esta y replíquela once veces más:

```
miVariable[0] = "A";
```

A continuación, cambie todos los índices de 0 al valor adecuado y las "A" por sus letras correspondientes, como aquí:

```
miVariable[0] = "A";
```

```
miVariable[1] = "B";
...
miVariable[11] = "L";
```

Es sorprendente la rapidez y precisión que se pueden conseguir con dos manos para cambiar una lista larga de índices de array introduciendo la secuencia de teclas **A, flecha izquierda, flecha abajo, B, flecha izquierda, flecha abajo, C, flecha izquierda, flecha abajo**, etc.

Obviamente, se debería utilizar un bucle en este ejemplo trivial, pero a veces no se puede utilizar (o se debería evitar por claridad). Por ejemplo, se podría necesitar añadir un comentario a cada una de las líneas. No se puede hacer eso con un bucle.

A veces, la longitud de la línea identifica un problema. Si hay diez líneas alineadas verticalmente y la cuarta tiene un carácter más que las otras, resalta. Es posible que tenga un error tipográfico. De forma similar, las longitudes de las líneas podrían ser muy diferentes, pero los primeros 22 caracteres pueden ser idénticos. En ese caso, el alineamiento vertical permite explorar con rapidez los 22 primeros caracteres de cada línea, buscando errores. Pero primero deberá crear dicho alineamiento vertical.

Amplíe el búfer de copiar y pegar

La gente que trabaja mucho con editores descubre pronto el búfer de cortar / copiar / pegar de Windows. Desgraciadamente, menos gente utiliza sus teclas de acceso rápido Control-X, Control-C y Control-V, respectivamente, que no utilizan el ratón y que funcionan con todas las aplicaciones basadas en Windows que he utilizado durante una década.

Se puede utilizar el ratón para resaltar casi cualquier cosa de una pantalla de Windows, y a continuación pulsar Control-X o Control-C para poner "eso" en una zona especial de RAM, llamada el Portapapeles, que Windows ha reservado.

Por ejemplo, al escribir esto he resaltado el texto anterior "Control-X, Control-C" y después he pulsado Control-C, por lo que ahora mi búfer contiene "Control-X, Control-C", junto con su formato. En la última frase he utilizado Control-V dos veces para evitar tener que introducir dicho texto. El texto original permanece en el párrafo anterior porque he utilizado Control-C para hacer la copia.

Si se utiliza Control-X, o cortar, para introducir algo en el búfer, ese objeto desaparece del documento cuando entra en el búfer.

Puede colocar el cursor del ratón en cualquier otro sitio y pulsar Control-V para pegar el contenido del búfer allí. Control-V es una copia del búfer, no un desplazamiento, por lo que se puede utilizar Control-V múltiples veces para hacer docenas de copias donde desee. Entonces, ¿cuántas veces cree que he pulsado Control-V y modificado el resultado cuando escribía los últimos cuatro apartados?

Utilizar dichas teclas es unas siete veces más rápido que utilizar el ratón. Es decir, se puede introducir Control-V al menos siete veces en el tiempo que se necesita para coger el ratón y pulsar Edición Pegar.

En Word y en la mayoría de las otras aplicaciones (pero no todas) que pueden utilizar el búfer:

- Control-X es lo mismo que pulsar "Edición | Cortar".
- Control-C es lo mismo que pulsar "Edición | Copiar".
- Control-V es lo mismo que pulsar "Edición | Pegar".

Por cierto, observe que los caracteres X, C y V están en posiciones adyacentes del teclado. Esas posiciones simplifican el recordar cuál es cuál. X significa cortar y C copiar, estando V a la derecha de las otras dos para pegar.

A la mayoría de la gente, el Portapapeles les resulta útil cuando quieren reutilizar el código a partir de otro archivo. También debería considerar el reutilizar el código desde el archivo actual. Cuando declare e inicialice las variables, tenga cuidado con su orden inicial, porque podría reutilizar parte del texto más adelante. Podría tener que quitar la parte "= 0" de una declaración, pero se habrá ahorrado tener que volver a introducir el nombre de la variable, con los posibles problemas de tipografía que ello puede implicar.

Una utilización frecuente del Portapapeles simplifica la utilización de nombres largos y descriptivos para las variables y métodos, otra costumbre que mejora la legibilidad del código.

Piense en crear un esqueleto de comentarios estándar para pegarlo al principio de cada método o clase. Aunque su empresa podría utilizar un formato diferente, dicho esqueleto podría ser el siguiente:

```
// Objetivo:
// Entrada:
// Salida:
// Fecha:
// Autor:
// Historia de modificaciones:
```

Utilizando un esqueleto así, no se olvidará de añadir una Historia de modificaciones: un marcador de posición, por ejemplo. Se ahorrará muchísimas pulsaciones de teclado y los errores tipográficos que llevan asociadas. Abra otra ventana y utilice el búfer para copiar el esqueleto de comentarios en cada método nuevo.

Otra posibilidad es utilizar una ampliación del Portapapeles para mantener los elementos como el esqueleto de comentarios siempre a mano. Se describen a continuación varias ampliaciones del Portapapeles que son más versátiles que el de Microsoft.

Ampliaciones del Portapapeles

En Windows 95, Control-X o Control-C parece que sobrescriben cualquier información anterior del búfer, pero no es estrictamente cierto. El búfer puede contener un fragmento de texto y una imagen, por ejemplo, sin que se sobrescriban entre sí. Sin embargo, el búfer se ve limitado drásticamente por el hecho de que hay un solo sitio para el texto y otro para una sola imagen. A los autores que realizan capturas de pantalla les interesaría también ser capaces de capturar 20 pantallas a la vez, pero no pueden.

Windows 98 introdujo el Visor del Portapapeles con características nuevas, como la capacidad de guardar el contenido del Portapapeles en un archivo. Puede ejecutar el Visor pulsando sobre el botón Inicio y seleccionando "Programas | Accesorios | Herramientas del sistema | Visor del Portapapeles".

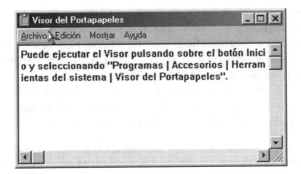

Si piensa utilizar mucho el Visor del Portapapeles, ponga un icono en el Escritorio, la barra de herramientas de Office o la barra de herramientas de Lanzamiento rápido de Windows.

Utilidades shareware baratas y gratuitas hacen el trabajo mucho mejor. Permiten cortar o copiar un número de elementos prácticamente ilimitado, de cualquier tipo, en el búfer, y después guardarlos en disco. La mayoría utilizan Control-X, Control-C y Control-V. Estos son los tres mejores que he encontrado y son gratuitos:

Dirección de Internet: http://www.	Descripción muy breve
cyber-matrix.com/clipmag.htm	ClipMagic. Freeware. La más poderosa de todas. Edita el Portapapeles, guarda múltiples archivos. Lo hace todo.
easysoftwareuk.com	Classic versión 1. Freeware. Guarda hasta 3.000 elementos, permite ver unos 100 a la vez y pega cualquier elemento con sólo dos pulsaciones de ratón. Guarda múltiples archivos. Con Control-F1 - Control-F9 se obtienen inmediatamente los elementos más utilizados. La versión que cuesta $25 es incluso mejor.
thornsoft.com	ClipMate. Shareware sin pantallas "molestas". Número ilimitado de archivos. Se captura con Control-X o Control-C y se pega con Control-V. La versión de pago es lo más competente que hay.

Enseñe a la autocorrección a eliminar errores y ahorrar pulsaciones de teclado

¿Le gustaría introducir los cuatro caracteres **for(** y que el editor cambiara automáticamente estos caracteres por el texto siguiente, junto con la línea en blanco?

```
for ( ; ; ) {

}
```

Los procesadores de textos modernos contienen características de autocorrección, que se pueden encargar de hacer dicho cambio. Estas características se ocultan en forma de verificadores ortográficos automatizados, pero realmente han sido inventadas para los programadores de Java. Bueno..., quizá no, pero podemos utilizarlas al máximo. Vamos a ver cómo crear ese bucle **for** especial con autocorrección. El ejemplo es para Microsoft Word 2000. Utiliza una característica admitida oficialmente que parece que se conoce tan poco que se la he explicado a cinco técnicos de Microsoft Word diferentes, lo cual es doblemente extraño porque yo me enteré por uno de ellos.

1. Abra un documento nuevo normal en Word.
2. Introduzca el texto que desee que aparezca automáticamente. En este caso, se utiliza un bucle, por lo que introduzca dos espacios en la línea entre las llaves. De ese modo, obtendrá la indentación automática.
3. Utilice el ratón para resaltar todo el texto introducido. Sorprendentemente, no es necesario instalar el texto resaltado en el búfer de copiar y pegar. Word utiliza lo que se haya resaltado, no lo que está en el búfer.
4. Ahora, pulse sobre Herramientas y Autocorrección en el menú. Si utiliza Word 2000, es posible que tenga que pulsar la zona inferior del cuadro desplegable para ver las opciones de menú menos utilizadas.
5. Verá que aparece el contenido del texto resaltado en el cuadro Con. No verá cosas como el tabulador o el marcador de párrafo (tecla Intro), ni múltiples líneas, pero están presentes.

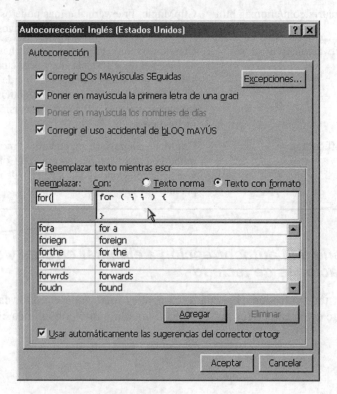

6. Introduzca **for(** en el cuadro Reemplazar, sin las comillas. Observe que no hay ningún espacio entre la "r" y el "(". Eso es importante.
7. Pulse sobre Añadir (o sobre Eliminar si está corrigiendo una entrada existente) y abandone la pantalla.
8. Pruébelo introduciendo los caracteres a sustituir: **for(** e inmediatamente Word los corregirá automáticamente con el texto deseado.

En el paso 6, no introdujo un espacio entre la "r" y el "(". Esta es la razón. Si desea crear su propio bucle **for** sin ayuda de Word, introduzca lo mismo, a excepción de que debe insertar un espacio después de la "r". Word mantendrá exactamente lo introducido. No hará la autocorrección porque el espacio la convierte en una cadena diferente.

Algunas personas aborrecen dichas convenciones, prefiriendo introducir todos esos caracteres y corregir los posibles errores tipográficos. Si pertenece a ese grupo, más poderosos serán sus dedos, pero si prefiere que su editor de Java haga una parte del trabajo, dele una oportunidad a esta idea.

Este es un buen conjunto de elementos de autocorrección para comenzar. Por mejorar la claridad, la Tabla 5.1 muestra puntos en lugar de espacios y ^t en vez de tabuladores. Observe la entrada //class, que añade automáticamente varios comentarios a la cabecera del código. Utilizo entradas similares que crean esqueletos de JavaDoc. Puede homogeneizar la lista de comentarios de la forma que desee. Word puede incluso insertar la fecha actual si lo desea.

Tabla 5.1. *Entradas de autocorrección*

Sustituir	Por
	. (punto) significa espacio en esta tabla, por lo cual no los escriba en las entradas de autocorrección

`/*`	`/*..`
	`*...`
	`*/`

`for(`	`for.(.;.;.).{`
	`..`
	`}`

`do{`	`do.{`
	`..`
	`}.while (.);`

`while(`
 	
`.`
	`while (.).{`
	`..`
	`}`

`if(`	`if.(.).{`
	`..`
	`}`

`else(`	`else.{`
	`..`
	`}`

(Continúa)

Tabla 5.1. *Entradas de autocorrección (Continuación)*

```
else.if(      else.if.(.).{
              ..
              }
              else.{
              ..
              }
```

```
/**           /**
              .*
              **/
```

```
try{          try.{
              ..
              }
              catch.{
              ..
              }
              finally.{
              ..
              }
```

```
QQQ           /*.QQQ.*/
```

```
//class       //.class.constantes
              //.class.variables
              //.instancia.variables
              //.class.métodos
              //.constructor.métodos
              //.instancia.métodos
              //.main.método
              //.Función..:^t
              //.FechaVers:^t
              //.Autor....:^t
              //.Hist.modif.:^t
              package
              class. {
              ..public.static.void.main.(String[].args).{
              ....
              ..}
              }
```

Enseñe a su verificador ortográfico

Cree un diccionario especial para Java en su procesador de textos. Para hacerlo, utilice programas reales en Java de cualquier sitio que sean similares en estilo a los que va a utilizar. El JDK tiene un buen conjunto de programas de demostración. Cuando edite código en Java, active el diccionario de Java y subrayará en rojo cualquier palabra o comando que no comprenda.

A medida que cree nuevas clases y les asigne un nombre, y a medida que asigne nombres a las variables y constantes, le puede indicar al diccionario de Java que recuerde dichos nombres para la próxima vez.

Lo bonito de utilizar un diccionario de Java es que cuando deletree mal un nombre de variable, el procesador de textos destacará el error. El resultado es que se cometen menos errores tipográficos en el código desde el principio, cuando es más sencillo y más barato corregirlos.

Así es como se entrena al verificador ortográfico:

1. Pulse sobre "Herramientas | Opciones" y seleccione la pestaña "Ortografía y gramática".

2. Pulse sobre "Diccionarios | Nuevo", introduzca **Java** y pulse sobre Guardar. El nuevo diccionario se llamará Java.dic.

3. Marque la entrada Java.dic y elimine la selección de la entrada Custom.dic. Verá una ventana de aviso que indica que eso puede afectar a otras aplicaciones que utilizan el diccionario de Word. No importa, a no ser que desee utilizar algo como Outlook a la vez que edita en Java. Incluso entonces, el diccionario principal de Office sigue estando activo, por lo que la verificación ortográfica sigue funcionando. Sólo estarán inhabilitados los otros diccionarios personalizados.

4. Consiga una lista de las palabras clave de Java e introdúzcalas en Java.dic. Para abrir Java.dic para introducir datos, pulse sobre "Herramientas | Opciones" y seleccione la pestaña Ortografía. A continuación, pulse sobre Diccionarios, resalte Java.dic y pulse sobre Modificar. Si Word le pide permiso para hacer la conversión a partir de un documento de texto, responda que sí.

5. Abra varios listados de código en Java en Word y utilice el verificador ortográfico. Cada vez que Word llega a algo que no entiende, como java.awt, subrayará la palabra en rojo. Cuando pulse F7 para realizar una verificación ortográfica, tendrá la oportunidad de añadir cada palabra así al diccionario.

6. Queda un problema. Word insiste en utilizar su diccionario principal junto con nuestro diccionario Java.dic. Microsoft me ha confirmado que, como en versiones anteriores, no se puede inhabilitar el diccionario principal en Word 2000. Sin embargo, ¡no es necesario utilizar un diccionario principal en su idioma! Si cambia a un idioma que sea muy diferente del inglés, como el japonés o el swahili, solamente en casos muy extraños confundirá el diccionario principal una palabra mal escrita con una correcta[2]. Para cambiar los diccionarios es posible que tenga que insertar el CD de configuración original, porque la instalación probablemente no haya instalado todos los idiomas que Word admite. No es una solución perfecta, pero funciona.

Escriba en la secuencia principio-final-zona intermedia

La mayor parte de las construcciones de Java tienen tres partes: comienzo, final y zona intermedia. Esa es la mejor secuencia para escribir la mayor parte del código, porque

---

[2] N. de T.: En el caso del castellano, este punto no es un problema. El autor se refiere a que muchas palabras clave de Java son palabras válidas del inglés y, por tanto, el corrector ortográfico no las marcará.

le ahorrará tiempo al final. No tiene que volver para recordar a dónde pertenece la llave de cierre de una línea y no es necesario adivinar cuántas llaves hay que poner al final. Y lo mejor, no necesita preocuparse por una línea de código que podría estar entre las dos últimas llaves, o entre la segunda y la tercera contando desde el final. Colocar mal una línea así probablemente destroce el código de una forma sutil.

Obviamente, si se olvida una llave, el compilador capturará el error, pero entonces el problema es que estará perdiendo el tiempo corrigiendo un error que no debía haber creado desde un principio. Además, los errores tienden a agruparse. La probabilidad de que corrija mal ese error es unas diez veces superior a la probabilidad de introducir un error escribiendo en la secuencia principio-final-zona intermedia.

En este ejemplo casi trivial, cuando comience una cláusula **for**, podría escribir lo siguiente:

```
for (long i=0; i<maxIteraciones; i++) {
}
```

a continuación suba una línea y complete la zona intermedia.

La idea de principio-final-zona intermedia se hace mucho más importante cuando se escriben las construcciones más grandes, como los métodos complicados que contienen varios bucles anidados o sentencias **for**, **if** y **switch**.

El marcador QQQ

En el apartado "Cerebro izquierdo <==> Cerebro derecho" del Capítulo 2, presenté el concepto de que la creatividad se opone a la organización. Afirmé que cuando se crea algo, es importante no romper el flujo de creatividad hasta que se termina.

Una forma de mantener los jugos creativos fluyendo es desarrollar "métodos estándares" que se encarguen de manejar los obstáculos creativos. Uno de ellos es la idea de los marcadores QQQ.

Cuando se programa con creatividad, la mayoría de la gente piensa de un modo "de arriba abajo". Tienen la estructura global en su mente y desarrollan los detalles a medida que escriben. El problema surge cuando tienen que desviar su atención (conmutar al modo de cerebro izquierdo) para investigar un detalle. Tienden a perder el rastro de la idea general.

Un método bueno para omitir esa investigación es introducir **QQQ** y seguir creando. Más adelante, puede volver a todas las entradas QQQ y sustituirlas por el código investigado.

Si desea que el programa se siga compilando, puede poner el QQQ en un comentario. Incluso me tomé la molestia de crear una tecla de acceso rápido, Alt-Q, en mi plantilla de Java en Word, que escribe esto:

```
/* QQQ */
```

Y no solamente eso, si utiliza la plantilla de Java de la Tabla 5.1, al introducir las letras **QQQ** se corrigen automáticamente pasando a ser /* QQQ */

Al lado del comentario de QQQ, debería insertar una nota o pregunta que indique lo que tenga en su mente en ese momento, sin importar su ridiculez, porque la nota le ayudará a recordar lo que estaba intentando pensar en ese momento. Por ejemplo:

```
/* QQQ ¿Es este algoritmo realmente lo que desea el usuario?
Preguntárselo a Juan */
```

| Consejo de diseño | *Si le preocupa que alguien vea sus comentarios QQQ después de haberse entregado el código, considere no convertirlos en comentarios. De ese modo, el código no se compilará hasta que los haya eliminado todos.* |

Podría desear trabajar con varios niveles de QQQ, añadiendo números o letras a la cadena QQQ. QQQ podría significar que son cosas a corregir en el esquema global. QQQ1–QQQ9 podría representar cosas que corregir a nivel de método. QQQx1–QQQx9 podría estar reservado para cosas de otro nivel de profundidad, etc.

Casi todos los editores, procesadores de textos e IDE tienen la posibilidad de "buscar", con lo que se pueden localizar todas las instancias de QQQ, incluso si las tres Q tienen números o letras añadidas. Uno de los pasos finales antes de entregar el código es quitar todas las instancias de QQQ.

| Cuidado con los errores | *Puede utilizar Control-L para buscar todas las instancias de QQQ y sustituirlas por nada, pero este sería un mal momento* |

to para utilizar "Reemplazar todo". Debería examinar cada QQQ y resolverla manualmente.

El truco de la tarjeta de 3 × 5

La creatividad y la organización parece que se odian dentro del cerebro. Desgraciadamente, la organización ganará todas las confrontaciones entre ellas. Nuestra sociedad nos enseña de ese modo. Esta es la razón, en parte, por la que el 97 por 100 de la gente cree que es tan difícil ser creativo.

La creatividad se produce fundamentalmente en la mitad derecha del cerebro y la organización en la mitad izquierda, lógica, del cerebro. El problema de la escritura creativa a menudo es este: el escritor recibe una docena de fantásticos pensamientos sobre el papel y después siente la necesidad de organizarlos. Ese sentimiento es que la mitad lógica, la izquierda, del cerebro está intentando tomar el control. El confiado escritor comienza a organizarse y la pobre creatividad pierde otra batalla.

El problema es que a mucha gente le resulta muy difícil adormecer a la mitad izquierda del cerebro para poder volver a ser creativos. Mientras se es creativo, ¿por qué no mantenerse así durante un rato? No se detenga para organizarse; deje eso para más adelante. Le mostraré un truco a continuación, pero por ahora simplemente cree, utilizando tarjetas de 3 x 5 pulgadas (unos 7,5 × 12,5 cm). Utilice cuadernos de espiral. Explicaré el porqué en un momento.

La idea es escribir un pensamiento diferente, o quizá dos, en cada tarjeta y ordenar las tarjetas más adelante.

Lo que se consigue es separar la actividad del cerebro derecho (creativo) de la actividad del cerebro izquierdo (lógico). Al hacerlo, se evita que la mitad dominante y lógica del cerebro (izquierda) suprima a la mitad recesiva y creativa (derecha) del cerebro.

Coja una tarjeta y anote una idea en ella. Rápidamente. No piense. Podría ser tan simple como "Juan tiene que verificar el algoritmo de DSS" o incluso más simple: "Algo DSS, ver a Juan". Coja la siguiente tarjeta y escriba otra idea. Es bueno que una idea alumbre otra. Simplemente coja otra tarjeta y escriba en ella la idea siguiente. Es importante que escriba tan rápido como pueda leerlo a continuación.

Cuando termine, recorra las tarjetas. No las lea pensando en cómo las organizará. Simplemente léalas pensando en si le sugieren nuevas ideas. Cuando tenga otra idea, y la tendrá, coja una nueva tarjeta y escríbala.

Esta es la razón por la que escribo tarjetas en cuadernos de espiral: para que tengan agujeros. Quite la espiral: doble un extremo del alambre con unos alicates y quítelo del cuaderno. Puede tirarlo, pero conserve las tarjetas y utilícelas para sus ideas. Las tarjetas Mead 63130 o las Pen-Tab 78178 van perfectamente. Tienen 20 agujeros. También puede conseguir tarjetas de 4 x 6 pulgadas (10 x 15 cm) y otros tamaños, en cuaderno de espiral.

Vamos a ver cómo puede organizar las tarjetas de docenas de maneras. Una tarjeta será un índice para las demás. En esa tarjeta, al lado de los agujeros, escriba las categorías que utilizará en la organización. Si tiene 10 categorías o menos, podría desear utilizar todos los otros agujeros. La tarjeta de índice para la mano izquierda podría ser como la tarjeta que se muestra en la Figura 5.1. Si es diestro, ponga los agujeros a la derecha.

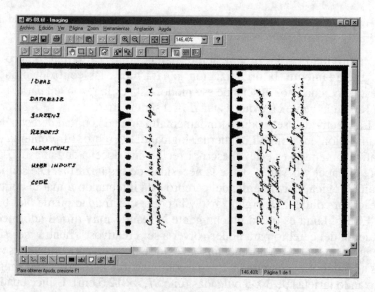

Figura 5.1. *Organización de las tarjetas de índice.*

Busque una taladradora de papel normal de un solo agujero y que sea manual.

Lea cada tarjeta y vea en qué categorías encaja. Quizá la primera tarjeta contiene algo acerca de las pantallas. Utilice la tarjeta de índice para ver a qué agujero corresponde. Utilice la taladradora para quitar el papel que hay entre ese agujero y el extremo de la tarjeta (no taladre la tarjeta de índice). Ahora, al lado de PANTALLAS, tendrá un canal en forma de V donde antes había un agujero.

Taladre otras categorías según corresponda. Si lo necesita, añada más categorías a su tarjeta de índice, tantas como necesite. ¿Le sigue pareciendo misterioso? Espere un momento.

Haga lo mismo para todas las tarjetas. Algunas tarjetas pueden recibir varios taladros. Quizá tenga una tarjeta que mencione las pantallas y un libro que contiene algoritmos útiles. Haga un taladro para PANTALLAS y otro para ALGORITMOS. Si la tarjeta se relaciona con las ideas, haga también un taladro para IDEAS.

De acuerdo, este es el truco. Apile sus tarjetas con la tarjeta de índice encima. Es el momento de encontrar todas las tarjetas de "Pantallas". Introduzca una uña por los agujeros de Pantallas y agite la pila. Con un poco de movimiento, se caerán todas las tarjetas de Pantallas. ¡Tan simple como eso!

Es posible que tenga selecciones compuestas. Si desea todas las tarjetas de Pantallas que sean también tarjetas de Algoritmos, simplemente introduzca la uña a través del agujero de Algoritmos de las tarjetas de Pantallas que se acaban de caer, y vuelva a agitar la pila. Si desea todas las tarjetas de Pantallas que no sean tarjetas de Algoritmos, haga lo mismo, pero esta vez utilice las tarjetas que no se han caído.

La potencia de este truco es sutil. ¡Es probable que tenga miles de tarjetas antes de que termine con un proyecto! Puede ordenar toda la pila en un minuto, en vez de en todo un día. Si no le importa esa selección, puede agrupar de nuevo la pila y reordenarla de una forma totalmente diferente, en un solo minuto.

La sutileza es esta: como solamente se pierde una fracción de un minuto seleccionando y ordenando las tarjetas, el cerebro derecho puede seguir teniendo el control y usted seguirá siendo creativo. Doble truco, ¿no le parece?

Claro está, puede añadir más agujeros más adelante. Simplemente anote la tarjeta de índice. Los 20 agujeros de las tarjetas Mead 63130 o Pen-Tab 78178 permiten hasta 20 categorías, pero puede tener incluso más.

Vamos a suponer que necesita 30 categorías y que, por alguna razón, se llaman 1, 2, ... 30.

Utilice dos rangos: 1-15 y 16-30. Si una tarjeta está en el primer rango, taladre el primer agujero, pero no el segundo. Si una tarjeta está en el segundo rango, taladre el segundo agujero. Ahora haga otro agujero en cada tarjeta para indicar en qué rango se encuentra esa tarjeta.

Para 1 o para 16, taladre el tercer agujero. Para 2 o 17, taladre el cuarto agujero, etcétera, hasta el final de los rangos.

Podría crear una tarjeta de índice para el rango 1-15 y un segundo índice para el resto.

Por tanto, si desea la categoría 19, compruebe su tarjeta de índice. Debería indicar que ponga una uña en el segundo agujero y otra en el sexto. Después, agite y ¡voila!

Hay que pensar en una limitación. No se puede tener una tarjeta que tenga agujeros tanto en el rango 1-15 como en el 16-30. Debería ser capaz de organizar sus categorías de forma que eso no resulte un problema. Si no puede hacerlo, entonces utilice uno de sus agujeros de reserva para una categoría nueva, de combinación.

¿No son suficientes 36 categorías? Puede doblarlas a 72 con facilidad. Los dos
primeros agujeros serán el superíndice. Para tener otras 18 categorías, taladre los agujeros 1 y 2. Para tener otras 18, no taladre ninguno de ellos. Si pasa a un superíndice
de tres agujeros, podrá conseguir hasta 136 categorías.

Realmente es posible generar 524.288 categorías diferentes con los 20 agujeros,
pero entonces cada tarjeta sólo se puede taladrar para una categoría. Eso debería ser
suficiente para la mayoría de los proyectos. Si no es suficiente, recuerde que una tarjeta tiene dos lados. ¡Y las tarjetas de 4×6 tienen más agujeros!

Se me conoce también por haber creado una base de datos y un programa Java
para organizar un proyecto. Sin embargo, solía tener una tarjeta de 3×5 pegada en mi
mesa que decía "Nunca escriba un programa para sustituir a una pila de tarjetas de
3×5".

Utilización de un subconjunto conocido de Java

Dudo que usted o yo consigamos alguna vez comprenderlo todo de Java. Después de
todo, ¡Java 2 incorpora más de 5.000 clases! Incluso aunque fuéramos bendecidos con
todos los conocimientos de Java, unos días más tarde un millón de personas inteligentes habrían generado muchos más conocimientos de los que podríamos aprender
en ese margen de tiempo. La única defensa con sentido es encontrar lo que funciona,
ser fieles a él y ampliar ese mar de conocimientos en las áreas que se necesitan para
los proyectos actuales. Puede realizar el 90 por 100 de su trabajo en Java utilizando
sólo unas 200 clases, por lo que tiene sentido profundizar con las clases básicas y consultar el resto en la documentación, cuando resulte necesario.

También tiene sentido buscar los paradigmas favoritos en Java. Vamos a ver un
ejemplo trivial. Un bucle for puede hacer cualquier tipo de bucle que desee, aunque
probablemente utilice unos cuantos ciclos más que un **do** o un **while**. Podría decidir
utilizar siempre un bucle **for**, a no ser que un **do** o un **while** sean totalmente necesarios. Por otra parte, si se encuentra más cómodo con el **do** y el **while** podría decidir
relegar el **for** para las regiones inferiores de sus hábitos de programación.

Independientemente del tipo de bucle que prefiera, créese hábitos especiales para
los bucles que se deben ejecutar al menos una vez y para bucles que no es necesario
que se ejecuten.

Probablemente pueda introducir la frase "public static void main" en sus sueños.
Como ya sabe, hay varias formas igualmente válidas de terminar la frase, dado que
puede poner los corchetes en ambos lados del nombre del array e incluir espacios en
blanco allí. Elija un método y sígalo.

Java es un lenguaje rico que crece drásticamente en potencia con cada nueva versión. Si utiliza las bibliotecas, y debiera hacerlo, las posibilidades tienden a bloquear
la mente. Por ejemplo, hay varias maneras de crear un cuadro de texto. La java.awt

contiene uno bueno. La mayoría de los Entornos de desarrollo integrados de empresas externas incluyen cuadros de texto ampliados, que proporcionan más propiedades que se pueden personalizar, pero que implican un mayor espacio de almacenamiento. Incluso puede escribir su propio cuadro de texto personalizado. Encuentre uno que le sirva y sea fiel a él. El hacerlo le ahorrará bastantes investigaciones cada vez que instale un cuadro de texto.

Observe que cuando se comienza a iterar por cero, casi siempre se desea contar uno menos que el número total de iteraciones, por lo que se debe usar el signo <, no el <=. Eso significa que la primera línea del bucle for puede convertirse casi en un estándar: for (int i = 0, i < max; i++) {. Para estas líneas, evite iniciar el cómputo de iteraciones en 1, aunque a veces se debe comenzar en 1, como para omitir un registro de cabecera.

Los comentarios, primero; el código, después

Un alumno de Pascal del segundo semestre me preguntó una vez qué pensaba yo que era lo más importante que había que aprender como programador. Había estado casi toda la clase diciéndoles "Los comentarios primero, el código después". ¡No sabía que mi jefe les había dicho a la mayoría precisamente lo contrario el semestre anterior!

Como primer ejercicio, sugerí a mis alumnos que hicieran lo siguiente: debían escribir el objetivo de programación exactamente tal y como yo se lo decía. Después, tenían que reorganizar los requisitos de forma adecuada y convertirlos en comentarios. A continuación, debían aplicar la codificación adicional que necesitaran para conseguir que todo se compilara. Obviamente, el programa no haría nada en tiempo de ejecución. Finalmente, tenían que escribir código que apoyara a los comentarios.

Algunos lo hicieron y otros no. Unos días después, los que habían seguido mis sugerencias estaban ayudando a los otros con sus deberes, una costumbre que recomiendo y recompenso.

En el siguiente ejercicio, la mayoría de los alumnos comentaban primero y codificaban después. Los pocos que no lo hicieron, se quedaron retrasados. La táctica funciona.

Las razones por las que funciona son variadas. En un aspecto, escribir los requisitos en código fuente como comentarios asegura que se leen, e incluso se comprenden, totalmente. En clase, tengo la costumbre de dejar dos o tres detalles importantes ambiguos en el conjunto de requisitos, porque, después de la academia, esa es la programación del mundo real. Escribir los requisitos como comentarios solía descubrir dichas ambigüedades a los alumnos. Sin embargo, la ventaja principal era el hecho de que los alumnos tenían rápidamente un conjunto sólido de especificaciones para sus tareas. Armados con eso, codificar el programa era más sencillo.

Si pone primero los comentarios, obtendrá varias ventajas:

- Tendrá un plan de programa firme antes de empezar a codificar.
- No tendrá que volver al código para escribir todos esos comentarios en el momento de la entrega.

- El programa tendrá comentarios excelentes.
- Habrá menos frustraciones, especialmente si odia escribir documentación.

Memorizar las diferencias entre lenguajes

Java es como C y C++ en varios aspectos. Se parece a Visual Basic y ASP en otros. En el extremo, se parece a Cobol e incluso a APL, porque todos los lenguajes tienen varias cosas en común. Comparten ciertas palabras clave, tienen bucles, tienen recursividad, tienen condicionales, variables, procesos, etc. Bueno, Cobol no admite la recursividad de forma nativa, pero yo he implementado la recursividad en Cobol. Basta con escribir y utilizar pilas, pero admito que eso es un poco exagerado.

Si es usted un programador de C o C++, es fácil que no se percate de algunas diferencias entre C / C++ y Java.

Java y C / C++

No es por accidente que Java se parezca a C y C++. Los diseñadores podrían haber utilizado cualquier conjunto de palabras clave, pero quería que Java fuera sencillo de aprender. Hay un amplio conjunto de programadores de C / C++ que podrían querer aprenderlo. Por tanto, si ya conoce C y/o C++, Java le resultará familiar.

Claro está, Java no es ninguno de esos lenguajes. Hay muchas diferencias importantes. La gente que conoce C / C++ y que aprende estas diferencias, aprende a programar en Java rápidamente. Estas son algunas de las diferencias fundamentales que tienden a provocar o eliminar errores en Java:

Punteros

Los punteros de C y C++ son poderosos, pero con esa potencia aparece una gran cantidad de errores. Aproximadamente el 80 por 100 de uno de los libros de C más útiles que he leído se dedicaba a la gestión de punteros errantes.

Java, en sí, no tiene punteros. Sin embargo, las clases y arrays de Java son tipos por referencia. Las referencias a clases y arrays son similares a los punteros de C. En C, se puede convertir un puntero en un tipo primitivo. También se puede incrementarlo o decrementarlo, pasando al siguiente elemento del array. En Java, se incrementa o decrementa un índice de array, no el puntero al elemento del array. Ni se puede examinar una referencia convirtiéndola en un tipo primitivo. Java no tiene un equivalente para el operador "dirección de" (&) de C o el operador de contenido (*), o para el operador sizeof.

C permite pasar la referencia a una función en otras funciones. Java no lo permite, pero es una idea útil. Java permite hacer lo mismo pasando un objeto que implementa una interfaz.

Además, Java no incluye la palabra clave **typedef** de C. Sin punteros, los procesos de asignación de nombre a los tipos en Java son más elegantes que los de C, y dichos procesos son los sitios más habituales en los que los programadores de C utilizan **typedef**.

Recogida de basura

Una gran parte del tiempo perdido con C y C++ se debe a la gestión de memoria. Una gestión de memoria pobre es la responsable de las fugas de memoria y otra clase completa de errores. Java gestiona la recogida de basura automáticamente, evitando que se produzcan los errores de memoria. Por esto, Java no tiene un equivalente a alloc, malloc, etc.

Eso no quiere decir que las fugas de memoria sean imposibles en Java.

La sentencia `goto`

Técnicamente, ¡Java tiene un **goto**! Realmente, los diseñadores de Java han reservado esa palabra clave, pero han decidido (hasta el momento) no implementarla. Podría ser para que no la podamos utilizar, ¿no le parece?

Los dogmas de la programación estructurada no prohíben el **goto**, como se cree habitualmente. Todo lo contrario, incluso los primeros artículos de Knuth y otros permiten su utilización, pero restringen la utilización incorrecta del goto. Lo mejor es que cada procedimiento tenga exactamente un punto de entrada. Con ciertas excepciones, cada procedimiento debería tener también un solo punto de salida.

Sin embargo, **goto** es muy útil para salir de un procedimiento cuando se produce un error no previsto. También ayuda al programador a salir de un bucle por adelantado, acelerando el procesamiento. La palabra clave **goto** simplifica la implementación de los sistemas de menú. Hay otras maneras de hacer estas cosas, pero la palabra clave **goto** implementa los bucles más ajustados por su estrecha relación con un comando saltar (jump) de un lenguaje ensamblador.

Java no implementa el **goto**, pero permite al programador salir de los procedimientos e interrumpir los bucles temprano con palabras clave como **break, continue** y la serie completa de comandos **try**. El compilador implementa los bucles con eficiencia y los menús de GUI son rapidísimos de programar. Por tanto, el **goto** rara vez es útil en Java (si es que lo es alguna vez).

Preprocesador

Java no tiene un preprocesador, por lo que no hay un equivalente a las directivas como #define, #ifdef o #include de C. Esto no es casi nunca una deficiencia. Dos de las razones principales para la compilación condicional en C y C++ son: (1) depuración y (2) hacer excepciones para plataformas de computadora diferentes, porque un int de una máquina es más grande que un int de otra. La independencia de la plataforma de Java implica que casi nunca se necesita la compilación condicional.

Las definiciones de constante de C tienen su contrapartida en Java con static final.

Java no tiene las definiciones de macros de C, que no son necesarias gracias al compilador avanzado de Java.

Orientación a objetos

C no es un lenguaje orientado a objetos. C++ sí, y Java también. Obviamente, es posible utilizar C para programar utilizando objetos. De forma similar, es posible utilizar C++ para programar mediante procedimientos. Es posible incluso programar mediante procedimientos en Java. Simplemente, póngalo todo en una clase y un método gigantescos. Técnicamente, tendría un objeto, pero en la práctica, habría evitado la idea fundamental de la programación orientada a objetos. No lo haga, a no ser que sus colegas se inventen nuevas palabras para describir su estilo de codificación.

Los objetos son nativos en Java, pero no en C.

Compilación y vinculación

Java es un lenguaje interpretado, y por una buena razón. Como tal, se puede ejecutar en la Máquina virtual de Java, que compila el código de bytes de Java en instrucciones específicas de la máquina. Esta característica permite que programas en Java idénticos se ejecuten en cualquier plataforma, sin un solo cambio en el código fuente en Java.

Un compilador típico tiene tres partes fundamentales: la primera comprende la sintaxis específica del lenguaje, la segunda contiene la lógica del compilador y máquinas de estados y la tercera genera el código objeto, que es leído por un vinculador. El vinculador traduce después el código objeto en código máquina para una plataforma específica.

Lo siguiente es una gran simplificación, pero lo que Java ha hecho es combinar la tercera parte y el vinculador en una Máquina virtual de Java (JVM) específica de la plataforma. Cada plataforma –sea un mainframe de IBM, una Solaris de Sun o una PC– tiene una JVM diferente, y así es como Java permite utilizar plataformas diferentes.

La primera y segunda partes del compilador de Java genera el código de bytes de Java. Es responsabilidad de cada Máquina virtual de Java comprender este código de bytes muy estandarizado y a continuación terminar los procesos de compilación y vinculación para generar el código máquina para el hardware.

Esta es la razón de que el "compilador" de Java siga comenzando con un intérprete de líneas, y que cualquiera que intente crear un compilador de Java verdadero tenga una difícil tarea por delante. La salida debe estar en código de bytes que comprenda la JVM, no código objeto o máquina, de forma que el lenguaje Java pueda conservar una de sus características más valiosas. Sun afirma esa característica con su eslogan (del cual tiene el copyright): "Escríbelo una vez, ejecútalo en cualquier sitio".

Por el contrario, C y C++, son lenguajes compilados. Aunque habitualmente se tarda más en compilar y vincular el código fuente, el resultado se ejecuta más rápido. Los resultados compilados no son independientes de la plataforma. El ejecutable se ejecuta únicamente en el tipo de máquina para la cual se han escrito el compilador y el vinculador.

Los compiladores pueden optimizar el código máquina mejor que los intérpretes, con la consiguiente diferencia en la velocidad de ejecución. Sin embargo, los diseñadores de Java han inventado los compiladores "Justo a tiempo" (JIT, Just In Time) que consiguen superar en gran medida (o del todo) la ventaja en velocidad de C / C++. El JDK 1.2.2 (Java 2) se entrega con un compilador JIT.

main()

Todo programa en Java debe tener al menos una definición de clase. Para las aplicaciones, en oposición a las applets, una clase debe definir un método llamado main(), con el prototipo siguiente (se permiten algunas variaciones en la sintaxis):

```
public static void main(String args[])
```

C y C++ deben incluir **main**() como punto de inicio del programa, pero no es necesario que devuelva un void.

Java debe devolver void en su método **main**(). Una aplicación en Java no puede devolver un valor para que sea pasado a otra aplicación, al menos no con la sentencia return.

| **Cuidado con los errores** | *Puede llamar a **System.exit**() si desea devolver un valor desde un programa Java, pero tenga cuidado con las dependencias de la plataforma en este caso. Además, observe que **System.exit**() lo detiene todo, incluso otros hilos que se puedan estar ejecutando.* |

*cias de la plataforma en este caso. Además, observe que **System.exit**() lo detiene todo, incluso otros hilos que se puedan estar ejecutando.*

Variables de entorno

A diferencia de C y C++, Java no puede leer las variables de entorno directamente a través del sistema operativo. Permitir esto equivaldría a destruir parte de la independencia de la plataforma de Java, porque los diferentes sistemas gestionan sus entornos de formas diferentes. Sin embargo, Java puede leer la lista de propiedades del sistema a través de **System.getProperty**(). Java define varias propiedades estándares del sistema. Puede añadir más a esta lista llamando al intérprete correctamente.

Declaraciones de variable

En C, se deben declarar las variables antes de utilizarlas, habitualmente al principio de un bloque o función. En Java, puede declararlas en cualquier sitio.

Algunas personas insisten en que es mejor poner todas las declaraciones en un sitio, mientras que otros creen que es mejor dispersar las declaraciones por todo el código, cerca de los puntos en que se utilizan por primera vez.

- Java es un lenguaje de tipos muy estrictos que requiere que se declaren todas las variables. Esto hace que escribir mal un nombre de variable sea difícil, por lo que muchos programadores prefieren colocar todas las variables en la parte superior de un método.
- Otras personas dicen que es menos probable que una variable provoque un error si está muy visible cerca del código que la utiliza, donde se puede consultar fácilmente su tipo.
- Una contestación al último argumento es que puede anteponer unos cuantos caracteres a cada nombre de variable que indiquen el tipo de la variable. Por ejemplo, sNombre o strNombre serían un String. iIDEmpleado o intIDEmpleado sería un int.
- A otros programadores no les gusta la idea de poner delante de las variables su tipo de dato. Así que la discusión sigue abierta.

Archivos de cabecera

En C, se deben declarar las funciones antes de que se utilicen, habitualmente en archivos de cabecera con una extensión .h. Java, con su compilador tipo "mirar hacia delante" no exige dicho requisito. Se debe definir un método en Java, pero se puede utilizar primero y definir más adelante.

Clase, struct y union

Java no tiene ninguna struct ni union. Consigue los mismos objetivos de una forma más elegante con clases.

Listas de argumentos de longitud variable

En C y C++, las funciones de biblioteca como **printf**() y **scanf**() pueden tener un número variable de argumentos. Lo hacen creando analizadores especializados para los argumentos, dentro de las funciones. Java no permite esta costumbre. Sin embargo, se pueden utilizar los métodos sobrecargados para conseguir el mismo objetivo.

Métodos sobrecargados

Java ha añadido la capacidad de tener muchos métodos con nombres idénticos. Basta con declarar listas de parámetros diferentes para los métodos. C no permite este procedimiento avanzado.

Ámbito global

Java no utiliza variables ni métodos globales. Cada variable y método se declara dentro de una clase, que a su vez está dentro de otra clase o paquete, pero no se puede acceder a las variables fuera de los límites de sus clases. Esto significa que se deben estructurar los programas, ¡lo cual no es nada malo!

Nombres de archivo

El código fuente de Java siempre tiene la extensión .java. No hay un archivo de cabecera (.h) como el permitido en C / C++. Los programas Java compilados deben tener el mismo nombre de archivo que la clase o interfaz que definen y tienen la extensión .class.

Tipos de datos

En C y C++, las variables de tipo short, int y long tienen tamaños variables, dependiendo de la máquina. Las directivas del preprocesador permiten al programador asegurar que el código funciona correctamente en varias máquinas. En Java, short, int y long tienen siempre el mismo tamaño, eliminando toda una clase de errores desde el principio.

Diferencias principales entre Java y Visual Basic (VB)

Java y VB son muy diferentes en sintaxis. Sin embargo, VB comparte muchos objetos de GUI con Java. Varios Entornos de desarrollo integrado de Java han adoptado y mejorado lo mejor del excelente entorno de desarrollo de VB.

Como muchos desarrolladores de VB están pasando a Java, y las tácticas de depuración son diferentes entre los lenguajes, trataré las principales diferencias entre los dos. Me centraré en las diferencias que son más proclives a generar errores.

Diferenciación entre mayúsculas y minúsculas

Java es un lenguaje que diferencia entre mayúsculas y minúsculas. VB no. Dos variables de Java llamadas MiNombre y miNombre son entidades totalmente diferentes, mientras que en VB serían lo mismo. Realmente, en VB si se declara una variable, todas las instancias de ella adoptan la forma de la declaración. En Java, se deben declarar todas las variables como si se hubiera declarado "Opciones Explícito" en VB. Si se equivoca con las mayúsculas o minúsculas de una variable, Java dirá que la variable no está declarada.

Tipos de variable

Esta tabla compara los tipos de variable entre los dos lenguajes. Observe la diferenciación entre mayúsculas y minúsculas en los términos de Java:

Java	Visual Basic	Representación
boolean	Boolean (en mayúsculas)	true o false solamente
byte	Byte	8 bits, con signo
short	Integer	16 bits, con signo
int	Long	32 bits, con signo
long	Ninguno	64 bits, con signo
float	Single	32 bits, con signo
double	Double	64 bits, con signo
char	Sin equivalente	carácter Unicode de 16 bits
String	String	caracteres Unicode de 16 bits, incluso en VB y Windows de 32 bits
Sin equivalente	Variant	Puede contener la mayoría de los objetos

Declaraciones

En Java, esta línea define tres variables de precisión doble:

```
double a, b, c;
```

En VB, esta línea similar define *c* como Double, pero *a* y *b* como tipos Variant.

```
Dim a, b, c as Double
```

IsNull() frente a NaN

La función **IsNull(x)** de VB devuelve **true** si *x* es null y **false** en caso contrario. *x* puede ser un número o una cadena. El equivalente de Java es NaN ("Not a Number", No un número), únicamente para los tipos numéricos. NaN no es una función.

Constantes numéricas

Considere la sentencia Java:

```
x = 5;
```

En este caso, el número 5 es de tipo int, por lo que *x* debe ser de tipo int, o si no, *x* debe ser compatible con la conversión de tipos implícita realizada por el signo igual. Se puede hacer una conversión de tipos implícita de un int en un long, por lo que si *x* es un long no hay problema. Sin embargo, si *x* es un byte, por ejemplo, tendría que hacer una conversión de tipos explícita como esta:

```
x = (byte) 5;
```

Si la asignación es x = 5.0; el número 5.0 es automáticamente un double en Java. En Java, se pueden designar los float, long, octales y hexadecimales de este modo:

```
float tipoInterés = 6.85f;     // float
long valor = 12345678L;        // long
long numOctal = 03552;         // octal
int colorHexad = 0x10FFC0;     // hexadecimal
```

Observe la f y L finales; y el cero inicial en 0x.

| **Consejo de diseño** | *Por favor, no utilice una letra "L" minúscula para indicar que el número es long, porque se parece mucho a un número uno. Por* |

ejemplo, ¿es 123456781 un número de ocho dígitos o de nueve?

| **Cuidado con los errores** | *No caiga en esta asignación de Java que parece tan inocente:* |

```
float x = 5.0;
```

El problema es que 5.0 es un double *y el signo igual intenta asignarlo a un* float*. En su lugar, debería utilizar:*

```
float x = 5;
```

o emplear una conversión de tipo como:

```
float x = (float) 5.0;
```

Comparaciones y asignaciones

VB sobrecarga el signo igual para las comparaciones y asignaciones. C, C++ y Java utilizan el signo igual para asignaciones, pero un signo igual doble para comparaciones. Además, C, C++ y Java asignan de derecha a izquierda mientras que VB asigna de izquierda a derecha.

Se permite "a = b = c" en VB, y es equivalente a "a = (b = c)". En esta sentencia, a *a* se le asigna **true** o **false** dependiendo de si *b* es igual o no a *c*.

En Java, "a = b = c" asigna el valor de *c* a *b*, y a continuación el nuevo valor de *b* a *a*, de forma que las tres variables terminan con el mismo valor. Es totalmente diferente del modo de funcionamiento de VB.

Operadores aritméticos

Los operadores más habituales son comunes en VB y Java, pero los menos utilizados no. Además, el orden de precedencia es diferente. Esta tabla lo explica:

Java	VB	Operación
+	+	Suma con signo
-	-	Negación unaria y resta, dependiendo del contexto
*	*	Multiplicación
/	/	División. En Java, 3/5 = 0, porque 3 y 5 son int. En VB, 3/5 = 0,6. Sin embargo, en Java, 3,0/5,0 = 0,6
%	Mod	Módulo, o resto de la división
&	And	And a nivel de bit
		Or	Or a nivel de bit
^	Xor	Or exclusivo a nivel de bit
~	Not	Negación, o complemento a uno. No lo confunda con el "!=" de Java, que es "no igual"
>> y >>>	Sin equivalente	Dos formas del desplazamiento a la derecha
<<	Sin equivalente	Desplazamiento a la izquierda
++	Sin equivalente	Incrementar en uno
—	Sin equivalente	Decrementar en uno

Condicionales

Las condiciones de Java deben estar rodeadas por paréntesis y la palabra clave **if** tiene un **then** implícito. VB exige un **then** y los paréntesis son opcionales alrededor de las condiciones.

Tanto Java como VB tienen múltiples construcciones de condicional, pero funcionan de forma diferente. En VB, cuando se encuentra una condición **case** válida, se ejecuta su código y el programa sale del bloque "Select – End Select". En Java, las cosas son diferentes. Cuando se encuentra una condición **case** válida, se ejecuta su código, pero el programa continúa recorriendo el resto de las sentencias **case** contenidas en la construcción **switch** hasta que el contador de programa pase del final del bloque de código o si encuentra una sentencia **break;**. Por tanto, la mayoría de las sentencias **case** de Java incluyen líneas **break;**.

Ambos tienen valores predefinidos. VB utiliza "Case Else" mientras que Java utiliza "default:".

Comparaciones

Java puede utilizar & o && para la comparación And y hay una diferencia sutil. Con un único signo &, se evalúan las condiciones de ambos lados de la comparación.

Con &&, no se evalúa la condición de la derecha si no es necesario. Con la lógica de And, si cualquier condición es **false**, todo es **false**, por lo que no es necesario evaluar la condición de la derecha.

De forma similar, Java puede utilizar | o || para la comparación Or. Si la condición de la izquierda es **true**, entonces toda la expresión es **true** y no es necesario evaluar la condición derecha. | evalúa ambas condiciones, por lo que || es más inteligente.

En Java, != significa no igual. Sin embargo, ~ es el no lógico. Se leería esta sentencia:

```
a = ((x != y) && (~z));
```

de una forma parecida a esta: "si la condición (x no es igual a y) es **false**, entonces se asigna **false** a *a* y no se evalúa (~z). En caso contrario, si la sentencia (not z) es **false**, entonces asigna **false** a *a*. Sin embargo, si ambas condiciones son **true**, asigna **true** a *a*."

VB utiliza "<>" como "no igual", y la palabra Not para la negación booleana.

Capturas de error

Java tiene una forma elegante de hacer que los bloques de código sean atómicos, es decir, indivisibles. VB no tiene nada análogo. Java utiliza las cinco palabras clave **try**, **catch**, **throw**, **throws** y **finally** para la captura de errores.

Bucles

Los bucles de Java y VB tienen analogías completas entre los dos lenguajes, aunque la sintaxis es diferente y VB puede crear bucles con **goto**.

Hay una diferencia fundamental entre los bucles de Java y VB. En Java, es habitual y una costumbre excelente declarar las variables dentro del bucle. Esto limita de forma estricta el ámbito de las variables al interior del bloque de código del bucle e impide que afecten negativamente (o que se vean afectadas) a otras variables de nombre similar. Este podría ser el comienzo de un bucle **for** en Java:

```
for (int i = 0; i < max; i += 2) {
```

El equivalente en VB sería parecido a éste, con una diferencia fundamental. El contador del bucle permanece activo, consumiendo un poco de RAM y sigue siendo capaz de interactuar con otras partes del código:

```
Dim i as integer
For i = 0 to 9 Step 2
```

En el bucle en Java anterior, sería necesario volver a declarar *i* la próxima vez que se utilizara. En el bucle de VB, no se tendría que volver a declarar *i* de nuevo; de este modo, nos podríamos olvidar de inicializarla y encontrarnos con un error.

Entornos de desarrollo integrados (IDE)

Previamente, en este capítulo hemos visto cómo convertir Word en un editor de Java excelente. Si lo prefiere, existen otros muchos productos. Esta es una introducción a varios de los IDE más populares. Veremos más cosas acerca de ellos más adelante.

Los programadores de Java tienen la suerte de disponer de un conjunto de IDE maduros, un orden de magnitud más numeroso y poderoso que los que estaban disponibles para los otros lenguajes importantes cuando éramos jóvenes. Incluso en su infancia, Java tiene ya herramientas mejores que las que la mayoría de los otros lenguajes vayan a tener nunca. Algunas son caras, ¡y algunas herramientas geniales son incluso gratuitas!

Como mencioné al principio de este capítulo, cuando se utiliza un IDE, tanto si es uno que ha desarrollado usted como si es adquirido, la probabilidad de que introduzca errores en el código se reduce drásticamente. Los IDE escriben código de sintaxis gratuita y lo más difícil que hay que hacer es introducir un diseño genial.

Entre los más populares y capaces, y en orden alfabético, se encuentran los siguientes.

JBuilder

Creado por Borland, una división de Imprise Corp., JBuilder es un sistema completo de desarrollo en Java. Se dispone de una versión gratuita en http://www.borland.com. No contiene todas las características de su producto no gratuito, pero es bastante capaz.

El libro "Getting Started" (Guía de inicio) que viene con JBuilder contiene la descripción de 80 páginas más clara de Java que he leído nunca.

JBuilder es mucho más que un gran editor y un IDE, tal y como se describe a continuación. El Capítulo 8 detalla sus herramientas de depuración poderosas.

Características más destacadas

JBuilder se puede ampliar y se basa en componentes, lo que significa que puede utilizarlo para todos los niveles de proyectos, incluyendo:

- Applets basadas en la Web y en exploradores.
- Aplicaciones de computadora autónomas.
- Aplicaciones con conectividad a base de datos en red.
- Cliente/servidor.
- Soluciones de empresa.
- Soluciones de cálculo distribuido de múltiples entidades.

JBuilder admite Java puro 100 por 100, o no, según decidamos. Admite las JavaBeans, las JavaBeans de empresa, Servlets, el Kit de desarrollo de Java (JDK) desde la versión 1.1 en adelante, las Clases de base de Java (JFC)/Swing, la Invocación remota a modelo (RMI, Remote Model Invocation), la Arquitectura común de agente de solicitud de objeto (CORBA), Conectividad a base de datos de Java (JDBC) y la Conectividad abierta a base de datos (ODBC) a través de un software intermedio. Admite todos los principales servidores de base de datos de empresa.

Incluye varios conjuntos de controles de terceras empresas, por lo que hay varias maneras de crear cuadros de texto, por ejemplo. Algunos de los cuadros de texto son más capaces que otros y, claro está, ocupan más tamaño.

JBuilder proporciona también una arquitectura abierta flexible, por lo que se pueden añadir nuevos JDK, herramientas de terceras empresas, incorporaciones y JavaBeans.

El editor Multi-Edit interacciona sin problemas con JBuilder.

Depuración con JBuilder

El paradigma de procesamiento multihilo (en paralelo) de Java introduce varias clases nuevas de errores, algunas de las cuales son bastante difíciles de aislar. JBuilder tiene un poderoso depurador que permite:

- Depurar múltiples aplicaciones a la vez.
- Depurar código que se ejecuta en máquinas remotas, incluso aunque sean plataformas de tipos diferentes.
- Depurar código que se ejecuta en varias versiones del JDK desde la 1.1.*x* en adelante.

Por favor, consulte en el Capítulo 8 un estudio más detallado de la potencia de depuración de JBuilder. Los hilos se tratan en el Capítulo 11.

Asistentes para generar el código

JBuilder escribe gran parte del código. A diferencia de todos los generadores de código que he visto en lenguajes más antiguos, JBuilder escribe código claro y no inflado.

JBuilder amplía las mejores ideas de Visual Basic y Visual C++ para su interfaz gráfica de usuario. Incorpora dos docenas de asistentes (Wizards) para crear código libre de errores o esqueletos de código. Son los siguientes:

- Asistente para JavaBean (JavaBean Wizard), que crea un JavaBean para que lo personalicemos y ofrece el BeansExpress para ayudarnos a hacerlo.
- Asistente para proyectos, que inicia un proyecto de Java.
- Asistente para aplicaciones, que inicia una nueva shell de aplicación de Java, incluyendo un marco en el cual se pueden arrastrar y soltar controles.
- Asistente para applets, que crea un esqueleto de applet y el código HTML que contiene la applet.
- Asistente BeanInsight, que comprueba una clase para ver si es un JavaBean válido o no.
- Asistente para migración de datos (Data Migration Wizard), que importa y exporta datos entre tablas de base de datos de escritorio y servidores de base de datos SQL. Este asistente está incluido únicamente en las versiones Profesional y de Empresa.
- Asistente para despliegue (Deployment Wizard), que archiva un proyecto seleccionado en un archivo .jar o .zip.
- Asistente para panel de escritorio (Desktop Pane Wizard), que crea un nuevo panel de escritorio.

- Asistente para JavaBean de empresa (Enterprise JavaBean Wizard), que crea un componente JavaBean de empresa. Este asistente está incluido únicamente en las versiones Profesional y de Empresa.
- Asistente para generar servidor CORBA (Generate CORBA Server Wizard), que crea un servidor CORBA para que el Intermediario de solicitud de objeto (ORB; Object Request Broker) pueda disponer de un objeto CORBA.
- Asistente para HTML, que escribe un archivo HTML.
- Asistente para implementación de interfaz (Implement Interface Wizard), que crea código que crea una clase que está accesible a través de una interfaz Java concreta.
- Asistente para marco interno (Internal Frame Wizard), que crea un nuevo marco interno.
- Asistente para Javadoc, que crea un archivo HTML de Javadoc a partir de código fuente en Java adecuado.
- Asistente para marco nuevo (New Frame Wizard), que crea un marco nuevo para una aplicación o applet.
- Asistente para diálogo nuevo (New Dialog Wizard), que inicia un cuadro de diálogo.
- Asistente para panel nuevo (New Panel Wizard), que crea un panel para soltarlo en los controles.
- Asistente para módulo de datos nuevo (New DataModule Wizard), que crea un módulo de datos. Este asistente está incluido únicamente en las versiones Profesional y de Empresa.
- Asistente para clase nueva (New Class Wizard), que inicia una clase nueva.
- Asistente para suplantar métodos (Override Methods Wizard), que crea un esqueleto para suplantar un método que está en una superclase.
- Asistente para migración de paquetes (Package Migration Wizard), que actualiza aplicaciones utilizando componentes JBCL y Swing para sus nuevos nombres de paquete.
- Asistente para cadenas de recurso (Resource Strings Wizard), que pone recursos en clases diferentes para ayudar a su localización.
- Asistente para Servlet, que crea una aplicación de extremo de servidor. Este asistente está incluido únicamente en las versiones Profesional y de Empresa.
- Asistente para utilizar módulo de datos (Use DataModule Wizard), que permite a la aplicación utilizar un módulo de datos seleccionado. Este asistente está incluido únicamente en las versiones Profesional y de Empresa.

El editor de JBuilder

Este editor hace prácticamente todo lo que se desee. Resalta la sintaxis a medida que se introduce el código e incluye varias de las típicas asignaciones de teclado entre las que se puede elegir.

Encontrará las funciones esenciales habituales, como deshacer, repetir, buscar y sustituir. Se puede crear, volver a crear, compilar y ejecutar el programa con un botón de la barra de herramientas de JBuilder, en vez de saltar al símbolo de DOS. De hecho, no es necesario salir de JBuilder hasta haber terminado el proyecto.

Una de las mejores características es cómo ayuda el editor a escribir en Java. A medida que escriba, el editor completará las líneas, a no ser que desactive esa característica. Puede lanzar cuadros con sugerencias que proporcionan listas de parámetros. Evaluará las expresiones que se encuentren bajo el cursor del ratón. Intentará resaltar referencias a clase y sentencias ilegales, que importan paquetes que no puede encontrar. Incluso se puede ver una lista de todos los paquetes disponibles.

Se puede personalizar el editor y almacenar dichos valores en un archivo .ini.

JDK Commander

Es una alternativa de coste cero a un IDE comercial de Java. Proporciona una interfaz gráfica de usuario sencilla de utilizar para el JDK de Sun para Microsoft Windows, liberando al desarrollador del suplicio de utilizar las ventanas e interfaces de línea de comandos de DOS. Obtenga este software gratuito (freeware) excelente en http://www.geocities.com/jdkcommander/.

Mojo

Mojo es barato y es un poderoso IDE de Java. Contiene una GUI buena en la que se pueden arrastrar y soltar objetos en el sitio deseado de las pantallas.

VisualCafé

Creado por WebGain!/Symantec, el muy intuitivo VisualCafé es uno de los IDE originales más poderosos y más vendidos. Es grande, ya que requiere un mínimo de 96 MB de RAM (se recomiendan 128 MB) y 500 MB de espacio en disco. En la prensa, ha sido calificado como el IDE casi perfecto, y con razón.

Estos párrafos describen cómo el IDE de VisualCafé ayuda a escribir código libre de errores. VisualCafé incluye también un gran depurador, que se trata en detalle en el Capítulo 8.

Mi copia de VisualCafé incluía un póster con el esquema de las 15 principales Bibliotecas de clases de Java. Lo estudié e inmediatamente lo colgué cerca de mis computadoras.

Inspirándose en el famoso eslogan de Sun, VisualCafé ha adoptado la filosofía de "Escribir una vez, depurar en cualquier sitio" desde una única computadora. Si trabaja en Atlanta y durante un viaje de trabajo a Orlando recibe una llamada de auxilio, es muy probable que sea capaz de resolver el problema a través de su portátil conectado a Atlanta desde Orlando, incluso si el problema se produce en una computadora de Chicago.

VisualCafé escribe en Java puro, para tener una independencia total de la plataforma.

Características más destacadas

Cuando se desarrollan sistemas grandes para toda la empresa, VisualCafé ayuda a trabajar al máximo con características como estas:

- Una arquitectura abierta y ampliable.
- Admite CORBA, JavaBeans de empresa (EJB), Java 2, JavaBeans, JFC/Swing y la Invocación remota a modelo (RMI, Remote Model Invocation).
- El control de versiones se realiza con facilidad mediante puentes con la mayoría de las herramientas de versiones de terceras empresas, como PVCS de Merant, SourceSafe de Microsoft, ClearCase de Rational Rose y Versions de StarBase.
- Realiza depuración local, distribuida y remota desde la misma máquina, por lo que se pueden explotar algunas de las características más valiosas de Java con código sólido.
- Compatibilidad completa con entornos de cliente/servidor.
- En el momento del diseño y las pruebas, VisualCafé hace interfaz con herramientas de modelado y pruebas de terceras empresas utilizando la API Open (Abierta) de VisualCafé.
- Depuración en entornos externos de múltiples plataformas. Esta tarea puede ser especialmente difícil y lenta sin un producto como VisualCafé.
- Permite tener muchas herramientas y aplicaciones de empresa existentes, porque VisualCafé comprende Solaris, Unix Tru64, HP-UX, Linux, Windows NT, AIX, etc.
- Escribir interfaces para Internet para los datos y aplicaciones de la empresa.
- Admitir varias versiones del Equipo de herramientas de desarrollo de Java (JDK).
- Manejar múltiples Agentes de solicitud de objeto (ORB).
- Varios asistentes ocultan la conexión en red subyacente de los objetos RMI y CORBA.
- Otros asistentes proporcionan conexiones con todas las bases de datos fundamentales y simplifican la tarea de escribir aplicaciones de base de datos. Con dichos asistentes, se puede escribir en una hora lo que normalmente se tardaría una semana en diseñar, desarrollar y depurar. Además, los asistentes generarán siempre código comprobado y robusto.
- Hacer interfaz con las JavaBeans de empresa del poderoso Servidor de aplicaciones de WebLogic de BEA.
- Admitir todos los controladores estándares de JDBC.
- Probablemente tiene los compiladores más rápidos de Java disponibles. Se entrega con Justo a tiempo (JIT, Just In Time) 4 y compiladores x86 nativos.

Depuración con VisualCafé

VisualCafé ofrece lo que llaman "Depuración con una sola vista." Esto significa que desde una máquina se pueden depurar muchos procesos simultáneos que están distribuidos entre muchas máquinas, de tipos variables, utilizando muchos sistemas operativos diferentes.

La mayoría de los lenguajes anteriores no podían lograr dicha característica en absoluto, e incluso a los desarrolladores de Java les parece difícil lograrlo sin un producto como VisualCafé. Dicha potencia puede ahorrar una cantidad enorme de tiempo, frustración y, claro está, dinero. El Capítulo 8 profundiza más en él.

El editor de VisualCafé

Este editor resalta las palabras clave además de comprobar la sintaxis a medida que se escribe. Tiene todos los detalles que pueda desear, incluyendo sugerencias respecto a la sintaxis y a las listas de parámetros en su "Java Coder Helper" (Sistema de ayuda para codificación en Java).

El depurador y el compilador están totalmente integrados con el editor, por lo que nunca tendrá que salir del entorno de edición para depurar o probar el código. Adorará esta característica, porque si tiene la versión Profesional o de Empresa, ¡incluso puede editar código que se está ejecutando! VisualCafé recompila, reconstruye y guarda los archivos automáticamente. Si no tiene una de esas versiones, reiniciar el depurador, después de salir de él para editar, es un proceso de sólo dos pulsaciones.

Asistentes para la generación de código

Los asistentes crean código robusto en un instante. Encontrará asistentes de VisualCafé que le permitirán simplificar cosas como:

- Creación de JavaBeans.
- Edición visual de JavaBeans.
- Creación de interacciones entre JavaBeans y componentes.
- Gestión automática de las comunicaciones distribuidas.
- Depuración.
- Creación, depuración y despliegue de servlets.

Clases de errores

El Capítulo 6 clasifica los errores. Muestra cómo evitar que aparezcan la mayor parte de ellos y da razones por las cuales algunos van a aparecer de todos modos. Para aquellos que van a aparecer, muestra cómo aislarlos para que los pueda eliminar de la forma más temprana y barata posible.

PARTE II

Eliminación de errores en Java

CAPÍTULO 6

Clase de errores

Dennis se recostó en la silla y lanzó sus manos al aire totalmente exasperado. "¿Por qué tenemos que caer en todos los agujeros del suelo para poder verlos?", exclamó. No estaba contento, a pesar de que nosotros sí lo estábamos.

Acababa de descubrir un error de diseño que había estado oculto a nuestro equipo durante tres meses.

Errores de diseño

Difícilmente podrá tener algo peor que un error de diseño, porque un error de ese tipo implica que habrá trabajado para nada. Cuanto más pronto se introduzcan los errores, más trabajo tendrá que rehacer. Además, la mayoría de las tácticas de depuración son inútiles frente a errores de diseño.

La clave para evitar los errores de diseño es adoptar la mente inquisidora de un detective. Pocos detalles se le escapaban a Sherlock Holmes. Doyle le concedió una capacidad sorprendente para probar, además de integrar, hechos obteniendo una conclusión. Era su atención a los detalles la base para su destreza espectacular. Era su marcada capacidad para ordenar y seleccionar hechos la que cimentó dicha destreza. Reservado para todo el mundo menos para el Dr. Watson, Holmes parecía misterioso para sus socios. Para nosotros, sus lectores, Holmes era fantástico en la utilización de su cerebro izquierdo o su cerebro derecho cuando la situación lo exigía. Este capítulo se dedica a cómo convertirse en un Sherlock Holmes.

Durante una reunión creativa típica, la gente está en su momento más creativo. Gente muy inteligente lanza ideas buenas y malas en la lucha, apoyándose en las ideas de los otros. Las reuniones creativas son un buen ejemplo de la actividad del cerebro derecho.

Sin embargo, tarde o temprano esos magníficos esquemas se deben concretar en código fuente, y para eso se necesita organización. Más que cualquier otra cosa, la organización (una actividad del cerebro izquierdo) es lo que impide que los proyectos fracasen. La organización es una actividad de ritmo más lento y a menudo solitaria. Cuando nos organizamos, tenemos más tiempo para buscar los "agujeros del suelo" que comentó Dennis.

Los errores de diseño se producen porque no se utilizan ambas mitades del cerebro.

Las condiciones aparecen en potencias de dos

Este es un truco de diseño que me ha servido durante décadas. Es el hecho de que el número de combinaciones posibles es el producto de los diversos cómputos de categoría. Lo explicaré con un ejemplo.

Supongamos que parte de una sentencia de su diseño indique: "tenga en cuenta los hombres, mujeres y niños que estén enfermos o han estado expuestos a la tuberculosis (TB) y que han sido o no inmunizados".

Como tenemos tres tipos de personas (hombres, mujeres y niños) y dos parejas de condiciones booleanas que les afectan, el código debería tener en cuenta $3 \times 2 \times 2$ o 12 posibilidades. Si la sentencia **switch** tiene diez entradas **case**, es muy probable que se haya olvidado de dos.

Esa observación es precisa, pero insuficiente. Probablemente haya detectado un error en la sentencia de diseño anterior. Al menos nos hemos olvidado de una condición completa. La sentencia de diseño no tiene en cuenta la gente que no se ha visto expuesta y no tiene TB. Quizá eso no sea un problema, pero en el momento del diseño se lo debería preguntar.

Lo más correcto sería: tenemos tres tipos de gente, multiplicados por dos estados de inmunización, multiplicados por las tres posibilidades siguientes:

- No expuesto y no tiene TB.
- Expuesto y no tiene TB.
- Expuesto y tiene TB.

Deberían ser $3 \times 2 \times 3 = 18$ elementos en la cláusula **switch**.

Sin embargo, el hecho de que haya tres posibilidades debería lanzar otra pregunta porque tres es un número impar. Las potencias de dos no son nunca impares. ¿Hay una cuarta condición? De hecho, la hay: gente que no se ha visto expuesta, pero que, sin embargo, tiene TB.

La última posibilidad parece físicamente imposible, por lo que probablemente el diseño pueda descartarla. Si preguntara a la gente del equipo de diseño, probablemente descubrirá que todos la habían considerado, pero la habían rechazado.

Sin embargo, en el momento de diseño, es crucial considerar esa posibilidad formalmente. Por una razón: la palabra "expuesto" podría no significar lo mismo para nosotros que para el médico. Expuesto podría significar "en contacto con un paciente conocido de TB," o podría significar "expuesto al bacilo de la TB." ¡Son dos cosas totalmente diferentes! Si expuesto significa lo primero, tenemos cuatro condiciones. Si significa lo segundo, el código puede descartar de forma segura esa condición, a no ser que necesite realizar una rutina tipo "¿qué fue primero, el huevo o la gallina?" y quiera tener en cuenta a la primera persona que ha contraído la enfermedad. Por ejemplo, ¿de dónde ha venido ese primer bacilo de la TB? ¿Procedía de alguna enfermedad previa a la tuberculosis? Si eso es cierto, entonces alguien tuvo realmente la TB sin haber estado expuesto al bacilo genuino de la TB. Quizá el programa pueda descartar a esa persona, o quizá no.

En el momento del diseño, busque siempre esa condición excepcional, especialmente si tiene un número impar de condiciones.

En el ejemplo anterior, hemos considerado hombres, mujeres y niños: tres condiciones, otro número impar. Los diseñadores se deben preguntar también: "¿No sería mejor considerar hombres, mujeres, niños y niñas?"

Si es así, el número real de combinaciones a considerar es $4 \times 2 \times 4 = 32$, bastante alejado del 12 original.

Habitualmente, cuando se cuentan las condiciones a nivel privado durante una sesión creativa, todos están de acuerdo en que algunas condiciones son triviales y algunas ridículas. Sin embargo, ese tipo de preguntas conducen a los errores de diseño ocultos que se pasan por alto con facilidad durante las actividades del cerebro derecho.

A veces, un número impar es correcto. Si la sentencia switch necesita tener en cuenta los días de la semana, entonces el número impar 7 es el correcto.

Es importante que alguien asuma el papel de patito feo que grazne en momentos aparentemente inadecuados, y para que los otros contengan la risa. Es importante que los líderes del equipo de diseño recompensen dicho comportamiento inquisitorial. Cuando dirijo una reunión de diseño, concedo el premio diario al "patito feo" como el mayor honor que puede ganar un miembro del equipo. El ganador es la persona que grazna la posibilidad más ridícula, pero cuyo graznido desvela, sin embargo, un error de diseño válido.

El pensamiento "¿por qué no ha funcionado eso?"

Cuando tenga un diseño aproximado sobre el papel, piense en cada elemento por turno, e imagine que algún usuario se acaba de quejar porque ha fallado dicho elemento. Eso es todo lo que el usuario puede decirle. Simplemente no le ha funcionado bien. Su tarea imaginaria es demostrar que el elemento no ha fallado o descubrir cómo lo ha hecho.

Aproximadamente en la época en que el presidente de IBM afirmó que no había ninguna razón por la que alguien debiera poseer una computadora personal, yo estaba diseñando un amplificador de ganancia elevadísima sobre el papel durante mis vacaciones. No tenía ninguna herramienta ni componentes que ensamblar para mis experimentos, por lo que observé el diseño completo y me pregunté: ¿por qué no ha funcionado ese circuito?" Casi inmediatamente, descubrí un transistor dibujado al revés. Volví a dibujar el circuito y me volví a hacer la misma pregunta. Esta vez, vi que se necesitaba un condensador para bloquear la tensión y que pasara una señal. Realicé al menos otras 12 iteraciones antes de decidir finalmente que mi diseño funcionaría. Me sorprendió cuando funcionó, exactamente como lo había diseñado. Era mi primer diseño de ese tipo que lo consiguió.

El pensamiento "¿por qué no ha funcionado eso?" le ayudará a encontrar innumerables errores de diseño. Adoptarlo se parece casi a elegir una herramienta diferente, quizá un escoplo en vez de un destornillador. El objetivo de un diseñador es encontrar algo que funcionará, pero es un objetivo que pasa por alto los detalles.

La mayoría de los errores se deben a los detalles. La pregunta "¿por qué no ha funcionado eso?" obligará a su mente a volver a los detalles. Si puede convencerse de que el diseño es correcto, continúe con el siguiente elemento.

¿Qué es un elemento? Si tiene un diagrama de flujo, un elemento es cualquier cosa que tenga un recuadro dibujado alrededor suyo, además de todas las líneas de conexión. ¿Ha tenido en cuenta todas las conexiones? ¿Hay conexiones redundantes? ¿Alguna conexión va hasta el lugar incorrecto o va en la dirección equivocada?

En la mayoría de los diseños, incluso el espacio en blanco del diagrama de flujo es un elemento, dado que representa cosas que el diagrama de flujo no puede indicar. Por ejemplo, si considera un diagrama funcional, ¿qué pasa con el flujo de datos? Está en el espacio en blanco de un diagrama funcional. Si considera un diagrama de flujo de datos, ¿qué pasa con las funciones? Si considera ambos, ¿qué pasa con las personas implicadas? ¿De qué forma pueden sus fallos inevitables impedir que funcione su diseño?

En el momento del diseño, sea su propio peor crítico, a no ser que sus usuarios asuman ese papel.

Errores de sintaxis

Prefiero tener un error de sintaxis que un error de cualquier otro tipo, porque el compilador puede identificarlo.

A veces, el compilador identificará código correcto como erróneo porque un error de sintaxis de otro sitio le ha engañado. Como los errores ocultan errores, habitualmente debería corregir siempre el primero de la lista.

Hay una excepción importante. Cada vez que su código no se compile, tómese un minuto para recorrer la lista de errores. A veces, podrá ver y corregir un error que el compilador no descubrirá, a no ser que otro error lo destaque. Por ejemplo, si se olvida de reinicializar una variable, es posible que el compilador no se lo indique. Si el no reinicializar dicha variable la establece a cero y se encuentra un error de división por cero más abajo en la lista de errores, es posible que, en caso contrario, no vea ese error de división por cero hasta el momento de la ejecución. Corríjalo ahora, para que el usuario no se lo encuentre después. A continuación, corrija su variable errante.

Generadores de código

Uno de los primeros artículos científicos relativos a las computadoras se titulaba "Enseñar a las computadoras a programarse ellas mismas." El artículo describía una nueva generación de lenguajes de computadora (ensambladores) que generaban código máquina. Hoy en día, en un nivel diferente, la idea de una computadora que se autoprograma sigue siendo un concepto intrigante.

Uno de los impulsores de la invención de C fue evitar escribir todo ese código en ensamblador. Siempre que puedo, escribo lotes de comandos, macros y programas que escriben fragmentos de código fuente, porque habitualmente es más rápido y más preciso escribir de ese modo.

Pregunta: ¿Cuándo uno más uno suman 25?
Respuesta: Cuando uno es una plantilla y el otro es un generador de código.

Después de dos semanas en un nuevo trabajo, tuve que generar 25 informes en COBOL en un tiempo récord. Eran similares, por lo que escribí y probé un informe durante la semana previa a un viaje de negocios.

Estando a 33.000 pies, sentando en medio del avión, puse cada línea de ese código fuente en COBOL, incluyendo los comentarios, dentro de un Print #1 de QBA-SIC, sentencia que generaría esa línea concreta. En 20 minutos, tenía un programa en QBASIC que replicaba el código fuente para el informe en COBOL que ya había escrito. Un programa de diferencias para DOS comprobó que el original y el replicado eran idénticos.

Fantástico. Por tanto, podía generar tantas copias perfectas del código fuente como deseara. ¿Y qué? Sería más rápido utilizar DOS y hacer copias si las necesitaba. Además, ya tenía escrito ese informe.

Sin embargo, la parte siguiente era un poco más suave, porque la idea era utilizar ese informe como plantilla para generar 24 más. Busqué los sitios en los que el programa en COBOL cambiaría de informe a informe y los quité de las sentencias **Print #1**. Al no encontrar un nombre mejor, las llamé variables fuente. A continuación, las convertí en variables válidas y concatené su contenido en las partes estáticas del código. No eran simples variable de COBOL que se encontraban en sentencias de PIC. Estaban un paso atrás respecto a eso. Eran cosas como los nombres de esas variables de COBOL, los objetivos de los bucles, los nombres de las variables que iban a contener los nombres de archivo, etc.

Después diseñé las pantallas de introducción para todas las variables de entrada. En menos de una hora, había generado 14 de los informes en COBOL. Cuando el avión estaba sobre Missouri, terminé un formato de organización simple que amplió el generador a 21 informes. Los cuatro últimos informes eran bastante extraños y tuve que generarlos parcialmente y terminarlos a mano. Cuando aterricé en Arkansas, le presenté al jefe de mi jefe el código fuente de todos los informes a excepción de cuatro, y al final del día, ya tenía los 25.

Un generador de informes casero generaba un paquete de dos centímetros de espesor de código fuente, sin cometer errores tipográficos ni sintácticos. De todos esos informes, los únicos que tenían errores eran los cuatro que tuve que terminar a mano.

Volví a casa con un generador de informes personalizado que amplié durante los siguientes cinco años y que utilicé para escribir unos 100 informes. No tenía en absoluto la flexibilidad del generador de informes estándar de COBOL, pero me pareció mucho más rápido de utilizar porque se ajustaba a mi entorno concreto.

Una de las lecciones importantes que aprendí fue que se puede utilizar cualquier lenguaje para escribir código fuente para que se compile en cualquier otro lenguaje.

Incluso se puede utilizar Pascal o Lisp (o Java para esa tarea) para escribir un compilador de Java.

Utilicé QBASIC porque eso era todo lo que se ejecutaba en mi portátil 286. Hoy en día, podría utilizar Java para escribir ese código fuente en COBOL o ¡incluso el propio COBOL!

Java se parece mucho a C. Igual que C automatiza el ensamblador y existen los generadores de código por C, Java automatiza la escritura del código de bytes y los generadores de código automatizan gran parte del código de Java. Los generadores de código ahorran pulsaciones, pero lo que es más importante, incrementan la velocidad de producción y eliminan clases completas de errores.

Conversión automática de Visual BASIC y Access a Java

¿Es usted un programador de Visual BASIC? Puede obtener una herramienta que convierte el código de VB y Access al equivalente en Java. El Diseñador de applets (Applet Designer) de DiamondEdge hace la magia. Genera código en Java en el estilo que prefiera. El Apéndice A indica cómo obtener el software.

El nombre Diseñador de applets oculta todo el potencial del producto. Crea algo más que applets. El código que genera se ejecutará como applet o como aplicación completa, en clientes o servidores y, claro está, en servidores de Web. Se pueden implementar bases de datos sofisticadas y publicarlas en la Web. Y se puede modificar el código fuente en Java que genera el Diseñador de applets.

El Diseñador de applets instala una barra de herramientas en VB, que ofrece estos cuatro botones:

Make Java Applet (Crear applet de Java).   Convierte el código de VB en Java y lanza javac para compilar el resultado. El nuevo código fuente está disponible para su inspección o modificación. Una ventana de informe muestra el estado de la conversión, el número de archivos compilados con éxito y los errores de sintaxis encontrados.

Run Java Applet (Ejecutar applet de Java).   Utiliza la Máquina virtual de Java (JVM) para ejecutar la aplicación Java compilada. Obviamente, se puede ejecutar la aplicación a través de cualquiera de los otros métodos estándares.

Data Access Wizard (Asistente para acceso a datos).   Genera automáticamente un procedimiento de acceso a datos de VB para una applet o aplicación, que se convierte a continuación en código fuente en Java cuando se pulsa el botón de la barra de herramientas Make Applet. Para esa base de datos, se puede introducir:

- Un nuevo nombre de procedimiento para el procedimiento en VB generado automáticamente que recuperará los datos desde la fuente de datos Java especificada (siguiente punto).
- Una fuente de datos Java, en una lista desplegable de fuentes de datos JDBC válidas.
- Nombre de usuario, si es obligatorio, para conectarse a la base de datos.
- Contraseña, si es obligatoria.
- Tabla de SQL en la base de datos de la fuente de datos, la que se quiera utilizar como fuente para la applet o aplicación generada.

Options Dialog (Diálogo de opciones).   Este botón contiene:

- La pestaña Environment (Entorno), que permite:
  - Especificar directorios para herramientas, junto con sus opciones.
  - Gestionar el entorno del servidor de Web.
  - Cambiar el aspecto de la emulación de Java para Windows, Sun, etc.
  - Especificar un IDE como VisualCafé o JBuilder, para que sea utilizado en el desarrollo posterior.
  - Listar el directorio de salida.
  - Nombrar el .Exe de tiempo de ejecución de Java.
  - Especificar un compilador de Java diferente, como J++.

- La pestaña Database (Base de datos), donde se especifica:
  - Cualquier especificación definida previamente de fuente de datos de JDBC, como el puente entre JDBC y ODBC.
  - DAO frente a ADO.
  - Controladores de JDBC.

- La pestaña General, que permite especificar:
  - Cuatro tipos de conversiones.
  - Estilo de la codificación, es decir, dónde van las llaves.
  - Cantidad de indentación.
  - Guardar antes de ejecutar o no hacerlo.
  - Tipo de entero de Java (número de bits).
  - Conjunto de controles de la GUI, como Swing o AWT.

- Ayuda en línea, que proporciona una amplia ayuda junto a una lista de todas las características admitidas por VB.

Java no puede y no debe admitir el 100 por 100 del código posible en VB; por tanto, el Diseñador de applets tampoco lo hace. Por un motivo: Java no tiene **goto**, pero sí VB. Por otro: el comando de VB **On Error Resume Next** genera un código equivalente en Java realmente feo. Básicamente, Java tendría que rodear todas las líneas por un bloque **try** diferente, junto con un **catch** o un **finally** que dirigiesen al programa a la línea siguiente del código. Por tanto, el Diseñador de applets no admite el comando **Resume** de VB en ninguna de sus formas. Y yo tampoco querría que lo hiciera.

Que yo recuerde, se admiten todos los procesos importantes de VB, excepto las funciones financieras y unas cuantas funciones de archivos útiles. Encontrará la mayoría de los controles, incluyendo un conjunto de Sheridan, la mayoría de los objetos de base de datos y los objetos de formulario que podría desear modificar en el código.

Los controles vinculados a datos, incluyendo ADO, se admiten tanto en VB como en la versión de Access.

Java emplea restricciones de seguridad que VB no disfruta, por lo que si se despliega una applet en un servidor de Web, se deben acatar las violaciones de seguridad de Java. Cuando se convierte una aplicación de archivos de VB a Java, se puede cambiar a una aplicación autónoma o utilizar una base de datos en vez de archivos.

Entre varios archivos fascinantes que vienen con el Diseñador de applets se encuentran:

- objects.vb2java. Contiene las reglas que utiliza el Diseñador de applets para convertir las propiedades y método de VB en los objetos Java equivalentes.
- custom.vb2java. Muestra cómo ampliar el Diseñador de applets en territorios no admitidos. Puede colocar sus personalizaciones aquí.
- constants.vb2java. Contiene reglas de conversión para constantes.
- swing.vb2java. Enumera las reglas para la conversión de la mayoría de los controles Swing de Java 2.

Puede utilizar la información de estos archivos para ampliar el Diseñador de applets con controles y API de terceras empresas sin modificar el compilador del Diseñador de applets.

Si está totalmente familiarizado con Visual BASIC o Microsoft Access, le parecerá que el Diseñador de applets es una herramienta destacada para el aprendizaje de los aspectos destacados de las tácticas de programación en Java. Se puede examinar el código fuente en Java en cualquier editor de texto y compararlo con el código original en VB. Esa es la forma en que aprendí la sintaxis arcana de Word Basic y el Diseñador de applets ha mejorado mis técnicas con Java.

El futuro de los generadores de código

A medida que los precios de la RAM y los discos duros caen en picado, las velocidades de las CPU se incrementan y crecen los sueldos, nos podemos permitir programas menos eficientes, especialmente cuando se tarda menos tiempo en crearlos. Más concretamente, nos podemos permitir usar programas que son lo suficientemente genéricos para ejecutarse en múltiples plataformas.

Igual que Java es un lenguaje genérico, capaz de ejecutarse en casi cualquier plataforma, los generadores de código son genéricos por naturaleza. Un generador de código puede escribir todo tipo de código. Puede que no escriba el código más eficiente para la máquina, pero el generador de código más débil puede superarnos 10.000 a 1 en nuestra escritura, cometiendo la milésima parte de nuestros errores.

Los generadores de código tienen algunos rasgos generales; vamos a ver ahora algunos de ellos.

Se garantiza que la sintaxis sea correcta

Los generadores de código, a no ser que tengan entradas erróneas, generan código que se compilará siempre. Obviamente, eso no significa que el código no tenga errores. Simplemente significa que no existirán errores de sintaxis y, en el caso del compilador de Java, que no aparecerán otros tipos de errores. Por ejemplo, los generadores de código de Java no generarán código que no se puede alcanzar, porque el compilador de Java no compilará un programa que tiene código inalcanzable. Hay un problema aquí. El compilador de Java nunca puede detectar algunos tipos de código no alcanzable. Por ejemplo, se puede escribir código que solamente se ejecute durante el año 1984, sabiendo perfectamente que nunca se ejecutará. El compilador no es tan inteligente.

No se garantiza que el algoritmo sea el correcto

En tiempo de ejecución, es posible que encuentre errores en el diseño o errores en la implementación de los algoritmos. El proceso de conseguir que el diseño y los algoritmos sean correctos es su trabajo.

Habitualmente, a los programadores les parece que los generadores de código son difíciles de controlar, especialmente cuando se les pide que realicen tareas poco habituales. Sin embargo, eso normalmente es bueno, porque los generadores de código tienden a forzar a los programas a los paradigmas dominantes. Tienen un conjunto de opciones integradas, pero es una tarea desalentadora para los creadores incluir más de un 80 por 100 de lo que los desarrolladores desean de un lenguaje. Los generadores de código más capaces resuelven este problema proporcionando un gran número de parámetros con los que personalizar la salida. Después, para terminar el trabajo, permiten que se modifique el código fuente de salida, proporcionando comentarios abundantes acerca de lo que el generador ha hecho realmente.

Los algoritmos siguen dependiendo de su maestría.

Es posible que no se admitan algunos formatos

Si desea generar un tipo no estándar de formulario o informe –por ejemplo, con varios tipos de resúmenes–, puede tener problemas utilizando un generador de código. Un generador de código típico disfrutará proporcionando una cabecera bonita, detalles bien formateados, subtotales basados en el criterio de ordenación importante-no importante, y un total acumulado, suprimiendo alguno de ellos (o todos) a voluntad. Pídale que ponga los subtotales en medio de la sección de detalles, o intente conseguir que reordene y resuma, y se puede encontrar con graves dificultades. Claro está, se podría generar dicho código con Java nativo, pero el generador de informes espera que le soliciten un informe más normal.

En este caso, podría ser que debiera escuchar las quejas de su generador de código. Recuerdo una vez que perdí una mañana en un trabajo urgente intentando conseguir que un generador de código pasase por el aro, mientras que él se negaba tozudamente. Finalmente, me apareció la inspiración e intercambié dos áreas de subtotal para que coincidiera el criterio de ordenación inicial importante-no importante, y los resúmenes se calcularon correctamente. El único problema era admitirle al jefe de calidad que no podía generar el informe exacto que el quería para poder enviarlo a 20 plantas ese mismo día. Hubiese necesitado otro día para modificar el código fuente.

La reacción del jefe de calidad me enseñó una lección valiosa. ¡Realmente quería que el informe fuera de la forma que quisiera el generador de informes! Cuando el generador de informes me esquivó, debería haber parado, analizar el problema y hacer al usuario la pregunta obvia.

Los generadores están sujetos a que el código sea desmesurado

Los generadores de código son conocidos por dar código inflado. Son generalistas, por lo que habitualmente se puede mejorar su código.

Una excepción refrescante es JBuilder 3, de Borland/Imprise. Se puede descargar su "JBuilder Foundations" en su nodo de Web. Es gratuito (JBuilder 3.*x*

Profesional y de Empresa no lo son), y no deja de funcionar después de un mes. Visite http://www.borland.com. El Apéndice A proporciona detalles acerca de cómo obtenerlo.

Verificadores tipo Lint

Nunca he sabido de dónde salía el nombre del verificador del lenguaje C, Lint. Quizá se debía a que Lint es tan "tirillas". ¡Probablemente cientos de lectores me envíen un correo electrónico ahora mismo!

Lint examina los programas en C buscando errores típicos. Sus reglas pueden obligar a que el código sea casi perfecto antes de que se llegue a compilar, aunque incluso a Lint se le puede engañar. Lint ha guiado a legiones de programadores en C hacia métodos de programación mejores.

JLint lleva la tradición de Lint a Java. Él y su acompañante, AntiC, verifican el código fuente en Java buscando errores, errores potenciales, inconsistencias y problemas de sincronización. Consulte en el Apéndice A cómo obtener este shareware.

Otro programa, JProbe, de KL Group, se trata en detalle en otro sitio de este libro. Se solapa con algunas de las funciones de JLint. JProbe hace un gran trabajo con los hilos. Maneja también la cobertura, la generación de perfiles y la depuración de la memoria, temas que se le escapan a JLint. El Apéndice A indica cómo obtener JProbe.

JLint y su acompañante, AntiC, están escritos en C++ y tendrá que compilarlos antes de utilizarlos. Casi cualquier compilador de C++ servirá, y el código fuente parece bastante independiente de la plataforma. Se puede examinar el código fuente y añadir nuevas características si se desea. El autor incluso pide que se haga y que se le envíen ideas por correo electrónico.

JLint y AntiC verifican que no haya muchos tipos de errores y errores potenciales. La mayoría se enumeran a continuación. Incluso aunque no utilice los programas, debería tener cuidado con los siguientes errores potenciales en su código. Observe que la mayoría son meramente sospechosos, no errores comprobados.

- Hay una cadena que, quizá, debería ser un número octal. Aquí, 123 parece un octal sospechoso:

```
String a = "\0123";
```

- Hay una cadena que, quizás, debería ser un número hexadecimal. Aquí, 1234 parece un hexadecimal sospechoso:

```
String a = "\01234";
```

- Hay una cadena de caracteres Unicode que, quizá, debería ser un número hexadecimal. Aquí, ABCDE es posiblemente un hexadecimal:

```
String a = "\uABCDE";
```

- Hay una secuencia de escape poco común. Aquí, \x podría ser un error tipográfico (deseándose un \n) o una secuencia de escape válida:

```
String a = "\x";
```

- Hay una posibilidad de que el número 1 (uno) haya sido sustituido por una letra l minúscula o viceversa. En el ejemplo siguiente, ¿es el número un **int** con un valor 321 o un **long** con un valor 32?

```
a = 321;
```

Consejo de diseño *Cuando se añade la letra L a un número para designarlo como **long**, siempre se debería utilizar la L mayúscula.*

- Hay un posible error de precedencia de operadores. Aquí, el codificador podría haberse equivocado en el orden de precedencia de los operadores. Debería poner siempre paréntesis de más por claridad, y para demostrar a sus revisores que tiene bien la precedencia. Por ejemplo, lo siguiente es legal, pero es sospechoso y quedaría remarcado:

```
a = j * k + l % m / n;
a = a & b == c;
a = a || b = c;
```

- Hay un posible error de precedencia de operador lógico. Similar al punto anterior, el codificador podría haber cometido un error. Ponga siempre paréntesis de más por claridad.

```
if (a || b && c) { // etc.
```

- Hay un posible error de precedencia en las manipulaciones de bits. ¿Debería ser && el & del ejemplo siguiente? ¿O == debería ser =?

```
a == b & c
```

- Hay un posible error de precedencia en el operador de desplazamiento:

```
a = a >> b - c;
a = a >> b & c;
```

- Es posible que el programador haya sustituido = por ==. Observe que si *a* y *b* son ambos de tipo **boolean**, lo siguiente podría ser una asignación legal, por lo que Java no lo marcaría como error, si el código debe realizar en su lugar una comparación:

```
boolean a, b;
a = b = true;
if (a = b) { // Posiblemente un error aquí.
```

- Podría haber un punto y coma mal colocado. En este ejemplo, // código se ejecuta siempre, tanto si (a == b) es true como si no, y el compilador no puede marcarlo como error porque podría no haberlo:

```
if (a = b); {
  // código
}
```

- Parece que faltan llaves alrededor del cuerpo del bucle. En este fragmento de código legal, no hay llaves y, sospechosamente, lo que parece ser un cuerpo de bucle está indentado. JLint observa el indentado para ayudarse a decidir cuándo remarcar un código sospechoso:

```
while (a == b)
x++;
y++;
// más código
```

- Puede que falten llaves alrededor del cuerpo de la sentencia condicional. En el ejemplo siguiente, no hay llaves y la indentación sugiere sospechosamente que debería existir alguna.

```
if (a = b)
   x++;
else
   x--;
   y--;
// más código
```

- El **else** probablemente pertenece al **if** equivocado. Aquí la indentación sugiere que el **else** pertenece a la cláusula (a == b) exterior, pero desmintiendo a la indentación, pertenece realmente a la cláusula (c == d) interior:

```
if (a == b)
 if (c == d)
    x++;
else
   x--;
```

- El cuerpo de una sentencia **switch** no es un bloque de código. Esto probablemente significa que hay un error. Concentre su atención en el segundo **switch** del ejemplo siguiente. ¿Ve el punto y coma?

```
switch (a) {
  case 1:
    // código
  case 2:
    switch (x);
  {
      case 'y':
        // código
      case 'z':
        // código
  }
}
```

- Una sentencia **case** está en un bloque que no pertenece a un operador **switch**. Esto puede ser legal, ¡pero es muy sospechoso!

```
switch (a) {
  do {
    default:
      x++;
```

```
      case 1:
        y++;
    } while (x <= 10);
  }
```

- Un comentario que contiene la palabra 'interrumpir' o 'seguir' está antes de una sentencia **case**, lo que indica posiblemente que hemos olvidado una sentencia **break**:

```
switch (a) {
  case 1:
    llamarAdam;
    // continuar
  case 2:
    llamarBell;
}
```

- Una sentencia **switch** tiene muy pocas sentencias **break** para sus etiquetas **case**. Esto habitualmente es una omisión involuntaria.

```
switch (a) {
  case 1:
    x++;
    break;
  case 2:
    y++;
  case 3:
    z++;
}
```

¿Alguna vez ha hecho lo siguiente? Mi mujer y yo intentamos evitar ponernos a jugar cuando es el momento de irnos.

Llamamos al juego "esperando mientras me esperas". Cada uno de nosotros le dice al otro que estará preparado en unos minutos y cada uno espera al otro a que esté preparado. Es un bloqueo hasta que uno de nosotros se levanta y se dirige al coche, diciendo al otro "¡vamos!".

Les pasa lo mismo a las computadoras. Si un servidor de datos tiene un hilo para cada uno de sus clientes y un cliente compromete una transacción mientras otro cliente añade una nueva clase a la base de datos, entonces se puede producir un bloqueo total. Puede suceder si se produce esta secuencia de sucesos, en orden:

1. El hilo A abre y bloquea la tabla A, y después
2. El hilo B necesita la tabla A, pero
3. El hilo B ha bloqueado la tabla B, que
4. El hilo A necesita antes de poder liberar la tabla A.

En ese punto, existe un bloqueo total. Obviamente, podría suceder lo mismo con tres o *n* tablas en un círculo, dependiendo cada una de otra y no siendo ninguna capaz de romper el bloqueo. Este es un ejemplo de código que puede sufrir un bloqueo total:

```
class DataServer{
  public TransactionManager transMgr;
```

```
        public ClassManager classMgr;
        // etc.
    }
    class TransactionManager {
        protected DataServer server;
        public synchronized void commitTransaction(ObjectDesc[] trans_objects) {
            // etc.
            for (int i=0; i<trans_objects.length; i++) {
              ClassDesc desc = server.classMgr.getClassInfo(trans_objects [i]);
                  // etc.
            }
            // etc.
        }
        // etc.
    }
    class ClassManager {
        protected DataServer server;
        public synchronized ClassDesc getClassInfo(ObjectDesc object) {
            // etc.
        }
        public synchronized void addClass(ClassDesc desc) {
            ObjectDesc trans_objects;
            // etc.
            // Insertar una nueva clase en la base de datos
            server.transMgr.commit_transaction(trans_objects);
        }
    };
```

1. El cliente A llama a TransactionManager.commitTransaction, que bloquea este objeto.
2. El cliente B llama a ClassManager.addClass(), bloqueando el objeto ClassManager.
3. El método TransactionManager.commitTransaction() intenta llamar a ClassManager.getClassInfo(), pero debe esperar porque este objeto está bloqueado por otro hilo.
4. El método ClassManager.addClass() intenta llamar a TransactionManager.commitTransaction(), pero debe esperar porque este objeto está también bloqueado por otro hilo.

Ahora, tanto el cliente A como el B están retenidos, esperándose entre sí. Esta condición de retención significa también que ningún otro hilo puede dirigirse a los objetos bloqueados. Si estos hilos bloqueados tienen otros objetos que dependen de ellos, dichos objetos estarán postergados. Esta condición tiene el potencial de detener toda la computadora.

Se produce otra forma de bloqueo cuando un hilo depende de otro, pero el otro hilo se muere primero. El primer hilo no puede continuar.

JLint detecta también las carreras potenciales. El ejemplo clásico de una condición de carrera es un programa de cuentas bancarias. Se produce una carrera cuando varios hilos buscan el mismo recurso y uno no puede utilizarlo totalmente antes de que otro obtenga el acceso a él. Este es un ejemplo de código que puede entrar en una condición de carrera:

```
class cuentaBancaria {
    protected float saldo;
    public boolean obtener(float cantidadCheque) {
        if (cantidadCheque >= saldo) {
            saldo -= cantidadCheque;
            return true;
        }
        return false;
    }
}
```

Si el hilo A consume la cuenta y el hilo B intenta tomar el dinero entre el instante en que el hilo A comprueba el saldo y recalcula el saldo, el hilo B tendrá éxito donde no debía tenerlo. Obviamente, hay una solución. Hay que hacer que la condición y el cálculo sean atómicos, o sea, indivisibles, con un comando **synchronized**.

A veces no se podrá utilizar **synchronized**, porque hacerlo provocaría que el código fuese propenso a bloqueos totales. Por tanto, dependiendo de la situación, es posible que necesite emplear alguno de los métodos más sofisticados que veremos en el Capítulo 11.

Los programas como JLint o JProbe no tienen la posibilidad de garantizar que un fragmento de código vaya a sufrir bloqueos totales o carreras. Los algoritmos matemáticos para hacer eso no han sido desarrollados todavía, y probablemente nunca se desarrollen, dada la enorme complejidad implicada. Estos algoritmos pertenecen probablemente a un reino matemático llamado NP, una clase de problemas cuyas respuestas nunca se pueden calcular, incluso si se sabe que existen las respuestas. Sin embargo, software como JLint y JProbe puede remarcar código sospechoso con bastante precisión. Intentan hacerlo sin excesos, sin tocar más de lo necesario el código que es bueno. Es un equilibrio delicado.

Los aspectos siguientes del código deberían provocar señales rojas:

- En el momento en que se llama a un método **wait**(), más de un objeto supervisado está siendo bloqueado por un hilo. El método **wait**() podría liberar sólo un objeto y dejar al otro bloqueado.
- Un método que está sincronizado (**synchronized**) es suplantado por un método no sincronizado de una clase derivada. Esto puede dividir código que debería ser atómico.
- Un método no sincronizado puede ser llamado por más de un hilo. Esto abre la posibilidad de una carrera.
- Un hilo bloquea al menos dos objetos y es finalizado por un método que llama a **wait**(). El **wait**() podría liberar sólo uno de los dos objetos.
- Se llama a un método desde un método no sincronizado.
- Un método no sincronizado implementa una interfaz **Runnable**.
- Se puede acceder a un campo que es no volátil desde hilos diferentes.

Algunas personas consideran que la herencia es el Santo Grial. Visual Basic 6 no tenía una herencia verdadera para la aparente alegría de los detractores de Microsoft. Visual Basic 7 sí lo hace, pero probablemente no la tendría si no fuera por las quejas. A pesar del hecho de que la herencia mejora las posibilidades de la reutilización del código, lo que acelera la producción, la herencia aporta su propia cesta de errores a la tabla de programación.

Si utiliza números de línea, quizá por haber compilado con el depurador activado, JLint funciona bien al indicar dónde se esconden los errores. Si no es así, el software sigue apuntando a la primera línea del método peligroso, o en el caso de campos, la primera línea del archivo fuente. Como he mencionado antes, tanto si utiliza JLint como si no, debería examinar el código por si encuentra los tipos siguientes de errores potenciales debidos a la herencia:

- Se puede haber olvidado una sentencia **overrides**. Para un método de la clase de base A, hay un método del mismo nombre en una clase derivada B. Sin embargo, no hay ningún método con el mismo nombre en la clase B que tenga el mismo número y tipos de parámetros (signatura) que el método de la clase A. JLint se pregunta si usted se esperaba erróneamente que el método de B suplantara al método de A. Se pregunta si usted podría pensar que llamando al método de B se ejecutaría el método de B, no el de A.

- Un componente de una clase derivada replica a uno de la clase de base. Por ejemplo, un campo de una clase derivada tiene el mismo nombre que un campo de su clase de base. El problema potencial es que el programador podría esperar que se utilizara la variable equivocada. Habitualmente debería utilizar nombres de campo diferentes.

- Una variable local de un método replica a un componente de clase que tiene el mismo nombre. Es una costumbre habitual, pero puede causar confusión. En consecuencia, JLint no lanza un mensaje cuando se accede explícitamente al campo de la clase con una referencia **this**. El ejemplo siguiente lo clarifica:

```
class Detroit {
  public int x;
  public void bean(int x) {
    this.x = x;   // JLint ignora esta línea
  }
  public int corn(int x) {
    return x;      // JLint marca un posible error debido a 'x'.
  }
}
```

- El método **finalize()** no llama a **super.finalize()**. Es una buena costumbre que **finalize()** llame a **super.finalize()**, porque hace que las implementaciones de las clases sean más independientes.

- Se puede llamar a un método con **null** como parámetro, y se utiliza este parámetro sin comprobar si es **null**. Por ejemplo, este código de lista enlazada podría fallar:

```
class Node {
  protected Node next;
  protected Node previous;
  public void link(Node after) { // El valor de 'after' puede ser
null.
    next = after.next;
    prev = after; // Cuidado, no se comprueba si es null.
    after.next = next.previous = this;
    }
  }
// etc.
}
```

- El valor de una variable referenciada puede ser null.

Cuidado con los errores *JLint puede informar incorrectamente de este error a veces.*

- Se utiliza una referencia a null. Este es un ejemplo en el que null se utiliza como operando izquierdo del operador **. (punto)**:

```
public void printMessage(String msg) {
  (msg != null ? new Message(msg) : null).Print();
}
```

- Uno de los operandos de una operación binaria es cero. La asignación: x = 0 + y; lanzaría este mensaje. Sólo rara vez un cero sería un operando razonable de una operación binaria, porque una expresión así casi siempre se podrá simplificar, si es válida.
- El resultado de una operación es siempre cero. Un desbordamiento, desplazando todos los bits uno del operando, o poner a 0 todos los bits mediante una operación de máscara **&** podría lanzar este mensaje. Igual que una multiplicación por cero o cualquier expresión de la forma (a – a).
- Un número de desplazamientos es sospechoso. Por ejemplo, un **int** que se desplace a la derecha 32 o más posiciones, o un **long** que se desplace 64 o más posiciones, deberían activar la alarma roja. JLint también avisa de los desplazamientos negativos, como x>>=-3; el software examina el rango posible de los desplazamientos. Un **int** sólo se debería desplazar en el rango de 0-31 y un **long** en el rango de 0-63. En la práctica, lo habitual es que se calcule la cantidad del desplazamiento, por lo que JLint intenta confirmar que el resultado del cálculo en un desplazamiento esté en el rango adecuado. ¡Y usted debería hacer lo mismo!
- Un valor convertido no está dentro del rango permitido de la variable de destino. Esto podría suceder por conversiones explícitas o implícitas como las provocadas por una asignación. Por ejemplo, este código generaría un mensaje:

```
int i = 123456;
short s = i;
```

- Un truncamiento puede provocar una pérdida de datos. Este mensaje se produce cuando se convierte desde un tipo grande a uno más pequeño y puede afectar a bits significativos. Las reglas de JLint ayudan a determinar qué operaciones de ese tipo son probablemente errores y cuáles no.

- Conversión de tipo sospechosa. Podría tener dos enteros que se multipliquen entre sí, obteniéndose un **long**. Se puede producir un error si el resultado intermedio de la multiplicación es un **int**, provocando un desbordamiento temporal antes de que el resultado se convierta a un **long**.

- Una comparación genera siempre el mismo resultado. Supongamos que asignamos a x el valor 10 y, sin que haya ningún cambio en x, comprobamos si x es mayor que 100. JLint le avisará. Inteligente, ¿no le parece?

- Los operandos comparados sólo pueden ser iguales cuando ambos sean cero. Este es un ejemplo en el que el operando izquierdo es siempre 0 o 1, mientras que el derecho es siempre 0 o un número par, pero nunca 1:

```
((a & 1) == (b * 2))
```

- Un resultado siempre es igual al primer operando. Al final del ejemplo siguiente, *c* siempre es igual a *a*, por lo que el cálculo del % no tiene sentido.

```
a = 3;
b = a + 1;
c = a % b;
```

- El código utiliza == para comparar objetos tipo cadena. Aunque esto es legal, probablemente sea un error porque lo habitual es que el objetivo del programador sea comparar el contenido de dichos objetos. El código siguiente siempre se evaluará como **false**, porque las cadenas residen en objetos diferentes y == compara los objetos, no su contenido:

```
String str1 = "ABC";
String str2 = "ABC";
if (str1 == str2) then {
  System.out.println("true");
}
else {
  System.out.println("false");
}
```

- La desigualdad puede ser sustituida por la igualdad. Hacerlo clarifica el código. Cuando sea posible hacer esta sustitución, el programa puede tener un error en ese punto.

- No se puede alcanzar una constante de un **switch**. Esto puede suceder cuando una constante de **case** no está en el rango de la expresión del **switch**. Por ejemplo, si el **switch** se aplica a un **char** llamado c, y una de las constantes de **case** es 256, nunca se alcanzará dicho **case**. De forma similar, si el **switch** se aplica a números pares (aplicando una máscara al bit menos significativo), no tiene sentido utilizar un número par como constante de **case**.

JLint no puede encontrar todos los errores, pero puede encontrar un número desmesurado de ellos que pueden pasar inadvertidos para mucha gente. Observará que JLint es muy tirillas en el sentido de que marcará muchas partes del código que realmente sean correctas. Sin embargo, si cambia ese código que técnicamente es correcto para que no lo marque JLint, el programa se podrá leer mejor y será más robusto.

Como siempre, cómo manejar dicha situación está en sus manos.

Errores en las decisiones lógicas

"Gira a la derecha en la próxima esquina," me dijo mi copiloto. Yo giré a la izquierda. Tres manzanas más adelante, mi copiloto dijo, "Quería decir a la izquierda," y nos reímos juntos. Realmente, no estaba leyendo su mente. Dos veces seguidas, había girado en la dirección solicitada para luego tener que volver sobre nuestros pasos.

Obviamente, la computadora hará lo que le digamos, con la excepción ocasional de los errores de los sistemas operativos o de los rayos cósmicos. Cuando lo que hace no es lo que pretendíamos, lo normal es que tenga un error en la decisión lógica. Estos errores son de varios tipos.

Errores reales en la decisión lógica

¡Los hechos son muy tozudos! No cambian simplemente porque veamos que son incorrectos. Dos acertijos lo demuestran:

- Un ladrillo pesa 6 libras más la mitad de su peso. ¿Cuánto pesa? La respuesta obvia de 9 libras es incorrecta. Realmente el ladrillo pesa 12 libras.
- Si una gallina y media pueden poner un huevo y medio durante un día y medio, ¿cuánto tarda una gallina en poner un huevo? De nuevo, la respuesta obvia es un día, pero la correcta es un día y medio.

Ambos acertijos están diseñados para complicar el algoritmo correcto, y ambos tienen éxito con la mayoría de la gente que nunca los ha oído. Nos engañan para que nos apoyemos en patrones de pensamiento que no se deben aplicar.

Muchos de nuestros problemas diarios implican cosas similares a tomar un valor y añadirle la mitad de ese valor para obtener el resultado. En un restaurante, después de una comida de $10, mentalmente calculamos que el 10 por 100 de $10 es un dólar, añadimos el 50 por 100 de un dólar y dejamos $1.50 como propina[3]. En el ejemplo del ladrillo, el peso real de 12 libras se ve complicado por el hecho de que es el número buscado, no un número que se proporciona.

Otro patrón de cálculo que utilizamos habitualmente es la proporción. Si se tardan 8 horas en ir hasta Chicago, y Omaha está al doble de distancia, entonces se tardan 16 horas en ir a Omaha a través de Chicago. En el acertijo de las gallinas y los huevos, el patrón es que 1,5 gallinas (de promedio, claro está) reducidos en un 33 por 100 a 1,0 gallinas, y 1,5 huevos (de nuevo de promedio) reducidos en un 33 por 100 a 1,0 hue-

---

[3] N. del T.: En los Estados Unidos, es costumbre habitual dejar una propina del 15 por 100, e incluso superior.

vos, debería significar que 1,5 días se reducirán a 1.0, y no es así. No se aplica el tiempo a la fórmula.

Vamos a ver otro ejemplo. Supongamos que la Tierra fuese una esfera perfecta con su tamaño actual y que tendiésemos una cuerda alrededor del ecuador totalmente pegada al suelo. Ahora, supongamos que añadimos una yarda de cuerda a la longitud total y que reclutamos a un trillón de personas para que sostengan la cuerda a lo largo del ecuador, todos a la misma altura. ¿Se creería que cada persona sostendría la cuerda aproximadamente a 1 pie del suelo? El valor real es 3/pi pies. El valor de la circunferencia de la esfera se cancela a sí mismo en las ecuaciones, por lo que el tamaño de la esfera no importa. No estamos acostumbrados a mezclar las mediciones a nivel planetario con las medidas en yardas.

Lo importante es que nuestros bien intencionados patrones de pensamiento nos sirven la mayoría de las veces, y nos fallan de forma ocasional por el hecho de que son patrones.

Una de mis "21 leyes de la programación" establece que hacemos las reglas y las leyes para no tener que pensar. Aprendemos unos patrones para no tener que evaluar todas las situaciones de forma exhaustiva cada vez. Eso sería imposible. Por tanto, cuando nos falla un patrón, lo modificamos ligeramente. El hacerlo es la esencia básica del aprendizaje y es nuestro máximo poder sobre las computadoras.

No se equivoque: ¡Las reglas y las leyes son buenas! Es bueno no tener que pensar en todo. Ponemos esos patrones en el cerebro junto con algoritmos seguros, para no tener que pensar en la mayoría de los problemas lógicos cada vez.

Pero así, a veces, podemos engañarnos a nosotros mismos con respuestas equivocadas, algoritmos incorrectos y conclusiones incorrectas. En Java, estos engaños pueden aparecer como errores de algoritmo, de los cuales hay varios subtipos, como los siguientes:

Fugas de memoria

Java tiene un esquema de recogida de basura eficiente. Cuando se libera totalmente un recurso, la recogida de basura lo detecta y pronto o tarde reclama ese recurso.

¿Qué pasa si se olvida de un hilo que se refiere continuamente a ese recurso? La referencia impedirá que la recogida de basura haga su trabajo, y tendrá una fuga de memoria.

Si el hilo sigue creando nuevas instancias de ese objeto y confía en que algún otro hilo los libere, pero el otro hilo no lo hace en su momento, podemos tener una fuga de memoria que crece continuamente, lo que podría llevar al bloqueo del sistema.

Puede tener cuidado con el código, pero se necesita un producto como el "Memory Debugger" (Depurador de memoria) de JProbe para aislar y corregir dichas fugas.

Conflictos de hilos

El Capítulo 11 estudia los problemas de los hilos con más profundidad que aquí. Procesamos en paralelo la mayoría de nuestros pensamientos diarios, pero a la mayoría de nosotros nos han enseñado a pensar secuencialmente (a menudo llamado "lógicamente") cuando programamos. Los hilos emulan, más que la programación secuencial, el funcionamiento del cerebro. Además, la razón fundamental de escribir un hilo es que podemos ponerlo a trabajar y olvidarnos de él.

La recogida de basura es un ejemplo excelente. Creamos un nuevo objeto, lo utilizamos y lo liberamos, sin preocuparnos realmente por cuándo lo reclamará la recogida de basura. En Java, habitualmente nos olvidamos de la recogida de basura.

Desgraciadamente, olvidarnos de la basura no es un patrón totalmente fiable, porque se le puede engañar a la recogida de basura. Algunos programadores destacados se molestan en escribir rutinas que liberan sus objetos manualmente, ayudando de este modo a la recogida de basura a saber cuándo deben reclamar su espacio. Sin embargo, también se le puede engañar a este procedimiento, porque la especificación de Java no es estricta en la garantía de cuándo se producirá la recogida de basura.

Bucles infinitos

Algunos programas bien construidos se basan en bucles infinitos. ¿Se le ocurren dos?

¿Los marcapasos? ¡Espero que sean infinitos!

¿Y el sistema operativo? Un clónico de UNIX que escribí en C utilizaba este código envolvente:

```
while (true) {
    // El resto del sistema
}
```

Como **true** no es nunca **false**, el bucle se ejecuta hasta que alguien desenchufe algo.

Puede comprobar si se va a terminar o no un bucle en ejecución. Basta con comprobar si la condición que mantiene al bucle en ejecución va a cambiar a **false** en algún momento, si el bucle va a comprobar la condición posteriormente y que cuando encuentre la condición a **false** se salga del bucle. ¿Basta con? Puede ser una tarea difícil.

Este es un bucle cuyo contador utiliza (1.0 / 3.0) como valor de incremento. El contador no llega nunca al valor objetivo exacto de 5.0 y el bucle sigue alegremente ejecutándose. Sin embargo, cuando se cambia el valor objetivo a 10.0, el bucle termina en una PC de Windows. El ejemplo muestra el peligro de utilizar números en coma flotante como contadores de bucle y objetivos de terminación.

```
public class WhileForever {
  public static void main (String args[]) {
    double d = 0.0;
    while (d != 5.0) {
      d = d + (1.0 / 3.0);
      System.out.println(d);
    }
  }
}
```

También muestra la dificultad de comprobar si se va a terminar un bucle anómalo como ese. Durante décadas programando, solamente me he encontrado una situación extraña en la que se necesitaba un contador de bucle en coma flotante.

No basta con que la condición de entrada en el bucle se haga **false**. Cuando eso suceda, el bucle debe comprobar la condición y, cuando falle la prueba, enviar el programa fuera del bucle. El contador de iteraciones del bucle siguiente llega a ser 10, pero se reinicializa antes de que el mecanismo de control del bucle pueda comprobarlo:

```
for (a = 0; a < 10; a++) {
  if (a >= 10) {
    a = 0;
  }
}
```

En el bucle siguiente, la condición (a < 2) se convierte en **false**, pero no es posible salir del bucle exterior, porque la sentencia **if** toma el control en medio de la segunda iteración. En este ejemplo, el bucle interior es obviamente algo inventado, pero puede sustituirlo con cualquier proceso que no tenga una terminación. Podría sustituirlo por un hilo que espera en un puerto a una entrada que no llega nunca.

```
a = 0;
while (a < 2) {
  if ++a > 1 {
    while (true) {
    }
  }
}
```

Diferencias entre la precedencia de operadores real y la percibida

Debería memorizar la precedencia de los operadores lógicos, pero no se apoye en ella. En cambio, piense en la pobre persona de menos experiencia que tendrá que mantener el código. Ponga siempre paréntesis de más en las expresiones. Mejor todavía, descomponga las expresiones complicadas en varias líneas. Por ejemplo, tómese un instante para evaluar este programa obviamente imaginario y decida qué se imprimirá. No hay errores de sintaxis.

```
public class Logic {
  public static void main (String args[]) {
    int i = 0;
    boolean b1, b2, b3, b4;
    b1 = b2 = b3 = b4 = true;
    i = b1 | b2 & b3 ^ b4 ? i++: —i;
    System.out.println(i);
  }
}
```

La precedencia de operadores lógicos (en Java) es: Not, And, Xor, Or. El código anterior se apoya demasiado en dicha precedencia. Claro está, los programadores de Java más competentes pueden decodificarlo y el programador de mantenimiento que busque errores en este fragmento de código innecesariamente complejo probablemente sepa la precedencia de operadores lógicos.

Lo que no sabe el programador de mantenimiento es si el autor original conocía la precedencia de operadores. Por tanto, tiene dos tareas: decodificar la sexta línea personalmente y descubrir si se ha escrito o no correctamente la línea.

La sexta línea estaría mejor con paréntesis. Esta línea realiza exactamente la misma función:

```
i = ( b1 | (( b2 & b3 ) ^ b4 )) ? i++: --i;
```

Sin embargo, ¿por qué no hacerla de la forma sencilla de mantener? De este modo, el programador de mantenimiento puede comprobar con más facilidad si el algoritmo cumple las especificaciones del usuario. Además, se pueden comprobar los resultados intermedios, demostrando que no existe un error oculto.

```
public class Logic2 {
  public static void main (String args[]) {
    int i = 0;
    boolean b1, b2, b3, b4;
    b1 = b2 = b3 = b4 = true; // Establecer cuatro booleanos a true
    boolean tmp;              // Añadida
    tmp = b2 & b3;            // y toma la máxima precedencia
    tmp = tmp ^ b4;           // o alternativamente: tmp ^= b4;
    tmp = tmp | b1;           // o alternativamente: tmp |= b1;
    if (tmp)                  // o el trinario: i = tmp ? i++ : --i;
      System.out.println(i++);
    else
      System.out.println(-i);
  }
}
```

Los ejemplos imprimen el **String** "0". Es un **String** por el **println()** y la salida es "0" porque la variable i se establece a cero y se imprime antes de ser incrementada.

Claro está, usted es consciente de que el fragmento de código siguiente procedente del último programa imprimirá un "0"en vez de un "1", porque i++ se incrementa después de haber sido impreso:

```
if (tmp)
  System.out.println(i++);
else
  System.out.println(i--);
```

Si el rendimiento fuese un problema y resultara que esta rutina estuviera en el núcleo de un bucle anidado, debería cronometrar el código con ambas versiones, o utilizar un analizador de tiempos (profiler) como JProbe. Habitualmente, el código que parece más limpio se ejecuta más rápido, pero a veces no. Si debe utilizar la sexta línea original del ejemplo anterior, debería incluir un comentario que indique lo que hace. Hay varias opciones obvias para el comentario:

- Una frase en castellano.
- Una versión con paréntesis añadidos de la sexta línea original.
- Comentarios como este.

```
// La línea siguiente es equivalente a esta:
// tmp = b2 & b3;
// tmp ^= b4;
// tmp |= b1;
// i = tmp ? i++ : --i;
```

Resolución de todos los misterios

En el programa siguiente, la sentencia **if** es correcta. Merece la pena comprobar qué errores se producen con una sentencia **if** mal organizada, de forma que cuándo aparezcan dichos errores pueda reconocerlos y corregirlos más rápidamente.

```
class IfTest {    // Este código es correcto.
  public static void main (String args[]) {
    int i = 0;
      if (true)
        i++;
      else
        i--;
      System.out.println(i);
  }
}
// Imprime un "1"
```

Si se olvida los paréntesis obligatorios alrededor de la condición de la sentencia **if**, el mensaje de error es claro, como se muestra a continuación:

```
if true         // Faltan los paréntesis

IfTest.java:4: '(' expected.
   If true
      ^
```

Si utiliza incorrectamente = en una comparación y tiene también un conflicto de tipos:

```
if (i = true)    // (1) se debe utilizar "==", (2) i no es un boolean.

IfTest.java:4: Incompatible type for if. Can't convert int to boolean.
   if (i = true)
      ^
IfTest.java:4: Incompatible type for =. Can't convert boolean to int.
   if (i = true)
         ^
```

Si rodea por error toda la acción del **if** con llaves:

```
if (true) {
  i++;
else
  i--;
} // Debería estar antes del 'else', no aquí.

IfTest.java:6: 'else' without 'if'.
    else
    ^
```

Se debe a que el bloque de código que está entre las llaves realmente no contiene una sentencia **if**. La sentencia **if** se evalúa y envía el puntero de programa al bloque de código como una nueva sentencia. Esa nueva sentencia no tiene ningún **if**, pero tiene un **else**, de ahí el error.

Cuando se encuentre un error, puede ser tentador experimentar un poco, corregirlo y continuar. Sin embargo, debería investigar dichos errores hasta que comprenda por qué se han producido. Si está muy presionado en las fechas, coja una tarjeta de 3 x 5 pulgadas y escríbase una nota. Los errores que no se investigan reviven posteriormente para atacarle en otros programas. No querremos que eso nos ocurra.

En el último ejemplo, alguien podría quitar las llaves, dándose cuenta de que son innecesarias, y el código se ejecutaría perfectamente. Sin embargo, el mensaje "'else' without 'if'" ('else' sin 'if') es lo suficientemente extraño para admitir la pregunta: "¿por qué piensa Java que no hay un **if** cuando no es así?" Cada vez que comprenda cómo interpreta Java su código fuente, se convertirá en un programador mejor. De acuerdo, este ejemplo es trivial a propósito, pero el principio abunda en las ideas más complejas.

Acostúmbrese profesionalmente a resolver sus propios misterios, además de a corregir su propio código.

Errores matemáticos

Los humanos hacen muchas cosas mejor que las computadoras.

Mi familia se rió cuando una actriz de TV interpretó siete notas de una melodía antigua irlandesa con un instrumento de viento y una tumba antigua irlandesa se abrió ante ella.

Incluso hoy en día, esa hazaña exige un conjunto de filtros acústicos con un factor Q extremadamente elevado, junto con un microprocesador y una potencia hidráulica suficiente para deslizar una losa de diez toneladas. Realmente, los antiguos irlandeses eran formidables.

¿O quizá el guionista del show dejó volar su imaginación demasiado?

Por otra parte, las computadoras realizan los cálculos matemáticos mucho más rápido y con más precisión que los humanos. Cuando las computadoras calculan, los humanos tendemos a aceptar los resultados sin cuestionarlos. A menudo, podemos demostrar que una computadora generará un resultado correcto sin tener que calcular el resultado por otros medios.

Sin embargo, a veces nuestras pruebas son erróneas y se nos pueden deslizar errores. Vamos a ver un ejemplo.

Matemáticas cerca del límite

Probablemente haya estudiado las pruebas inductivas. Más o menos, establecen que para una función continua llamada *f*, si *f(a)* es true y *f(a + 1)* es true, entonces, para todo *n*, *f(a+n)* es true. Por ejemplo, piense en una función que dobla un valor. Como hay un entero *y* tal que *y = 2 * (a)* y hay otro entero *y' = 2 * (a + 1), entonces hay* un entero *y" = 2 * (a + n)* para cualquier entero *n*. Resumiendo, esto significa simplemente que dado que el conjunto de enteros es un conjunto continuo, siempre se puede doblar un entero.

Las pruebas inductivas fallan en los extremos de los bucles porque los bucles no son funciones continuas. Los bucles son discontinuos al principio y al final, es decir, en sus límites. Es una razón por la que se encontrará con errores ahí.

Los límites atraen los errores como los picnic atraen las hormigas

Si un bucle tiene errores, el 90 por 100 o más estarán a menos de una iteración del principio o el final del bucle. Crear un bucle típico implica responder a preguntas como estas:

- ¿Debe comenzar el bucle en 0 o en 1?
- Si empieza en 0, ¿puede algo interior al bucle dividirse por el contador en la primera iteración? ¿En alguna operación se hace el logaritmo del contador en la primera iteración? Log(0) es tan indefinido como una división por cero.
- Si empieza en 1, ¿hay algo que se divida por el término (contador − 1)? ¿Hay algo que se divida por el logaritmo del contador? Log (1) es cero.
- ¿Debería terminar con el valor máximo o con uno menos?
- Si recorre un array, ¿accede a todos los elementos o se olvida de uno al final? ¿Intenta acceder a un elemento que no existe?
- Si, Dios no lo quiera, el contador del bucle debe coincidir exactamente con el valor de finalización, ¿existe algún modo de que no coincida, generando de este modo un bucle infinito? Este programa, por ejemplo, itera durante mucho tiempo:

```
public class WhileForever {
  public static void main (String args[]) {
    double d = 0.0;
    while (d != 5.0) {
      d = d + (1.0 / 3.0);
      System.out.println(d);
    }
  }
}
```

El contador del bucle se convierte en 4.99999999999, pero nunca exactamente 5.0. Lo curioso es que se convierte en 10.0, un hecho que realmente es una inconsistencia en la forma en que las computadoras utilizan la aritmética de coma flotante. Ese hecho introduce un error muy sutil. Es difícil predecir exactamente cómo va a manejar Java (o cualquier lenguaje) los números en coma flotante, especialmente durante una división. ¿Qué pasa si tenemos un bucle que se ejecuta perfectamente hasta 10, pero alguien necesita que cuente hasta 20? ¿Seguirá funcionando? Sólo una prueba lo puede demostrar. Siempre es mejor no utilizar **float** o **double** como contadores de bucle, incluso aunque parezca que funcionan.

| **Consejo de diseño** | *Por razones similares, la condición del bucle no debería ser nunca la igualdad. Utilice siempre >= o <= en la condición del bucle,* |

a no ser que eso sea imposible.

- ¿El contador del bucle se incrementa realmente? No lo hace en el ejemplo siguiente, porque (1/2) es igual a cero. Utiliza la división entera.

```
public class WhileForever {
  public static void main (String args[]) {
    double d = 0.0;
    while (d <= 10.0) {
      d = d + (1 / 2);
      System.out.println(d);
    }
  }
}
```

- Si el bucle recorre una cadena, ¿accede a cada letra o palabra, o se pierde algo en algún extremo? ¿Busca algo que no existe en alguno de los extremos?
- ¿Se calcula correctamente la longitud de la cadena, especialmente si está en función de palabras en vez de caracteres? ¿Es necesario considerar el carácter de terminación de la cadena o los delimitadores de palabra?
- Si las palabras están separadas por espacios, ¿qué ocurre con los otros signos de puntuación? ¿Qué sucede si no hay ningún espacio al principio o al final? En este caso, el número de espacios probablemente es el número de palabras menos uno.

Conozca los límites de los cálculos y no se aproxime nunca a ellos. Si el cálculo contiene una multiplicación, tenga cuidado de no superar el tamaño máximo de una variable numérica. Si contiene una división, compruebe si puede ser una división por cero y que no se supere la precisión mínima de un número.

Booleanos

Java maneja los booleanos de una forma ligeramente diferente a la de C y C++.

Comparaciones booleanas legales e ilegales

Si compara un booleano con un número, obtendrá un error de compilación. A diferencia de C y C++, un booleano de Java no tiene un valor numérico. Solamente contiene el valor **true** o **false**.

Se pueden comparar dos tipos diferentes de números cualesquiera. Por ejemplo, (3 == 3.0f) se evalúa como **true**.

Pregunta: ¿Se debe tener cuidado al comparar un **int** o **long** con el resultado de un cálculo **float** o **double**? Por ejemplo, es **true** la comparación 1 == (3 * (1.0 / 3.0))?

A causa de los paréntesis, lo primero que se realiza es que (1.0 / 3.0) se evalúa como .333333 aproximadamente y después se multiplica por 3, obteniéndose .999999 aproximadamente, que no es igual a 1. Por tanto, tenga mucho cuidado.

Curiosamente, ¡eso no es así! Examine la salida del programa siguiente:

```
public class Igual {
// Prueba de una comparación numérica.
  public static void main (String args[]) {
// Esta línea imprime: 1.0
    System.out.println((3.0f / 9.0f) + (3.0f / 9.0f) + (3.0f / 9.0f));
// Esta también lo hace:
    System.out.println(3 * (3.0 / 9.0));
// Y esta cláusula imprime: Igual.
    if (1 == (3 * (1.0 / 3.0))) {
       System.out.println("Igual");
    }
    else {
       System.out.println("No igual");
    }
  }
}
```

He realizado varias pruebas con números de hasta diez dígitos de longitud, dividiendo varios primos **float** y **double** por otros primos y multiplicando el resultado por las versiones **int** o **long** de los divisores. No he descubierto ningún comportamiento aberrante. ¿Puedo confiar en una comparación como la anterior? No, a no ser que se pueda probar el algoritmo exhaustivamente. Incluso entonces, tendría que saber si puedo confiar en que versiones futuras de Java se comporten del mismo modo.

Comparación de cadenas

Objetos cadena diferentes pueden contener valores idénticos. Si intenta utilizar el operador == para compararlos, la comparación se evaluará como **false**, porque los objetos son diferentes independientemente de sus valores. Si desea comparar los valores de los objetos, debe utilizar **equals()**.

```
str1 = "ABC";
str2 = "ABC";
System.out.println(str1 == str2);
```

Lo anterior imprime **false**, porque str1 no es str2 independientemente de su contenido. Sin embargo,

```
str1 = "ABC";
str2 = "ABC";
System.out.println(str1.equals(str2));
```

imprime **true**, porque los valores de str1 y str2 son idénticos.

Las tres líneas siguientes se evalúan como **true**, porque en este caso str1 y str2 son el mismo objeto:

```
str1 = "ABC";
str2 = str1;
System.out.println(str1 == str2);
```

La santidad en la programación se consigue en los detalles.

Comparación de objetos

La comparación más importante entre objetos es ver si uno es una instancia de otro. Para ello, utilice siempre el operador **instanceof()** y no utilice nunca este operador con tipos primitivos. Hacerlo generará un error de compilación.

Asignaciones

El programa siguiente en Java no se compilará:

```
class FallaCompilación {
  public static void main (String args[]) {
    byte b = 0;
    b = b + 2;    // Hay un conflicto de tipos aquí.
    System.out.println(b);
  }
}
```

Pero el programa similar que se muestra a continuación se compila sin errores, por una razón sutil. Los diversos operadores de asignación del tipo *op* = hacen una conversión automática del tipo del resultado al tipo del operando de la izquierda. Esto se produce con +=, -=, *=, /=, %=, &=, |=, ^=, <<=, >>= y >>>=, pero no con =, que se comporta de forma diferente.

```
class CompilaciónConÉxito {
  public static void main (String args[]) {
    byte b = 0;
    b += 2;        // ¡Esta línea no tiene ningún error!
    System.out.println(b);
  }
}
```

El primer programa no se compila porque la asignación b = b + 2 intenta sumar un entero (2) a un byte (b). Eso no está permitido sin una conversión de tipos. Se puede asignar un entero a un byte porque esa acción promociona el byte a un entero, pero no se puede simplemente sumar un entero a un byte. Primero se debe realizar una conversión de tipos, porque el operador = no realiza una conversión de tipos implícita.

Sin embargo, b += 2 funciona bien. La razón se encuentra en la siguiente secuencia de eventos:

1. (b += 2) promociona b al tipo **int**.
2. Convierte el resultado de (b + 2) al tipo **byte**.
3. Asigna el resultado a b.

El programa siguiente emplea una conversión de tipos y se compila correctamente:

```
class CompilaciónAhoraConÉxito {
  public static void main (String args[]) {
    byte b = 0;
    b = b + (byte) 2;
    System.out.println(b);
  }
}
```

Operadores poco habituales: desplazamientos

Estando su origen en C, Java permite los desplazamientos binarios, en los cuales todos los bits del contenido de una variable se desplazan a la izquierda o la derecha. Realmente no llevamos el control de nuestras cuentas bancarias con desplazamientos, pero los desplazamientos son formas rápidas de multiplicar y dividir, especialmente por potencias de la base numérica.

Todo el mundo sabe que si se desea multiplicar un entero decimal por 10, basta con añadir un cero al extremo derecho. Si hay una coma decimal, se desplaza la coma decimal una posición a la derecha. El efecto es desplazar todo el número una posición a la izquierda.

Este principio se mantiene para octal, hexadecimal, binario y todas las otras bases de numeración. Se puede multiplicar un número octal por 8 añadiendo un cero a la derecha, o un número binario por 2 añadiendo un cero en el mismo lugar. De este modo, el valor octal 142 multiplicado por 8 (decimal) es 1420 octal, y el binario 1011 multiplicado por 2 (decimal) es 10110 binario.

De forma similar, para dividir un número binario por 2 se desplazan los bits de la representación binaria una posición a la derecha.

De acuerdo, lo sé. Igual que no existe el dígito 10 en el sistema decimal, no existe el 8 en el sistema octal ni 2 en el sistema binario. Sin embargo, ¿no le parece interesante que el decimal 8 se represente como 10 octal y el decimal 2 se represente como el 10 binario? En cualquier sistema de numeración, para multiplicar por 10 basta con añadir un 0 a la derecha del número, o lo que es equivalente, desplazar la coma decimal una posición a la derecha.

Multiplicar por 2 es mucho más lento que desplazar todo a la izquierda un bit, a no ser que se realice la multiplicación mediante un desplazamiento. Incluso sumar un número binario consigo mismo es más lento que desplazar todo a la izquierda un bit. Los desplazamientos a nivel de bit son tan rápidos porque el lenguaje máquina de la CPU soporta los desplazamientos desde su origen.

Muchas operaciones matemáticas, como la multiplicación y la división, se prestan bien a los desplazamientos. Por ejemplo, si deseamos multiplicar un número por 17, es más rápido desplazar a la izquierda 4 bits y sumarle al resultado el número original. Al desplazar a la izquierda 4 bits se multiplica por 16 y la suma es otra operación rápida al nivel de la CPU.

Este proceso de multiplicar por 17 funciona porque *17n = (16 + 1)n*, que equivale a *16n + n*.

Todo este material, que cualquiera que haya estudiado lenguajes ensambladores conoce a ojos ciegas, introduce el problema del desbordamiento.

Como ya conoce, un **short** contiene 16 bits en Java, independientemente de la máquina que se utilice. Esto hace que el rango de un **short** sea de -2^{15} (o -32.768) hasta 2^{15} - 1(o 32.767). Entonces, ¿qué sucede si se incrementa el short 32.767, que es en binario 0111 1111 1111 1111?

```
public class Desbordamiento_1 {
  public static void main (String args[]) {
    short s = 32767;
    s = s + 1;
    System.out.println(s);    // imprime -32767
  }
}
```

Java genera el resultado binario 1000 0000 0000 0000, que se traduce en 32.767 que no es lo que se podría esperar. Además, ¡no se lanza ninguna excepción! Java percibe que hemos hecho lo que pretendíamos.

Haga lo mismo con un número **int** y se imprimirá el resultado deseado.

```
int i = 32767;
i = i + 1;
System.out.println(i);
```

Se obtiene 32.768, un número positivo.

La razón no es que se hayan hecho mal los cálculos, sino que la representación de 1000 0000 0000 0000 en binario de 16 bits (**short**) se traduce como -32.768, pero se traduce como 32.768 como **int**. Esto muestra la importancia de utilizar tipos primitivos lo suficientemente grandes.

De hecho, excepto cuando le preocupe la ocupación de la memoria, no debería utilizar nunca **byte**, **short** o **float**. Sea seguro y utilice siempre los tipos numéricos **int**, **long** y **double**.

| **Cuidado con los errores** | *El desbordamiento no invierte simplemente el signo sin cambiar el valor. El caso anterior es único. Por ejemplo, si* |

en el primer ejemplo realizásemos s = s + 2; obtendríamos –32.766 en vez de 32.769. Si utilizásemos s = s + 3; obtendríamos –32.765 en vez de 32.770. Sin embargo, si descubre un cambio de signo inesperado, es muy probable que tenga una condición de desbordamiento.

Lo importante es que se pueden obtener resultados que parecen correctos, pero que son erróneos. Sería muy fácil que en las pruebas no se detectara el signo menos en el ejemplo anterior.

Multiplicar por 2 es lo mismo que desplazar a la izquierda un bit. Observe este código:

```
public class Desbordamiento2 {
  public static void main (String args[]) {
    short x = 32767;
    x <<= 1;      // Observe: x *= 2; genera el mismo resultado
    System.out.println(x);
  }
}
```

El resultado es -2.

Este cálculo toma el número binario 0111 1111 1111 1111. Como el bit izquierdo es 0 y el tipo es **short**, ese número es positivo. El cálculo desplaza todos los bits una posición a la izquierda, poniendo un cero a la derecha. Esto genera 1111 1111 1111 1110, que es un número negativo en binario de 16 bits, complemento a 2. Sabemos que el resultado es negativo por el hecho de que el bit de la izquierda es 1, no un 0. Claro está, en números decimales, 32.767 * 2 = 65.534, que es un número positivo. De nuevo, el problema no es el cálculo, sino la representación de 1111 1111 1111 1110. Como **int** o **long**, Java muestra el valor deseado 65.534.

Es interesante que cuando *x* es un **short**, *x <<= 1;* genera el mismo resultado que *x *= 2;* pero *x = (x * 2);* genera un resultado diferente. La razón es que *(x * 2)* genera un entero, incluso aunque se intente convertir 2 en un **short** primero. La solución es utilizar este formato: *x = (short) (x * 2);* que de nuevo tiene como resultado 2. No es esta la respuesta deseada, pero al menos es consistente.

El ejemplo siguiente busca la respuesta correcta en lugar de la consistencia:

```
public class Desbordamiento {
  public static void main (String args[]) {
    short x, y, z;
    x = y = z = 32767;
// Estas tres asignaciones son equivalentes, pero generan resultados
// aritméticos erróneos, por el desbordamiento debido a que las
// variables son short.
    x <<= 1;
    y *= 2;
    z = (short) (z * 2);
    System.out.println( x + " " + y + " " + z );
// Sin embargo, estas variables int no sufren desbordamiento y se cal-
// culan correctamente.
    int a, b, c;
    a = b = c = 32767;
    a <<= 1;
    b *= 2;
    c = c * 2;
    System.out.println( a + " " + b + " " + c );
  }
}
```

La salida de este programa es:

```
-2 -2 -2
65534 65534 65534
```

¿Qué sucede si se multiplican dos **short** grandes entre sí? Como ya podría esperar, el resultado podría diferir de lo deseado. Si hay un desbordamiento, Java conser-
va los 16 bits de la derecha y descarta los adicionales. Vamos a ver un ejemplo:

10.000 decimal es 0010 0111 0001 0000 en notación binaria. Si hacemos el cuadrado de 10.000 decimal, obtenemos 100.000.000. Si hacemos el cuadrado de la misma representación binaria, se obtienen los 16 bits derechos del resultado (1110 0001
0000 0000) que pertenecen al resultado binario completo 0000 0101 1111 0101 1110
0001 0000 0000. Obtenemos -7.936.

Si hacemos lo mismo con dos **int** relativamente grandes, como hacer el cuadrado
de 50.000, obtendremos un resultado erróneo similar porque el resultado real
2.500.000.000 supera el valor máximo de un entero de 2^{31} -1.

Cuando se divide, por ejemplo, por 16, lo más sencillo es desplazar cuatro posiciones los bits a la derecha. Este proceso descarta todos los bits que salgan por la
derecha en el desplazamiento. El efecto es tirar la parte "decimal" del número, es
decir, la parte que está a la derecha de la coma decimal. Así es como funciona la
división entera. Si necesita conservar la parte ordinal, es necesario utilizar números
de tipo **float** o **double**, o desplazar los bits descartados a otro número y evaluarlos.

Si realizamos desplazamientos para dividir un número negativo como -65.280,
que es 1111 1111 0000 0000 en binario, por alguna potencia de 2, podemos desear o
no conservar el bit de signo. Supongamos que queremos dividir por 32, lo que implica desplazar a la derecha cinco posiciones:

      a = - 65280 >> 5;

que se evalúa así:

      1111 1111 0000 0000 >> 5 es 0000 0111 1111 1000, que es +2040.

Sin embargo, si deseamos conservar el signo, se hace de este modo:

      a = - 65280 >>> 5;

que se evalúa así:

1111 1111 0000 0000 >>> 5 es 1111 1111 1111 1000, que es -2040 como tipo **short**.

Cuidado con los errores	*La calculadora de Windows evalúa 1111 1111 1111 1000*

*La calculadora de Windows evalúa 1111 1111 1111 1000
como 65.528 decimal. No es un error, simplemente se debe a
que la calculadora utiliza cálculos de 32 bits.*

La moraleja de esta historia es, de nuevo, que deberíamos utilizar números **int** y
long, no **short** ni **byte**, a no ser que sepamos que no vamos a superar sus límites de
ninguna manera. A no ser que algo modifique *x* posteriormente, una sentencia como
esta es segura:

      for (byte x = 0; x < 10; x++) {

Existen argumentos similares para la utilización de precisión **double** en vez de **float**.

Claro está, si está escribiendo un sistema integrado en un teléfono móvil de última generación en el que la ocupación de la memoria RAM es un problema, tendrá que considerar la utilización de **short** y **float** incluso en los cálculos. El hacerlo introduce una nueva clase de errores hambrientos en el programa.

En casos así, es prudente incluir pruebas en el código en cualquier sitio en el que se sospeche que un número podría superar su rango. Por ejemplo:

```
if (x < sqrt(32767)) {
  y = x * x;
}
```

o más rápido en este caso, dado que sqrt(32767) es ligeramente superior a 181, podría escribir lo siguiente poniendo un comentario que explique lo que es el 181:

```
if (x < 181) {
  y = x * x;
}
```

Conceptos equivocados

Antes de que existiera el avión DC-3, existía un DC-2. Los controles de la cabina eran similares; de hecho, todo el avión era similar en la mayoría de los aspectos. Les resultaba muy sencillo a los pilotos del DC-2 actualizarse al más poderoso DC-3.

Una diferencia era que la posición de la palanca de los alerones y la de la palanca del tren de aterrizaje estaban intercambiadas, aunque los dos controles parecían iguales. En el avión actual, todas las palancas de tren de aterrizaje tienen un pomo en forma de rueda sobre ellas y todas las palancas de los alerones se parecen físicamente al alerón de un avión. Hoy en día, la FAA obliga a utilizar estas formas. En la mayoría de los aviones, los controles están situados muy separados entre sí. Habitualmente, la palanca de los alerones se encuentra entre los pilotos y la palanca del tren de aterrizaje está en el panel frontal de instrumentos.

Eso no era así en los tiempos del DC-2 y el DC-3. Varios aviones DC-3 sufrieron desgracias por culpa de estas palancas del tren de aterrizaje y de los alerones. Los pilotos aterrizaban con los alerones y el tren de aterrizaje bajados y después, cuando rodaban por la pista, subían los alerones. Ese era el procedimiento normal.

A veces (y se les veía venir), un piloto de DC-2 que se acababa de actualizar al DC-3 buscaba instintivamente la palanca de los alerones y la elevaba, mientras rodaba por la pista. Instantes después, dos hélices caras se retorcían ruidosamente al arrastrarse por la pista. Una comedia de errores culminaba un vuelo durante el cual el avión perdió un motor cuando estaba a punto de aterrizar. El copiloto tocó el motor equivocado, eliminándolo, y convirtiendo al avión en un planeador. El piloto, a duras penas, conseguía llegar hasta la pista de aterrizaje, momento en el que el copiloto elevaba los alerones o, desastre, el tren de aterrizaje. ¡Se intercambiaron algo más que palabras ese día!

Uno de los problemas que los astronautas de los Estados Unidos podían haber tenido al visitar la estación espacial Soyuz era con un sistema de salida de emergencia. En el módulo de salida, ocultas entre las rodillas del piloto, se encontraban dos conmutadores ordinarios idénticos. Se debía encender uno de ellos para que la salida tuviera éxito. Sin embargo, si se encendiese el otro, todos morirían. No había ninguna etiqueta en los conmutadores, porque en cualquier caso era realmente difícil verlas.

Como se puede imaginar, los astronautas de los Estados Unidos dedicaron mucho tiempo a practicar con el conmutador a girar.

En la película *Apolo 13*, alguien puso un gran rótulo NO sobre un control crítico que no se debía tocar, a fin de evitar que en un momento tenso una mano errante lo moviera prematuramente.

Si no es usted del entorno de C, hay unas cuantas cosas que debe volver a aprender de Java. Una es cómo funciona el operador de asignación. Este fragmento de código lo muestra:

```
int a = 0;
int b = 0;
int c = 5;
a = b = c;
System.out.println(a);
```

La salida es 5, porque en Java las asignaciones se realizan de derecha a izquierda. Primero se le asigna a *b* el valor de *c* (5), después se le asigna a *a* el valor de *b* (5). Un código similar en COBOL daría un error. Un código similar en BASIC o Visual BASIC evaluaría si *b* es igual o no a *c* y asignaría la verdad de la evaluación a *a*.

A no ser que Java sea su primer lenguaje de computadora, es probable que tenga que desaprender algunos de sus principios de programación.

Errores poco habituales

Una vez depuré una sentencia SQL diseñada para buscar datos duplicados en dos tablas que contenían registros de 12 campos cada uno. La sentencia encontró 2.318 registros duplicados, una cifra que aproximadamente era lo que esperaba el usuario. Sin embargo, quise verificarla con más rigor. Dupliqué un registro exactamente cinco veces y la sentencia SQL no encontró dichos duplicados.

La sentencia SQL errónea incluía una cláusula de la forma:

```
WHERE
    [Tabla1].[Campo1] = [Tabla2].[Campo1] AND
    [Tabla1].[Campo2] = [Tabla2].[Campo2] AND (etc.)
```

La sentencia SQL intentaba comprobar si el Campo1 contenía datos idénticos en la Tabla1 y la Tabla2, y también si el Campo2 contenía datos idénticos en la Tabla1 y la Tabla2, etc.

La cláusula WHERE no generaba ningún dato, a pesar de que en mis datos de prueba todos los campos tenían un contenido idéntico.

Hice una búsqueda binaria. Quité la mitad de los campos de la sentencia SQL, después la mitad de los restantes, hasta localizar finalmente el campo problemático. Ese campo tenía datos nulos en ambos registros.

Bueno, cero es igual a cero, pero nulo no es igual a nulo. Eso es lo que pasaba con Visual BASIC y SQL. La solución era utilizar la función **IsNull()**. Si A es null y B es null, la expresión de comparación (A = B) se evalúa como false. Sin embargo, la expresión (IsNull(A) = IsNull(B)) es true. En otras palabras, los resultados de la función IsNull() se comparaban de la forma deseada. La nueva expresión adoptó esta forma, más larga, pero correcta:

```
WHERE
  ([Tabla1].[Campo1] = [Tabla2].[Campo1]) Or
(IsNull([Tabla1].[Campo1]) And IsNull([Tabla2].[Campo1])) AND
  [Tabla1].[Campo2] = [Tabla2].[Campo2]
(IsNull([Tabla1].[Campo2]) And IsNull([Tabla2].[Campo2])) AND (etc.)
```

Nota	*A diferencia de Java, el operador = está sobrecargado en VB. Se utiliza para asignaciones y comparaciones.*

En Java, **NaN** significa "Not a Number" (No es un número). Si compara dos variables que tienen **NaN** como valor, la comparación es **false**. Puede comprobarlo con lo siguiente:

```
int a = NaN;
int b = NaN;
System.out.println(A == B);
```

Si asigna 10 a *A* o *B*, pero no a ambos, *(A == B)* se sigue evaluando como **false** por dos razones. La primera, cualquier expresión que contenga **NaN** se evalúa como **false**. En segundo lugar, 10 no es igual a **NaN**.

Sin embargo, si se asigna cero tanto a *A* como a *B*, la comparación es **true**.

La expresión *(10 ! = NaN)* se evalúa como **false**, lo mismo que *(10 == NaN)*. Y por lo mismo, *((10 ! = NaN) == (10 == NaN))* se evalúa también como **false**, incluso aunque ambos componentes se evalúan como **false** y, en un caso normal, *(false == false)* se evaluaría como **true**. En Java, cualquier expresión que implique a **NaN** se evalúa como **false** y punto.

Como en la mayoría de los lenguajes, cero es igual a cero, pero el **NaN** de Java no es igual a **NaN**.

Errores provocados por los datos

El método **Available()** de la clase **InputStream** devuelve el número de bytes disponibles para su lectura sin bloqueo. Se puede utilizar el método **Available()** para observar un flujo de entrada y ver cuántos datos hay ahí.

Algunos flujos de entrada siempre informan de que hay 0 bytes disponibles, incluso cuando hayan datos disponibles. Por tanto, no debe fiarse totalmente de este método en una introducción de datos, a no ser que no le preocupe la independencia de la plataforma y sepa que el método funciona con los sistemas que le preocupan.

Java admite también los flujos "marcables". Se puede colocar una marca en un flujo y volver a ella directamente, sin tener que rehacer el proceso de búsqueda. Dichos flujos "marcables" tienen búferes de memoria, pero si se supera la capacidad de un búfer, se invalida la marca.

El método **flush()** escribe todos los datos que estén en búfer en el flujo de salida. No olvide llamar a **flush()** o es posible que se pierdan los datos.

De forma similar, es importante cerrar (**close()**) los flujos, pero es más importante cerrar los flujos de salida que los de entrada. Si se acuerda de cerrarlos, se almacenarán los datos del flujo antes de que se elimine la asignación del flujo. En caso contrario, se perderán los datos.

Errores por efectos secundarios

Algunos operadores provocan efectos secundarios. Como la interacción entre ciertos medicamentos y el zumo de uva, estos efectos pueden provocar problemas si no es prudente con ellos.

El operador **++** incrementa una variable. Por tanto, la expresión $y = ++x;$ asigna el valor original de x más uno a y, pero incrementa x en el proceso. La línea alternativa $y = x + 1;$ no incrementa x y no tiene efectos laterales. Si escribe $y = ++x;$ y espera que x tenga su valor original la próxima vez que el código llegue a esa línea tendrá un error por efecto secundario.

Lo mismo para el operador **- -**.

El operador de llamada a método () es otro ejemplo, siempre y cuando el método tenga efectos secundarios, y la mayoría los tienen.

El operador **new** crea un nuevo objeto, lo que consume RAM y tiene otros efectos en el programa. Por ejemplo, le indica a la recogida de basura que hay algo abierto que recoger en algún momento. Si la recogida de basura se equivoca, y es posible, el operador **new** es un estímulo para las fugas de memoria.

Errores provocados por el optimizador

Mucho antes de que conociera muchas cosas de las computadoras, leí una afirmación que me intrigó. Básicamente, comparaba el lenguaje máquina, el código en ensamblador y el código de un lenguaje de alto nivel. Con cada nivel de abstracción del lenguaje, se deben realizar más y más generalizaciones. Cada generalización lleva a código que es menos eficiente. En otras palabras, los programas más apurados y rápidos se deben escribir en el nivel de lenguaje máquina.

El problema con esta idea, noble por otra parte, es que ir a niveles inferiores de abstracción del lenguaje hace que sea más difícil escribir, mantener y mejorar el programa.

En el nivel de Java, los optimizadores de código pueden sustituir varias líneas de código con alguna otra cosa que actúa exactamente del mismo modo, excepto que se ejecuta más rápido, u ocupa menos memoria, y, a veces, ambas cosas.

En el nivel de máquina, los optimizadores pueden hacer más maravillas. Realmente pueden aprovechar las peculiaridades de una máquina concreta para mejorar el rendimiento o el tamaño. El código optimizado para una estación de trabajo Solaris sería diferente del mismo código optimizado para Windows NT y del optimizado para un Mac; claro está, en el nivel de máquina.

El problema es que optimizar para una computadora concreta destruye la independencia de la máquina de Java.

No quiere decir esto que los optimizadores sean inútiles. ¡Ni mucho menos! La mayoría de los optimizadores comerciales le permiten decidir si mantener o no la independencia de la máquina. Los optimizadores generalmente mejorarán el código hasta que aprenda a escribir los mejores algoritmos posibles.

Esa es otra buena razón para realizar la optimización. Descubrirá formas de mejorar sus técnicas. Por ejemplo, si observa que el optimizador cambia habitualmente el tipo de bucle que usted escribe, comenzará a considerar el otro tipo.

Java admite computadoras de múltiples procesadores, pero no realiza bien la optimización para ellos. Si tuviera un bucle que asigne 10.000 valores de un array a otro, elemento a elemento, y tuviera dos CPU, ese bucle sería un buen candidato para la optimización. Una CPU podría recorrer desde el elemento 0 hacia arriba mientras que la otra podría recorrer desde el último elemento hasta que las dos se encontrasen en el medio, consiguiendo que la tarea se realizara en la mitad de tiempo.

Seguramente, las versiones futuras de Java admitan dicha optimización automática de los bucles en máquinas de múltiples procesadores. Cuando lo hagan, otra clase de errores por colisiones espera a los poco precavidos. Por ejemplo, las CPU deben decidir cuál maneja el elemento(s) intermedio del array. La solución es diferente, dependiendo de si el array tiene un número par o impar de elementos. Cuando tres CPU se ocupan de un bucle, hay seis posibilidades para dichas colisiones, y así sucesivamente, en progresión geométrica.

Los optimizadores son bastante buenos, pero defectuosos. Muchas veces, el código más elegante, rápido y pequeño en Java no es algo deseable porque es muy difícil de mantener.

Queremos que sea pequeño, pero no que sea malo.

Recuerde siempre que el mantenimiento del programa es una gran parte del coste global del proyecto. No le hará ningún bien ahorrar 50 KB de espacio en disco cuando no le importa a nadie. Ahorrar dos décimas de segundo cuando aparece una pantalla, no le impresionará a su cliente. Si hacer esas cosas provoca que el código cueste tres veces más de mantener que un programa claro, ¡eso le impresionará a su jefe!

Quizá la palabra correcta sea: deprimir.

Para los supervisores con conocimientos, la dificultad del mantenimiento, incluso cuando lo que la provoca es un código pequeño, optimizado y rápido, es un error inmenso.

Los seudo-errores

Pregunta: ¿Cuándo un programa con errores ya no tiene errores?
Pregunta 2: ¿Tiene un virus la computadora?

Es suficiente decir que el comportamiento patológico de su programa en Java se puede deber a otra cosa, como un virus. Eliminar los virus de su computadora se escapa del ámbito de este libro. Sin embargo, cuando haya descartado lo obvio, piense en actualizar y ejecutar su software antivirus. Se crean varios cientos de virus nuevos cada mes, aunque muchos son variantes de un número más reducido de clases. La mayoría son virus de macro. De los cientos de virus nuevos, pocos tienen éxito. Algunos lo hacen y, a veces, uno recorre el globo antes de que los fabricantes de software antivirus reaccionen ante él.

El maldito virus Melissa fue uno de esos errores virulentos. Antes de que alguien tuviera el software antivirus que pudiera reconocer a Melissa, atacó a la red del autor y rebotó saliendo de ella. De hecho, es difícil imaginar cómo un virus de macro podía penetrar nuestra red porque acabábamos de adoptar una contramedida única. Explicaré cómo funciona, porque es posible que utilice Word como editor de Java, y los virus de macro se centran habitualmente en Word. La contramedida es simple y usted también puede adoptarla.

Muchos de los nuevos virus son programas de macro que infectan a software como Microsoft Word, Excel y PowerPoint (especialmente Word). Afortunadamente, hay una solución simple para evitar que los virus de macro infecten su computadora.

La solución única se basa en el hecho de que Microsoft crea visores gratuitos para estos tres programas. Los visores se llaman Visor de Word, Visor de Excel y Visor de PowerPoint. Microsoft recomienda su utilización habitual, no como software antivirus, sino para que pueda crear un documento en Word, Excel o PowerPoint y enviarlo a alguien que no posea el mismo software.

Estos programas visores no permiten guardar los documentos y, lo que es más importante, ¡no comprenden las macros! Esto significa que son tan inmunes a los virus de macro como su lápiz.

La mayoría de las computadoras se infectan al abrir documentos pulsando dos veces sobre ellos o mediante otras formas automáticas de abrirlos. Si pulsa dos veces sobre un archivo infectado cuya extensión sea .DOC o .DOT, Windows asume que desea lanzar Word para poder leer el documento. Hágalo, y estará infectado, a no ser que el software antivirus detenga al virus. Melissa ha demostrado que un virus puede adelantar a sus contramedidas durante un tiempo, por lo que nunca estará seguro.

Para su comodidad, Microsoft ha dado su permiso para poner estos visores en el nodo Web de este libro. Descárguelos desde http://DebuggingJava.Com o búsquelos en el nodo Web de Microsoft.

Cuando instale cada visor, le preguntará si desea que Windows lo utilice por defecto para abrir los archivos con varias extensiones. Responda que sí.

| **Cuidado con los errores** | *Tenga cuidado de no instalar estos visores en los mismos directorios que sus contrapartidas. Es decir, no instale el* |

Visor de Word en el mismo directorio de Word. Hacerlo puede sobrescribir archivos cruciales. Por defecto, los visores se instalan en sus propios directorios, por lo que si permite que se utilicen los valores por defecto, no tendrá problemas.

Pruébelo pulsando dos veces sobre un archivo que tenga cada tipo de extensión, por ejemplo, .DOC. En este caso, el Visor de Word, no Word, debería abrir y presentar el archivo. Si pulsa dos veces sobre un archivo .XLS, se debería abrir el Visor de Excel en vez de Excel.

No recibirá un aviso si tiene virus de macro, a no ser que otro software antivirus se lo proporcione. Sin embargo, puede estar seguro de que el documento que está viendo en el Visor de Word no tiene virus en su estado actual. Abrir el documento en un visor filtra todas las macros.

Si desea pasar el documento, o una modificación, a otra persona, tendrá que copiarlo en el búfer de copiar y pegar, abrir después Word y pegarlo en Word.

| **Cuidado con los errores** | *Hay una forma de equivocarse aquí. En su menú Archivo, el Visor de Word muestra una forma de volver a abrir el mismo* |

documento en Word. No lo haga, porque se lanza Word, que abre el documento original, las macros y todo. Si desea editar el documento, ábralo en el Visor y utilice el búfer de copiar y pegar para ponerlo en Word.

Como referencia, este es el proceso a utilizar:

1. Pulse dos veces sobre el archivo.
2. Se lanza el Visor de Word (o el Visor de Excel o el Visor de PowerPoint).
3. Aparece el archivo.
4. Pulse "Edición | Seleccionar todo", que selecciona todo el documento.
5. Pulse Control-C, que copia los elementos seleccionados en el búfer de copiar y pegar. También puede pulsar sobre "Edición | Copiar".
6. Lance Word (o Excel o PowerPoint) por separado, comience con un documento nuevo y pulse en su interior.
7. Pulse Control-V, que copia el contenido del búfer de copiar y pegar en el nuevo documento. También puede pulsar sobre "Edición | Pegar".
8. A no ser que su copia de Word (o Excel o PowerPoint) ya estuviera contaminada, el documento seguirá estando libre de virus. Puede enviárselo a un colega, modificarlo, imprimirlo o almacenarlo sabiendo que está limpio.

Claro está, si utiliza un procesador de textos diferente, la posibilidad de que reciba un virus de macro es realmente reducida. La gran mayoría de virus de macro sólo infectan los documentos de Word.

Después de leer un capítulo bastante largo que clasifica los errores en Java, le parecerá que la siguiente oferta es más filosófica. El Capítulo 7 muestra cómo entrenar a su mente para que piense en formas que están libres de errores.

CAPÍTULO 7

Disciplinas mentales

Quizá recuerde que en el Capítulo 6 decíamos que "las reglas y las leyes existen únicamente para que la gente no tenga que pensar." No es una sentencia peyorativa en absoluto, y ciertamente no significa que las reglas y leyes sean para torpes. Realmente es una postura sensata porque, paradójicamente, encontramos la libertad mental en las reglas y leyes.

¿Cómo pensar de forma consistente?

Las reglas y leyes existen para que podamos ahorrar tiempo y no reinventemos la rueda en cada pensamiento que tengamos. La gente que tiene más reglas y leyes en su mente son habitualmente los más creativos, porque tienen más tiempo para inventar. Cada vez que decidimos adoptar una regla en nuestros códigos personales, nos liberamos para pensar más.

Alguien podría argumentar que las reglas y leyes atrofian la creatividad, pero eso sólo se produce cuando la gente cree que las reglas existen para seguirlas a ojos ciegas. Cuando llegue a un punto muerto, cuando le parezca que una regla le estorba al hacer lo que necesita, es el momento de intentar modificar esa regla y hacerla mejor. Esa es una definición del aprendizaje. Grace Hopper dijo muchas veces que cuando no se podía pedir permiso para algo, era mejor hacer algo y pedir disculpas.

Las reglas y leyes nos ahorran tiempo y nos hacen más creativos, pero la razón principal de que las tengamos es evitar los errores. Es ilegal conducir hacia mi casa a más de 40 kilómetros por hora, por una buena razón. Hay niños pequeños jugando cerca de la calle. Un conductor que vaya rápido puede cometer un error letal. Un conductor más lento en la misma situación probablemente sólo haga mucho ruido, con un gran frenazo sobre el pavimento.

Las reglas y leyes buenas, cuando se siguen, nos obligan a adaptarnos a moldes seguros. Como un proyecto de ley tiene que pasar numerosas pruebas, obstáculos y revisiones antes de conseguir el consenso suficiente para convertirse en una ley, las leyes malas son relativamente extrañas. Las ideas de programación, después de ser bendecidas y modificadas por la experiencia, las pruebas, los fallos y el éxito, se pueden convertir en reglas buenas a seguir. Nos mantienen seguros como programadores.

Utilice convenciones personales inviolables

Una vez haya pensado en algo hasta su finalización, no es necesario hacerlo de nuevo. Se puede aceptar la conclusión como un hecho. Recuerde, los hechos son tozudos. No cambian.

Por ejemplo, en el Capítulo 6, mencioné a un programador avanzado que decidió escribir rutinas explícitas que le indicasen a la recogida de basura cuándo liberaba los objetos. La meditó en profundidad, se dio cuenta de que la recogida de basura actúa como hilo autónomo y se percató de que a veces tiene dificultades a la hora de reclamar objetos. Decidió ayudarla siempre que pudiera.

Ahora ya no se preocupa en pensar si debe o no ayudar a la recogida de basura; simplemente lo hace. Siempre.

La clave es hacer algo siempre.

Tengo un refrán favorito respecto a la aviación. "Un piloto magnífico es tan bueno porque nunca se permite llegar a una situación en la que se necesiten sus magníficas habilidades." La programación es lo mismo. El programador magnífico se mantiene al margen de las situaciones que pondrían a prueba totalmente sus habilidades. Esto implica adoptar costumbres estándares, como las siguientes:

Estándares de programación de Java

Advertencia: a usted, sus colegas y sus jefes no les gustarán todos estos estándares y no importa, porque no es necesario que los adopte. Lo que importa es que desarrolle un conjunto que le guste y que se adhiera estrictamente a ellos. Incluso cuando haya desarrollado un conjunto que personalmente le guste, a sus colegas y sus jefes no les gustarán en absoluto, y eso tampoco importa.

Lo que importa es la consistencia. La consistencia personal es primordial en la programación. La consistencia entre colegas es importante, aunque no primordial, porque los colegas probablemente mantendrán su código y usted el suyo. La consistencia en una empresa es significativa, pero no crucial. Su conjunto personal de estándares debe abarcar más que el conjunto en el que puedan coincidir sus colegas. Su empresa necesita estándares también, pero dichos estándares tienen que adaptarse a muchas más personas, para programar una mayor variedad de sistemas, por lo que los estándares globales de la empresa deben tener una mayor amplitud.

Sin olvidar esa gran advertencia, le presento mi conjunto personal de estándares de programación en Java. Se componen de objetivos. Descarte lo que desprecie, tome lo que le guste y trabaje con ellos para encontrar su propio conjunto de preferencias, además de un conjunto para su grupo y otro para su empresa.

Comentarios

Se requieren los tres tipos de comentarios de Java en código no trivial.

- Una cabecera, que consta de comentarios de javadoc (/**), es el comienzo de toda interfaz, clase y método.
- Casi toda declaración necesita un comentario en línea (//) indicando el objetivo declarado del elemento. Los contadores de bucle declarados dentro de sus bucles son excepciones obvias.
- Los comentarios en línea deberían estar alineados verticalmente, cuando sea práctico.
- Los comentarios están habitualmente antes de sus temas. Ponga delante de un comentario así una línea en blanco y no la ponga después de él.
- Un documento o copia impresa HTML de javadoc debería ser lo suficientemente claro para que pocas personas vayan a necesitar nunca leer el código.
- Habitualmente se requiere un aviso de copyright estándar de la compañía.
- Las cabeceras de las clases y métodos deberían estar estandarizadas en toda la compañía. Incluya los elementos aplicables que se enumeran a continuación:

```
/** Descripción detallada debería incluir el objetivo, las condiciones
 * previas, las condiciones posteriores, dependencias, efectos laterales,
 * requisitos de implementación, llamantes, llamados, suplantaciones
 * permitidas o no, donde está situado el super y el estado requerido
 * del programa antes o después de la llamada.
 *
 * @param describe el objetivo de cada parámetro, cualquier máscara o
 * requisito y si los parámetros son de entrada, salida o ambos.
 * @return describe el tipo devuelto, el objetivo, el rango y los
 * códigos de error.
 * @exception describe todas las excepciones que no son del sistema que
 * lanza el método, si la excepción es recuperable o no y cómo ocuparse
 * de la recuperación si corresponde.
 * @author indica cómo ponerse en contacto con usted.
 * Fecha: en que se creó el código.
 * Utilización: mostrar opcionalmente una sentencia formal de la utili-
 * zación. Una buena alternativa es escribir un main(), porque ayuda en
 * la depuración, además de mostrar la utilización.
 * Ejemplo: mostrar opcionalmente un ejemplo de llamada.
 * Historia de modificaciones: lista los nombres de todas las personas
 * que han modificado el código, cuándo y qué modificaciones han reali-
 * zado. Además, los comentarios en línea se refieren a esta sección
 * mediante las iniciales y la fecha.
 * @See String, URL o nombre_clase#nombre_método que contiene otra
 * documentación. Javadoc generará enlaces HTML a los elementos
 * referenciados.
 */
```

- Agrupe sus métodos para aprovechar los bloques de comentarios. Por ejemplo, podría agrupar todos sus métodos de E/S en la misma zona del programa, a no ser que el hacerlo reduzca la claridad.

- Cada línea individual de comentarios de bloque (/*) o de javadoc (/**), excepto la primera línea, claro está, debería comenzar con un asterisco (*).
- Se requieren comentarios para explicar el código inteligente, cuando no se pueda simplificar dicho código.
- Nunca se deberían utilizar los comentarios para ocupar el lugar de un nombre de variable o de método bueno y descriptivo, ni para explicar lo obvio.
- Regla general: escriba sus comentarios como si se fueran a publicar en una revista.
- El peso bruto de los comentarios debe ser aproximadamente el 20 por 100 del peso bruto del código.

Nombres

En cierto modo, los nombres son los comentarios más importantes. Describen, de forma sucinta. En Java, en los nombres se distingue entre mayúsculas y minúsculas, por lo que el lugar donde ponga mayúsculas en los nombres puede indicar a otros programadores qué tipos de nombres está utilizando.

- Los nombres de paquete están todos en letras minúsculas. Son palabras únicas, no combinaciones de palabras. Hay suficientes palabras en inglés y castellano para describir todos los paquetes que podamos llegar a escribir.
- Los nombres de clase mezclan mayúsculas con minúsculas. La primera letra siempre está en mayúsculas. A menudo son combinaciones de palabras, como MiClase.
- Las interfaces deben comenzar con la letra mayúscula "I", como en IMiInterfaz.
- Los nombres de función miembro mezclan mayúsculas con minúsculas. La primera letra nunca se pone en mayúsculas, pero todas las palabras posteriores sí. Las palabras completas mezclan mayúsculas con minúsculas. A menudo son combinaciones de palabras, como miFuncionMiembro.
- Los nombres de método estático siguen la convención de los nombres de función miembro.
- Los nombres especiales para código de solo depuración comienzan con la palabra "debug". Por ejemplo, debugmiFuncionMiembro.
- Los nombres casi nunca pueden tener signos $ ni subrayados en ellos, aunque Java los permite. Como las constantes están siempre en mayúsculas, utilizan el subrayado como separador de palabra, como en MI_CONSTANTE.
- Evite utilizar un nombre de variable que ya se utilice en una super-clase. Casi siempre es un error.
- Cada parámetro debe comenzar con una "un" o "una" minúscula, y el resto de las palabras mezclan mayúsculas con minúsculas. El nombre debería revelar el tipo. Por ejemplo: unIconoDeMariposa o unaTeclaEspecial.
- Las constantes (**final**) van siempre en mayúsculas con subrayados entre palabras, como en MI_CONSTANTE.
- Las globales comienzan con una "g" o "global" minúscula y mezclan mayúsculas con minúsculas. Por ejemplo: gMiGlobal o globalMiGlobal.

- Evite utilizar nombres como Temp1, Temp2, Temp3, que prácticamente no describen nada.

Implementadores, fábricas o constructores

Aquí se pueden ver más convenciones para los nombres:

- La palabra "Factory" (Fábrica), con su primera letra en mayúsculas, se añade a cada nombre de implementador. Por ejemplo, PreambuloFactory.
- Los métodos de implementador comienzan con la palabra "Make", con su primera letra en mayúsculas. Por ejemplo: MakeListaCosasAHacer.
- Los métodos get que devuelven booleanos comienzan con la palabra "es" o "puede". Por ejemplo: esReceptorValido o puedeGenerarTexto.
- Los métodos set comienzan con la palabra "set", todo minúsculas. Por ejemplo: setPuertoActivo.

Código

El cómo estructurar el código es un tema por lo menos controvertido. Estas son las convenciones que he adoptado. Me funcionan bien, pero me parece que debo violar algunas de ellas de vez en cuando.

- Ponga paréntesis de más en cualquier expresión que contenga una mezcla de operadores.
- Descomponga las líneas de código que tengan más de tres tipos de operadores.
- Declare las variables con el menor ámbito posible, siendo consciente de que rara vez debería declarar variables en medio de los bucles. Cuando sea posible, utilice declaraciones como esta:

```
for (int i = 0; i < max; i ++) {
```

- Declare la mayoría de las variables cerca del punto en que se utilizan de forma que se puedan ver con facilidad sus tipos. Si piensa que debe recopilar todas las declaraciones de variables al principio, duplique las declaraciones como comentarios más adelante.
- Ponga constantes en el lado izquierdo de sus expresiones. Por un motivo, mejora el rendimiento de algunos compiladores, y por otro, mejora las posibilidades del compilador de encontrar errores de asignación.
- No permita que se ajusten las líneas. La longitud máxima de la línea es de 78 a 80 caracteres, en la mayoría de los casos.
- Utilice un indentado de dos espacios.
- Si utiliza tabuladores, asegúrese de que su IDE convierta cada tabulador en espacios. En caso contrario, observará que las impresoras variarán en el tratamiento de las indentaciones.
- Indente siempre los cuerpos de los bucles y condicionales. Esto ayuda a los programas como JLint a encontrar llaves, paréntesis y puntos y coma mal colocados.

- Sea consistente con las llaves. Adopte un estilo y manténgalo. Cuando trabaje con el código de otra persona, utilice su estilo. Se muestran posteriormente los dos estilos aceptados.
- Cuando una llave de cierre se encuentre a más de una página de su llave de apertura, coloque un comentario adecuado después de la llave de cierre. Por ejemplo, si la llave cierra un condicional o un bucle, coloque la condición adecuada tras la llave de cierre, como comentario.
- Utilice siempre llaves, incluso para bloques de código de una línea.
- Una condición y su palabra clave van en la misma línea. Por ejemplo:

```
if (condición)
```

- Las capturas de errores casi nunca se deben utilizar para el control de un bucle. Sin embargo, en los casos de extremas necesidades de rendimiento, recuerde que son muy rápidas.
- Formatos de los bucles **Do-While**:

```
do
{
 sentencia;
}
while (condición);
```

o

```
do {
 sentencia;
} while (condición);
```

- Formatos de **If**:

```
if (condición)
{
 sentencia;
}
else
{
 sentencia;
} // condición
```

o

```
if (condición) {
 sentencia;
} else {
 sentencia;
} // condición
```

- Formatos del bucle **While**:

```
while (condición)
{
 sentencia;
} // condición
```

o

```
while (condición) {
 sentencia;
} // condición
```

- Formatos de **Switch**:

```
switch (condición)
{
 case 1:
      sentencia;
      break;
 case 2:
      sentencia; // No se requiere un 'break' en la última
                 // cláusula 'case'.
 default:         // ¡Lo exige este estándar!
      sentencia;
      break;
} // condición
```

o

```
switch (condición) {
 case 1:
      sentencia;
      break;
 case 2:
      sentencia;  // No se requiere un 'break' en la última
                  // cláusula 'case'.
 default:         // ¡Lo exige este estándar!
      sentencia;
      break;
} // condición
```

- Capturas de errores:

```
try
{
 sentencia;
}
catch (ExceptionClass e) // Opcional si y sólo si hay un finally.
 sentencia;
}
finally    // Opcional si y solo si hay un catch.
```

```
 {
  sentencia;
 }
```

o

```
try {
 sentencia;
}
catch (ExceptionClass e) // Opcional si y sólo si hay un finally.
 sentencia;
}
finally {   // Opcional si y solo si hay un catch.
 sentencia;
}
```

- Utilice **Asserts** con libertad. Ayudan a verificar las suposiciones y también en la depuración. Recuerde que puede eliminar todos los **Assert** del código compilado conmutando la bandera de depuración en la clase **Assert**. Este es un ejemplo de la utilización de **Assert**:

```
String copiaString (String strOrigen) {
   String esNull = "La cadena origen es null.";
   String noIgual = "Las longitudes de las cadenas origen y desti-
                      no no son iguales después de la copia.";
   Assert.PreCondición (NULL == strOrigen, esNull);
// Código que copia la cadena.
   Assert.PostCondición (strOrigen.length() != strDestino.
   length(), noIgual);
}
```

- Instale clases de **PruebaAutomatica** en los paquetes. Todo paquete necesita un plan de pruebas, por lo que impleméntelo en una clase **PruebaAutomatica**.
- Es una buena idea no utilizar **import**, por una extraña razón. No utilizar **import** le obliga a utilizar referencias a clase totalmente cualificadas con puntos, una costumbre que evita cualquier ambigüedad. La desventaja es que tendrá que hacer más cambios en el código si (Dios no lo quiera) cambia los nombres de los paquetes. La contestación a ese argumento es que dichos cambios son sencillos y rápidos de realizar mediante sustituciones globales.

No mezcle las búsquedas "primero en profundidad" con las búsquedas "primero en anchura"

Cuando se busca en un árbol de datos, hay dos métodos fundamentales que se pueden utilizar: "primero en profundidad" y "primero en anchura".

Con una búsqueda "primero en profundidad", se examina el nodo superior, después un nodo de su nivel siguiente inferior, después un nodo que está en el nivel siguiente de ese nodo, y así hasta llegar a la parte inferior. En ese punto se sube un nivel y se buscan los nodos no buscados subordinados a ese nivel. Si se encuentra uno, se examina y se busca en sus nodos subordinados, si existen. En caso contrario, se sube otro nivel, etc. Tarde o temprano, se vuelve al nodo superior, habiendo buscado por todo el árbol. Observe la Figura 7.1.

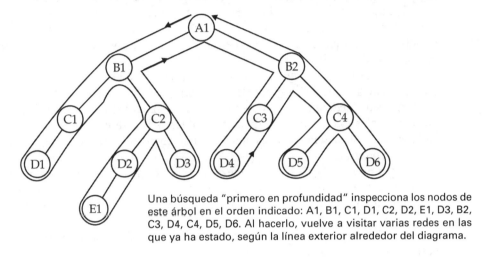

Una búsqueda "primero en profundidad" inspecciona los nodos de este árbol en el orden indicado: A1, B1, C1, D1, C2, D2, E1, D3, B2, C3, D4, C4, D5, D6. Al hacerlo, vuelve a visitar varias redes en las que ya ha estado, según la línea exterior alrededor del diagrama.

Figura 7.1. *Búsqueda "primero en profundidad"*

Con una búsqueda "primero en anchura", se examina el nodo superior y sólo se va a un nodo subordinado cuando se han buscado todos los nodos del nivel actual. Observe la Figura 7.2.

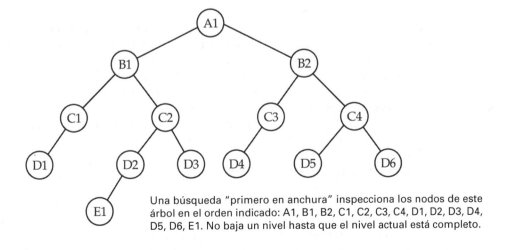

Una búsqueda "primero en anchura" inspecciona los nodos de este árbol en el orden indicado: A1, B1, B2, C1, C2, C3, C4, D1, D2, D3, D4, D5, D6, E1. No baja un nivel hasta que el nivel actual está completo.

Figura 7.2. *Búsqueda "primero en anchura"*

Cuando se codifica o depura, es posible realizar la búsqueda "primero en profundidad" o "primero en anchura". La elección dependerá de sus necesidades actuales.

Supongamos que estamos buscando el lugar en que una variable se hace cero por error y que estamos recorriendo el código. Probablemente debiéramos elegir aquí una búsqueda "primero en anchura", omitiendo las llamadas a función, hasta descubrir la función que establece la variable a cero. A continuación, podemos examinar esa función del mismo modo. Este proceso encontrará la asignación de variable errónea más rápido que una búsqueda "primero en profundidad", porque se puede eliminar la mayor parte del código con rapidez.

Sin embargo, si estamos realizando una revisión del código podríamos preferir una visión de alto nivel y después elegir una búsqueda "primero en profundidad". Una razón de esta elección es que podemos anotar el contenido de las variables a medida que entremos en las llamadas a función y volver con facilidad al contenido de dichas variables cuando salgamos de las llamadas. Ese proceso simplifica el seguimiento del estado del programa.

Lo que no se debería hacer es mezclar los dos tipos de búsquedas. Hacerlo casi garantiza que se olvide de algo, quizá algo crítico. Ambos métodos garantizan que se pueden visitar todos los nodos, pero si se mezclan los dos, dichas garantías no se cumplirán.

En su lugar, adopte conscientemente un método de búsqueda o el otro y sígalo hasta terminar con su tarea.

¿Cuándo hacer la depuración?

La depuración es como el trabajo de los detectives. Es un proceso de recopilar datos y deducir información. Intente hacerlo cuando esté agudo y fresco. Para la mayoría de la gente, eso no es lo adecuado después de comer, ni demasiado tarde por la noche. Si trabaja 80 horas a la semana, probablemente no debería encargarse de la depuración.

Muévase mientras depure. Levántese de la silla, deje que se mueva su sangre, recuéstese en su silla y respire profundamente. Estírese y comience a pensar de nuevo.

Las vitaminas son la comida del cerebro. Igual que la cafeína y el azúcar, o eso parece por el aspecto de las mesas, papeleras y cinturas de muchos programadores.

Depure todo el tiempo. Depure mientras codifique, diseñe, pruebe (obviamente) e incluso cuando hable en público. No es necesario que le diga a su público que acaba de pensar en una forma de resolver su problema, pero siga pensando en ello. Habrá adoptado una actitud diferente al mostrar un programa y esa actitud le permitirá pensar en las cosas de forma diferente.

Al escribir un libro, descubro efectos similares. Mientras escribo, puedo ver y corregir la mayoría de los tipos de errores. Sin embargo, cuando utilizo la pantalla para revisar lo que he escrito, descubro otros tipos de errores, fundamentalmente los que afectan a la claridad. Posteriormente, la página impresa tiene el poder de mostrarme errores en gramática, ortografía y organización que se me podrían pasar por no utilizarla. Diferentes actividades físicas parecen predisponer mi mente a descubrir tipos diferentes de errores.

Cuando programe, busque formas de adoptar diferentes actitudes para poder pensar en la depuración. Observe la copia impresa. Observe la pantalla. Recorra el código. Muéstreselo a un colega. Prepare un diagrama de flujo. Dichos procesos obligan a su mente a esforzarse en procesos diferentes y le permiten funcionar desde perspectivas distintas. Su mente tenderá a descubrir tipos diferentes de errores cuando funcione en campos distintos.

Su entorno

El lugar en que esté su 'cabeza' mientras depura es importante. Las distracciones le cuestan muy caro. Estas son algunas ideas que puede utilizar para mejorar su entorno. Algunas son un poco exageradas, pero las he utilizado todas en alguna ocasión.

- Nunca depure cuando deba pensar en una reunión.
- Apague el timbre de su teléfono o desenchufe el cable, dejando que el contestador se ocupe de sus llamadas. Cuando lo hago, pongo un mensaje de cortesía en el contestador invitando a los que llaman a que llamen a mi teléfono móvil o a mi colega de al lado si es una emergencia.
- Revise su contestador al principio de la mañana, justo después de la comida y una hora antes de terminar. Fuera de esos momentos, solamente si se lo piden.
- Desactive la notificación del correo electrónico de la pantalla de su computadora. Revise su correo electrónico en los mismos momentos en que devuelva sus llamadas de teléfono.
- Si recibe megabytes de correo electrónico, contrate a alguien para que se los filtre.
- Desplácese a una zona más privada cuando depure. Si esa zona tiene una computadora en red y puede cerrar la puerta, es perfecta.
- Consiga o haga un asta con una bandera que pueda levantar o bajar hasta media asta. Ponga un aviso que diga: "Sólo se me puede interrumpir cuando la bandera esté totalmente izada." La gente respetará sus deseos.
- Coja una copia impresa y un bolígrafo rojo para ir al baño, al coche o a la cafetería, y ocúltese. Ponga una tarjeta de 3 x 5 pulgadas en su teclado que diga que está fuera depurando en algún sitio.
- Renuncie y haga relaciones sociales durante un rato. A menudo, relajarse con sus colegas en la máquina de las bebidas despierta la mente, y en el momento en que vuelva a su guarida sabrá con exactitud qué hacer a continuación. Sin embargo, sea político al respecto. Tengo un amigo apolítico que se hizo una camisa que tenía estas palabras en la espalda para que se pudieran ver cuando se levantaba de la silla: "No estoy haciendo relaciones sociales, estoy investigando." A su jefe no le gustó, al menos no públicamente.

CAPÍTULO 8

El poder imponente de los depuradores

Cuando empecé a dar clases de informática, no podía olvidar mis recientes frustraciones como alumno, intentando conseguir que funcionaran los programas. Sólo cuando aprendí a utilizar los depuradores, comencé a comprender los diversos lenguajes. Antes de que los depuradores me iluminaran, podía programar en muchos lenguajes, pero solamente dominaba uno. Empeñado en no trasladar dicha frustración a mis alumnos, dediqué la segunda semana del semestre a explicar el depurador y después me sumergí en el lenguaje. Durante el semestre, enfaticé la utilización del depurador para clarificar los aspectos espinosos.

Después, un fenómeno interesante se produjo. Teníamos unos exámenes estandarizados, por departamentos, a mitad de curso y al final, preparados cada semestre en secreto por dos o tres catedráticos. Durante años, las notas de la clase habían sido de promedio entre el 67 y el 72 por 100 en dichos exámenes, sin excepción. Mi primera clase obtuvo un sorprendente 81 por 100 de promedio, levantando mis cejas y las de otros colegas de mi departamento. Me invitaron a que explicara a un representante del decano cómo era posible esta imposibilidad.

Hablamos del programa de estudios, de las técnicas de enseñanza y la gran cantidad de tiempo que paso en el laboratorio de computadoras con mis alumnos. Casi acusándome de "enseñar el examen", tuve que mencionar que yo no había tenido acceso al mismo, igual que mis alumnos, y que mi clase fue la primera en hacerlo. Para mí, la diferencia estaba en que yo enseñaba el depurador, un método desaprobado por el departamento, pero mi inquisidor no pensaba que eso supusiera ninguna diferencia.

En el siguiente examen, mi clase obtuvo un 82 por 100. El siguiente semestre, las notas subieron un punto o dos. Otro profesor intentó enseñar el depurador. Su clase obtuvo un 78 por 100 en el siguiente examen. Nadie más probaba la idea, pero repentinamente mis clases se llenaban hasta desbordarse, la escuela tuvo que doblar el tamaño de mis clases y permití varias auditorías por semestre. Unos años después, cuando tristemente anuncié a mis clases que mi contrato se había terminado, el director del departamento recibió más de 200 firmas en dos peticiones para que me quedara. No podía ignorar una solicitud así, ni él tampoco.

De acuerdo, yo no era tan mal profesor, pero la universidad tenía profesores más experimentados y con más conocimientos cuyas clases nunca obtuvieron una puntuación superior al 72 por 100.

La diferencia no estaba en mi habilidad; era que los alumnos aprendieron a utilizar el depurador muy pronto. En vez de perder horas tirándose de los pelos, empapados pensando en sus siguientes tareas, recurrían al depurador, encontraban el problema e incluso tenían tiempo para comprender lo que había ido mal.

La alternativa, sin el depurador, era aterrorizarse durante horas hasta que algo funcionaba por casualidad, preguntarse por qué había funcionado e irse de fiesta aliviados. Los alumnos atrapados en este último escenario no comprendían puntos cruciales completos del lenguaje. Cuando llegaba el momento de responder a preguntas similares en un examen, a menudo no lo podían hacer.

Cualquiera puede memorizar una sintaxis de Java. Si realmente quiere saber cómo funciona Java, cuáles son sus efectos secundarios y qué cosas le pueden "pillar", familiarícese con los depuradores. Si desea ser más productivo en el trabajo, y quién no, conozca mejor sus depuradores que el propio Java. Si desea ser el colega que siempre responde a las preguntas, en vez de preguntarlas, ...

El Depurador de Java (JDB) es gratuito

Incluso aunque ya posea o esté pensando en comprar un gran depurador como Assure, JProbe, JTest, TogetherJ, o las herramientas que vienen con JBuilder y VisualCafé, debería conocer JDB, el depurador que viene con el Equipo de herramientas de desarrollo de Java. Es excelente, poderoso y puede servir como base para un depurador ampliado escrito por usted.

Esta sección comenzará con una descripción general del JDB. Se ocupará de los comandos y a continuación ampliará el estudio con formas sofisticadas de utilizar dichos comandos.

Si está familiarizado con UNIX, es posible que conozca el depurador gdb. El JDB de Java es similar a gdb.

Instalación

El JDB se instala con el Equipo de herramientas de desarrollo de Java. No se necesita hacer nada especial.

Descripción general

JDB se basa en texto y está orientado a la línea de comandos. No es un producto de GUI. Como **javac**, se ejecuta desde un indicador de DOS. Sin embargo, sería relativamente sencillo envolver una manta de GUI alrededor suyo. De hecho, el hacerlo es un proyecto excelente si desea dominar el lenguaje. El producto "JDK Commander" ha hecho precisamente eso, ¡y es gratuito!

Compile su programa con la opción **–g**. Si no lo hace, el Depurador de Java habitualmente, pero no siempre, le pedirá que lo haga. Es posible que note que el programa se ejecuta más lentamente, por lo que antes de entregarlo para su distribución, vuelva a compilarlo sin la opción **–g**.

```
javac -g MiPrograma.java
```

Llame al depurador de Java así:

```
jdb [ opciones ] clase
jdb [ -host nombrehost ] -password contraseña
```

Por ejemplo:

```
jdb MiPrograma
```

Estas son las cosas que puede realizar:

- Obtener ayuda respecto a la utilización del depurador.
- Detener el código en cualquier sitio que decida estableciendo un punto de ruptura.
- Mostrar una lista de hilos y grupos de hilos, y examinar cualquier hilo de la lista.
- Suspender y después reanudar cualquiera o todos los hilos.
- Ver una lista de los campos y su contenido.
- Ver las pilas de llamadas y sus entradas individuales.
- Ir hacia delante paso a paso o las líneas que desee y después parar de nuevo.
- Comprobar la utilización de la memoria.
- Ver el código fuente cerca de una línea especificada.
- Ignorar varias excepciones que se especifiquen.
- Forzar la ejecución de la recogida de basura.
- Imprimir varios elementos como referencia.

Guía de referencia de los comandos

Los corchetes, como **[elemento]**, indican que el elemento es opcional. **(s)** indica que se pueden especificar uno o más elementos.

CLASSPATH [trayecto]	Este comando proporciona una lista de directorios y archivos ZIP en los que el JDB buscará definiciones de clases. Si se especifica un trayecto, el JDB busca primero en dicho trayecto y después en el trayecto del sistema. Se puede prescindir de CLASSPATH con la opción del compilador –classpath.

!!	Abreviatura que representa al último comando introducido. Puede añadir texto adicional si lo desea.
catch [clase de excepción]	Establece un punto de ruptura siempre que se lanza la excepción especificada. Si simplemente introduce catch sin una clase, este comando lista las excepciones que se están capturando actualmente. A continuación, puede utilizar opcionalmente **ignore** para cancelar dichos puntos de ruptura. Observe que puede lanzar sus propias excepciones y capturarlas en el depurador.
classes	Lista todas las clases cargadas.
clear [clase:línea]	Quita el punto de ruptura en la clase:línea que se especifique. Si simplemente introduce clear, obtendrá una lista de los puntos de ruptura actuales y las líneas en las que están establecidos, haciendo que sea más sencillo eliminar los que desee. Observe que al introducir clear no se eliminan todos los puntos de ruptura. Simplemente los enumera.
cont	Continúa a la máxima velocidad, después de que un punto de ruptura haya parado un hilo.
down [n]	Baja n marcos en la pila de llamadas. n es 1 por defecto si no se introduce nada.
dump fd(s)	Imprime los valores de todos los campos de fd(s). Si especifica un nombre de clase en fd, verá todos los métodos (estáticos) de la clase y sus variables. También verá la superclase y las interfaces implementadas. Especifique los objetos y clases por su nombre o por sus números de ID hexadecimales de ocho dígitos. Especifique los hilos con la abreviatura t@número-de-hilo.
exit	Detiene el depurador. **quit** detiene también el depurador.
gc	Obliga a ejecutarse a la recogida de basura.
ignore clase de excepción	Ignora el hecho de que una clase de excepción provocaría una detención en un punto de ruptura. Es necesario especificar la clase de excepción a ignorar.
list [número de línea]	Lista el número de línea especificado del código fuente, además de varias líneas por encima y por debajo de ella. Si no se especifica un número de línea, lista el número de línea del marco de pila actual y del hilo actual.
load nombre de clase	Carga la clase especificada en el depurador. Se debe especificar el nombre de clase.
locals	Muestra una lista de variables locales en el marco de pila actual. Observe que debe compilar con la opción –g para utilizar esta característica.

memory	Muestra un resumen de utilización de la memoria.
methods clase	Lista todos los métodos de la clase que se especifica. El nombre de la clase es obligatorio.
print fd(s)	Llama al método toString() para que imprima el contenido de lo que se especifica en los fd(s). Pueden ser clases, objetos, campos o variables locales. También se puede utilizar el atajo t@número-de-hilo para referirse a un hilo.
quit	Detiene el depurador. Igual que **exit**.
resume [hilo(s)]	Después de que uno o más hilos se hayan parado en puntos de ruptura, este comando los reinicia. Si no se especifica un hilo, se reanudan todos.
run [clase][args]	Ejecuta el método main() de la clase que especifique, utilizando los argumentos que enumere. Por defecto es la clase y argumentos que se han especificado al ejecutar el jdb.
step	Ejecuta únicamente la línea actual del hilo actual y se prepara para ejecutar la línea siguiente.
stop [at clase:línea] **[in clase:método]**	Establece un punto de ruptura en esa clase y línea, o en la primera línea de esa clase y método. Si simplemente se introduce **stop**, este comando lista todos los puntos de ruptura actuales.
suspend [hilo(s)]	Detiene los hilos que se especifiquen. Si no se especifica ninguno, este comando suspende todos los hilos.
t@número-de-hilo	Una abreviatura que identifica a un hilo.
thread id_hilo	Establece como hilo actual el que se especifique en id_hilo. El id_hilo puede ser el nombre del hilo o su número. Otros comandos del JDB actúan en el hilo actual, por lo que utilice este comando para decir que un cierto hilo es el actual.
threadgroup nombre	Establece como grupo de hilos actual el que se especifique en nombre.
threadgroups	Enumera todos los grupos de hilos actuales.
threads [grupo-de-hilos]	Enumera todos los hilos que están en el grupo de hilos especificado, o si no se especifica uno, en el grupo de hilos actual.
up [n]	Sube n marcos en la pila de llamadas del hilo actual. Si no se especifica n, sube un marco.
use [trayecto-archivo-fuente]	Indica al JDB dónde buscar archivos fuente. Si no se especifica un trayecto, este comando muestra el que se está utilizando.
where [hilo][all]	Realiza un volcado de la pila para el hilo especificado. Por defecto es el hilo actual. Se puede especificar **all** para ver los volcados de pila de todos los hilos.

Consejo de diseño	*En DOS, un programa pequeño llamado doskey es muy útil.*

Permite utilizar las teclas de dirección Up y Down para recorrer una pila de los últimos comandos que se han introducido. Cuando encuentre el comando que desea, la tecla Intro vuelve a ejecutar el comando en la pantalla, ahorrándole la mecanografía. Yo siempre instalo doskey en mi archivo autoexec.bat. Se encuentra en c:\Windows\Command, y es especialmente práctico cuando se utiliza el depurador.

Depuradores de terceras empresas

Si puede comprar un gran depurador, por ejemplo por $300, y supongamos que su empresa se gasta $60 por hora en su sueldo, equipos, beneficios, espacio de trabajo, luz, calor, etc. Dígame entonces con rapidez: ¿cuántas horas debe ahorrarle un producto así antes de que esté amortizado? ¿Cinco?

¿Con qué frecuencia ha creado un programa y ha perdido más de cinco horas depurándolo? ¿Una vez cada tres meses? Con una frecuencia mucho más elevada, me imagino.

Si este depurador de $300 le puede ahorrar la mitad del tiempo que dedica a la depuración, se amortizará cada seis meses. Si invierte $300 y la inversión se amortiza cada seis meses, estará obteniendo un interés compuesto aproximado del 145 por 100. Si el depurador le cuesta $2.500 y es usted el único usuario, sigue siendo una inversión al 17 por 100. Sí, las herramientas de software son unas inversiones destacadísimas para las empresas y, sí, sus precios son todos asequibles.

La mayoría de las empresas tienen cuentas diferentes para el software y para su sueldo, beneficios y entorno. Es posible que haya un presupuesto ajustado para el software, lo que provoca que le resulte difícil convencer a su jefe de que necesita una copia de ese "Fantástico depurador, diesel y con acabados en cromo y cuero." Pero para el accionista que obtiene un cheque, todas las cosas salen del mismo bolsillo de la empresa. Los accionistas tienen el punto de vista correcto. ¿Por qué no tener las mejores herramientas del mercado? Ciertamente no se debiera deber a que el bolsillo de software de la empresa esté vacío, mientras algún otro bolsillo de la empresa está medio lleno. En cualquier caso, esa es mi opinión.

Francamente, sólo he tenido éxito con argumentos así una tercera parte de las veces aproximadamente. Pero siempre lo intento. Después de todo, ¡la respuesta es no si no se pregunta! Como consultor, no tengo ninguna duda en gastarme el dinero que tanto me ha costado ganar por tener las mejores herramientas, porque al hacerlo soy mucho más productivo y valioso.

Estos son los mejores aspectos de algunos depuradores populares. Si no menciono su depurador favorito, no es que piense que es inferior. Tendrá que extraer sus propias conclusiones acerca de la facilidad de uso. Aunque no voy a promocionar ningún producto en concreto, me gusta cada una de las herramientas software que voy a mencionar a continuación en orden alfabético.

Por favor, sea consciente de que no hay espacio suficiente para mostrar todas las características de cualquier producto. Antes de comprar cualquiera de ellos, debería visitar sus nodos de Web, probar las versiones de demostración y hablar con la gente que los utiliza.

Assure

Assure, realizado por Kuck Associates, es una herramienta de análisis dinámico, no estático. Es un sistema de GUI, que ofrece diagramas de barras, listados de error y ventanas de código fuente anotadas. Se puede ver la pila de llamadas en tiempo de ejecución y una ventana con el Árbol de llamadas. Se pueden configurar los colores y otras preferencias varias para adecuar Assure a sus hábitos de trabajo. Incluye informes para la documentación o la comunicación con otros miembros del equipo.

Assure funciona con applets y aplicaciones. Sustituye temporalmente a la JVM, por lo que puede observar el código mejor. Puede utilizarlo con cualquier archivo .class compilado con cualquier compilador de Java. Sin embargo, no debería utilizar la bandera de compilación **–O** (optimizar) para optimizar el código, porque se eliminan los números de línea. En ese caso, Assure sólo puede informar qué métodos contienen errores, en vez de identificar las líneas exactas. Además, la optimización crea excesiva información, lo que oculta los errores en medio de una salida excesiva.

Es mejor que el código fuente esté disponible para Assure, pero el programa se ejecutará incluso aunque no lo tenga. En ese caso, los resultados son un poco más oscuros, pero al menos se tienen resultados.

Assure inspecciona el código en ejecución, a diferencia de JLint, que examina el código fuente estático. Como tal, Assure informa únicamente de los problemas en las secciones de código que se han ejecutado. Hace cuatro cosas para verificar los programas:

- Detecta las condiciones de carreras en los datos de multihilo.
- Detecta las situaciones de bloqueo entre hilos.
- Detecta las situaciones potenciales de detención de los hilos.
- Supervisa los ciclos de adquisición de reserva.

Las carreras de datos se pueden producir cuando al menos dos hilos tienen acceso a la misma variable y al menos uno modifica la variable. El ejemplo clásico de una carrera es una cuenta corriente compartida. Supongamos que tenemos $1000 en ella y que un hilo retira $900, pero que otro hilo puede acceder y retirar dinero antes de que el primero termine su transacción. En ese caso, el segundo hilo podría obtener más de los $100 permitidos.

Los bloqueos totales son errores fatales que se producen fundamentalmente en código sincronizado (**synchronized**). Dos o más hilos están bloqueados cuando ambos necesitan un recurso que el otro tiene reservado. Ninguno de los hilos puede continuar y, al no continuar, ninguno de los hilos libera su recurso –que es necesitado por el otro hilo–. Aunque otros hilos del programa puedan continuar, estos dos hilos quedarán parados.

La detención de los hilos es similar a los bloqueos, pero son más difíciles de detectar. En el párrafo anterior, si hay otro hilo que se pueda introducir y liberar uno de los recursos requeridos, entonces los hilos que parecían estar bloqueados realmente están detenidos. Es casi imposible demostrar que un fragmento de código incluye una detención, pero Assure puede mostrar que un programa tiene una elevada probabilidad de contener hilos que se pueden detener.

A veces, las detenciones son deliberadas. Por ejemplo, un hilo podría esperar a que llegue un mensaje en un puerto, y varios hilos podrían estar esperando a que el primer hilo se termine de ejecutar. Todos ellos están detenidos hasta que llegue el mensaje. Se podría deber al diseño, pero puede que no. ¡Asegúrese primero!

Al supervisar los ciclos de adquisición de reserva, Assure puede detectar el hecho de que un programa se pueda bloquear, incluso si nunca lo ha hecho. Eso se debe a que los bloqueos son cíclicos por naturaleza. Supongamos que tenemos una situación en la que se pueden producir las siguientes condiciones, de forma autónoma:

- Se tiene la reserva de A cuando se intenta conseguir la reserva de B.
- Se tiene la reserva de B cuando se intenta conseguir la reserva de C.
- Se tiene la reserva de C cuando se intenta conseguir la reserva de A.

Si las tres condiciones se producen a la vez, tendremos un bloqueo. Sin embargo, se deben producir a la vez. Las tres se podrían producir, pero en instantes diferentes y todo lo que hay es un bloqueo potencial. Posteriormente, el programa se podría bloquear. Este tipo de situación puede resultar pesada, porque es posible que no se produzca un bloqueo durante meses y que después le suceda a su jefe tres veces ¡y el día antes de su boda!

Usted ya sabía que Murphy inventó las computadoras, ¿no es así?

Assure observa cuándo el código adquiere reservas, buscando si se producen ciclos. Si los encuentra, avisa de la posibilidad de un bloqueo, incluso aunque no se haya producido nunca. De este modo, Assure no puede garantizar que se vaya a producir un bloqueo. Pero indica que debería comprobar el código.

Si tiene un programa con diez hilos y cada hilo puede adoptar cien estados, el programa completo puede adoptar 100^{10} o 100.000.000.000.000.000.000 estados. En cualquier programa de producción, eso significa que el número de posibilidades para que haya un conflicto entre hilos se acerca al infinito. Este hecho hace que sea poco factible que cualquier programa informe de todos los problemas potenciales. Assure adopta un enfoque tranquilo y racional, informando de las dificultades que tienen la probabilidad más elevada de ser errores reales y que se deben corregir.

Assure tiene una opción **–limit** (el valor predeterminado), que le indica que descarte los errores que descubra en varias clases específicas. La mayoría de los mensajes de los que se informa para estas clases son seguros, o no pueden ser corregidos por los desarrolladores. Puede observar dichos mensajes no utilizando la opción **–limit**. Cumpliendo los mejores métodos de depuración, Assure permite que se concentre en las zonas que más probablemente necesitan de su atención.

Swing y otras clases de núcleo no ofrecen la seguridad frente a hilos. Es por diseño. Sus métodos no poseen la sincronización que se necesita para conseguir dicha seguridad, porque la utilización de **synchronized** puede suponer una penalización considerable en el rendimiento del orden de 4:1. Cuando se utilizan dichas clases, deberá proporcionar su propia sincronización o utilizar un único hilo.

| Consejo de diseño | *A menudo podrá hacer que el código de Swing tenga seguridad frente a hilos utilizando los métodos **invokeAndWait()** o* |

invokeLater() de SwingUtilities.

Assure funciona al máximo cuando lo utilizamos para poner el código al límite. Haga que la aplicación trabaje al máximo. Cree tantos hilos como sea posible pulsando con rapidez. Asegúrese de probar cada rama de su código, porque Assure solamente comprueba el código a medida que se ejecuta.

El programa de demostración de Assure muestra tres tipos de problemas que el producto está diseñado para descubrir:

- El problema clásico de los "filósofos cenando" muestra un bloqueo total. Cinco filósofos están sentados alrededor de una mesa redonda con cinco menús delante de ellos y cinco tenedores colocados entre ellos. A causa de su educación peculiar, un filósofo necesita dos tenedores para comer. Cada filósofo piensa durante un período de tiempo aleatorio y después coge los tenedores de la izquierda y la derecha, si es posible. Si solamente hay un tenedor disponible, lo coge. Sin embargo, si ambos tenedores están disponibles, el filósofo come durante un rato y vuelve a soltar los tenedores. Un camarero sustituye inmediatamente los tenedores por otros limpios (esto es de mi cosecha). Si los filósofos cooperan, todos comerán, uno o dos a la vez. Sin embargo, si todos ellos cogen los tenedores de su derecha (o los de su izquierda) a la vez, todos se morirán de hambre en un bloqueo total, porque nunca soltarán el tenedor hasta que terminen de comer.

  El ejemplo de Assure está mal programado a propósito. Los cinco filósofos deberían estar en un mismo hilo, pero están en cinco hilos aparte. Tarde o temprano, se producirá un bloqueo.
- La demostración de los rectángulos muestra una carrera de datos. Un hilo dibuja rectángulos de tamaño aleatorio y otro los pone en color azul modificando los colores rojo, verde y azul. De vez en cuando, como no se habrán establecido los tres colores antes de que se comience a dibujar el siguiente rectángulo, observará un rectángulo rojo en vez de uno azul.
- La demostración de los contadores muestra los incrementos sincronizados y los no sincronizados. Hay un contador de cada tipo. El contador sincronizado siempre se actualiza cuando un hilo lo dice, pero el no sincronizado se perderá un incremento de vez en cuando. Lo que realmente sucede es que después de una actualización, dos hilos pueden sondear una variable a la vez, obteniendo su valor. A continuación, cada hilo actualiza el contador no sincronizado con el mismo valor. En cambio, cada hilo debería esperar hasta una actualización y después, de una forma sincronizada, obtener el valor de esa variable.

Seguidamente podemos ver la demostración de Assure, después de ejecutarse durante unos cuantos minutos. Los filósofos todavía no se han bloqueado, pero lo harán. El cuadrado está en rojo y los contadores no son iguales. La demostración no muestra el depurador, sino tres tipos de errores que se puede esperar que Assure capture.

¿Cuándo ejecutar Assure?

Assure se controla mediante menús. Encontrará las típicas opciones de menú que permiten abrir y cerrar archivos; buscar, ver y ordenar errores; establecer sus preferencias, etcétera. Tiene un sistema de ayuda excelente, lo que es positivo, dado el inmenso número de sus características.

La ventana principal de Assure lista el código fuente, estando cada línea marcada mediante un color. Los colores indican Error, Precaución, Aviso y OK. La ventana proporciona un resumen de errores en forma de diagrama de barras. Esta es una captura de pantalla de la ventana principal, tomada de la documentación de Assure.

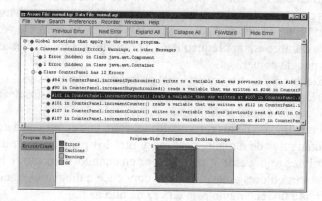

¿Nunca ha deseado tener un compilador que incluyera una opción llamada "Si hay un error, ¿desea corregirlo?"? Es un sueño.

Sin embargo, me parece que aunque una computadora no podrá nunca corregir todos los errores, cualquier compilador que pueda detectar la ausencia de un punto y coma podría insertar dicho punto y coma. Debería indicar lo que ha hecho, claro está, por si el punto y coma olvidado no fuese el verdadero problema. Quizá un compilador así podría sugerir las correcciones más probables en una especie de lista desplegable, y permitirnos que pulsemos sobre la corrección que deseemos.

Assure se aproxima a esa idea. Incluye un botón llamado FixWizard (Asistente para corrección) en el menú de la ventana principal, que proporciona una descripción más detallada del error y, cuando es posible, indica formas de corregir el problema. Se sigue teniendo que incorporar la corrección al código.

Se pueden ocultar todos los errores cuyo texto coincida con el de cualquier error que seleccionemos. Esta ocultación se basa en reglas y se pueden editar dichas reglas. Por ejemplo, podríamos quitar ciertos caracteres de una regla y generar una regla más general para ocultar errores.

El Árbol de llamadas

Como Java es multihilo, muchos errores no detectados por el compilador son dependientes del estado. Es decir, se producen con algunas combinaciones de llamadas del programa, pero no con otras. Assure registra la secuencia exacta de llamadas que provoca un error, y las codifica mediante colores en su ventana del Árbol de llamadas, que se muestra a continuación.

La ventana del Árbol de llamadas permite examinar todas las llamadas a método que se han producido en la ejecución actual. Este listado jerárquico puede ayudar a determinar la cobertura, es decir, si el programa ha ejecutado o no todos los módulos.

Se puede pulsar sobre las entradas de la ventana, pudiendo hacer un seguimiento a través de varios métodos hacia atrás hasta encontrar los más sospechosos. Este es un ejemplo de la ventana del Árbol de llamadas.

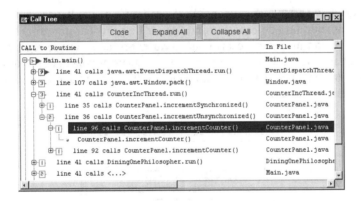

La ventana de Código fuente

Esta ventana muestra una pantalla del código fuente del programa analizado, con una línea recuadrada. El código fuente utiliza colores en función de la sintaxis para mejorar la legibilidad. Se proporcionan los números de línea y los iconos indican dónde se encuentran probablemente los errores. Si pulsa sobre una línea de la ventana del árbol de llamadas, que acabamos de ver en el apartado anterior, la ventana de Código fuente mostrará la línea que llamó a ese método. De este modo, podemos seguir la secuencia de la ejecución que condujo a nuestro error.

El error intencionado de la figura siguiente permite a dos hilos recibir el valor de *unsynchCounter* simultáneamente. Cuando lo hacen, tienen valores idénticos y ambos actualizan su variable con el mismo valor. En cambio, cada hilo debería esperar a una actualización para obtener un nuevo valor, de forma que los diversos hilos siempre tendrían valores diferentes.

```
Error Location 1: CounterPanel.java                              _ □ X
 Show Search                                                  Show Stack

  89        // We have done it this way so we can control it at runtime.
  90      if ( fixProblems ) {
  91          synchronized ( this ) {
  92              incrementCounter( );
  93          }
  94      }
  95      else {            // Not synchronized, subject to errors.
  96          incrementCounter( );
  97      }
  98   }
  99
 100   private void incrementCounter( ) {
 101       int i = unsyncCounter;
 102       // The error is that two threads might pick up the same value
 103       // of unsyncCounter from the line above at the same time,
 104       // then both would store the same value back below resulting
 105       // in the counter only being incremented once, not twice.
 106       delay( 50 + (int) ( Math.random() * 10 ) );
 107       unsyncCounter = i + 1;
 108   }
 109
 110
 111   public void init() {
 112       unsyncCounter = 0;
 113       syncCounter = 0;
```

La Pila de llamadas en tiempo de ejecución

A menudo, hay varias maneras en que el programa puede llegar a una línea errónea, siendo solamente uno de esos caminos capaz de provocar un error. No es suficiente encontrar un camino; es necesario encontrar el erróneo. Assure registra la secuencia exacta de llamadas a método que ha provocado un error concreto, y muestra esta información en la ventana Stack (Pila). La ventana de la Pila de llamadas en tiempo de ejecución tiene este aspecto:

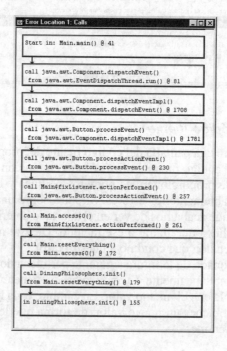

Assure lo comercializa Kuck & Associates, Inc., una filial de Intel (poseedora de todas las acciones):

1906 Fox Drive
Champaign, IL 61820-7345
1-888-524-0101 (KAI-0101) o (217) 356-2288
1-217-256-5199 FAX para pedidos de compra
http://www.kai.com/assurej/ es su nodo de Web. Aceptan MasterCard y Visa.

Assure viene con una garantía de devolución del dinero durante 30 días, si no está totalmente satisfecho, puede devolver Assure y le devolverán su dinero. Se puede descargar una versión de prueba gratuita de 15 días.

JBuilder

El JBuilder de Borland es mucho más que un depurador. Es un Entorno de desarrollo integrado (IDE) con GUI. Es un conjunto de herramientas visuales de desarrollo. JBuilder se especializa en generar applets y aplicaciones de alto rendimiento y en generar código que se caracteriza en gran medida por no tener un exceso de aspectos poco útiles.

JBuilder puede crear sistemas pequeños y eficientes, pero también puede generar sistemas de conectividad a base de datos en red, sistemas cliente / servidor y soluciones de cálculo distribuido con múltiples entidades. Su arquitectura abierta permite añadir nuevos JDK, herramientas, incorporaciones y JavaBeans a su conjunto de herramientas.

También puede importar sistemas existentes para permitir mejorarlos o depurarlos, pero primero es mejor convertirlos en archivos de proyecto de Java (.jpr), el tipo generado por JBuilder.

El depurador de JBuilder

JBuilder detecta errores lógicos y errores en tiempo de ejecución, dejando los errores de sintaxis al compilador y a programas como JLint.

Los errores de algoritmo, como ya sabe, provocan que el programa haga algo inesperado, como ir por el camino equivocado. Las variables pueden contener valores incorrectos, las imágenes gráficas pueden tener un aspecto extraño o la salida puede ser incorrecta. Los errores de algoritmo son problemáticos porque personifican una de mis "24 leyes de la programación": "El problema no se encuentra donde estamos mirando o ya lo habríamos encontrado". Consulte el Apéndice C.

Si el programa se compila con éxito pero lanza excepciones en tiempo de ejecución o se cuelga al ejecutarlo, tenemos un error en tiempo de ejecución. El programa contiene una sintaxis válida, pero las sentencias provocan errores cuando se ejecutan. Por ejemplo, el programa podría estar intentando abrir un archivo inexistente o dividir por cero. Los errores en tiempo de ejecución son un poco más sencillos de localizar que los errores de algoritmo, porque habitualmente el programa se detiene o se cuelga cuando los encuentra. Sin embargo, es probable que las únicas pistas sean el aspecto de la salida o el contenido de un mensaje de error críptico.

Consejo de diseño *Algunas personas agrupan los errores en dos clases: en tiempo de compilación y en tiempo de ejecución. Incluyen los errores de algoritmo en una clase de errores a la que llaman errores en tiempo de ejecución.*

Los depuradores como el de JBuilder son necesarios para encontrar errores de algoritmo y de tiempo de ejecución, a no ser que le encanten cosas como las revisiones de código línea a línea y recibir latigazos.

La figura siguiente muestra el código fuente del programa ejemplo de ajedrez del JBuilder:

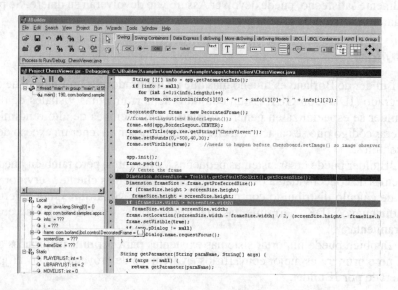

El cursor del ratón se encuentra sobre el nombre de una variable y el depurador ha mostrado el valor de la variable en un cuadro amarillo.

He ido paso a paso en el programa hasta la sentencia **Dimension**, que es la superior que está resaltada. Debajo suyo podemos ver otra línea resaltada. Esa es un punto de ruptura, que detendría el código si se estuviera ejecutando a toda velocidad.

Tenemos un acceso completo al editor de JBuilder cuando se detiene el código. Por ejemplo, este cuadro muestra que se puede buscar texto:

Cuando se depura, a menudo es útil saber qué clases están cargadas. Por ejemplo, podríamos sospechar que estamos utilizando el cuadro de mensaje de la clase equivocada. JBuilder muestra todas las clases cargadas en una ventana como esta:

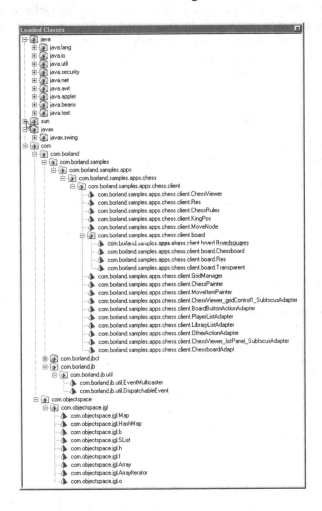

JBuilder en la práctica

Cuando se ejecuta el programa bajo el control del depurador, el programa se comporta con normalidad. Muestra ventanas, acepta lo introducido por el usuario, calcula valores y genera una salida. Las imágenes gráficas se desplazan por la pantalla. Las únicas diferencias son una ligera reducción de la velocidad y el hecho de que se puede detener el programa para examinar sus variables y su estado.

Se le pueden pasar parámetros a un programa y se puede utilizar HTML, por lo que se pueden depurar applets.

Cuando ejecute el depurador del JBuilder, observará que añade dos páginas en unas pestañas, llamadas Debug (Depurar) y Watch (Observación), a la ventana

AppBrowser. También se puede acceder a características del depurador a través de los menús Run (Ejecutar) y View (Ver).

Se le puede decir al depurador cuándo o dónde detener el programa cuando se ejecute. Cuando se detenga, podrá ver los valores de las variables de las clases, las variables de instancia, las variables locales, los parámetros de método y las propiedades (parejas de métodos get y set). Se pueden examinar y cambiar los valores de los elementos de datos con las siguientes ventanas (paneles) del JBuilder, que se tratan con más detalle posteriormente en esta sección:

- Panel "Threads and Stack" (Hilos y pila)
- Panel "Data" (Datos)
- Panel "Watch" (Observación)
- Ventana "Inspector"
- Cuadro de diálogo "Evaluate/Modify" (Evaluar/Modificar)

¡Incluso se puede editar el código detenido!

La capacidad de cambiar los valores de los datos del programa es una herramienta poderosa. Se pueden cambiar los valores de acuerdo a lo que podrían hacer las correcciones de los errores potenciales y probarlos a continuación. Si el programa se ejecuta correctamente, se puede modificar el código en ese instante, guardar los puntos de ruptura y volver a probar para ver si el programa se sigue ejecutando correctamente. A continuación, si todo va bien, puede eliminar los puntos de ruptura, volver a compilar y continuar con la prueba siguiente. Así de fácil es utilizar el JBuilder para depurar programas existentes.

Para importar un proyecto existente, pulse sobre "File | Open" (Archivo | Abrir) en el menú principal. Después, navegue hasta cualquier archivo .java, como uno de los archivos incluidos en el JDK. Probablemente deseará convertir un archivo .java en un archivo de Proyecto de JBuilder (.jpr). Realmente puede abrir cualquier archivo de texto, pero los archivos .java y .jpr son más interesantes.

Observará inmediatamente que los comentarios están en verde y que las palabras clave están en negrita. Las cosas como constantes y cadenas entre comillas están en azul. Puede cambiar los colores de la forma que prefiera o para que coincidan con los de otro programa.

Compílelo en el JBuilder utilizando información de depuración. Para hacerlo, pulse sobre "Project | Properties" (Proyecto | Propiedades). En la página Compiler (Compilador) que aparece a continuación, seleccione la opción "Include Debug Information" (Incluir información de depuración).

A continuación, compílelo pulsando sobre "Project | Rebuild" (Proyecto | Volver a crear) o "Make", después de haber compilado inicialmente el programa. También puede pulsar sobre Run (Ejecutar) que compilará el programa si resulta necesario. Tiene botones de barra de herramientas para todas estas opciones. No es necesario salir del JBuilder e ir al indicador de DOS. El compilador identificará cualquier error de sintaxis en este momento. Corrija cualquier error y considere si merece la pena o no corregir algún aviso. Puede hacer que JBuilder desactive todos los avisos, pero prefiero dejarlos activados.

Dos paneles (ventanas) que están a la izquierda, llamados Navigation (Navegación) y Structure (Estructura), le ayudan a navegar a través del programa, mostrando todas las clases, métodos, objetos, importaciones, etc. Al pulsar sobre cualquier elemento se va directamente a él o a la primera línea en que aparece.

Ponga un punto de ruptura poniendo el cursor en una línea y pulsando sobre "Run | Add Breakpoint" (Ejecutar | Añadir punto de ruptura). Otro método es pulsar sobre la barra vertical que está a la izquierda de la línea. La línea se pone en color escarlata. Pulse de nuevo sobre la barra para quitar el punto de ruptura. F5 también establece un punto de ruptura.

La tecla de función F7 corresponde a "Trace Into" (Paso a paso entrando en las llamadas). De este modo, puede pulsar sobre F7, que compila y ejecuta el programa, parándolo en la primera línea ejecutable. F7 no inserta un punto de ruptura; simplemente ejecuta la primera línea del programa, compilando todo lo que resulte necesario. Al pulsar repetidamente F7 se recorre el programa yendo línea a línea. Es una forma excelente de ver que el código visita los métodos correctos.

Para crear la figura siguiente, cargué el programa ejemplo de ajedrez de Borland llamado ChessViewer y pulsé F7, que llevó el programa a la primera línea. Después pulsé sobre Run en el menú para mostrar las poderosas opciones de depuración que tenemos.

Probablemente observe también dos pestañas adicionales en la esquina inferior de la pantalla. Al pulsar sobre una de ellas, se obtiene el panel "Threads, Stacks, and Data" (Hilos, pilas y datos), mientras que en la otra se obtiene el panel Watch (Observación) donde se puede ver el contenido de variables específicas. De nuevo el cuadro desplegable Run:

Este cuadro ofrece las características siguientes:

- Run "ChessViewer" (F9) compila y ejecuta el programa sin depurarlo. Se pueden ejecutar programas parciales quitando la selección de la opción "Make Packages Stable" (Hacer que los paquetes sean estables), después de pulsar sobre "Run | Parameters" (Ejecutar | Parámetros) y seleccionar la pestaña Compiler.

- Debug "ChessViewer" (Shift-F9) compila y ejecuta el programa con las opciones de depuración activadas.

El modo de depurador muestra también paneles para ver los puntos de observación de datos y dicha información contextual en forma de hilos y llamadas.

"Parameters" permite establecer varios valores predeterminados. La figura siguiente muestra el valor de los parámetros de depuración en mi máquina de prueba. Otras pestañas permiten establecer los trayectos de JBuilder, las opciones del compilador, los estilos de codificación y los trayectos de Servlet.

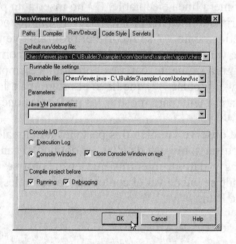

- Step Over (F8) ejecuta el método completo y se para. Esta opción es útil para ir a las zonas problemáticas con rapidez. Si tiene varios métodos en una sola línea, una costumbre que no le recomiendo, F8 se los salta todos. En cierto modo, "step over" (pasar por encima) es un nombre equivocado, porque F8 ejecuta cada método. Simplemente no muestra cada línea a medida que la ejecuta, como hace F7.
- Trace Into (F7) ejecuta una línea cada vez. F7 ejecuta cualquier método de biblioteca y otros métodos que no contienen información de depuración a toda velocidad y después se para. Para examinar una parte específica del programa, puede inhabilitar Trace Into para todos los archivos utilizados en el proyecto y después habilitarlo únicamente en los archivos que desee examinar.
- Run to Cursor (F4) permite resaltar una línea y que se ejecute el programa hasta dicha línea. Le resultará especialmente útil cuando sospeche que un error se encuentra varias páginas por delante de donde está. Puede ir hasta el punto sospechoso, resaltar una línea y pulsar F4 para ver si alguna variable crucial ha cambiado de valor.
- "Run to End of Method" ejecuta hasta el final de un método. Si ha entrado en un método y ha descubierto que no contiene el problema, esta opción le devuelve a la línea inmediatamente posterior a la que ha llamado al método.
- "Show Execution Point" (Mostrar punto de ejecución) es para las ocasiones en que recorremos todo el código fuente y queremos volver a donde estábamos.

También se puede pulsar F7, pero se ejecutaría otra línea. A veces, no querremos ejecutar más código, porque eso destruiría los valores en algunas variables que tengan errores críticos. "Show Execution Point" está pensado para situaciones así.

- Pause, o Control-Alt-SysRq, puede convertirse en un buen amigo. Cuando se depura, aparece un nuevo botón Pause en el panel Navigation del JBuilder. Cuando el programa está haciendo algo para siempre, o al menos haciéndolo durante mucho tiempo, puede pulsar sobre Pause o Control-Alt-SysRq para detenerlo. Es posible que tenga que pulsar esa combinación de teclas varias veces antes de conseguir que actúe. Sin embargo, cuando el programa se pare, se quedará parado en medio de su código "eterno". En ese punto, puede ir paso a paso por el código y ver por qué estaba tardando tanto.

- Program Reset (Control-F2) (Reinicialización del programa) detiene el programa totalmente, cierra todos los archivos y libera su memoria. No se puede ver el contenido de las variables después de pulsar Control-F2. Sin embargo, mantiene todos los puntos de ruptura y puntos de observación, para que resulte más sencillo reanudar la depuración en otro momento. Borland menciona que cuando se tienen muchas excepciones, el programa puede volverse inestable. Si sucede eso, no debería simplemente reinicializar el programa. Debería pararlo y reiniciar JBuilder. Cuando se depura, aparece también un botón Stop en el panel Navigation del JBuilder.

- Inspect permite introducir un símbolo o una expresión para que la evalúe JBuilder. Puede pulsar también con el botón secundario sobre una expresión para inspeccionarla. Las ventanas de inspección son extremadamente valiosas porque permiten observar el contenido de las variables, siempre y cuando estén en el ámbito del programa. Muestran los datos en el formato original. Se puede inspeccionar un array o, a través de una segunda ventana de inspección, sus detalles. Si el array tiene demasiados elementos para poder verlos, puede restringir el rango abriendo un cuadro "Adjust Range" (Ajustar rango).

- "Evaluate/Modify" es el cuadro que se abre cuando se pulsa con el botón secundario sobre una expresión o variable. Se puede editar el valor de una variable escalar pulsando sobre el valor. Un escalar es cualquier número independiente. Resalte y pulse con el botón secundario sobre la variable, seleccione "Modify Value" (Modificar valor) e introduzca el nuevo valor.

- "Add Watch" (Añadir observación) le indica a JBuilder que supervise el valor de una variable y muestre el valor cuando el programa se pare. Algunos depuradores utilizan esta opción para detener el programa cuando una variable toma un valor concreto, o cuando cambia, pero JBuilder reserva esa idea para los puntos de ruptura. Se puede supervisar cualquier tipo de variable, e incluso guardar el resultado en un archivo para examinarlo posteriormente.

- "Add Break" (Añadir punto de ruptura) le indica a JBuilder dónde y por qué parar. Se puede especificar una línea, una condición booleana o un contador de pasadas, que es el número de veces que el programa pasa por una cierta línea. Una forma alternativa de establecer un punto de ruptura es pulsar sobre una línea de código y pulsar F5. Se pueden utilizar puntos de ruptura y puntos de observación en conjunto para obtener estrategias de depuración poderosas. Establezca un punto de ruptura para cuando una variable tome un valor concreto y establezca puntos de observación para inspeccionar todos los valores de las variables críticas.

Claro está, después de trabajar con una demostración tan buena, realmente debemos dejar que se ejecute hasta su terminación. Este es el juego de ajedrez, en medio de un ataque de una torre, y mueven las negras:

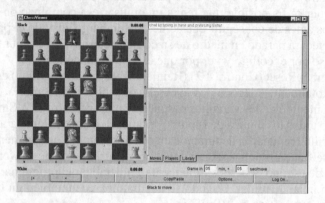

Después de trabajar con un conjunto de herramientas tan poderoso durante un rato, resulta difícil recordar lo duros que fueron los primeros tiempos. Lo que hace JBuilder es básicamente lo mismo que hacían los depuradores cuando enseñaba informática. Te libera de gran parte de las molestias y frustraciones inherentes a la localización de errores, ayudándole a comprender el lenguaje y el programa mucho mejor. Proporciona tiempo para crear código mejor, escribir documentación excelente y habitualmente impresionar a los usuarios.

JBuilder es comercializado por Borland.Com, una división de Imprise Corporation:

100 Enterprise Way
Scotts Valley, California 95066-3249
(831) 431-1000
http://www.borland.com

Se puede descargar gratuitamente una versión reducida, aunque muy capaz.

JProbe

Mientras JBuilder es un entorno de desarrollo completo, JProbe se concentra en comprobar si las applets y aplicaciones tienen errores. No incluye un IDE, pero en cambio se integra sin problemas con VisualCafé de WebGain!/Symantec y/o VisualAge de IBM. Si desea utilizar uno de estos con JProbe, debe instalarlo antes de instalar JProbe, de forma que el instalador pueda realizar todas las vinculaciones que necesite.

JProbe contiene los siguientes elementos principales, que funcionan tanto en applets de java como en aplicaciones:

- **Profiler and Memory Debugger (Analizador y depurador de memoria).** Registra dónde se ha ejecutado el programa, cuánto tiempo ha estado allí y cuánta memoria ha necesitado. Descubre las fugas de memoria (sí, pueden producirse en Java, a pesar de la recogida de basura) y los puntos críticos de la memoria que consumen una RAM excesiva.
- **Coverage Analyzer (Analizador de cobertura).**   Asegura que se hayan probado las partes críticas del programa. Identifica el código que no se ha probado antes de que se entregue el producto, ayudando a evitar errores. El Capítulo 13 trata el Coverage Analyzer de JProbe.
- **Threadalyzer (Analizador de hilos).**   Identifica bloqueos, carreras de datos y detenciones de hilos. Esta herramienta evalúa sus causas y su ubicación en el código, simplificando su corrección. El Capítulo 11, "El entorno multihilo", trata esta herramienta de JProbe.

Profiler and Memory Debugger

Esta herramienta de JProbe observa al programa mientras se ejecuta, cronometrándolo y contando. Permite utilizar compiladores "Justo a tiempo" (JIT) y proporciona una GUI para poder lanzarla desde una computadora remota. Se puede programar para que se lance en instantes predeterminados y que analice un programa durante la noche, sin asistencia. Esta herramienta permite localizar cosas como:

- **Utilización ineficiente de la memoria, también llamados puntos críticos de memoria.**   Son zonas en el programa que consumen temporalmente grandes cantidades de RAM. Son fuentes de muchos problemas de rendimiento, porque la máquina se ralentiza cuando se consumen cantidades enormes de RAM. Una razón es que el programa puede empezar a utilizar el archivo de intercambio en disco duro para aliviar su carestía de memoria. Aunque la computadora probablemente tenga una gran cantidad de espacio de intercambio, un disco duro funciona al menos 1.000 veces más lento que la RAM. Siempre que la computadora necesite volcar algo en el disco duro, se ralentiza por lo menos en un factor de 1.000.
- **Algoritmos ineficientes.**   Una de mis "24 leyes de la programación" es que siempre se debería utilizar el algoritmo más eficiente. ¿Se imagina qué tipo de bucles se ejecutan más rápido? Escriba un programa que no haga nada aparte de bucles, quizá 100.000 veces, utilizando cada tipo de bucle, y analícelo. Lo descubrirá rápidamente. ¿Le interesa qué método de acceso a archivos es más rápido? Analícelos todos y lo descubrirá. ¿Y los condicionales? ¿Es más rápido un **if** anidado que el **switch** equivalente? ¿Es incluso más rápida una serie constructores **if** no anidados? Analícelos y lo verá. ¿Realmente no importan los comentarios? ¿Se pueden introducir todos los espacios en blanco que se deseen? ¿Se pueden poner llaves en líneas diferentes impunemente? ¿Se ejecuta más rápido el código si se tienen varias sentencias en una sola línea? El analizador se lo dirá. Sin embargo, la tarea principal del analizador es decirle

dónde es ineficiente el programa o dónde se queda esperando a recursos escasos.

- **Creación excesiva de objetos.**   Esto puede provocar "fugas de memoria". La recogida de basura tiene su propia temporización y no la podemos controlar. Se puede influir en que se haga la recogida, pero no se puede controlar. Si se crean demasiados objetos, se incrementa la utilización de la RAM y se puede forzar a que la computadora recurra a utilizar su archivo de intercambio en disco duro. Eso siempre ralentiza las cosas. Muchas veces una computadora que parece estar bloqueada sólo se ha visto obligada a volcar grandes cantidades de programación en el disco duro. Si la luz del disco duro se enciende y la unidad de disco no para, es posible que la computadora se recupere cuando la recogida de basura reclame RAM suficiente. Esa es la razón por la que cerrar programas en una computadora bloqueada puede, a veces, liberarla y devolverla a la normalidad.

- **Llamadas excesivas a métodos.**   Si descubre que se está llamando a un método demasiadas veces, busque formas de quitarlo de un bucle o de una recursión. Mire si se le está llamando pero no se utilizan sus resultados.

- **Obstrucciones de la entrada y/o la salida.**   Un analizador le indicará si parece que un método está bloqueado esperando en un puerto, porque el tiempo de ejecución de ese método será excesivamente alto. Podría ser correcto, porque habitualmente los hilos esperan a mensajes procedentes de los puertos. Sin embargo, podría significar que alguna otra cosa no ha encontrado el camino y no ha podido acceder al puerto correcto, al menos a tiempo.

- **Fugas de memoria.**   Las fugas no son realmente fugas, pero lo parecen. Los objetos no recogidos por la recogida de basura consumen RAM, por lo que se reduce la RAM disponible. Es como si parte de esa cara RAM se hubiese caído de la placa madre.

El Analizador y depurador de memoria mide el rendimiento. Se pueden activar todas o alguna de las medidas siguientes:

- **Tiempo que tarda cada método en ejecutarse.**   Tiene poco sentido mejorar el tiempo de ejecución de un método en un factor de 1.000 cuando ese método sólo tarda una centésima de segundo en ejecutarse y otro método tarda 100 segundos. Dedique su esfuerzo a los métodos más lentos. Sin embargo, observe el punto siguiente.

- **Número de llamadas.**   Si se llama a un método 1.000 veces y se tarda un segundo cada vez, es un método caro que exige una optimización.

- **Número de métodos llamados.**   Si tenemos 100 métodos y solamente se llama a 30 durante una prueba, la cobertura es incompleta. Es necesario ejecutar el analizador de cobertura.

- **Tiempo medio de ejecución de método.**   Esta medida es valiosa cuando se compara como los tiempos de ejecución individuales.

- **Cómputo promedio de objetos de método.**   Cuantos más objetos tenga abiertos un método, peor funciona la computadora.

- **Tiempo medio acumulado.** Es el tiempo medio para una serie de ejecuciones. Se puede ejecutar JProbe 20 veces sobre el programa y obtener un promedio. Si una de las ejecuciones se desvía de forma significativa del promedio acumulado, necesita una investigación.
- **Cómputo promedio de objetos acumulado.** Como en el punto anterior, es un promedio en una serie de ejecuciones.
- **Tiempo acumulado.** El tiempo total consumido por una serie de ejecuciones.

JProbe proporciona un gráfico codificado mediante colores que muestra qué objetos mantienen referencias a otros objetos. Se puede pulsar y descender por estos objetos hasta llegar al código fuente.

El producto permite también tomar una instantánea del rendimiento actual del código y de su utilización de memoria. Estos datos pueden resultar inestimables cuando se comparan con volcados de la pila realizados a la vez. Se pueden tomar instantáneas manualmente, como cuando una pantalla se pone en rojo, o se pueden establecer activadores automatizados de instantánea. La entrada o la salida en un método son lugares especialmente buenos para establecer activadores de instantánea.

Se pueden guardar todas las instantáneas, para poder analizarlas posteriormente con tranquilidad. A fin de que no se le aparezcan imágenes de Frankenstein con volcados de memoria, JProbe es amigable, no malicioso. Cinco poderosas ventanas le ayudan a analizar la memoria y el rendimiento del programa. Cada ventana tiene varias formas de ordenar y seleccionar los datos pertinentes. Se describen a continuación las ventanas.

Resumen del montículo en tiempo de ejecución

La ventana "Runtime Heap Summary" (Resumen del montículo en tiempo de ejecución) proporciona un gráfico relativo a la utilización del montículo en tiempo real. Se puede ver el tamaño del montículo, la utilización de la memoria y los objetos creados, ordenados de varias formas. La utilización del montículo habitualmente se eleva durante un tiempo y después, cuando se produce la recogida de basura, se reduce. Sin embargo, una recogida de basura muy frecuente puede significar que tenemos un problema. Por ejemplo, un hilo bribón podría estar generando demasiada basura.

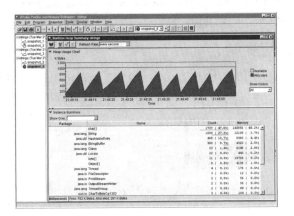

Gráfico de llamadas

La ventana "Call Graph" (Gráfico de llamadas) muestra las relaciones de llamadas entre todos los métodos. Se puede ver qué métodos tardan más tiempo, o cuáles crean más objetos. De hecho, el Gráfico de llamadas los resalta por defecto. Esto le permite encontrar los métodos más caros, para poder concentrarse en limpiar la basura cara en vez de la barata. Puede colocar el cursor en estos métodos para obtener más información. Aparece un cuadro desplegable, que lista el nombre y las mediciones del método.

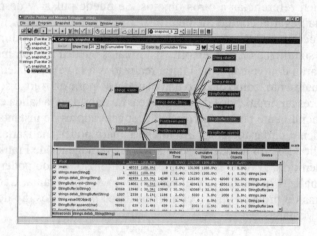

Detalles de método

La ventana "Method Detail" (Detalles de método) ayuda a rastrear los métodos más caros. Proporciona el porcentaje de tiempo y la cantidad de asignación de memoria para los padres e hijos de cualquier método. A menudo querremos ver qué padre o hijo tiene más llamadas. Por ejemplo, un método problemático podría serlo simplemente porque se le llama innecesariamente.

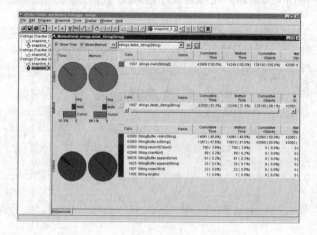

Visualizador del montículo

El "Heap Browser" (Visualizador del montículo) es una herramienta poderosa para descubrir problemas de memoria, es decir, métodos que están ahí, pero no hacen nada. Esta ventana proporciona un resumen e información detallada acerca de todos los objetos de memoria en un momento dado. Tiene este aspecto:

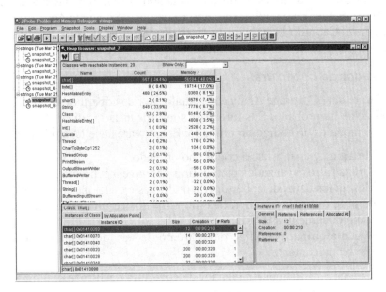

Código fuente

La ventana "Source Code" (Código fuente) puede ser la mejor herramienta de todas. Indica cuánto tarda en ejecutarse cada línea del código y cuántos objetos están en memoria. Cada método tiene una línea que es la más cara, y el Analizador la resalta para que la examine. El coste se lista en función de las llamadas, objetos del método y objetos acumulados, como números en bruto o porcentajes. Esta ventana es la que le indicará qué tipo de bucle es el más rápido.

Analizador de hilos

Los diseñadores de Java se merecen todas las medallas que les podamos conceder por incluir los hilos. La programación multihilo es el aspecto más poderoso de Java, pero tiene una desventaja. No se puede desactivar. Este hecho tozudo nos obliga a asegurarnos de que todos los hilos autónomos no interactúen incorrectamente entre sí.

Aunque muchas clases de Java ofrecen seguridad frente a hilos, algunas (notablemente en Swing) no lo hacen. La razón es que la seguridad frente a hilos implica habitualmente que los desarrolladores utilicen métodos sincronizados (**synchronized**), lo que reduce el rendimiento. No es una tarea trivial estar seguro de que los hilos funcionen correctamente y se ejecuten con rapidez.

A veces, hilos en conflicto pueden arruinar el loable objetivo de Java de "Escribir una vez, ejecutar en cualquier sitio". Un programa con problemas de bloqueo potenciales puede ejecutarse sin problemas en una JVM, pero horrorosamente en otra.

El Analizador de hilos (Threadalyzer) de JProbe busca bloqueos potenciales, bloqueos reales, detenciones de hilos o largas esperas y carreras de datos. Cuando encuentra estas condiciones, se queda apuntando al código fuente que las provoca real o potencialmente. Esto obviamente ahorra tiempo de depuración.

Como el Capítulo 11 trata los hilos en detalle, el Analizador de hilos de JProbe se tratará en profundidad en dicho capítulo.

Analizador de cobertura

El software del "Coverage Analyzer" (Analizador de cobertura) de JProbe mide cuánto código se ha probado. Sus informes simplifican la localización de líneas individuales o módulos de código no probado. El software hace lo siguiente:

- Identifica y cuantifica el código no probado.
- Utiliza filtros avanzados para definir código específico a probar.
- Mezcla los datos de cobertura de múltiples ejecuciones del programa.
- Permite examinar, compartir e imprimir los resultados en formato de texto o como documentos HTML.
- Ayuda a probar el código del extremo de servidor (la edición ServerSide de JProbe únicamente).

El Capítulo 13 trata el Analizador de cobertura de JProbe con más profundidad. JProbe lo comercializa KL Group, Inc.:

260 King Street East
Toronto, Ontario, Canadá M5A 4L5
http://www.klgroup.com
(800) 663-4723
(416) 594-1026

Visual Café

Este producto es muy poderoso. Gracias a su amplitud y profundidad, Visual Café es una elección excelente para un equipo de herramientas de desarrollo para toda una empresa. Es mucho más que un depurador y sus capacidades básicas son:

- Desarrollo visual, basado en formularios. Si es usted también un desarrollador de Visual Basic o Visual C++, disfrutará de esta característica. Arrastre los componentes a los formularios y establezca sus propiedades. Establezca conexiones con otros objetos, las bases de datos, otras redes o la Web.
- Rápida creación de conexiones de componente con el "Interaction Wizard" (Asistente para interacciones).
- Desarrollo bidireccional, de forma que las herramientas visuales y el código de Java siempre coinciden. Se cambia el código y las herramientas visuales cambian para reflejar dicho cambio. Lo mismo en el otro sentido.

- Conectividad a base de datos a través de una arquitectura de tres entidades y el estándar de JDBC.
- Compatibilidad con los principales servidores de base de datos.
- Asistentes para base de datos para simplificar el desarrollo de formularios.
- Visión jerárquica de la información de catálogo de la base de datos con el dbNAVIGATOR.
- Conectividad simplificada con base de datos Java a través de componentes vinculados a datos. Estos componentes se conectan a una base de datos automáticamente. Solamente se necesita indicar a los componentes qué base de datos, qué tablas, qué campos, etc., utilizar.
- Compatibilidad hacia atrás con el JDK 1.1, se admiten componentes JavaBeans portables y archivos de Archivo de Java (JAR). Los archivos JAR se comprimen para que ocupen menos espacio, aunque no es necesario descomprimirlos para utilizarlos, porque Java los lee directamente.
- Rápida creación de interacciones entre componentes.
- Integraciones con el editor HTML Visual Page. Cree páginas Web excelentes con rapidez.
- Compilación rápida mediante el compilador Just-In-Time y rápido de WebGain!/Symantec.
- Un depurador avanzado que incluye evaluación de expresiones.

Las características del depurador de Visual Café son las siguientes:

- Comprobación de sintaxis.
- Ejecución de comandos mediante arrastrar y soltar.
- Consejos para datos.
- Parar justo antes de la primera línea ejecutable.
- Parar cuando se pulsa el botón de pausa.
- Ejecutar hasta el cursor.
- Ejecutar hasta el final.
- Evaluación de expresiones.
- Punto de ruptura condicional.
- Variables de observación.
- Vistas gráficas o estructuras de datos.
- Depuración incremental.
- Reinicio de método.
- Admite la compilación inversa.

Para utilizar el depurador de Visual Café, primero debe compilar el programa, dado que el depurador funciona únicamente con archivos .class. Obviamente eso no es un problema, porque se puede utilizar el compilador JIT de Visual Café. Si no está disponible el código fuente, se puede utilizar el compilador inverso para replicarlo, a no ser que la fuente haya sido cifrada con un programa de ocultación.

Si tiene la edición Profesional o de Empresa (Enterprise), podrá editar en tiempo de ejecución. Es decir, podrá hacer cambios en el código y continuar sin salir del depurador. Visual Café vuelve a compilar, construir y guardar los archivos automáticamente. En caso contrario, tendrá que detener el depurador, volver a compilar, construir y después iniciar el depurador de nuevo. Reiniciar el depurador es un proceso de sólo dos pulsaciones.

Después de editar un programa detenido, puede hacer que el código continúe desde ese punto o que vuelva al método que ha llamado al método actualmente activo y que realice otra llamada. Visual Café guarda el estado del programa cuando llama a los métodos. Utilizará esta característica con frecuencia, porque evita tener que ejecutar todas las sucesivas pantallas que le han llevado al error actual. El programa simplemente vuelve al estado en que estaba cuando llamó al método actual y permite comenzar a depurar de nuevo.

Cuidado con los errores *Reiniciar el método activo no es una operación completa de deshacer, porque si el método activo ha provocado efectos secundarios, permanecerán intactos. Por ejemplo, es posible que el método actual haya corrompido tanto el contenido de las variables que sea mejor reiniciar el programa y ejecutarlo hasta un punto de ruptura.*

Muy a menudo se encontrará con problemas y verá que se deberán a un error que está dentro de otro método, que reside en otro sitio en la pila de llamadas. Cuando edite, vuelva a compilar y lo guarde todo, verá un cuadro de diálogo que le pedirá que elija una de estas opciones:

- Reiniciar el programa completo.
- Reiniciar el método activo.
- Continuar con el código antiguo hasta la próxima vez que se active, ignorando los puntos de ruptura hasta que esté activo.
- Abandonar el depurador.

El depurador incluso le recomienda una acción.

Si está depurando código nativo, podrá añadir nuevos métodos, pero si está depurando código de bytes, no podrá hacerlo.

Estas ventanas ayudan a resolver problemas:

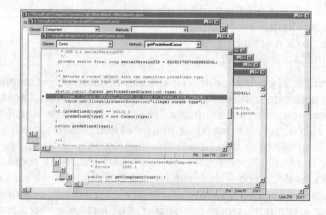

Ventana Source Code (Código fuente).   Aquí puede editar código fuente en Java, HTML o cualquier archivo de texto. La ventana "Source Code" (Código fuente) está disponible siempre cuando se depura, excepto si Visual Café no tiene acceso al código fuente que desea ver.

Puede examinar variables y evaluar expresiones seleccionándolas en esta ventana. También le puede indicar al depurador qué variables observar y se pueden modificar aquí los puntos de ruptura.

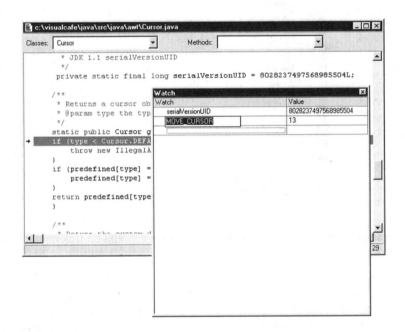

Ventana Watch (Observación).   A menudo querrá ver el contenido de las variables, y esta ventana las muestra siempre que detenga el programa. Cuando el programa está parado, se puede introducir el nombre de cualquier variable y, si está en el ámbito, ver su contenido.

Se puede arrastrar una variable desde la ventana "Source Code" hasta la ventana "Watch", o utilizar cortar y pegar o introducir su nombre.

Cuando desee probar el programa con alguna variable cerca de sus límites, esta ventana puede ser especialmente adecuada porque se puede establecer aquí el contenido de la variable. Por ejemplo, si tiene un entero que no puede hacerse menor de cero, puede probarlo en 1, 0 y –1 para ver que el programa se ejecuta correctamente en todas las condiciones.

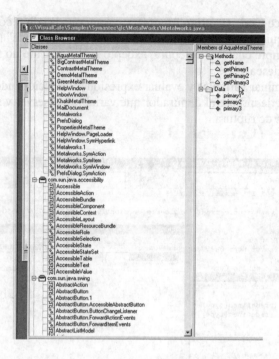

Explorador de clases (Class Browser). Esta ventana de tres paneles muestra lo siguiente:

- Las clases de Java del proyecto. Este y el panel siguiente admiten búsquedas incrementales por teclado. Como con el sistema de ayuda de Visual Café, cuando se introduce un carácter, el panel lista inmediatamente todo lo que coincida con ese carácter. Introduzca un segundo carácter y la lista se reducirá. A medida que introduzca más caracteres, la lista se irá reduciendo hasta que encuentre lo que busca. ¡La vida debería ser tan sencilla! Una gran variedad de filtros y vistas nos ayudan a encontrar lo que deseamos.
- Los métodos y datos miembro de cada clase. Utilice aquí también las búsquedas incrementales por teclado.
- El código fuente de esa clase. Se puede editar cualquier código que esté actualmente en el ámbito.

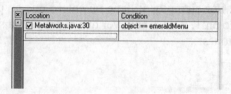

Ventana Breakpoints (Puntos de ruptura). Esta ventana lista todos los puntos de ruptura definidos actualmente en todo el proyecto. Es una ventana de añadir / cambiar / eliminar. También se puede inhabilitar uno o más puntos de ruptura sin eliminarlos. Una casilla de verificación que está al lado de cada punto de ruptura indica si está o no habilitado.

Establezca puntos de ruptura simples que detengan la ejecución en una línea o método concreto pulsando sobre esa línea, introduciendo un número de línea o nombre de método o pulsando F9 con el cursor en esa línea o método.

Establezca puntos de ruptura complejos que detengan el programa en base a que una condición se haga **true**. Se puede utilizar cualquier condición legal de Java, como (**a >= 1000**) o condiciones complejas como (((**a == "Aquí"**) **or** (**b == "Allí"**)) **and** ((**c <= 0**) **or** (**c >= 1000**))).

Cuidado con los errores *¡Estas expresiones condicionales se evalúan! Si escribe por error (**a = "Aquí"**) en vez de (**a == "Aquí"**) se asignará "Aquí" a a, en vez de comparar a con "Aquí". Esta es una forma segura de confundirse porque después la comparación (**a == "Aquí"**) tendrá éxito, aunque el programa no haya asignado "Aquí" a a. ¡El depurador lo ha hecho!*

Cuando el programa se detenga, podrá ir línea a línea, entrar en un método, pasar por encima de un método o salir del método actual para volver al que lo ha llamado. A menudo, querrá entrar en un método para ver cómo funciona. Son la misma frecuencia, no querrá hacerlo. Por ejemplo, el método **println()** funciona correctamente y es complejo. No tiene sentido entrar en él cada vez que el código llegue a él. Si por error se introduce en él, siempre se podrá salir.

Consejo de diseño *Solamente una vez podría querer entrar en un método como println(), que se sabe que es correcto, para ver cómo funciona. Esto le puede ayudar a comprender mejor el lenguaje Java.*

Visual Café guarda los puntos de ruptura junto con el código fuente. La próxima vez que abra al proyecto, los puntos de ruptura que tan cuidadosamente ha preparado seguirán intactos, junto con su estado activo o inactivo.

Consejo de diseño *Algunos otros tipos de depuradores establecen puntos de observación condicionales, utilizando el mismo proceso que para establecer puntos de ruptura condicionales en Visual Café. Si desea ver el contenido de varias variables siempre que una condición sea **true**, Visual Café hace que sea sencillo, porque se puede ver la ventana Variables cuando se detiene el programa.*

Ventana Variables.   Aquí se pueden examinar todas las variables que están activas actualmente. Esto incluye a las globales, locales, objetos, elementos de array y tipos de datos simples. También se puede comprobar el tipo de una variable, que puede ser una información reveladora cuando, por ejemplo, un número grande de repente se convierte en negativo. Dicho cambio indica a menudo una condición de desbordamiento. Si la variable es un **int**, se puede cambiar a **long**, volver a compilar y ver si se sigue haciendo negativa.

Si desea cambiar el valor de una variable en tiempo de ejecución, se puede hacer en esta ventana.

Consejo de diseño   *La ventana Variables puede ser una herramienta de pruebas valiosísima. ¿Recuerda cómo los errores se agrupaban alrededor de los límites? Puede utilizar esta ventana para reinicializar el valor de una variable cerca del límite, en el límite o pasado el límite, para comprobar si el programa se ejecuta correctamente para todas esas condiciones.*

Ventana Calls (Llamadas).   Como cualquier Máquina virtual (VM), Visual Café mantiene una pila de llamadas. Si el método A llama al método B, que a su vez llama al método C, se podría pensar que la pila de llamadas es como una pila de platos de comida, estando el C encima y el A debajo. Cuando el método C vuelve al método B que le ha llamado, la VM quita la C de la pila, dejando a B sobre A. De este modo, es relativamente sencillo para el depurador mostrar una lista de todos los métodos que conducen hasta el actualmente activo. Simplemente resuelve las referencias de la pila de llamadas.

Consejo de diseño   *Examinar la pila de llamadas ayuda a encontrar muchos tipos de problemas. Por ejemplo, podría observar que un parámetro es erróneo y quiera saber qué método ha llamado al método actual con un valor erróneo. Basta con comprobar la pila de llamadas en esta ventana.*

Descubrirá que la pila de llamadas es muy valiosa por otra razón. Se puede mostrar el contenido y los tipos de todos los parámetros que se la pasan a cada método de la pila. También se pueden ver los valores y tipos de todas las variables que se encuentran en el ámbito actual del programa.

¿Desea ver el código fuente de un método en la pila de llamadas? No hay problema. Está solamente a dos pulsaciones de hacerlo.

Hierarchy Editor (Editor de jerarquía)

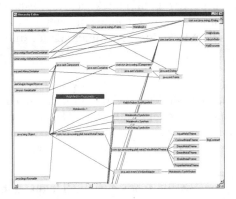

Esta ventana gráfica muestra todo lo que llama a algo. Si pulsa dos veces sobre un elemento, irá directamente al código de ese elemento.

Ventana Threads (Hilos)   Esta ventana es indispensable cuando se tiene más de un hilo en ejecución, que es lo habitual en casi cualquier programa útil. En la edición de empresa (Enterprise) se le llama ventana Processes (Procesos). A veces, cuando deseo evaluar una expresión extraña, como el número trigésimo en la serie de Fibonacci, escribo y ejecuto un programa pequeño en Java de un solo hilo en vez de buscar la calculadora. Sin embargo, la mayoría de los programas en Java tienen al menos dos hilos.

La ventana Threads lista todos los hilos existentes actualmente, junto con sus estados. Se puede pulsar sobre cualquier hilo para seleccionarlo.

Cuidado con los errores   *Si busca un hilo creado por un usuario y no está en la lista, dicho hilo no ha llegado todavía a un punto de ruptura.*

Puede examinar el código fuente de cualquier hilo de la lista. También se le puede indicar a la ventana Calls o la ventana Variables que se actualicen con la pila de llamadas o las variables del hilo actual.

Incluso se puede ver la pila de llamadas de un hilo concreto.

El programa tiene un hilo primario, que se indica en la ventana Threads con una flecha en negrita en el margen. Este es el hilo que crea el sistema operativo cuando crea la aplicación. Una flecha que no está en negrita indica el hilo desde el cual ha cogido el control el depurador.

La ventana lista los números de hilo y el estado (congelado o descongelado) de cada hilo. Se puede suspender un hilo o reanudarlo. Suspender un hilo le puede ayudar a descubrir si ese hilo está participando o no en un bloqueo o carrera de datos. Se pueden suspender o reanudar todos o cualquiera de los hilos con un par de pulsaciones del ratón.

Ventana Messages (Mensajes).   Esta es la ventana que muestra todos los mensajes informativos y de error de Visual Café. También puede mostrar todo lo que se escriba en System.out para no tener que ir a DOS para ver dichos mensajes. Puede pulsar dos veces sobre cualquier mensaje para ir a lo que lo ha generado, una característica muy útil. Se puede configurar para que muestre u oculte lo siguiente:

- A sí misma y/u otras ventanas.
- Mensajes de progreso que aparecen a medida que trabaja el compilador.
- Avisos del compilador.
- Clases y miembros censurados que se encuentra el compilador.
- Dependencias de archivo como los import.
- Los autodiagnósticos del compilador de Java de Sun.
- La primera parte de cada mensaje, como "Compilando con SJ..."

Ocultar varias opciones ahorra tiempo de compilación. Mostrarlas obviamente proporciona más información para ayudar en la depuración del programa.

Gestión de las excepciones

Cuando el sistema en tiempo de ejecución de Java encuentra un error, el método actual crea un componente de excepción y se lo pasa al sistema en tiempo de ejecución, que intenta encontrar el código que gestione el error. El sistema Java busca el bloque **catch** adecuado, uno que coincida con el nombre de la excepción. Si no se encuentra ninguno en el momento en que el sistema vuelve a sí mismo, el sistema Java gestiona el error terminando el programa Java y también el sistema en tiempo de ejecución.

Puede establecer sus propias excepciones e indicar al programa que se pare cuando se lance cualquier excepción, las suyas, las del programa o las de Java. En este caso, el programa se para, tanto si se captura y gestiona la excepción como si no.

Capacidad de depuración remota de Visual Café

No estamos restringidos a depurar en la máquina de desarrollo, o incluso en la máquina a la que hemos conectado el teclado. Por el contrario, se pueden depurar varias máquinas virtuales simultáneamente, basta con asociarse a ellas. La edición de empresa de Visual Café está diseñada exactamente para esa idea.

Es necesario que las computadoras estén conectadas por red entre sí a través de TCP/IP. No es necesario que la computadora que se depure ejecute Windows. Se puede depurar en una computadora que ejecute una VM diferente de la que utiliza Visual Café.

Los archivos de clase que se depuren deben residir en la máquina remota y tienen que haber sido compiladas para depuración. Los archivos de proyecto y fuente deben estar en la computadora local.

Cuidado con los errores

Visual Café no permite que se depuren aplicaciones o DLL nativas de forma remota.

Depuración a través de una VM de depuración en espera.   Cuando una VM de depuración todavía no ha lanzado un programa Java, se le llama "VM en espera". Puede residir en una computadora local o remota. Visual Café permite asociar la sesión de depuración actual con una VM de depuración así. Visual Café envía el nombre de archivo de la clase principal a la VM, iniciando el programa desde el principio.

Habrá veces en que deseará utilizar esta técnica de iniciar un programa remoto desde el principio, en vez de depurar una tarea en curso. Por ejemplo, si tuviera que introducir un ID y contraseña de usuario específicos.

Asociarse a un programa en ejecución.   La VM que estamos depurando debe estar ejecutándose en el modo de depuración. Puede estar en una computadora remota o en la local. Al pulsar "File | Attach to Process" (Archivo | Asociar a proceso) podrá depurarla. Los archivos fuente pueden estar en cualquiera de las VM.

Mucha gente utiliza esta técnica para probar la compatibilidad entre plataformas y que la aplicación o applet se ejecuta correctamente con varios JDK. Esta técnica también permite asegurar que todos los recursos del sistema están disponibles en la otra máquina.

Consejo de diseño

Tenemos varios tipos de CD disponibles para nuestra Máquina de lavado, por lo que podemos instalar rápidamente la mayoría de los sistemas operativos y entornos. Si necesitamos un nuevo entorno, generamos un nuevo CD para nuestra Máquina de lavado. A menudo, ejecutamos todo directamente desde el CD, que es aproximadamente cuatro veces más grande que el disco duro y no demasiado más lento.

"Run In Debugger".   Con la misma facilidad que se inicia un programa local en el modo de depuración, se puede iniciar un programa remoto en este modo. Simplemente se especifica la computadora remota y el nombre de su programa. En este caso, no se utiliza el cargador de clases de la máquina local. En su lugar, se utiliza el cargador de clases de la máquina remota. Eso puede ser una diferencia importante si, por ejemplo, desea comprobar el rendimiento del cargador de clases, o desea utilizar clases que Visual Café no admite directamente.

Asociarse a múltiples programas.   Cuando se depura un sistema de múltiples entidades, la capacidad de Visual Café de asociarse a varias máquinas virtuales es especialmente valiosa. Se pueden configurar las cosas de forma que el producto se asocie a varios procesos automáticamente. De este modo, cuando una entidad se active, podrá examinarla en profundidad.

Puede decidir iniciar su sesión de depuración desde un proyecto de Visual Café o desde la línea de comandos.

Visual Café lo comercializa WebGain!/Symantec:
20330 Stevens Creek Blvd.

Cupertino, CA 95014
1 (888) 822-3409
correo electrónico: sales@webgain.com
http://webgain.com/Purchase

---

24 × 7

Instalé una computadora muy limitada en nuestra red. La llamamos la "Máquina limpia". Actúa como mínimo común denominador para las pruebas de desarrollo. Cualquiera puede utilizarla con cualquier objetivo, pero un aviso indica que, a no ser que pongan una nota, cuando dejen el teclado, cualquier otro puede reformatear el disco duro para hacer otra cosa. La idea es que si un programa se puede ejecutar en esta máquina físicamente limitada, probablemente se ejecutará perfectamente en el sistema del cliente. Probablemente tenga una máquina así de $50 rondando por ahí, esperando a que la asalte. Póngale una tarjeta de red obsoleta y un CD-ROM antiguo y ya está.

CAPÍTULO 9

Estrategias de depuración

Es interesante que este libro exista casi en el vacío. Que exista para información publicada referente a la depuración en Java y no demasiada respecto a la depuración en general. Es interesante, pero no sorprendente. ¿Qué preferiría, mostrar a sus amigos una applet inteligente que parpadea y corre por la pantalla, o la igualmente inteligente, pero fea, línea de código que escribió y después tuvo que corregir? A los programadores no les gusta depurar, aunque la mayoría pierden la mitad de su tiempo haciéndolo.

Tiene sentido, por tanto, mejorar sus estrategias de depuración, para poder tener más tiempo para crear programas atractivos y elegantes. La depuración, como las pruebas, se realiza mejor si se hacen las cosas de forma inteligente y si se utilizan los mejores recursos disponibles.

Ensamblar los mejores recursos

"Mi programa es muy divertido al funcionar."

"Bien, ..."

"No, no está bien en absoluto."

A veces una voz puede burlarse. "Sí, lo comprendo. ¿Qué es lo que hace divertido?".

"No actúa igual que lo hacía el mes pasado."

"Nadie ha tocado ese programa en seis meses."

"Le informé del problema hace una semana, y se va a volver algo serio rápidamente."

Esta conversación que se producía fuera de mi oficina se estaba acalorando y la cosa iba de mal en peor, por lo que invité a los contrincantes a que entraran. Le pedí a otra persona si podía traernos cuatro tazas de café y se uniera a nosotros.

El usuario, un jefe de departamento con su tesis doctoral en ingeniería, había observado algunas anomalías pequeñas, pero importantes, en los resultados de los totales. Como resultado, ciertas válvulas se abrían una décima de segundo demasiado pronto o demasiado tarde. Para corregir el programa, el desarrollador del software necesitaba respuestas específicas que el usuario no podía proporcionar.

Una tarde de investigación descubrió que el programa del usuario no había recibido ningún dato diario desde un emplazamiento remoto durante dos semanas. Alguien había dejado la empresa y se había cambiado el nombre de la computadora. Eso estropeó un lote de comandos. Afortunadamente, la computadora servidora lo archivaba todo, por lo que al corregir el lote de comandos todo volvió a la normalidad.

Aislamiento de los errores

El problema era que ni el ingeniero ni el programador tenían suficiente información, por separado, para aislar el error. Cuando unieron sus conocimientos, fueron capaces de "aislar el error".

Después de haber identificado el hecho de que tiene un error, su primer objetivo es aislarlo. Limitarlo a cajas cada vez más pequeñas hasta poder verlo[4].

Las cajas cada vez más pequeñas son habitualmente fragmentos de código, pero no siempre es así. Pueden ser fragmentos de tiempo. Es posible que algunos errores solamente se produzcan a medianoche. Otros pueden ocurrir al menos tres segundos después de que un hilo concreto comience o cuando ciertos hilos estén funcionando simultáneamente y usted tiene los zapatos abrochados. Bueno, probablemente no sea la última condición, a no ser que eso implique que es de día.

Con las capacidades remotas de Java, y la utilización extendida de las redes, las cajas con errores podrían ser físicas. Podría tener que localizar un error en una subred o computadora concreta. En otros casos, las cajas incluyen, o son, personas. Podría ocurrir que una persona tuviera un método preferido, aunque no documentado, de trabajar que nadie más utiliza y resultar que dicho método presentara un error que nadie más ve.

Bastante más a menudo los errores están relacionados con los datos y podrá estrujar las cajas hasta poder ver el error que se alimenta de los datos de un conjunto concreto de tablas relacionadas o incluso de un registro. Un contable me llamó un día por un cuelgue de un programa. Sabía qué registro había provocado el cuelgue y resultaba que tenía un campo con un valor null. El programa se había estado ejecutando durante dos años sin problemas y existían cientos de formas con las que el campo se podía haber hecho null en vez de cero. Le pedí que cambiara el campo a cero si le volvía a suceder. Mientras tanto, instalé un capturador para que cambiara los null por cero y registrase unos 20 hechos la próxima vez que apareciera un null. Meses después, mi capturador contenía un solo error y los datos me indicaron que el error estaba en la computadora de un suministrador. Ya sólo me quedaba una llamada telefónica para corregir el error.

---

[4] N. del T.: En inglés, al error de software se le conoce como bug, que también se traduce como "insecto". En este apartado el autor juega con el símil de aplastar un insecto cuando se trata de descubrir un error.

Independientemente del tipo de cajas que utilice, es necesario aislar el error. Tarde o temprano, probablemente lo aísle en una sección pequeña de código mal escrito, que es la responsable de condiciones erróneas de los datos, métodos de funcionamiento, temporización o condiciones de seguridad a través de la red. Después podrá aplastar al error.

Los programas que se interrumpen son amigables en un aspecto. Habitualmente indican dónde se han interrumpido. El error suele estar en las proximidades, y es casi seguro que no está pasado el punto de la interrupción. Dichos programas ayudan a aislar el error.

Los programas que simplemente cometen errores son más complicados de corregir, porque el proceso de búsqueda puede durar más. Sin embargo, hay formas de reducir el proceso de búsqueda. Es importante obviamente adoptar las formas más rentables de depurar el programa.

El estudio siguiente comienza con el ridículo y termina cerca de lo sublime, a medida que exploramos las estrategias de depuración.

Comenzar a cambiar cosas

Llegué al trabajo y descubrí que mi cliente se me había adelantado una hora. El y yo habíamos configurado una pequeña red para desarrollo. El Windows NT de su PC se había vuelto más fallón de lo habitual, por lo que decidió guardar su trabajo en mi máquina y reinstalar NT en la suya. Trasladó mi trabajo a un directorio de seguridad, trasladó su trabajo a mi directorio de trabajo y estaba formateando su disco duro.

Descubrí muy pronto que aunque los directorios estaban intactos, los archivos estaban todos corruptos y cuatro semanas de trabajo estaban en peligro. Usted ya sabía que Murphy inventó las computadoras, ¿no es así? Minutos después, el disco duro del servidor se detuvo y desaparecieron todas las copias de seguridad. Después especulamos con que el servidor había sido realmente la causa de sus problemas con NT.

Casi todo el mundo cae en una trampa como esa. Yo lo hice una vez, y a continuación tiré a la basura la unidad de cinta de $200 que me había fallado.

Cuando tenga un problema, no intente nunca simplemente cambiar las cosas, especialmente si el hacerlo puede poner en peligro cualquier otra cosa. Casi lo único que es menos efectivo y más peligroso es pasar el código fuente y el teclado a un mono.

En su lugar, sea consciente de que los programas de computadora rara vez se estropean. Siéntese y active su mente. Busque la forma más segura de salir del dilema. Si puede hacer una copia de seguridad de todo, compruebe dicha copia.

Incluso si los cambios son seguros, no los haga sin dedicar primero un tiempo a pensar. Hay cinco razones:

- La frase "prueba y error" no incluye ninguna de las formas de la palabra "éxito", y eso es significativo. Un proceso de prueba y error tiene una probabilidad muy pequeña de tener éxito.
- La prueba y error tiene una probabilidad altísima de introducir más errores. Parece que el cambio A hace avanzar al programa, entonces parece que el cambio B ayuda más. Diez cambios después descubre que está en un callejón sin

salida y que la única forma de salir es deshacer todos esos cambios, de los que espera acordarse.

- La probabilidad de corregir el problema completo es únicamente de un 75 por 100.
- La prueba y error necesitan un período de tiempo exageradamente largo.
- Esta es la razón más importante. Si no tiene ni idea de por qué ha funcionado la corrección del error, ¡ese error, y se lo remarco, le volverá a atacar!

El enfoque de la pistola

Utilice este enfoque únicamente cuando quiera perder mucho tiempo.

Sentencias println() secuenciales

Un método basto (la pistola) es recurrir a sembrar de sentencias **System.out.println()**, con frecuencia, por todas las clases, esperando que aparezca un valor extraño en una variable. Parece similar, pero es muy diferente de otro enfoque: utilizar búsquedas binarias. La táctica de la pistola tiene varios defectos:

- Se debe analizar una cantidad enorme de datos.
- Casi ninguno de los datos está relacionado con el error.
- Como en la física, no se puede medir nada sin cambiarlo. Las sentencias **println()** cambian cosas, especialmente la temporización de los hilos.
- El gran número de sentencias **println()** puede ocultar o provocar otros errores.
- Las sentencias **println()** deben estar relacionadas en cierto modo con el código fuente para que tengan sentido después.

La táctica tiene mérito en un caso específico. Si el programa se interrumpe, la última sentencia **println()** puede tener información útil. Sin embargo, el enfoque de la pistola es mejor reservarlo para las ocasiones en las que ya haya probado todas las otras posibilidades sin ningún resultado. En otras palabras, ¡nunca!

Depurar utilizando el razonamiento

A un detective le preguntaron si los policías eran realmente tan inteligentes como los de la televisión. Contestó: "No, pero los malos tampoco son tan inteligentes como los de la televisión."

A veces, he comparado nuestra profesión con la de detective. Los mejores detectives saben que rara vez van a encontrar sospechosos haciendo circular retratos robot o estableciendo controles de tráfico carísimos en todas partes. Por el contrario, utilizan procedimientos establecidos que saben que les dan buenos resultados. Complementan el trabajo policial estándar con amplias aplicaciones de materia gris, y como último recurso, en crímenes especialmente atroces, utilizan el enfoque de la pistola. El razonar es lo que resuelve la mayoría de los crímenes.

La mayor parte del razonamiento es de dos tipos: de general a específico y de específico a general.

De general a específico o el razonamiento inductivo

Cuando buscamos un error, probablemente uno cuya existencia ha sido revelada en las pruebas, comience el proceso de razonamiento inductivo utilizando el enfoque siguiente.

Recopilar la información.   La información negativa puede ser tan reveladora como la positiva. El hecho de que el programa se ejecutara perfectamente el lunes pasado puede ser tan importante como el hecho de que fallara cuando Juan estaba conectado. Continúe buscando patrones, como se describe a continuación.

Buscar patrones.   Los errores son deterministas. En los lenguajes con múltiples hilos, parece que no son deterministas, pero con algún tipo de generador aleatorio, pueden serlo. Los matemáticos coinciden generalmente en que la aleatoriedad pura es imposible, por lo que los errores de programa son deterministas. Es decir, el mismo patrón de condiciones siempre duplicará un error.

De acuerdo, eso era la teoría. En la práctica, los patrones pueden ser tan complejos que los errores también podrían ser aleatorios, es decir, sin un patrón. Busque patrones de todos modos.

En concreto, busque cosas que se repitan y busque formas de descubrir patrones aparentes. Mire si puede encontrar un lunes durante el cual haya fallado el programa o un instante en el que haya funcionado estando Juan conectado.

Hasta que no tenga patrones, tiene pocas esperanzas para continuar. Mientras no encuentre patrones, continúe recopilando información.

No hace mucho, un contable observó errores pequeños ocasionales en el libro mayor general. Ninguna entrada específica tenía un error, sólo la suma de varios miles de entradas. Los errores podrían proceder de cientos de sitios, por lo que después de observar datos durante un par de horas, sugerí que necesitábamos más información.

Pronto resultó evidente que los errores solamente se producían durante la inversión de entradas. Ese patrón aisló el error a un tercio del programa. Más adelante, el contable era capaz de señalar entradas específicas de $0,01 y después otra de $0,30 que no se resolvía correctamente. Probó varias entradas similares y demostró que eran patrones.

Armado con dichos patrones, un colega mío generó dos hipótesis, refutó una, comprobó la otra y resolvió el problema con rapidez.

Generación de hipótesis.   Cuando surgen los patrones, habitualmente se necesita muy poco esfuerzo para pensar en posibles hipótesis. Casi saltarán delante suyo. De hecho, el proceso mental de "patrón a hipótesis a error" es a menudo instantáneo, y tan persuasivo que la gente puede saltar a las conclusiones equivocadas. Es importante demostrar o refutar las hipótesis, habitualmente con casos de prueba. En el problema del libro mayor general, descartar una hipótesis proporcionó a mi colega la solución correcta, cuando podría haber ido por el camino equivocado.

Probar las hipótesis.   ¿Qué ocurre si hay dos causas para errores aparentemente relacionados? He visto programas con dos errores que se cancelaban entre sí excepto para condiciones extrañas de los datos. Si le ocurre eso, corregir un error hace que las cosas empeoren, tentándole para que elimine una corrección que realmente es correcta.

En el problema del contable anterior, ¿qué sucede si un error ha provocado el problema del centavo y otro el problema de los 30 centavos? Corregir uno no sería suficiente.

No era el caso, pero también se podría haber producido: una de las hipótesis de mi colega podría haber explicado los dos errores que había visto el contable, mientras que la otra explicaba estos errores y a la vez sugería otros. Realmente, existían otros errores que el contable no había descubierto, y la segunda hipótesis de mi colega los había sugerido. Pruebas posteriores demostraron una hipótesis y refutaron la otra. Sólo entonces aplicó la corrección.

De específico a general o el razonamiento deductivo

En este método lógico, los primeros pasos se invierten, pero el resultado es el mismo: una hipótesis demostrada. El método es el siguiente:

Anote las hipótesis.   Piense en todas las causas razonables del error, especialmente las causas poco desarrolladas, pero razonables. Incluso lance algunas de las posibilidades improvisadas.

Elimine los imposibles.   En el problema del contable, el error del centavo sugería la escasa posibilidad de un desfalco intencionado, gracias a los errores de redondeo. Ya habrá oído la historia de cómo un defraudador enviaba las fracciones de un centavo a su cuenta bancaria, sin ser detectado, y después se fugó con el dinero. Cuando el contable descubrió los errores de 30 centavos, esa hipótesis pasó a ocupar una posición muy retrasada. Sin embargo, no era imposible, por lo que mi colega no la eliminó.

Cada hipótesis incluía todo tipo de introducciones de datos, pero pronto el contable descubrió que los errores solamente se producían durante la inversión de entradas. Eso eliminó dos tercios del problema.

Otra hipótesis consideró la posibilidad de que dos entradas difirieran en $0,01 o $0,30, pero las pruebas demostraron que una única inversión de entradas de $0,01 generaba un error.

Algunas de las hipótesis originales pueden estar medio preparadas y necesitar un refinamiento antes de poder demostrarlas o refutarlas. Es posible que no pueda nunca demostrarlas o refutarlas. Sin embargo, seleccione la hipótesis más probable e intente demostrarla.

Demostrar la hipótesis.   En este paso, actúe exactamente igual que en el método de general a específico, o inductivo. Diseñe una o más pruebas que dupliquen siempre el error.

Búsquedas binarias de errores

Una vez, cuando era el "experto visitante" (ya sabe, la persona cuya reputación es directamente proporcional a las millas viajadas), un jefe me preguntó por qué debería utilizar una búsqueda binaria en vez de una secuencial en su programa de procesamiento de datos que tardaba cinco horas. Cogí su agenda telefónica y le pedí que buscara su nombre, lo que hizo con rapidez. Después le pedí que lo localizara buscando secuencialmente, de forma exhaustiva, primero la página 1, luego la 2, etc. Asintió al comprenderme y le mostré cómo escribir búsquedas binarias de registros. Su programa revisado se ejecutó en unos tres segundos y, por gratitud, me invitó a cenar esa noche.

Dentro de lo razonable, intente utilizar búsquedas estilo binario para los errores, porque podrá encontrarlos miles de veces más rápido. Si tiene un programa grande con una docena de hilos y el programa no se interrumpe cuando comete un error, podría probar instalar puntos de ruptura en el principio, en medio y al final de solamente la mitad de los hilos sospechosos. Con eso ya tendría un número razonables de puntos de ruptura. A continuación examine las variables cuando el programa se suspenda. Si no encuentra ningún error, pruebe la mitad de la otra mitad de los hilos sospechosos. Debería poder encontrar con rapidez el hilo errante, e incluso saber qué mitad del hilo está provocando el problema.

Eso podría proporcionar información suficiente. Si no es así, podría instalar unos cuantos puntos de ruptura en la mitad culpable de ese hilo e intentar refinar la búsqueda un par de veces más. En algún punto, podría desear recorrer el código secuencialmente, buscando el sitio en el que algo inusual se produce.

Cuando se depura un programa de GUI, se pueden utilizar cuadros emergentes para indicar cosas del programa a medida que se ejecuta. Como he mencionado antes, puede adoptar un enfoque binario en la decisión de dónde colocarlos. Si no lo hace, estará poniendo cuadros emergentes hasta que se termine el plazo de finalización.

En un programa de GUI, podría escribir un hilo especial que mostrase continuamente los valores de una lista de variables. Podría comprobar cada una de ellas de acuerdo a algún algoritmo que se especifique y poner en rojo cualquier variable cuando se salga de los límites establecidos para ella. Podría suspender el programa en base a otras condiciones, señalando la zona del problema.

Si escribe ese hilo, no lo tire. Generalícelo con parámetros o una pequeña base de datos y utilícelo en todos sus proyectos.

Volver hacia atrás

Si encuentra un valor erróneo en un punto de ruptura, el error se encuentra probablemente entre ese punto de ruptura y el anterior. Sin embargo, también debería identificar todas las formas en que algún otro hilo podría afectar al código comprendido entre dichos puntos de ruptura. Otro hilo podría haber cambiado la variable.

Lanzar excepciones

Como una excepción no es más que una señal de una parte de un programa a otra, debería aprovechar bien las excepciones. Por ejemplo, si una variable no debería ser nunca negativa, puede hacer que el código lance una excepción si se produce eso. Si la longitud de una cadena no debería ser superior a 50 caracteres, puede lanzar una excepción cuando lo haga. Debería escribir esos tipos de excepciones en el programa en cualquier caso, para que el sistema pueda manejar los errores de una forma muy amigable.

Durante la depuración, podría lanzar una excepción si una variable superase un millón, aunque un millón sea un valor válido. Eso le puede permitir examinar el programa y ver si maneja los números grandes correctamente. Podría lanzar una excepción si un temporizador supera el valor de diez minutos o si se conecta una computadora o un usuario concretos.

Considere a las excepciones no tanto como errores, sino como señales de que se ha producido algo interesante. A no ser que realmente se capture la excepción, no le cuesta nada en rendimiento. Por tanto, utilícelas.

Sincronice las cosas temporalmente

Si sospecha que un hilo ajeno está cambiando sus variables cuando no debiera hacerlo, **synchronized** es una forma sencilla de pararlo temporalmente. Se pueden sincronizar y desincronizar métodos enteros hasta que desaparezca el problema, y después sincronizar de una forma binaria hasta que localice el punto de entrada del error.

A veces el no utilizar **synchronized** es el error y habrá terminado. Otras veces, ¡utilizar **synchronized** es el error!

Sea consciente de que utilizar la palabra clave **synchronized** le va a costar, sin duda, al programa un poco de rendimiento y hará que sea menos robusto. Cuando un hilo se encuentra código de **synchronized**, el hilo se suspende y no hace nada más hasta que se le libera. En ese punto, el programa será propenso a un bloqueo total o una detención. La palabra clave synchronized provoca lo que se llama un bloqueo circular. Los bloqueos circulares son sencillos de implementar y de utilizar, pero son el medio menos eficiente de gestionar los conflictos. El Capítulo 11 mostrará varias metodologías mejores.

Tenga cuidado con la regresión

Por favor, ¡no se limite a corregir el error! Demuestre que el programa funciona ahora correctamente, pero realice otro paso vital. Haga una prueba de regresión. Esta prueba de regresión es importante en los programas secuenciales, pero es muchísimo más importante en los programas multihilo.

No debería sorprender, pero siempre lo hace, la gran cantidad de veces que corregir un error introduce uno nuevo, o se descubre uno que estaba oculto en la misma zona. Asegúrese de que el programa haya ido en la dirección de la perfección, en vez de dar un paso hacia atrás.

Los errores se agrupan y anidan. Cuando encuentre uno, redoble su búsqueda en esa zona. La probabilidad de encontrar más es mucho más alta que en cualquier otro sitio.

Lo diré una vez más para enfatizarlo, porque es un aspecto tan crítico que lo debería escribir tres veces. Donde encuentre un error, estarán rondando otros.

Una prueba de regresión guarda el estado de un programa antes y después de corregir el error. A continuación compara los dos estados. La comparación debería revelar que no solamente ha progresado el programa donde se ha eliminado el error, sino que el sistema no muestra un nuevo comportamiento errante. Es decir, que no ha sufrido una regresión en alguna otra zona.

La razón por la que los programas multihilo son más sensibles a este fenómeno llamado regresión es la posibilidad de que otros hilos puedan interactuar con el hilo que se corrige. Si dependen del nuevo estado del hilo cambiado, podrían comenzar a ejecutarse incorrectamente.

Los programas de prueba de regresión para otros lenguajes de computadora automatizan este tipo de depuración. Habitualmente, un programa de prueba de regresión mostrará el contenido de todas las variables que han cambiado desde una ejecución a la siguiente, siendo la "siguiente" el código corregido.

JTest y JProbe contienen programas de prueba de regresión, que mejoran en cada nueva versión. Estas son las características que espero que encuentre en los productos comerciales en un futuro cercano. Muchas de estas características ya están disponibles. Un punto de diseño clave será conseguir que el programa sea tan discreto como sea posible, porque el mero hecho de medir algo lo cambia. Confiemos en que los cambios sean imperceptibles.

Interacción con el usuario.   El usuario tendrá varios medios de activar instantáneas. Por ejemplo, al pulsar una tecla definida por el usuario o al pulsar un botón con la tecla `Control` pulsada, se activará una. El usuario será capaz de establecer instantáneas estáticas, igual que establece puntos de ruptura, cuando ciertas condiciones especificadas por el usuario se hagan true. Como con las cámaras, las instantáneas con un retardo pueden ser valiosas. Por ejemplo, el usuario podría desear una instantánea medio segundo después de que se produzca un evento.

El usuario será capaz de limitar el ámbito de una instantánea, pero el estado predeterminado será examinarlo todo.

Habitualmente, el usuario querrá tomar instantáneas en uno de estos cinco instantes:

- El inicio de un proceso.
- El final de un proceso.
- Cuando se está produciendo algo modal, como cuando se espera una entrada en una ventana.
- Cuando alguna condición se haga true.
- Un período de tiempo específico después de que suceda algo (se activa un evento, una condición se hace true).

Inicialización del programa.   El programa examinará el código buscando los nombres de todas las variables que estén en el ámbito y hayan sido especificadas por el usuario. Escribirá estos nombres de variable, no su contenido, en un array. Iniciará y suspenderá un hilo de instantánea, que sabe qué ámbito ha especificado el usuario.

Instantánea.   Cuando se active una instantánea, se despertará al hilo. El programa recuperará los nombres de variable de su array y almacenará el contenido actual de todas ellas. También almacenará datos claves del entorno, como la fecha y hora u otra identificación de la ejecución. Si lo solicita el usuario, podría listar los hilos en ejecución, los hilos congelados, etc. A continuación, el hilo se suspenderá, esperando a la siguiente activación.

Revisión. En el momento de la revisión, el programa comparará los resultados de dos o más ejecuciones que especifique el usuario. Cuando el contenido de cualquier variable haya cambiado, el programa identificará la variable y las dos ejecuciones. Se podría aplicar algún análisis estadístico. Por ejemplo, el programa podría ordenar la salida en función del nombre de la variable, el nombre de la clase, el contenido de la variable o el porcentaje de cambio en el valor de la variable.

Si lo desea el usuario, estará disponible el conjunto completo de variables y su contenido. El usuario debería ser capaz de marcar las variables como "no debe ser incluida en el informe".

Claro está, el programa será capaz de almacenar los resultados en disco, presentar informes, publicarlos en correo electrónico, etc. Como es posible que estén implicados datos sensibles, se debería prever la posibilidad de eliminar todas las referencias a variables específicas, en la inicialización, en tiempo de ejecución y en su revisión.

Pruebas

Perdóneme si le dejé una impresión equivocada en el Capítulo 1. Es cierto que las pruebas, por sí solas, no son capaces de resolverle todos los errores. Sin embargo, la realización inteligente de pruebas sigue siendo la herramienta más importante para demostrar que existen errores.

Las pruebas durante la fase de depuración tienen un objetivo diferente. Intentan demostrar o refutar las hipótesis. Puede generar nuevas pruebas o refinar los casos de prueba existentes, haciéndose más y más específico en las pruebas.

Como he mencionado anteriormente en este capítulo, debería utilizar un refinamiento estilo binario. Como ejemplo trivial, supongamos que sabemos que hay un número erróneo en algún sitio entre uno y un millón. En primer lugar, elimine medio millón de posibilidades, después la mitad del resto, etc. En 20 pruebas binarias, en vez de en un millón de pruebas secuenciales, habrá aislado el número.

Escriba esqueletos de pruebas

Java 2 tiene más de 5.000 clases. Otros fabricantes han añadido miles más y usted habrá creado muchas clases propias más. Elegir la mejor clase para una tarea puede ser desalentador, especialmente porque algunas de las clases están mal documentadas. En defensa de los autores de las clases, la documentación perfecta es tan escurridiza como la programación perfecta. Sin embargo, ese hecho no simplifica la tarea de elegir una clase.

Cuando se necesita elegir entre varias clases posibles, a menudo un esqueleto de pruebas ayuda. Escriba un pequeño programa que implemente la clase, ejecútelo con datos de entrada y presente los datos de salida que le interesen. A menudo, buscará información acerca del rendimiento o los efectos secundarios.

Un analizador como los incluidos en JTest y JProbe, puede indicarle cuánta memoria y tiempo consume la clase. Poniendo puntos de ruptura, puede observar los valores de las variables. Añadiendo varios hilos y ejecutando otras clases, puede comprobar la interacción. Cuando los datos sean extensos, el esqueleto debería guardar los datos en disco o imprimirlos.

Cuando tenga datos suficientes, inserte una clase diferente en su esqueleto de pruebas y repita el proceso.

¡No descarte nunca los esqueletos de pruebas! Guárdelos, porque querrá utilizarlos de nuevo, habitualmente con modificaciones. Guarde las modificaciones y cree una biblioteca de esqueletos de pruebas. He escrito cientos de esqueletos de pruebas para demostrar o refutar aspectos de este libro.

Muy pronto, mi halo de popularidad se va desviar unos diez grados a la derecha. Bueno, ya me ha pasado eso antes. ¡Documente estos esqueletos de pruebas! Dedique el esfuerzo mental necesario para inventar nombres largos y descriptivos para sus archivos, clases y variables. No utilice nunca nombres como prueba1, prueba2 y prueba3. Si lo hace, yo lo sabré, y será mejor que su gorila sea más grande que el que le voy a enviar para que le azote. Utilice Javadoc para asegurarse de que dice cosas con sentido acerca de sus esqueletos de pruebas. A continuación, archive e indexe los resultados de Javadoc.

Utilice una pila de tarjetas de 3 x 5 pulgadas o escriba una aplicación en JDBC con búsquedas para que contenga los resultados.

En una persecución crítica, sea por aire, apagando un fuego, subiendo una montaña o terminando algo en el plazo, los minutos y segundos pueden ser preciosos. Son muchos los pilotos, bomberos o alpinistas que, si les hubiesen concedido cinco segundos en un momento crítico, podrían haber salvado su vida. Los pilotos, bomberos o alpinistas dedican de buena gana horas (incluso años) a su preparación y práctica, sabiendo que su preparación puede proporcionarles unos cuantos segundos que les pueden salvar la vida.

Cuando se enfrente a la finalización de un plazo, la preparación que haya puesto en un sistema como su biblioteca de esqueletos de pruebas puede ahorrarle una hora o una semana críticas. Por tanto, mientras tenga tiempo disponible, prepárese para cuando no lo tenga. Como ya sabe, se debe evitar la presión por terminar en un plazo porque provoca multitud de errores.

Ejemplos "¡Hola, mundo!" es el esqueleto de pruebas trivial. Millones de programadores lo han utilizado para demostrarse que podían escribir un programa diminuto en algún lenguaje, habitualmente C. En Java, tiene este aspecto:

```
public class holamundo {
  public static void main (String args[]) {
    System.out.println("¡Hola, mundo!");
  }
}
```

Ya lo sabía. Se puede convertir en su primer esqueleto de pruebas. Lo siguiente puede ser una ligera modificación que demuestra que una cierta sintaxis funciona. Este es otro ejemplo trivial:

```
public class holamundo {
  public static void main (String args[]) {
    int a, b;
    a = 5;
```

```
      b = 5;
      a = b = 10;
      System.out.println(a);
    }
  }
```

Imprime un 10. Usted ya lo sabía. Estoy siendo trivial porque no tengo ni idea de lo que usted desea probar. La idea es ofrecer un paradigma, no un conjunto de esqueletos de pruebas.

Supongamos que queremos incluir una calculadora financiera en un programa de gestión de existencias. Somos conscientes de que probar exhaustivamente esa calculadora es imposible. Un conjunto de pruebas razonable sería uno que se apoye en los resultados pasados, de forma muy parecida a lo que hacen las expresiones matemáticas. Si sabemos que $(a + b)$ funciona, y que la negación funciona, entonces se pueden aplicar pruebas similares a $(a - b)$, después a las diversas versiones de $(a + b - c + d - e)$, etc. A continuación, podemos ampliar los cálculos a la multiplicación, división, raíces y potencias. Podemos probar las iteraciones para evaluar una serie infinita. Los esqueletos de pruebas le pueden ayudar a hacer todo esto hasta poder confiar en que sus algoritmos para los valores actuales, valores futuros, interés y períodos de tiempo siempre funcionan. De nuevo, la idea es demostrar un paradigma. Los esqueletos de pruebas que escriba serán mucho más sofisticados que éstos.

Si utiliza herramientas de GUI para el desarrollo, los esqueletos de pruebas son buenas formas de probar las características de los eventos de una herramienta. Una de las primeras cosas que hay que hacer cuando se prueba una nueva (para usted) herramienta de GUI es instalar un esqueleto de pruebas en cada evento. Ese esqueleto indica cuándo se activa cada evento y puede revelar el contenido de algunas variables. De este modo, descubrirá la secuencia temporal de varios eventos y de si puede o no activarlos todos. A menudo, un evento requiere que se produzcan ciertas condiciones antes de poder activarlo. Si no se activa cuando lo espera, puede investigar antes de fiarse del evento.

Haga preguntas cuando se bloquee

Pregunte a su usuario mediante entrevistas.

Pregunte a su programa mediante pruebas.

Pregunte a su soporte técnico. Incluso aunque sea caro, una llamada de $50 que le ahorra diez horas es una ganga.

Busque en la Web. Hay muchos sitios de Java excelentes y varios pueden tener la solución. El Apéndice B tiene una buena lista de direcciones de Web.

Pregunte a sus colegas, especialmente a los expertos en otros lenguajes. Después de todo, solamente existen unas seis cosas que pueda hacer un lenguaje (procesamiento secuencial, bucles, asignaciones, recursión, etc.) y su amigo conocedor de COBOL podría tener su respuesta. Incluso aunque no sea así, me parece que el acto de explicar el problema me dirige a su solución más de la mitad de las veces.

Pregúntese a sí mismo después de un descanso. Uno de los consejos más sabios que he recibido es no examinar nunca una página de código durante más de diez minutos. Tómese un refresco para refrescar su mente. Probablemente se encuentre con alguien que esté deseando escuchar su problema. Si eso no funciona, váyase a dormir, pero deje cerca de la cama una libreta por si se despierta con la solución.

Es una pena tener una cama en la oficina y que te miren mal por ello. En casa, me puedo tumbar en la cama y resolver los problemas informáticos más difíciles en unos minutos. En la mayoría de las oficinas, me echarían por ir a tumbarme un rato. ¡Es una profesión muy extraña la nuestra!

CAPÍTULO 10

Pruebas

El primer capítulo de este libro demostraba que las pruebas, por sí solas, son insuficientes para encontrar todos los errores. Eso es cierto, pero las pruebas siguen siendo su aliado más fuerte en la guerra contra los errores de programación.

Este capítulo comienza estudiando las distintas maneras de realizar pruebas. Muestra cómo llevar a cabo esas pruebas y cómo no hacerlo, y la enorme dificultad que implican. Contiene varias propuestas para el software que podrían automatizar dichas pruebas.

Finalmente, presenta JTest, un producto comercial que evita y detecta errores en las clases de Java automáticamente.

Localice y extermine los errores

La matrícula de un nuevo VW Beetle ponía "IH8RAID".

Si enciende la luz de la cocina y algo pequeño se mueve en medio del suelo, su prueba generalizada habrá tenido éxito. Al instante, sus ojos comenzarán una prueba más específica para saber lo que se ha movido. En una búsqueda más específica, localizará una cucaracha y sus pruebas específicas habrán tenido éxito. El bicho habrá recibido su sentencia de muerte.

Sin embargo, si la cucaracha consigue llegar al rodapiés antes de que pueda interceptarla, probablemente podrá escapar. Deberá localizar al bicho para poder exterminarlo.[5]

De forma similar, utilizamos instrumentos de código para ayudarnos a localizar los errores del programa que las pruebas generalizadas nos han revelado.

---

[5] N. del T.: De nuevo, el autor juega con el símil entre "error software" e "insecto", sinónimos en inglés, para sus descripciones.

Aplique instrumentos a su código

Igual que un avión tiene cientos de instrumentos físicos especializados que le indican al piloto si algo va mal, usted puede instalar instrumentos virtuales especializados en su código. Sin embargo, no instalaríamos una brújula para medir la temperatura del escape de un motor a reacción ni un indicador de la velocidad del aire para supervisar la cantidad de gasolina. Tenga cuidado en cómo instrumenta su programa. Después de todo, usted deberá crear la mayoría de los instrumentos y los que compre le pueden costar mucho dinero. Los instrumentos de Java pueden ser de muchos tipos. Por ejemplo:

- Puntos de ruptura en una compilación especialmente instrumentada que es creada por un depurador:
  - Cuando se llega a una línea concreta.
  - Cuando se llega a un método concreto.
  - Cuando un contador llega o supera un valor concreto.
  - Cuando alguna condición booleana que definamos se haga true.
  - Cuando el código lance una excepción Java concreta.
  - Cuando el código lance una excepción declarada por el usuario.
- Puntos de observación para mostrar los valores de las variables.
- Rutinas de registro, que escriben información en archivos de disco o la imprimen.
- Sistemas de grabación que hacen un seguimiento de a dónde va el programa en su ejecución.
- Cuadros emergentes que muestran algo que parece interesante.
- Contadores que indican cuántas veces se ejecutan ciertos fragmentos de código.
- Temporizadores que indican cuánto tardan en ejecutarse los fragmentos de código.
- Instrumentos que cambian los valores de las variables cuando toman valores extraños, permitiendo que el código continúe, pero registrando la acción que han tomado:
  - Sistemas de observación que hacen un seguimiento de los hilos, buscando diversos tipos de conflictos.
  - Sistemas de observación que controlan la utilización de la memoria y otros aspectos del entorno de la computadora.
  - Sistemas de seguimiento de la utilización del disco.
  - Sistemas de seguimiento de la utilización de la red que buscan cuellos de botella en tiempo y utilización.
  - Sensores que esperan en los puertos a que los periféricos controlados por Java informen de problemas.
  - Docenas de instrumentos que no se mencionan aquí, como instrumentos especializados que usted invente.

Algunos de estos instrumentos, como **throws** y **try**, son baratos y pequeños. Otros son bastante caros en términos de rendimiento, esfuerzo de programación o dinero. Parte de nuestra habilidad en la programación es escoger los mejores instrumentos.

Eso implica habitualmente hallar el compromiso entre simplicidad y la capacidad de encontrar el mayor número posible de errores.

Compilación condicional

C, C++ y (desde hace pocos años) Visual BASIC incluyen la compilación condicional. La idea era tan poderosa que los primeros ejemplos de C++ estaban escritos en C, utilizando el compilador condicional de C. Como simplificación, Java abandonó el concepto de compilación condicional por el concepto más poderoso del **try-catch-throw-throws-finally**. Con su versión 7, Visual BASIC ha adoptado finalmente esta idea más sofisticada.

Cualquier lenguaje puede incluir capturadores de error y herramientas de depuración integradas, activadas y desactivadas con una bandera común. Una mejora que consiguió la compilación condicional frente a esa idea es que cuando la condición se desactiva, la versión compilada ya no contiene el código condicional. En otras palabras, se pueden instalar los capturadores de errores compilados condicionalmente que se deseen y utilizarlos para el desarrollo. Después, cambiando un conmutador software, pueden ser eliminados totalmente al crear una versión para los usuarios. Sin embargo, permanecen en el código fuente, listos para ser utilizados cuando se vuelva a cambiar el conmutador software.

El bloque **try** no desaparece del código Java compilado, pero el código no sufre una penalización en el rendimiento por tenerlo hasta que realmente se capture un error. Puede demostrar esta afirmación con un analizador. Además, el try es computacionalmente pequeño.

Como se ha mostrado anteriormente, la verdadera elegancia del concepto de **try-catch-throw-throws-finally** es que no oculta el núcleo del programa como hacen los capturadores de errores tradicionales y las herramientas de depuración integradas.

¿Dónde se encuentran los errores?

Si los errores se distribuyeran de forma uniforme, las pruebas aleatorias serían un método adecuado de descubrir algunos de ellos. Sin embargo, no es así, y eso es bueno. Al saber dónde debemos mirar, podemos maximizar nuestros esfuerzos, de forma bastante parecida a la de un minero buscando oro, cribando los ríos de California en vez del río Missouri.

Los errores se agrupan alrededor de los límites

Hay muchas razones por las que los errores se agrupan alrededor de los límites, pero la fundamental es que los programadores no viven, mentalmente, alrededor de esos límites. Y afróntelo, los programadores escriben casi todos los errores.

Póngalo de otro modo, los errores son más frecuentes en un territorio mental inhabitual. Por ejemplo, todos sabemos que 12 + 14 son 26. Esos números están en el rango normal de la capacidad de cálculo de los humanos. Incluso no tenemos que "llevarnos una". Pensándolo, en menos de una décima de segundo tenemos la respuesta. Pero, ¿cuál es el resultado de 16.543 + 16.432? Podemos necesitar de diez a cien veces más de tiempo (de 1 a 10 segundos) para calcular el resultado mentalmente. Ni siquiera podemos decir verbalmente la respuesta en una décima de segundo. Por tanto, es más sencillo que una persona evite un error en un cálculo cuyo resultado sea 26 que en uno cuyo resultado sea 32.975.

El que haya o no un error depende del tipo de número que sea el resultado. Si es un **short** con un máximo de 32.767, entonces sumando 16.543 + 16.432 automáticamente tendrá un error. Si es un **int** o un **long**, cualquier problema en el código es un poco más sutil.

Una vez recibí una llamada de socorro diciendo que un informe había dejado de funcionar después de unos cinco años de funcionamiento correcto. Resultó que el informe dependía de un archivo que se creaba varias veces al día y dicho archivo no se estaba actualizando. Pero, ¿por qué no?

La computadora (una VAX de DEC) tenía una característica muy simpática. Los archivos tenían números de versión. Cuando el sistema operativo escribía un archivo con el mismo trayecto y nombre que otro existente, no borraba nada. Le daba al archivo un nuevo número de versión y mantenía el archivo antiguo hasta que alguien lo borraba.

En el caso de mi llamada de socorro, el programa escribía el nuevo informe en el directorio, verificaba que nada había fallado y a continuación borraba el antiguo. De este modo, Informe.txt;111 se convertía en Informe.txt;112 una hora después, etc.

El problema se produjo cuando el número de versión se hizo 32768. El sistema operativo alcanzó un límite y rechazó crear un archivo nuevo. Así que un programa que funcionaba perfectamente se interrumpió por primera vez en cinco años. Como es habitual, encontrar el error fue difícil, pero la corrección fue trivial.

Mentalmente, el programador no se preocupó por ese límite poco documentado. ¿Y quién lo haría?

Los errores "fuera del límite por un valor" se encuentran entre los más habituales

Los errores "fuera del límite por un valor" afectan habitualmente a los límites. Por ejemplo, el fragmento de Java siguiente:

```
for (contador = 0; contador < 10; contador++) {
// Otro código aquí
}
```

itera desde cero hasta nueve. La mayoría de los errores de este bloque de código se encontrarán alrededor de los valores del contador cero y nueve. Si un array utiliza *contador* como índice, ¿tiene una posición cero y una posición nueve? Es más probable tener un error allí que en la cuarta y quinta posición. ¿Tiene por error una posición diez por la que el bucle no pasa?

Otros tipos de límites

Los errores se agrupan alrededor de los límites de un archivo, alrededor de comienzos y finales de cadenas, alrededor de los tamaños máximo y mínimo de los números y alrededor de los límites de su precisión. Siempre que encuentre un límite en su programa, tenga cuidado con los errores que le acechan.

La mayoría de las pruebas se deberían ejecutar cerca de los límites de algún tipo. Estos son algunos de los límites que debe considerar:

- Tamaños de archivo de varios tipos de medios. Los discos flexibles, CD y discos duros tienen límites de tamaño, a veces impuestos por el sistema operativo o por la BIOS de la computadora. Algunos medios de almacenamiento grandes tienen límites en los rangos de 2 gigabytes y 8 gigabytes.
- Límites en los nombres de archivo. Algunos programas, como algunas redes Novell, siguen exigiendo el convenio de nombres de archivo 8.3. Algunos sistemas operativos solamente permiten 255 archivos en el directorio raíz de un disco flexible, pero 65K en los subdirectorios. Ese es el número de archivos, no sus tamaños. Algunos sistemas permiten, y otros no, varios caracteres no alfabéticos y no numéricos, como los espacios. Algunos sistemas no permiten un número como primer carácter de un nombre de archivo. Algunos permiten, y otros no, nombres de archivo en letras mayúsculas o mezclando mayúsculas y minúsculas. En algunos, los nombres de archivo diferencian mayúsculas y minúsculas y en otros no. Como Java se ejecuta en casi todos los sistemas, estas diferencias pueden hacer que el programa no sea portable.
- Versiones de archivo. Algunos sistemas operativos, como VMS, permiten tener un número de versión en el nombre de archivo, como MiArhcivo.Txt;111, pero imponen un límite de 32767 en el número de versión.
- Algunos sistemas operativos permiten cambiar la fecha en que se han creado o modificado los archivos. Las fechas tienen sus propios límites peculiares. ¿Se permite el 30 de febrero o el 55 de marzo? ¿Está el 28 de febrero en el formato adecuado? ¿Equivale 01/02/03 al 2 de enero o al 1 de febrero, y cuál es el año exacto?
- Algunos sistemas operativos permiten cambiar la propiedad, el modo, etc., de un archivo, imponiendo varios límites a dichas actividades, que dependen a menudo de los privilegios de su programa o del usuario.
- Algunos programas, como Word, guardan una gran cantidad de información del usuario con el archivo. Si su software hace lo mismo, ¿qué límites hay para dicha información?
- Los números tienen limitaciones, que en Java son sencillos de memorizar porque los límites numéricos no varían de plataforma a plataforma.
- Las cadenas tienen limitaciones, algunas sutiles. Las cadenas tienen longitud, claro está. Las cadenas tienen también principios y finales, y al final de la cadena se le podría asignar un carácter especial, como en C. Las cadenas pueden tener delimitadores entre palabras o entre campos. El delimitador no se encuentra habitualmente al principio y al final de la cadena. Por tanto, el número de delimitadores es habitualmente, pero no siempre, el número de palabras o campos menos uno. Eso puede ser un límite.
- ¿Se está dando cuenta de que cualquier propiedad es un límite? Cualquier cosa que caracterice a algo, cualquier cosa que describa sus propiedades, es un límite. Cualquier cosa que indique cómo algo hace algo, es decir, que describa sus

métodos, es un límite. De acuerdo a este razonamiento, las propiedades y métodos de una clase son, ellos mismos, unos límites.

- Hay límites en las propiedades y métodos de cualquier objeto. Dichos límites son la lista de propiedades y la lista de métodos, que se distinguen de las propias propiedades y métodos. Si intenta referirse al método OnError de un cuadro de texto, probablemente descubrirá que no lo tiene. Algunos cuadros no tienen títulos. Tienen en su lugar propiedades de lista o de texto. La mayoría de los cuadros de imagen no tienen propiedades RecordSource.

- Las conversiones de datos siempre tienen límites estrictos y, a menudo, complicados.

- Las conversiones de tipos numéricos pueden perder datos cuando un tipo de número supera el límite del otro. Si se hace una conversión de un **int** en un **byte** se puede perder información a causa del límite en el tamaño de un **byte**.

- Al obtener el valor de una cadena como "Castellana 123" se pierden datos. Mantenemos el número 123, pero perdemos el nombre de la calle. Eso es un límite. ¿Y qué sucede con la "Calle 7 123"? ¿Cómo manejaría esta situación su programa? ¿Podría un error que intercambia puntos por espacios equivocadamente provocar que ese valor se interprete como 7.123? Yo he podido ver cómo se producía esta rareza.

- Los datos de entrada imponen límites en el sistema de destino y cualquier sistema de destino impone límites en los datos de entrada. Estos límites a menudo se comprenden mal.

- La gente cambia de nombre, en concreto por matrimonios. La gente deja sus trabajos. Los nombres de computadora en la red cambian en esos casos. Si un programa necesita enviar un correo electrónico a personas o computadoras específicas, eso es un límite que es fácil de pasar por alto durante las pruebas. Lo que es seguro es que introducir el nombre de una persona en un código es una mala costumbre, pero a veces usted heredará el trabajo de otra persona.

- Muchos procesos tienen límites temporales. Un hilo, que espera en un puerto, puede sufrir un fin de temporización o morir. Una conexión puede sufrir o no un fin de temporización. Una conexión que nunca sufre un fin de temporización impone un tipo de límite inverso, porque habrá cosas esperando por culpa de su detención.

- La gente impone muchos tipos de límites. La investigación de los factores humanos muestra que una persona comienza a estar inquieta si no pasa nada durante tres segundos y piensa que la computadora se ha colgado después de 7 segundos. Después de esperar treinta segundos sin actividad por parte de la computadora, la mayoría de los usuarios están pensando en reiniciar a la bestia o en llamar al servicio de atención al usuario. Al menos, se están preparando una taza de café o una conversación con sus colegas.

- Mucha gente es daltónica. Esto impone límites a la interfaz gráfica de usuario. Hay mucho azul en una luz verde de tráfico; el objetivo es ayudar a los daltónicos a distinguirlo del rojo. La mayoría de los daltónicos pueden diferenciar el azul del rojo, pero a menudo el azul frente al verde o el verde frente al rojo son indistinguibles para ellos. El daltonismo varía mucho.

- ¿Tiene un cuadro de error de color rojo parpadeante? ¡A los epilépticos no les va a gustar! Es un límite que me afectó una vez.
- Las discapacidades físicas imponen límites. Es posible que tenga que considerar límites de agudeza visual o límites impuestos por la ausencia de un ratón.
- Las pantallas táctiles tienen sus propios límites, especialmente en la resolución del lugar exacto en que son tocadas. Hoy mismo, he visto cómo un pequeño botón Inicio de la esquina inferior izquierda de una pantalla táctil de Windows es casi imposible de activar con un dedo.
- El medio físico puede tener límites. ¿Qué sucede si el sistema se debe ejecutar con un calor de 120 grados en medio de una tormenta de arena en un desierto? ¿Qué sucede si necesita ejecutarse en una atmósfera de fábrica cargada de partículas de petróleo microscópicas (olvídese de utilizar un ratón tradicional de bola) o en una atmósfera de gas hexano explosivo utilizado para extraer el petróleo? ¿Puede funcionar en un entorno con mucho polvo? ¿Qué sucede si necesita ejecutarse en la radiación del espacio exterior? ¿Es necesario diseñar algo que maneje estos límites? ¿Es necesario que su software los considere?
- Los presupuestos imponen límites. Habitualmente, ¡eso es bueno! A veces, no.
- La política, dentro de la empresa, entre los clientes e incluso internacionalmente, impone límites. ¿Se puede exportar su nuevo software de cifrado de 256 bits? ¿Son sus gráficos legales o adecuados en otros países y culturas? ¿Ofenderá su texto a todo un grupo religioso? No querrá tener que esconderse.
- Los gráficos de Windows tienen algunos límites (estándares) que muchos programadores no desean considerar. Por ejemplo, en cualquier objeto en 3-D en la pantalla se deberían aplicar sombras como si la luz procediese desde arriba con un ángulo de 45 grados a la izquierda del objeto. ¿Están las sombras de sus botones en un sentido y las de los paneles de la pantalla en el otro?
- El público al que va dirigido es un límite. Los programas creados para niños tienen límites textuales, de estilo y visuales diferentes que los de los programas creados para atraer a inversores de una compañía punto.com6.
- El tamaño de la pantalla es un límite. Los programas de CAD utilizan habitualmente pantallas enormes. La resolución de la pantalla es otro límite. Algunos programas, especialmente los de juegos, simplemente no se pueden ejecutar bien en un monitor de 14 pulgadas porque se necesitaría una lupa.
- El número de colores es un límite. ¿Es necesario utilizar sólo 16 colores o es necesario especificar más? ¿Es correcto trabajar en blanco y negro?
- Los informes tienen límites. ¿Necesita poner 256 caracteres en una línea apaisada de 10 pulgadas y que siga siendo legible la fuente? ¡Buena suerte! ¿Necesita que quepa todo en una página? Ese puede ser un buen reto como límite.
- ¿Necesita su programa una impresora en color? Ese es un límite. ¿Necesita especificar la fuente y el color? Esos son límites. Algunas impresoras pueden no funcionar con su programa.
- El software podría necesitar controladores especiales, que pueden no funcionar en todo el hardware –más límites.

- Las interacciones entre hilos imponen límites. Software multihilo que se ejecuta perfectamente en algunas plataformas puede funcionar fatal en otras debido a la forma en que la JVM secuencie los hilos.

En el primer capítulo hicimos que fuera un juego el descubrir nuevas clases de errores. Puede hacer lo mismo para añadir nuevos elementos a la lista de límites. Haga que sea un juego y mantenga un archivo con los resultados. Cuando desee diseñar casos de prueba, coja su lista de límites y deje que le inspire.

Los errores se agrupan alrededor de otros errores

En algunos aspectos, este fenómeno demostrado es contrario a la intuición. Después de eliminar veinte errores de un fragmento de código y dos de otro, podría pensarse que el primer fragmento tiene menos errores y quizá tenga razón, pero es difícil.

La experiencia demuestra que el código en el que se encuentran más errores sigue siendo en el que más quedan.

La conclusión es obvia. En una mentalidad tipo "donde hay humo es que hay un fuego", debería buscar si hay más errores donde ya ha encontrado algunos.

Cuando piense en los factores que provocan errores, resultará obvio el por qué los errores se agrupan en lugares especiales. Dichos factores de causa son relativamente a largo plazo, por lo que tienden a producir muchos errores en zonas pequeñas de código. Entre dichos factores se encuentran:

- Presión por la finalización de un plazo, que tiende a incrementar la tasa de errores en los últimos módulos que se desarrollan.
- Comprensión inadecuada de un algoritmo, lo que hace que tenga errores en donde se encuentre.
- Pocos estándares de programación personales o de la empresa, lo que tiende a provocar que algunos programadores cometan más errores que otros.
- No seguir los estándares establecidos, lo que puede ayudar a encontrar errores en base a quién ha firmado el código o a quién invierte las letras en palabras como "arhcivo" (en vez de archivo).
- Algunos motivos importantes de irritación, que provocan provocaciones.
- Una tonelada de correo electrónico después de unas vacaciones.
- Curvas de aprendizaje.

Estos factores no desaparecen en minutos o incluso horas. Cuando alguien está programando bajo su influencia, la posibilidad de que aparezcan errores se incrementará. De este modo, cuando aparece un error, es probable que surjan más. Por otra parte, si examina una rutina con atención y no encuentra ningún error que pueda desviar el proyecto, es muy probable que otras rutinas escritas por la misma persona aproximadamente en la misma época tengan pocos errores, o ninguno.

Hay una gran diversidad de gente en lo que respecta a escribir código sin errores. Recientemente, realicé actualizaciones en un sistema más bien pequeño escrito durante años por al menos cinco programadores y por separado. Dos de ellos firmaron su trabajo y tres no. Después de bastante experiencia con el código, descubrí que podía ver las firmas y predecir muchos de los tipos de errores que iba a encontrar. Cuando encontraba una firma concreta, que llamaré ABC a partir de ahora, me estremecía. Sabía que los errores del código de esta persona inteligente serían especialmente difíciles de encontrar y que serían desagradables.

ABC escribió el infame error del Campo13. Rara vez daba a sus objetos nombres con sentido. Simplemente llamaba a las cosas Texto12, Texto13, Texto14, etc. Pero primero vamos a ver más antecedentes.

Una de mis tareas era actualizar un gran número de formularios para que tuvieran un aspecto más universal, agradable y amigable. Todos tenían un tema similar. Elegí los colores y fuentes y obtuve la aprobación de los usuarios para el diseño básico. A continuación, creé una cabecera de plantilla que constaba de dos etiquetas, con un ligero desplazamiento para conseguir un aspecto 3-D agradable, y añadí una etiqueta de versión. Sobre cada cabecera antigua, copié la nueva, cambié dos títulos y ya estaba terminado. O eso pensé yo. Un formulario se compiló, pero se negó a funcionar bien. Un subformulario no estaba recibiendo información y se quejaba de que los datos debían proceder de un misterioso Campo13.

No existía ningún Campo13, por lo que comprobé el código original. Después de un esfuerzo considerable, descubrí al culpable. No era un campo en absoluto, sino un cuadro de texto que ABC había ocultado detrás de tres etiquetas en la cabecera del formulario, y una de estas etiquetas era precisamente del mismo tamaño y estaba en el mismo sitio que el Campo13.

En primer lugar, no era necesario ocultar el cuadro de texto, porque en tiempo de ejecución era invisible.

Un mes después, estaba trabajando con otro formulario de ABC que tenía cuatro cuadros de texto y cuatro etiquetas. Las etiquetas y cuadros de texto tenían los mismos nombres y eran elementos de un array. Quería asegurarse de que había algo en cada cuadro de texto cuando el usuario pulsaba sobre el botón Aceptar para realizar algunos análisis de laboratorio. En vez de escribir cuatro líneas para comprobar los cuatro cuadros, puso los ocho objetos en un array y escribió siete líneas de código para recorrer dicho array sobre los objetos pares únicamente, comprobando si la entrada era nula. Después de todo, no era necesario comprobar las etiquetas, solamente los cuadros de texto. Para empeorar las cosas, emitía un mensaje de error construido a partir de propiedades de los cuadros de texto y sus etiquetas, junto con varios caracteres a los que sólo se refería por sus valores en ASCII.

Este esquema tan inteligente funcionó bien hasta que alguien tuvo que enterarse de qué es lo que estaba intentando hacer. Lo consideré un error, simplemente porque no utilizaba un enfoque directo, ¡que habría sido tres líneas más corto!

Afortunadamente, ABC habitualmente firmaba su código porque me daba pistas de qué tipos de errores buscar. En su trabajo, se pueden encontrar errores que se agrupan alrededor de sus grandes dosis de inventiva.

Otro programador, que no firmaba su trabajo, tenía una clase de errores totalmente diferente en su código. Sin embargo, esa persona tenía problemas al deletrear palabras que tuvieran "ie" y "ei" en ellas. Cuando veía una palabra mal deletreada como "archieve" en vez de "archive" o "recieved" en vez de "received", sabía que tenía que buscar errores en sus interfaces con la base de datos, porque los encontraría, incluso en código que se había estado ejecutando durante años.

Comprobar la realidad

Mi jefe dejó su libro y vino a mi oficina. "¿Cuánta agua vierte el Mississipi en un día?", me preguntó. Debía de tener una cara pálida porque me dijo, "Realmente quiero saberlo. Piénselo y venga a decírmelo."

Por tanto, llamé a alguien de Nueva Orleáns y después de unas cuatro llamadas tenía una estimación bastante buena de un funcionario del Estado de Louisiana.

Mi jefe me miró y dijo algo que nunca olvidaré. "Eso encaja con lo que acabo de leer en este libro. Así que si puede hacer esto, ¿por qué ha hecho una estimación exageradamente elevada en este documento que me dio la semana pasada?"

Me acerqué a su mesa para verlo. Mi estimación era demasiado elevada porque se basaba en otra estimación que era desmesurada. El libro de mi jefe estaba abierto en una página en la que el jefe del autor había cometido la misma estupidez. Mi jefe me había engañado para darme una lección inolvidable. No había realizado una comprobación de la realidad.

Decidí en ese momento que siempre debía someter una estimación a la fría prueba de la realidad, y finalmente conseguí ser bastante bueno en la realización de estimaciones rápidas y precisas.

Si está cayendo en picado en un caza a 600 km/h, ¿a qué altitud mínima debe comenzar a salir del picado? Peque por no hacer caso a la realidad y, si tiene suerte, alguien tendrá que quitar la pinaza de su tren de aterrizaje cuando llegue. Si no tiene suerte, alguien le sacará de los pinos. Rara vez las estimaciones de la programación deben ser exactas, ¿pero qué sucedería si el programa fuese a provocar que los motores del módulo de aterrizaje en Marte se apagaran estando a cien pies por encima del suelo? ¿Podría una comprobación de la realidad haber encontrado el error provocado porque un grupo ha utilizado la métrica decimal y el otro la inglesa en el predecesor fallido de ese módulo de aterrizaje fallido?

Supongamos que tiene que transferir un archivo crucial a Kansas y que alguien dice que tardará nueve horas en su línea de 56K. Supongamos que es seis horas más rápido hacer que un mensajero lleve un CD hasta ahí. ¡Mejor vaya encargándolo!

Es el momento de comprobar la realidad. ¿De qué tamaño es el archivo? ¿4 MB? Bueno, a una velocidad aproximada de 15 minutos por MB, ¿no le parece que tardaría una hora en vez de nueve?

Esta es una forma extraña de examinar algo. A 15 minutos por MB, ¿cuánto tarda un archivo de 20 MB en recorrer 300 millas? Bueno, 15 * 20 = 300 minutos, o 5 horas. Entonces, 300 / 5 = 60 millas por hora. ¿Ese archivo sólo va a 60 mph? ¿Qué le ha pasado a la velocidad de la luz?

Es casi como preguntar cuándo un tren de una milla de longitud viajando a 30 mph pasa la estación de trenes si el primer vagón llega a las 9:00 a.m. ¿Ha pasado el tren a las 9:00 a.m., a las 9:02 a.m. o en un momento intermedio? En el caso del archivo, el así llamado "tren" sería de millones de millas de longitud, excepto que el primer vagón ha empezado a llegar al destino horas antes de que el "farolillo" abandone el origen. Habitualmente no pensamos en estos términos, ¿no es así?

Lo importante es que la gente no suele vivir, mentalmente, entre ciertos tipos de límites. Por ello, resultados como que un mensaje electrónico viaje a sólo 60 mph, en vez de a unas 186.000 millas por segundo, parecen extravagantes. Sin embargo, los errores se suelen agrupar alrededor de cualquier tipo de límite, especialmente de los más extravagantes.

Pruebas de caja negra

El Capítulo 1 comenzó con un ejemplo de prueba de caja negra, en la cual se prueba una implementación de la fórmula de Heron únicamente con entradas y salidas. El programa, visto como una caja negra, acepta una entrada y se supone que debe generar un cierto tipo de salida. Sin preocuparnos por cómo funciona el programa, se supone que el encargado de las pruebas debe deducir a partir de las entradas y salidas que el programa funciona.

El objetivo es encontrar tantos errores como sea posible en cada prueba. Por esta razón, las pruebas se deberían agrupar en donde se encuentran los errores. Esa es una razón excelente para mantener y ampliar una lista personal de límites. Le ayudará a vivir, mentalmente, donde se encuentran los errores.

Pruebas de caja transparente

Este tipo de pruebas se preocupan de "cómo" funciona un programa, no tanto de que un conjunto concreto de entradas genere un cierto tipo de salidas. Las pruebas de caja transparente se basan en la suposición de que el compilador es correcto, y que una sentencia dada siempre generará los mismos resultados dentro de su conjunto normal de parámetros, que están bien definidos. En los lenguajes multihilo, esas suposiciones son bastante cuestionables. Sin embargo, las pruebas de caja transparente son muy valiosas para los desarrolladores. Por ahora, vamos a aceptar dichas suposiciones.

Dadas estas premisas, un programador puede demostrar a menudo que un fragmento de código es correcto, o que no lo es. Por ejemplo, supongamos que un bucle tiene exactamente un punto de entrada, exactamente un punto de salida, exactamente una condición de entrada y exactamente una condición de salida. Podemos decir con seguridad que si se entra en el bucle y se demuestra que la condición de salida se va a cumplir en algún momento, entonces se saldrá del bucle. Eso no es suficiente para demostrar que el bucle es correcto, pero es parte de la prueba de su corrección. Seguimos necesitando conocer que el bucle hace lo que debe en cada iteración.

Un aspecto a menudo despreciado es si se debe establecer adecuadamente el índice del bucle cuando se sale del mismo.

El recorrido clásico por el código es un ejemplo de pruebas de caja transparente. Un grupo, compuesto básicamente de programadores, revisa el trabajo de un programador, buscando sitios en los que podría fallar o fallará en la generación de los resultados adecuados.

Por sí sola, la prueba de caja transparente es insuficiente, porque a la gente le resulta difícil o casi imposible predecir los resultados de un conjunto de código. Cuando esto es posible, puede estar lejos de la resistencia de los humanos el hacerlo. Por ejemplo, las pruebas de caja transparente habrían fallado en la búsqueda del error que provocó que el programa de mi alumno redondeara erróneamente 101,001 a 101,01 en vez de a 101,00. Las pruebas de caja transparente asumen que el compilador es correcto, lo que no era cierto ese día. Le preocupó al alumno, que imaginó que el código probablemente era correcto, por lo que le puse un 100 por ese ejercicio. Sin embargo, si la computadora de Neil Armstrong se hubiera fiado de ese programa, es posible que nunca hubiera caminado sobre la luna.

Otro par de ojos (es el momento de pavonearse)

Las pruebas de caja transparente se deben configurar correctamente si se desea que funcionen bien, porque la programación sin ego es un mito. Un programador me dijo una vez, "Nunca dejaré que nadie lo sepa, pero tengo un ego tremendo." A causa de los egos, la propia sesión de pruebas tiene modos de fallo que pueden anular la capacidad de las pruebas de caja transparente de encontrar errores. El jefe y el grupo deben trabajar con diligencia hacia el éxito.

El jefe del grupo establece la reunión porque el que convoca la reunión es la autoridad de hecho en la reunión. El jefe establece la agenda, los asistentes y los límites de tiempo.

Todas las reuniones deben tener una agendas oficiales, aunque muchos jefes se olvidan de hacerlo, posiblemente porque es una cortesía que requiere una meditación cuidadosa. Las revisiones de código, en especial, necesitan una agenda, y la agenda debe llevar una nota al pie que indique que deberá ser seguida estrictamente. Las revisiones de código son bastante estresantes y la estructura que impone una nota así es bastante tranquilizadora.

Los asistentes típicos serán el desarrollador, posiblemente un becario o dos, varios colegas (incluyendo un par de otro proyecto), un programador respetado y antiguo y el jefe. Se puede designar a uno de los asistentes como secretario o se puede utilizar una grabadora para registrarlo todo. Cuando yo soy el jefe, prefiero actuar como grabadora. Algunos dicen que las aportaciones del usuario son valiosas, pero lo que siempre he observado es que la presencia de un usuario perturba el proceso ideal, porque nadie quiere revelar un error en presencia del usuario.

El gran imperativo es prohibir que algo se parezca a un ataque personal. La agenda lo debería decir y con claridad. Generalmente, los colegas de un programador evitarán hacer observaciones despectivas. Por un motivo: saben que son los siguientes. Sin embargo, el jefe disfruta del lujo de que su código probablemente no se someta a un examen profundo. Además, las palabras de un jefe son más importantes que las de un colega. El jefe es el que debe elegir las palabras y los tonos de la voz con mucho cuidado.

La agenda indica que el objetivo principal de la reunión es encontrar errores, y todo el mundo coincide en que existirán. Todos saben que el código no trivial siempre tiene errores. Todos están de acuerdo en que una sola persona nunca va a encontrar todos los errores –y, en este caso, un solo grupo–. Sin embargo, el objetivo de la reunión es encontrar tantos errores como sea posible.

Puede ser una buena idea incluir una nota que diga que se han "sembrado" cuidadosamente un conjunto de errores en el programa (hablaremos más de esta idea posteriormente).

El objetivo secundario es el aprendizaje. La persona que ha escrito el código dirige la revisión, línea a línea, explicando el razonamiento para cada línea y por qué funciona. Los colegas aprenden, al menos, qué es lo que hace esa parte del proyecto y, habitualmente, unos cuantos conceptos de programación nuevos. De manera similar, el autor del código aprenderá por lo general unas formas nuevas y posiblemente mejores de programar. Las notas del secretario deberían incluir formas de evitar cada error en el futuro y el secretario debería poder preguntar al equipo, "¿Cuál es la mejor manera de evitar este tipo en el futuro?"

Cuando se descubre un error, la actitud del equipo, incluyendo al autor, debería ser, "¡Fantástico! Ese es un error que los clientes nunca encontrarán." Una recompensa está bien, y el que encuentre el error podrá elegir un caramelo. Al conocer el código mejor que sus colegas, el autor descubrirá aproximadamente las dos terceras partes de los errores.

Supervisé una revisión de código en la que la voz del autor comenzó a caer en volumen hasta que fue inaudible. Se paró un momento, se estiró y se acercó la caja de caramelos hasta su esquina de la mesa. Se sentó, avergonzado, con un coro de voces que decía "¿Qué pasa? ¿Qué pasa?"

Todos le miramos y, después, al programa que estaba sobre la mesa. Ahí en mitad de la página había un error tan impresionante que hizo que el resto de la sesión dejara de tener sentido. Dije algo parecido a "Creo que Juan se ha ganado el resto de los caramelos." Carlos bromeó, "Lo va a necesitar. ¡Ha tenido que sufrir bocadillos a medianoche durante una semana para pillar este error!

Carlos no estaba bromeando. El tiempo apretaba, por lo que se había quedado hasta muy tarde cuatro noches para ayudar a Juan a corregir el problema a tiempo para el plazo siguiente. Carlos nunca me dijo que lo había hecho.

La agenda no incluye específicamente tiempo para corregir errores, pero permite que los asistentes sugieran tres cosas:

- Posibles posiciones de los errores.
- Formas de localizar el error con más precisión.
- Posibles métodos de corrección.

La sesión debería durar aproximadamente 45-90 minutos. Si se alarga más, la gente comienza a inquietarse perdiendo la concentración. Como la depuración es una de las actividades más cerebrales en la programación, posponga la reunión si se mantiene el interés.

La peor hora para tener una reunión así es media hora antes de terminar, porque la idea es encontrar errores, ¡no pasarlos por alto! La siguiente peor hora es una hora antes de la comida. La tercera peor hora es justo después de la comida, porque la gente debe estar mentalmente activa. La cuarta peor hora es en medio de la tarde. Ya sólo nos queda las 9 a.m. Pregunta: ¿Eso ha sido un razonamiento inductivo o deductivo?

Si dirige un equipo de gente de tarde, entonces la mejor hora es las 2 p.m.

Prueba de todas las decisiones lógicas

La dirección de un hilo es controlada por las decisiones lógicas. La idea que se oculta detrás de la "Prueba de todas las decisiones lógicas", y su primo, la "Prueba de todas las ramas", es simple. Deje que la computadora encuentre errores en tiempo de ejecución asegurando que prueba todas las ramas del programa.

En un programa que tiene menús, un programa de realización de pruebas podría comenzar con el primer elemento desplegable de la primera opción de menú de la izquierda y ver cómo funciona. Si contiene otras subcondiciones, el programa las comprobaría todas. En un programa dirigido por menús, el proceso "primero en profundidad" es más sencillo de realizar que el "primero en anchura".

A veces, una opción de menú estará inhabilitada. Por ejemplo, Archivo Guardar podría estar inhabilitado hasta que haya un archivo abierto. El programa de realización de pruebas tendría que abrir un archivo y después ver si se guarda correctamente.

El manual de usuario del programa debería estar disponible para este tipo de pruebas. El tipo más habitual de error será una discrepancia mínima entre lo que dice el manual de usuario y lo que hace el programa. Sin embargo, es un error.

La semana pasada, preparándome para una viaje de negocios, instalé un grabador de CD externo en el sistema Windows NT de un cliente para poder hacer una réplica de la unidad c: sobre la marcha. Mi manual de usuario dice que la instalación en Windows NT es idéntica a la de Windows 98, y muestra el Panel de control con el icono "Añadir hardware" rodeado por un círculo. Cuando apareció el Panel de control de la máquina NT, no había ningún icono "Añadir hardware".

Siempre que llamo al equipo de soporte técnico de una empresa, me gusta hacer al técnico una pregunta simple: "Dígame, ¿qué dos problemas le ocasionan más llamadas?" En este caso, el técnico me dijo que cada miembro de su equipo de tres personas dedica una hora aproximadamente al día a responder a esta pregunta concreta. Aunque la instalación en un cuadro de NT es directa, este error le cuesta a su empresa al menos $15.000 al año en los sueldos del soporte técnico. El programa debería hacer exactamente lo que dice el manual o es necesario cambiar uno de los dos.

Algo que muchos productos comerciales olvidan es asegurar que su sistema de ayuda describa con precisión lo que hace o no hace el programa, y que realmente ofrezca ayuda útil. Mucha gente debería probar este aspecto, gente que tenga distintos niveles de familiaridad con el programa.

Las pruebas de todas las decisiones lógicas y las de todas las ramas tienen dificultades inherentes. Asumen que la decisión lógica es correcta, por lo que no siempre pueden probar una decisión que sea incorrecta. Si escribe **And** cuando debería ser **Or**, el programa comprobará el camino equivocado, y posiblemente informará de que todo funciona bien. Si los paréntesis están mal, estos tipos de pruebas no pueden descubrir el error.

Se puede utilizar una versión manual de las pruebas de todas las decisiones lógicas para comprobar las mismas. Simplemente recorra el programa. En cada punto de decisión, compruebe el valor de la condición lógica para asegurar que sea correcta. Después compruebe si el programa va al camino deseado. Obviamente, así llevamos la prueba un paso por delante de la premisa original de que el programa es correcto si se prueban todos los caminos.

Cree matamoscas mejores

¿Ha intentado alguna vez cavar una zanja con una cuchara? ¡Claro que no! Una máquina para cavar zanjas casi automatiza el proceso.

De forma similar, ¿por qué no automatizar el tedio de las pruebas, incluso aunque tenga que crear la herramienta? Personalmente, no creo que nada de lo siguiente sea especialmente difícil de escribir. Podrían estar escritas en cualquier lenguaje, incluyendo Java. Muchas herramientas software comerciales ya incorporan las mejores de estas ideas:

Grabador de macros

Una herramienta que grabe las pulsaciones de teclado, posiciones y pulsaciones del ratón le puede ayudar de este modo:

- Grabar un escenario de pruebas grande hasta que encuentre un error.
- Corregir el error.
- Reproducir el escenario de pruebas para ver si:
  - Se ha corregido el error.
  - Corregirlo no ha provocado otros errores (regresión).

Una herramienta así debe tener un lote de comandos de prueba editable. Debería ser capaz de editarlo de tres maneras:

- A través de un editor de texto.
- Ejecutando un lote de comandos existente hasta un punto dado y grabando a partir de ahí.
- Combinando varios lotes para obtener un equipo de pruebas jerárquico para su aplicación.

Un grabador de macros tiene otras aplicaciones importantes. Por ejemplo, durante el desarrollo puede ayudar a automatizar la introducción de secciones completas de código.

Hace muchos años, incluso utilizaba un grabador de macros estándar para crear un traductor desde un lenguaje de computadora a otro. Estas cosas son herramientas poderosas.

Analizador de las mejores costumbres

Este tipo de paquete analizaría el código fuente y haría lo siguiente:

- Sugerir algoritmos alternativos mejores, o igual de buenos, que los que encuentra, o los que usted resalte.
- Mostrar varias formas alternativas de escribir cualquier bucle que encuentre, o los que usted resalte.
- Mostrar otras formas razonables de escribir cualquier rama condicional.
- Respecto a los tres puntos anteriores, debería:
  - Presentar listas desplegables que enumeren los títulos de los algoritmos, bucles o condiciones sustitutas, poniendo primero los mejores.
  - Permitir que reordenemos la lista de títulos, de acuerdo a la máxima velocidad, menor utilización de memoria, mejor utilización del disco o mejor utilización de la red.

- Retener la última ordenación elegida para la próxima vez que se utilice la lista desplegable.
- Permitir que arrastremos un título a su código fuente, para sustituir nuestro código por el del analizador.
- Permitir que editemos los resultados y realicemos una compilación de prueba sobre la marcha.
- Permitir que volvamos, paso a paso, al original, mediante pulsaciones sobre un icono Deshacer, o seleccionando un paso intermedio en un cuadro desplegable.
- Localizar prácticas propensas a errores, como:
  - Carreras de datos potenciales.
  - Bloqueos potenciales.
  - Detenciones potenciales.
  - Entrar en un bucle por en medio.
  - Conversiones de tipo que reducen la precisión.
- Encontrar problemas de rendimiento potenciales.
- Mostrar puntos de elevada utilización de la memoria y listar formas de mejorar la utilización de la memoria.
- Identificar fugas de memoria potenciales y mostrar cómo corregirlas.
- Estimar la utilización del disco, en cuanto a espacio, y número de lecturas y escrituras
  - Listar formas de reducir el tamaño de los archivos.
  - Mostrar algoritmos que reduzcan las lecturas y escrituras.
- Examinar las metodologías de base de datos y sugerir otras diferentes que sean mejores en velocidad o utilización de archivos.
- Opcionalmente, terminar de escribirnos toda la aplicación. ¡Sólo bromeaba!

Analizador estático de cobertura

Una herramienta que examina el código fuente y recorre todas las ramas lógicas ayuda a localizar código muerto (código por el que no se pasa). El compilador de Java puede encontrar código muerto, pero no es difícil escribir código muerto que el compilador de Java no puede encontrar. Por ejemplo, basta con incluir una condición que dependa de un dato y que sepamos que nunca se hará **true**. Como podemos escribir código que engañe al mejor analizador estático de cobertura, ¿por qué no utilizar un analizador dinámico de cobertura como suplemento?

Analizador dinámico de cobertura

Una herramienta que observa el código a medida que se ejecuta y cataloga todos los sitios a los que ha ido el programa, ayuda a encontrar código muerto que un analizador estático de cobertura no puede encontrar. Una herramienta así podría hacer lo siguiente:

- Comenzar mostrando el código fuente en negro y los comentarios en verde.
- A medida que se ejecuta la versión compilada, poner el código fuente correspondiente en rojo.

- Al final, permitir que recorramos el código, buscando líneas en negro que no se han ejecutado.
- Guardar una copia del código fuente modificado en un formato como RTF que admita las fuentes en color.
- Permitir que hagamos cambios en el código fuente, estando parado el programa, recompilar y continuar las pruebas (esto sería una característica avanzada).

Una herramienta así le mostrará exactamente qué código se ha ejecutado, permitiendo que diseñe pruebas que ejecutarán el resto, o decidir si el resto del código es o no correcto.

Seguimiento de los errores

El objetivo de este tipo de herramienta sería ayudar con el trabajo clerical. Gestionaría una base de datos pequeña y aceptaría la siguiente información, la mayoría opcional.

- Número de errores, que se autoincrementa, nunca se reutiliza, incluso para otros proyectos.
- Nombre del proyecto, que por defecto es el nombre de proyecto del último error.
- Descripción del error formal y breve
  — Esta descripción iría a resúmenes formales de informes de error.
- Descripción detallada de los errores.
- Módulo en que se ha encontrado, de entre una lista desplegable de los módulos actuales.
- Quién y/o qué programa de pruebas ha encontrado el error.
- Fecha y hora en que se encontró, que por defecto es "hoy".
- Tácticas posibles de localización de errores que pueda sugerir el sistema que ha encontrado el error.
- Correcciones potenciales.
- A quién informar de la reparación.
- Soluciones alternativas.
- Fecha en que está planificada una versión que corrija el error.
- Fecha en que se reparó, que por defecto es "hoy".
- Corrección real:
  — Cualquier entrada aquí suprimiría opcionalmente el error de las pantallas e informes de cosas pendientes.
  — Esta entrada pasaría a los informes oficiales de corrección de errores.
- Fecha en que las nuevas pruebas han tenido éxito.
- Cómo se podría evitar este error en proyectos futuros.

La entrada se realizaría a través de una GUI o de archivos de texto. Las entradas comenzarían con las palabras claves listadas anteriormente en paréntesis, siendo el Número de error el único campo obligatorio. Se podría utilizar el Lenguaje ampliable de marcas (XML) para dichas entradas. Por ejemplo:

```
<?xml version="1.0"?>
<ID>123
     <Fecha corrección>11/10/2000</Fecha corrección>
</ID>
<ID>125
     <Breve descripción>La opción de menú Herramientas | Opciones |
Indicadores está inhabilitada si no hay ningún archivo cargado.</Breve
descripción>
     <Responsable de la localización>ABC</Responsable de la localiza-
ción>
     <Para localizarlo>Ejecute el programa con el depurador activado,
cargue un archivo, pulse sobre Herramientas | Opciones | Indicadores,
detenga el programa, localice el indicador que inhabilite la opción de
menú. Busque la rutina de inicialización de ese indicador y cambie el
valor predeterminado de dicho indicador.</Para localizarlo>
     <Solución alternativa>Cargue un archivo vacío antes de estable-
cer los indicadores del programa.</Solución alternativa>
</ID>
```

La salida se produciría en varios informes, además de como pantallas de dichos informes.

Una pantalla con varios botones gestionaría el sistema. A los directivos les interesarán las listas de los errores más destacados. A los desarrolladores les interesarán las descripciones detalladas y las sugerencias para localizar o corregir errores, además de las sugerencias para mejorar sus habilidades. Los usuarios podrían ver una lista de errores y soluciones alternativas en el nodo de Internet de la empresa.

Asistente para datos de prueba

El desarrollo de conjuntos de pruebas es cerebralmente tedioso. En cualquier caso, vamos a reducir el tedio. Una vez desarrolle datos para probar algo, puede utilizar esos datos como parte de su próximo conjunto de pruebas.

Sin embargo, tenga cuidado de no utilizar exclusivamente ese conjunto, dado que esa costumbre puede hacer que una clase de errores se introduzca en todos sus programas. Cualquier error que sea inmune a ese conjunto, no será encontrado tampoco en el futuro. Me parece bien dejar que un equipo desarrolle al menos la mitad de un conjunto de pruebas único, y después les doy acceso a varios conjuntos almacenados.

Un asistente para datos de prueba le permitiría seleccionar pruebas que usted y otros hayan diseñado, y después le ayudaría a adaptarlos a su proyecto actual. Utilizaría documentos XML para gestionar dicha información opcional, que puede ser esta:

- ID de prueba obligatorio, que se autoincrementa y nunca se reutiliza
  - También se podría utilizar un indicador de fecha y hora. En caso de colisiones, se podría incrementar en un segundo la última prueba añadida.
- Descripción breve de la prueba.
- Descripción larga de la prueba.
- Objetivo.
- Autor.

- Conjunto de valores de prueba.
- Datos fijos o delimitados.
- Longitud del campo de datos.
- Carácter de delimitación de valor.
- En qué programa o equipo se ha hecho la prueba.
- Recomendaciones para una mejora.

El asistente podría ofrecer otras características:

- Un sistema de búsqueda sofisticado, que emplee expresiones regulares tipo grep, que ayuda a encontrar pruebas de interés.
- Posibilidad de editar las pruebas, añadiendo nuevos datos.
- Marcar cualquier prueba que tenga recomendaciones o que no haya sido utilizada.
- Posibilidades de ampliación, para poder añadirle características.

¿Cuándo parar las pruebas?

¡Pare cuando haya encontrado todos los errores! Qué ideal más bonito, si no fuera porque es difícil acercarse a esa meta. Por un motivo, la economía interviene. Podemos probar el software durante años y no encontrar todos los errores. Es necesario evitar algunos errores, y la mayoría de los creadores de software parece que se apoyan en que sus usuarios les informen de los errores, un fenómeno al que llamo pruebas "Charlie". Ya sabe, de cada programa sale la versión Alpha, la Beta... y la Charlie, excepto que los usuarios son los "Charlies". ¿No estaría bien saber cuántos errores quedan? Con esa información podría tomar una decisión económica respecto a cuándo parar. Vamos a ver tres metodologías experimentales basadas en análisis estadístico.

Curva de los errores restantes

Este método es simple en concepto, pero bastante caro de implementar por el número de sesiones de pruebas que se necesitan. Es útil cuando se necesita software de buenísima calidad. Se hace un seguimiento del número de errores únicos detectados durante varias sesiones de pruebas, entre las cuales se corrigen todos los errores conocidos.

A continuación, se halla un polinomio de segundo grado o una curva que se aproxime al número de errores encontrados. Es de esperar que el gráfico de ese polinomio convergerá a cero. Se dispone de muchos programas de ajuste de curvas para reducir el tedio de resolver varias ecuaciones de ajuste de curvas. Utilizo uno simple que compré por $19 en Internet.

Por ejemplo, si en su primera sesión de pruebas ha encontrado 100 errores, después en la siguiente ha encontrado 25 y en la siguiente 10, buscaríamos un polinomio que se ajustara a estos tres puntos (1,100) (2,25) (3,11) y lo dibujaríamos en una gráfica. En este caso, inventado pero representativo, el polinomio es aproximadamente:

```
y = 100 / x^2
```

Donde la curva cruza el 4 en el eje y, encontraríamos el número de errores que esperamos encontrar en la prueba siguiente. O bastaría con sustituir x=4 y resolver el polinomio, esperando encontrar unos seis errores en la prueba siguiente.

Pruebas de múltiples grupos

Si dos grupos prueban el mismo fragmento de código, se producirán las seis cosas siguientes:

- Ambos grupos encontrarán algunos errores comunes.
- Ambos grupos no verán algunos de los errores.
- El grupo A encontrará errores que no encontrará el grupo B.
- El grupo B encontrará errores que no encontrará el grupo A.
- Ambos grupos encontrarán algunos errores comunes, pero parecerá que son diferentes.
- Ambos grupos informarán múltiples veces de algunos errores, sin saberlo.

Piense conmigo aquí.

Los dos últimos casos se pueden producir con facilidad, porque un error puede tener varios efectos secundarios patológicos. Si un error provoca dos o más condiciones de error, cada grupo puede concentrarse en una de las condiciones, informando aparentemente de errores diferentes. Además, un grupo podría ver dos o más efectos secundarios del mismo error e informar de ellos como si fueran errores diferentes. Le explicaré en breve por qué los dos últimos casos son importantes.

Supongamos que un fragmento de código tiene 10.000 errores distribuidos de forma aleatoria. Supongamos también que después de unas cuantas pruebas, el grupo A encuentra 8.000 errores y el grupo B encuentra 9.000 errores. Se podría esperar que ambos grupos encuentren básicamente los mismos errores, porque sólo se pueden encontrar 10.000.

Supongamos, en cambio, que el software tiene 1.000.000 errores distribuidos de forma aleatoria y que después de unas cuantas pruebas, el grupo A encuentra 8.000 errores y el grupo B encuentra 9.000 errores. En este caso, se podría esperar que pocos de esos errores coincidan en ambos grupos.

¡Esto indica que hay una forma de estimar el número total de errores en el programa! Eso, a su vez, indica si se han hecho o no correctamente las pruebas.

Calcule el cociente del número de errores encontrados por ambos grupos dividido por el número total de errores únicos encontrados. Le llamamos a esto el cociente de "los encontrados en común", porque es el cociente de los errores encontrados en común entre el número total de errores encontrados.

Si ese cociente de los encontrados en común se acerca a uno, habrá encontrado casi todos los errores. Si se acerca a cero, habrá encontrado muy pocos. Esto se cumple independientemente del número total de errores que haya.

Afirmaciones como "casi todos" y "muy pocos" son imprecisas, pero al menos son útiles para determinar cuándo parar las pruebas. Excepto por otros factores que componen la incertidumbre, la teoría de los números aleatorios podría predecir cuántos errores quedan, con el margen de desviaciones estándares que se deseen. Sin embargo, intervienen otros factores:

- El mismo grupo puede informar de dos errores porque tiene múltiples síntomas, y los sistemas de prueba descubren la mayoría de los errores a partir de sus rastros, es decir, los síntomas.
- Es posible que cada grupo informe una vez de un error por la misma razón.
- Un grupo puede informar múltiples veces de un error y el otro grupo sólo una.
- Ambos grupos pueden informar múltiples veces de un error.
- Los grupos tendrán una tendencia humana a encontrar los mismos errores y también a no encontrarlos. Esto es especialmente cierto si los grupos adoptan los mismos métodos de pruebas. Si utilizan los mismos conjuntos de pruebas, es como si fueran un solo grupo, más grande, lo que invalidaría este tipo de análisis.
- Los errores nunca están distribuidos de forma uniforme a lo largo del código.

En una simulación, creé una tabla de 10.000 números secuenciales que representaban 10.000 errores. El programa simulador aleatorio seleccionó aleatoriamente 5.000 números para el grupo de pruebas A. Permití que se seleccionaran los números múltiples veces. Después, hice lo mismo para el grupo B. Los dos grupos seleccionaron 1.583 números en común y se seleccionaron 6.312 números en total. El resultado es un cociente de "los encontrados en común" de un 25 por 100 aproximadamente, justo lo que la teoría estadística predice.

En esta simulación, los grupos de pruebas A y B son igual de eficientes en la búsqueda de errores. La idea aquí es generar datos en base a varios porcentajes de errores encontrados realmente y después utilizar esos datos para predecir el número de errores que existen. Ejecuté muchas más pruebas, obteniendo los promedios de la Tabla 10.1. Todas las veces había 10.000 números entre los que elegir, que representaban 10.000 errores aleatorios, pero hacía que los grupos de pruebas simulados encontraran un número diferente de dichos errores.

Es importante reiterar que los resultados de esta tabla son ficticios por los errores de los que se informa múltiples veces. Esto es lo que significan las columnas de la Tabla 10.1:

- **Total de errores encontrados.** Este número, comprendido entre 1.000 y 10.000, es el número de errores que le dije al simulador que "descubriera" para cada grupo, aleatoriamente. Claro está, seleccionar 10.000 números aleatoriamente no significa que se seleccionen los 10.000 posibles, porque algunos se seleccionarán múltiples veces.
- **Encontrados por A.** Como el simulador permite que un número se seleccione múltiples veces, esta columna contiene el cómputo de errores diferentes encontrados. Si solamente se seleccionara dos veces un error, esta columna sería igual a la columna "Total de errores encontrados" menos uno.
- **Encontrados por B.** Esta columna es la misma que la A, excepto que los números son ligeramente diferentes. Esta diferencia se debe a la aleatoriedad en el proceso de selección.
- **Encontrados por ambos.** Cualquier error encontrado por ambos grupos se computa aquí una vez, incluso si es encontrado múltiples veces por uno o ambos grupos.

- **Encontrados por alguno de ellos.** Este contador proporciona el número total de errores encontrados por cualquiera de los grupos, o por ambos.
- **Cociente de ambos/cualquiera.** Aquí tenemos el cociente del predictor. Cuanto más elevado sea, mejor habrá ido el proceso de búsqueda de errores.

¿Qué hay de malo en estos cálculos?

De esta tabla, observará inmediatamente que debido a la duplicación, ningún grupo informa de más de dos tercios de los errores reales, aunque piensa que ha encontrado 10.000 errores. A causa de esta duplicación, el cociente predictivo no llega al 50 por 100. Si ambos grupos encontraran los 10.000 errores, el cociente sería del 100 por 100. Nos dedicaremos a ese defecto en breve.

Tabla 10.1. *¿Cuándo parar de probar?*

Total de errores encontrados	Encontrados por A	Encontrados por B	Encontrados por ambos	Encontrados por alguno de ellos	Cociente de ambos/cualquiera
10.000	6.311	6.342	4.004	8.649	0,46
9.000	5.892	5.955	3.544	8.303	0,43
8.000	5.478	5.528	3.073	7.933	0,39
7.000	5.021	5.070	2.492	7.599	0,33
6.000	4.556	4.483	2.070	6.969	0,30
5.000	3.904	3.953	1.497	6.360	0,24
4.000	3.314	3.303	1.087	5.530	0,20
3.000	2.612	2.623	653	4.582	0,14
2.000	1.814	1.823	327	3.310	0,10

¿No sería maravilloso ser capaces de predecir exactamente cuántos errores quedan? Desgraciadamente, eso no va a suceder. Es imaginable, pero muy improbable, que ambos grupos encuentren exactamente el mismo grupo de 9.999 errores, olvidándose sólo de uno. Es incluso menos probable que ambos no vean los mismos 100 errores. Pero podría suceder. Por tanto, no hay garantías. Estas son algunas razones por las que los datos se pueden malinterpretar:

- Anteriormente comenté que un único error puede tener múltiples síntomas, y que los grupos detectan errores por sus síntomas o efectos secundarios. Por tanto, es sencillo que cada grupo piense que ha encontrado 11.000 errores, cuando solamente existen 10.000 y que no haya visto varios cientos.
- Ambos grupos podrían utilizar los mismos conjuntos de pruebas. En este caso, sus resultados serán artificialmente similares, o incluso idénticos.
- Aunque los grupos comprueben código idéntico, Java tiene hilos. Eso significa que aparecerán errores diferentes por las diferencias en los entornos dinámicos de las pruebas. Probablemente no haya ninguna garantía respecto a qué hilos se ejecutan y en qué orden.
- Ambos grupos de pruebas tienen conocimientos similares y facilidades mentales similares porque se componen de programadores. Por tanto, tenderán a encontrar los mismos errores y a olvidarse de muchos de los mismos, independientemente de los conjuntos de pruebas que diseñen.

- Los errores no son todos sencillos de encontrar. Algunos se les aparecen a los que los encuentran y algunos se ocultan de formas extremadamente sutiles. He mencionado algunos de los errores más sutiles que me he encontrado. Me imagino que no habrá visto todos ellos y también que habrá visto varios tipos de errores que yo nunca encontraré. Además, los errores más sutiles tienden a ser los más difíciles de encontrar y de corregir.

Sin embargo, este método defectuoso tiene una segunda oportunidad. El análisis que hemos tratado hasta ahora tiene lugar antes de que se corrijan los errores y, por tanto, antes de que alguien sepa cuáles de los errores detectados son realmente duplicados.

Después de localizar e identificar los errores, ya se conoce esa información crítica. Sabemos de qué errores se ha informado dos veces y de cuáles no. Podemos revisar los números y, de este modo, improvisar la estimación. Cuando extraje los datos de la Tabla 10.1, también hice un seguimiento de las cifras reales de errores encontrados. Haciendo el papel del todopoderoso, sabía por adelantado de qué errores se había informado múltiples veces. Cuando eliminé dichos factores que desorientan el estudio, la Tabla 10.2 fue el resultado.

En la Tabla 10.2, las cifras de las dos primeras columnas se incrementan en múltiples de 1.000 porque no permití selecciones duplicadas entre los errores aleatorios. La tabla muestra lo bueno que podría hacerse este sistema con un conocimiento perfecto, que nadie podría tener en la práctica. Sin embargo, algún análisis retroactivo puede aproximarse a este ideal.

A medida que localice errores, puede determinar qué informes de error son duplicados. Hágalo para cada equipo y halle un nuevo número de errores únicos de los que informa cada equipo. A continuación calcule cuántos de ellos han sido encontrados por ambos equipos y cuántos han sido encontrados por uno, pero no ambos equipos. Seguidamente calcule un nuevo cociente de los encontrados en común.

Entre en el gráfico siguiente con ese número y tendrá una idea decente de qué porcentaje de los errores del programa le quedan. Por ejemplo, supongamos que halla un nuevo cociente igual a 0,75. Busque ese punto en la escala inferior y suba verticalmente hasta alcanzar la curva. A continuación, vaya recto hacia la izquierda y verá que habrá encontrado aproximadamente el 85 por 100 de los errores. Por tanto, aproximadamente el 15 por 100 permanecen ocultos.

Tabla 10.2. *La teoría*

Encontrados por A	Encontrados por B	Encontrados por ambos	Encontrados por alguno de ellos	Cociente de ambos / cualquiera
9.000	9.000	8.100	9.900	0,82
8.000	8.000	6.419	9.581	0,67
7.000	7.000	4.922	9.078	0,54
6.000	6.000	3.655	8.345	0,44
5.000	5.000	2.498	7.502	0,33
4.000	4.000	1.572	6.428	0,24
3.000	3.000	878	5.122	0,17
2.000	2.000	412	3.588	0,11
1.000	1.000	109	1.891	0,06

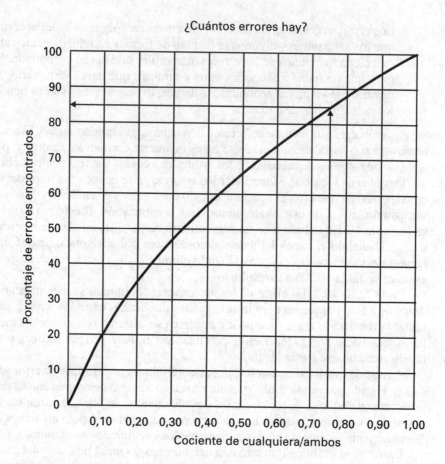

¿Cuántos errores hay?

Recuerde, claro está, la primera pega que afecta a este método. Hemos eliminado la mayoría de las apariciones duplicadas. Sin embargo, si los errores que ha encontrado son básicamente errores típicos en cierto sentido, no errores "sutiles", entonces todo lo que puede indicar este método es que quedan el 15 por 100 de los errores típicos. No le puede indicar demasiado acerca de los errores "sutiles". La próxima sección explicará más acerca de cómo el rango de errores sutiles frente a típicos afecta a la solución.

Sembrar las semillas de los errores

Este es un método alternativo que explota los mismos principios estadísticos. En ese mismo fragmento de código con 10.000 errores, supongamos que insertamos intencionalmente 1.000 errores conocidos y que se lo dejamos a un solo grupo de pruebas. Si encuentran 900 de los errores que conocemos, podríamos razonar que probablemente han encontrado el 90 por 100 del total de errores. Por otra parte, si encuentran 250 de los errores que conocemos, podríamos sospechar que sólo han encontrado el 25 por 100 del cómputo total de errores.

Una ventaja psicológica de esta táctica es que permite al desarrollador salir del atolladero. Cualquier error podría ser uno insertado. Por tanto, sembrar errores ayuda a ir hacia esa meta huidiza de la programación sin amor propio.

Este método de estimación tiene otra ventaja interesante. Realmente se puede controlar la sutilidad de los errores que se estiman. Esa idea necesita algunas explicaciones.

En el ejercicio del Capítulo 1, algunos de los tipos de errores que buscábamos eran sencillos de encontrar. Sin embargo, algunos eran sofisticadamente sutiles y especializados, más de lo que la simple fórmula de Heron se merece. Por ejemplo, ¿a quién, sino un investigador de cómo una teoría de cadenas subatómicas describe la frontera espacio-tiempo, le interesaría algo como las tuplas de orden 10 que representan un triángulo en el espacio de 10 dimensiones?

Su programa se podría ejecutar en un escenario así de esotérico, o podría estar diseñado para el espacio de dos dimensiones o un trozo de papel de dos dimensiones. Si observa cien errores de un espacio de orden 10 en su programa y su equipo de pruebas encuentra 30, entonces podrá esperar que queden por descubrir el 70 por 100 de los errores. Si, por otra parte, solamente observa errores del tipo de un espacio de dos dimensiones, no tendrá ninguna idea ahora de cuántos errores del espacio de orden 10 quedan, pero eso puede no importar para la aplicación del programa.

Por tanto, adaptando los tipos de errores que siembre, adaptará los resultados que desea. Esto puede ser una gran ventaja o una gran desventaja, porque también tendrá que adaptar las semillas.

También puede controlar la precisión de la estimación. Cuantos más errores siembre, mayor será la precisión, hasta un punto. Cuando las semillas comiencen a saturar el código, claramente habrá pasado el punto de la mejor precisión. Personalmente, me gusta plantar semillas suficientes que representen un pequeño porcentaje de los errores totales.

Claro está, se deben eliminar todos los errores intencionales antes de entregar el código. En caso contrario, ¡menudo lío habría creado!

Esta idea simple funciona bastante bien. Sin embargo, tiene sus propios problemas:

- Introducir errores nuevos cambia el código de forma que no se pueden controlar del todo.
  - La mera introducción de errores nuevos podría generar más errores que el equipo tendría que descubrir, posiblemente corrompiendo los resultados.
  - Los errores nuevos tienen una tendencia a ocultar u ocultarse detrás de errores que ya existen, posiblemente impidiendo que su equipo los encuentre.
- Requiere mucho tiempo colocar 1.000 errores en un programa.
  - Hay que conseguir que algunos sean sencillos de encontrar y algunos sutiles.
  - Si espera, por ejemplo, que el 30 por 100 de los errores reales sean sencillos de encontrar, aproximadamente el 30 por 100 de los errores fingidos deberían ser sencillos de encontrar.
- Alguien tiene que dedicar tiempo a colocar dichos errores en el código.
- Los desarrolladores que han escrito el código reconocerán al instante la mayoría de los errores que usted inserte. Por tanto, un desarrollador original no puede participar en la depuración.

— Desgraciadamente, el desarrollador es la persona más cualificada para comprender y explicar el código.

— Claro está, esa es una razón importante para solicitar una buena documentación...

— Al no poder disponer de uno de los desarrolladores originales, los depuradores deben comprender el programa con más profundidad.

— En los recorridos del código, el desarrollador encuentra la mayoría de los errores totales que se encuentran.

• Esto es una tarea relativamente cara, aunque podría convertirse en la mejor inversión que pueda realizar en el proyecto. Hablando de inversiones, probablemente tenga que invertir más en mejor hardware y software.

Usted necesita una segunda computadora

A veces le tomo el pelo un poco a un amigo. Tuvimos una conversación parecida a esta:

"Oye, ¡necesito un día de 30 horas!", me dijo.

"Ni hablar. ¿Recuerdas cuando teníamos días de 18 horas?

"¿Eh?", sonrió, seguro de que le tomaba el pelo.

"¡Mira lo que han hecho con el día de 24 horas cuando lo inventé! De ningún modo voy a inventar el día de 30 horas para todo el mundo."

La razón más importante que tengo para utilizar dos computadoras es que la segunda me ayuda a ser más productivo. Una mayor productividad me libera tiempo. El tiempo con la familia no tiene valor, pero un poco de tiempo para discusiones se puede equiparar a dinero. Ese dinero podría ser considerado lo que devuelve una inversión, y si lo hace, esa devolución es extraordinariamente elevada.

Por ejemplo, varias computadoras se agitan cuando escribo estas líneas. Estoy utilizando mi segunda caja para hacer 50 sesiones automatizadas con JProbe, que comprueban si hay hilos errantes en un programa Java para este libro. Mi viejo portátil está buscando en Internet calladamente artículos de algunos aspectos oscuros de Java. En una hora, tendré su disco desmontable lleno de archivos preparándome para un viaje de negocios. Una cuarta computadora de la red de mi casa está planificada para consolidar nuestro correo electrónico cada media hora. Mi hijo la utiliza para jugar y apenas nota que está utilizando la línea telefónica en el segundo plano. Una máquina Solaris está dedicada a comprobar algún software comercial en cuanto pulso su ratón unas cuantas veces, pero técnicamente sin hacer nada. Mi antiguo servidor de impresoras tampoco hace nada, pero podría estar imprimiendo algo para mi editor. Como siempre se están ejecutando, dos computadoras hacen una copia de seguridad regular de archivos cruciales en su disco duro grande.

De forma alternativa, podría hacer menos cosas que en el párrafo anterior en una sola computadora, necesitando como mucho cuatro veces más tiempo. Así que, en cierto modo, esto es un buen inicio hacia la invención del día de 30 horas. Todo lo que tendríamos que hacer es inventar que el equivalente de un día de 30 horas es liberar otras seis horas. Por tanto, tampoco le estaba tomando el pelo tanto a mi amigo.

¿Cómo convencer a su jefe de que necesita otra computadora?

Vamos a ver unos hechos que usted ya conoce. El truco es ensamblarlos de una forma persuasiva, y esa es su tarea.

Los jefes tienen proyectos y tienen presupuestos. Los presupuestos se componen de dinero para obtener recursos. Una de las formas en que evalúan a los jefes es por cuánto consiguen que se haga gastando menos dinero. Por este motivo, es natural que a los jefes les preocupe gastar menos y conseguir que se haga más.

Usted y su computadora son una inversión para el futuro de su empresa, o no estaría trabajando allí.

Supongamos que la nueva computadora que desea es una belleza que cuesta $2.100, después de cancelarse los impuestos.

| Consejo de diseño | *QVS hace un producto llamado "Conmutador de datos de alta utilización" que le permite conmutar manualmente un monitor entre* |

dos computadoras de forma alternativa. Cuesta unos $20 para un modelo de dos computadoras y $30 para el de cuatro computadoras. También se necesitan cables de vídeo. Por menos de $100, se puede encontrar una caja que conmuta su monitor, teclado y ratón de una computadora a otra, tras una pulsación de teclado o del ratón. Uno de estos dispositivos le permitirá comprar un monitor grande y de alta resolución y utilizarlo con 2-4 computadoras, de una en una.

Su computadora durará al menos tres años antes de hacerse obsoleta. A esa velocidad, le costará unos $700 al año. Usted le cuesta a la empresa mucho más que eso cada año. El sueldo se come la mayor parte de esa cantidad y el resto va a los beneficios, espacio de oficina, luces, instalaciones, tiempo perdido, computadoras, software, soporte de red, licencias, administración, soporte de recursos humanos, picnics, fiestas de Navidad y similares. Si su sueldo es $40.000, entonces la empresa se gasta $60.000 en mantenerle. Si su sueldo es $60.000, la empresa se gasta casi $85.000 y si su sueldo es $100.000, piense que se gastarán $130.000. Supongamos que su empresa se gasta $70.000 en usted cada año. En ese caso, un minúsculo 1 por 100 de ese coste es para su computadora.

Supongamos que fueran a gastar otros $700 al año para comprarle esa segunda computadora. Se debe poder amortizar, igual que usted debe ser un centro de beneficios para su empresa. La pregunta que se hace un inversor es ¿cuánto tardo en amortizar esa nueva caja? Cualquier valor inferior a tres años sería bueno. Recuperar una inversión en tres años equivale a poner el dinero en una cuenta corriente con un interés aproximado del 25 por 100, un interés que la mayoría de la gente aceptaría.

¿Le ahorrará esa segunda computadora una hora a la semana, es decir, una hora de cada 40?

Con el tiempo, he desarrollado algunos hábitos respecto a cómo tener dos o más computadoras en mi escritorio. Unos registros cuidadosos que he guardado confirman que utilizo la segunda computadora aproximadamente el 18 por 100 del tiempo, fundamentalmente cuando espero a que algo suceda en la computadora primaria. Sin embargo, casi el 50 por 100 de las veces la computadora primaria termina antes de que yo termine con la tarea secundaria, y continúo con dicha tarea secundaria de todos modos. Veámoslo de otro modo, el 50 por 100 del 18 por 100 es el 9 por 100, por lo que mi segunda computadora me permite sumar aproximadamente un 9 por 100 más de trabajo cada día.

Eso equivale a unas 3,6 horas adicionales cada semana. Por tanto, parece bastante razonable que una segunda computadora le ahorre a cualquier otra persona una hora adicional a la semana.

¿Cuál es el valor de esa hora? Si su empresa se gasta $70.000 para mantenerle, eso equivale a $35 por hora. Después de tener esa nueva computadora durante 60 semanas, le habrá ahorrado a la empresa $2.100.

Para ser una buena inversión, una computadora se tendría que amortizar en menos de tres años, o 152 semanas.

En esta situación, el beneficio devuelto por la inversión ronda el 60 por 100, a pesar de las estimaciones tan conservadoras del tiempo que le puede ahorrar esa nueva computadora. Para obtener un beneficio del 25 por 100 en la inversión, bastaría con que le ahorrara unos 20 minutos a la semana.

Puede parecer pretencioso, pero a menudo pensamos más rápido que una computadora. Y aunque no sea así, ¿qué es lo que hace mientras compila, se inicializa o tiene una carga de pantalla lenta?

La pregunta más importante es "¿qué podría estar haciendo?, y obviamente, ¿qué estaría haciendo?"

Rodeado por máquinas resplandecientes, ¡qué aspecto debemos tener! ¿Parecemos eficientes?

¿Cómo convencer a su mujer?

¿Tiene su mujer facilidad para la lógica o las inversiones? Entonces es probable que los argumentos anteriores la convenzan. ¿Confía su mujer en usted por ser lógico o encontrar inversiones buenas? Entonces también los argumentos la pueden convencer. Si es usted un consultor, simplemente divida el coste de la computadora por su coste por hora y verá cuánto dinero adicional aportará esa nueva computadora a su economía doméstica. Recuerde que, como herramienta de trabajo, probablemente sea deducible en su declaración de impuestos.

Sin embargo, ¿le puedo sugerir con todo el respeto que enfoque este tema como un equipo? Entonces la persuasión es mucho menos necesaria. Convertirse en un equipo implica que dos personas se conviertan realmente en una. Una gran dosis de romance nunca hace daño; sin embargo, permítame sugerirle que el romance con un motivo oculto es poco íntegro. Planifique la compra en común e incluya software que le interese a toda la familia.

Ponga en red las computadoras y podrá utilizar muchas de las características de la segunda computadora a la vez que otra persona está jugando en ella. Por ejemplo, se puede utilizar una pequeña cantidad del espacio en disco duro libre de la computadora de juegos como copia de seguridad para el instante inevitable en que se estropee el disco duro primario.

Herramientas software comerciales para Java

Probar programas lineales es bastante duro. Es aburrido. Es una ciencia antigua practicada por unos pocos. El código "envoltorio" que se necesita para probar cada método o clase debe ser escrito por alguien, y rara vez se puede reutilizar. A menudo, el código "envoltorio" supera el tamaño del código al que prueba.

Las pruebas se consideran como un pozo sin fondo, por su excesivo coste. Los estudios de investigación indican que la empresa promedio prueba únicamente un 32 por 100 del software que venden al público, y después de oír a los usuarios quejándose en los comedores, ¡esa cifra me parece realista!

Yo nunca conduciría un coche en el que solamente se hubieran probado un 32 por 100 de sus componentes durante el desarrollo. La razón no es la seguridad. ¡La razón es que el coche nunca saldría del parking del vendedor!

Las pruebas representan probablemente el 30 por 100 del coste total de desarrollo del software. Probar el 90 por 100 de los módulos, especialmente con el coste de los sueldos de hoy en día, podría hacer que el precio del software estuviera fuera del mercado. Al menos, eso es lo que parecen creer los observadores, pero hagamos los cálculos para ver la realidad.

Supongamos que su producto se vende por $100, y que el 25 por 100 del coste de desarrollo se debe a probar el 30 por 100 de los módulos totalmente. Estas son unas cifras razonables. Ahora supongamos que triplicamos el número de pruebas, de forma que se pruebe totalmente el 90 por 100 del código. Eso podría significar de forma razonable que en vez de gastar $25 por copia en pruebas, gastaría $75 por copia. Se mantendría el gasto de $75 por copia para todos los otros gastos. En ese caso, es necesario vender el software por $150 para recuperar sus costes de desarrollo con el mismo número de ventas.

A propósito, ¿le gustaría probar el 90 por 100 del código por, por ejemplo, $10 por copia en vez de por $25 o $75? Volveremos a esta idea.

De vuelta al análisis. El precio de tienda del software sólo se ha incrementado un 50 por 100. Algunas personas podrían argumentar que los usuarios se lanzarían a por ese software de tan gran calidad, incluso al doble de precio, incrementando el margen de beneficios de forma significativa, porque obtendría otros $50 en beneficio puro.

Yo estoy en este último bando.

Supongamos que a un usuario se le paga $25 por hora y que utiliza un producto de $99 que desperdicia una hora del tiempo del usuario cada semana por culpa de los errores. El producto cuesta realmente $199 el primer mes y $100 cada mes posterior, durante toda la vida útil del producto. Al final del segundo mes, el coste total del producto es $299. Al final de un año, el producto ha costado aproximadamente $1.300.

Por otra parte, un producto con un precio de $199 que cuesta una hora al mes por culpa de los errores, cuesta $224 el primer mes y $25 cada mes posterior. Al final del segundo mes, el segundo producto tiene un coste total de $249 y el software de mayor calidad es la mejor opción. Al final de un año, el mejor producto ha costado unos $500, frente a los $1.300 del producto inferior, pero más barato.

El precio original del software es insignificante, en comparación con el coste en sueldos de las personas que lo utilizan.

¡Insignificante!

Podríamos pensar que el personal de marketing de su empresa podría darle mucho bombo a esa idea. Podrían vender el coste total de la licencia, que incluye el tiempo de no disponibilidad debido a errores. Recuerde que una buena inversión se amortiza cada 3 o 4 años. En el ejemplo de software anterior, si alguien comprase el software barato e invirtiese la diferencia de $100, tendrían que invertir a un increíble 280 por 100 de interés compuesto, sólo para igualar el rendimiento. Eso es 10 veces superior al mejor interés que podrían llegar a obtener incluso en el marcado de acciones.

Si puede reducir el tiempo de no disponibilidad en sólo un 10 por 100 mediante unas pruebas más rigurosas y cobrar el doble por el producto, el producto seguirá siendo una ganga. Parece que los clientes compran funcionalidad nueva, en vez de calidad y tiempo de disponibilidad del software, pero eso se debe a lo que promocionan los responsables de marketing: funcionalidad nueva. Los clientes tienden a comprar lo que promociona la propaganda.

En primer lugar, estos argumentos son de los mejores para utilizar Java. Inherentemente, Java es menos propenso a errores que los lenguajes más antiguos, aunque sus bibliotecas sean más maduras. Java ha superado el estado del arte del desarrollo software al no permitir las construcciones más propensas a errores de los lenguajes anteriores. Muchos de los tipos de errores que son frecuentes en lenguajes como COBOL, PL/I, Modula-2, Ada, C, C++ y Visual Basic simplemente no se producen en Java. Sin embargo, los hilos autónomos de Java cambian el panorama de nuevo, debido a su potencia total y sencilla de utilizar.

No es que los otros lenguajes no puedan utilizar hilos. Los programadores pueden utilizar cualquier lenguaje para implementar los hilos, pensando un poco. Cualquier lenguaje puede implementar cualquier construcción. COBOL no admite la recursión, pero eso solamente significa que el programador tenga que escribir unos cuantos procedimientos de manejo de la pila a mano, para implementar la recursión. Cada uno de ellos ocupa unas veinte líneas de código. Es un poco menos trivial implementar los hilos, pero realmente es necesario poder gestionar procesos independientes. Los programadores de sistemas han estado haciendo eso durante décadas, utilizando una gran variedad de lenguajes.

Simplemente es que los hilos de Java son los dominantes. Es muy difícil escaparse de ellos. El programa más simple "Hola, Mundo" es un hilo por defecto. La recogida de basura funciona como hilo, que es la razón por la que se puede ejecutar de forma autónoma. Se pueden crear tanto hilos como se deseen. Los hilos forman parte integral de Java, dándole un gran poder como lenguaje.

La potencia en la programación atrae los errores, porque dicha potencia no se comprende con facilidad. Los errores informáticos se escapan de la comprensión, incluso más rápido que las cucarachas se escapan de la luz, porque un error informático, cuando se comprende, es fácil de eliminar.

Las herramientas más valiosas para depurar Java tienden a estar centradas en los hilos. Se centran en las dificultades que los hilos crean a los programadores de Java, porque un gran porcentaje de los errores de Java afectan a las interacciones entre hilos. Por tanto, antes de tratar estas herramientas avanzadas en profundidad, el libro se debe sumergir en los hilos.

El Capítulo 11 trata el entorno multihilo y los retos únicos que presenta a los programadores. Después, el Capítulo 12 estudia los capturadores de errores. Luego, el Capítulo 13 vuelve a las pruebas, para mostrar cómo han venido a Java las pruebas automatizadas. Se ha escrito software, y se ha mejorado, para automatizar muchas de las pruebas tediosas y caras que los programadores deben realizar.

Utilizando sistemas de pruebas de software automatizadas como JTest de ParaSoft, se puede probar prácticamente todo el código, a medida que se desarrolla, con unas pocas pulsaciones del ratón. Este producto examina incluso las clases y genera casos de pruebas.

Los analizadores de rendimiento como el de JProbe indican dónde es pobre el rendimiento del software, para poder concentrarnos en optimizar dichas áreas. El analizador de cobertura de JProbe y el comprobador de cobertura de JTest permiten saber qué partes del código han sido comprobadas y cuáles no.

JLint, que hemos visto anteriormente, realiza numerosas pruebas estáticas en el código fuente.

Y quizá lo mejor de todo es que estos productos permiten que los personalicemos. Podemos escribir nuestras propias reglas para las pruebas e incluso utilizar estos productos para hacer respetar los estándares de codificación de la empresa.

CAPÍTULO 11

El entorno multihilo

Alguien hizo una fotografía histórica del primer choque de coches del mundo.

Obviamente, dicha colisión no se podría haber producido hasta que no hubieran al menos dos coches en la carretera. Múltiples coches introdujeron nuevas dinámicas a la conducción. Ahora, para evitar las colisiones, gobernamos el tráfico de los automóviles mediante señales, carreteras divididas, límites de velocidad, etc.

Un programa informático secuencial no puede colisionar consigo mismo, del mismo modo que el primer coche no se podía chocar consigo mismo. La programación concurrente cambia todo eso. Un programa Java concurrente puede tener numerosos hilos autónomos, que pueden colisionar a no ser que haya algo que los gobierne. Dichas colisiones pueden provocar datos corruptos, bloqueos, abrazos mortales y carreras de datos.

Los programas lineales, unidimensionales, son sencillos de coger y comprender. El desarrollador puede poner un punto de ruptura e ir paso a paso a través del código, examinando las variables por el camino. Cuando una variable toma un valor incorrecto, a menudo el error está a pocas líneas de esa variable.

Sin embargo, los hilos añaden dimensiones. La gente piensa, como máximo, en tres dimensiones.

¿Lo hacen realmente?

Realmente, las dimensiones adicionales a las tres consideradas habitualmente no son nada inhabitual. Sin darnos cuenta las utilizamos cada día.

Hoy, mi mujer y yo comentamos cómo la conducción de un coche se produce en más de tres dimensiones. Sentados en un coche aparcado, nos preocupamos con las habitualmente percibidas tres dimensiones de anchura, profundidad y altura. Desplazamos una mano en tres dimensiones para ajustar el espejo retrovisor, o adaptamos la posición del asiento de arriba abajo, adelante y atrás y en su dimensión de inclinación.

Sin embargo, en cuanto el coche se desplaza, utilizamos al menos otras dos dimensiones, casi sin darnos cuenta de ello. En relación con el mundo exterior, maniobramos el coche hacia delante y hacia atrás, a izquierda y a derecha, para poder girar a la derecha en la esquina de una calle y no en el jardín de alguien, de forma que podemos conducir con seguridad hasta la panadería y no a través de ella.

A medida que otros conductores nos adelantan, y los adelantamos, también maniobramos en relación a dichos coches, ubicándonos en otros flujos de tráfico bidimensionales y evitando a otros coches. El hacerlo añade dos dimensiones más de izquierda-derecha y adelante-atrás, y ya tenemos siete. Rara vez, como cuando un coche salta en el aire en la escena de un accidente, incluso otra dimensión se hace relevante. Al desplazarnos desde el carril rápido a carriles progresivamente más lentos, preparándonos para salir de una autopista, interactuamos con varios flujos de tráfico que se desplazan de forma independiente, todos ellos a velocidades diferentes. Calculamos cuándo aparecerán dos o más huecos en el tráfico simultáneamente y, de nuevo, añadimos dimensiones. Oímos la sirena de un vehículo de bomberos que se aproxima y, repentinamente, todo el tráfico se vuelve caótico cuando los conductores intentan hacer sitio. Al instante, varias dimensiones más inundan nuestra conciencia.

Y lo manejamos todo, sin darnos cuenta de que hemos superado de lejos la cuarta dimensión. Sorprendente.

Un programa secuencial se desplaza linealmente en una dimensión. En una rama, aparece una segunda dimensión, algo análogo a ir a izquierda o derecha. Cuando el programa utiliza los bucles anidados, se puede considerar que cada anidamiento es una nueva dimensión, por lo que son muy habituales los programas informáticos de 3 o incluso 4 dimensiones.

En Java, la creación de cada hilo añade otra dimensión al "espacio" del programa. Dicho hilo puede tener bucles y ramas, añadiendo más dimensiones. Y nosotros, que en cierto modo conseguimos manejar cinco, siete, nueve o quizá quince dimensiones cuando conducimos un coche, ¿nos vamos a preocupar porque los hilos añadan demasiada complejidad a un programa? Espere un momento. Nos acercamos a un nuevo aspecto.

Ese aspecto es que, cuando nos desplazamos entre los carriles del tráfico, básicamente nos olvidamos de las tres dimensiones interiores al coche. Nuestros pies y manos se desplazan de forma casi autónoma a medida que aceleramos o frenamos o nos desplazamos a izquierda o derecha hacia otro carril. No aplicamos de forma consciente 0,35 kilos de fuerza en el acelerador y giramos el volante diez grados en el sentido de las agujas del reloj. En cambio, aceleramos y desplazamos el coche un carril a la derecha. Eso es lo que pensamos, como lo haríamos si estuviéramos corriendo o caminando. El coche se convierte en una extensión de nuestra persona, permitiéndonos olvidarnos de las tres dimensiones reales que contiene, a la vez que interactuamos de forma autónoma con ellas.

En otro nivel, no hacemos conscientemente que se contraiga el músculo del bíceps. En su lugar, movemos nuestro brazo y mano de una forma concreta y complicada que implica quizá cien músculos. De hecho, sería imposible pensar en contraer los cien músculos de formas específicas para escribir esta frase. Somos capaces de escribir por nuestro aprendizaje, lo que significa pensar en función de patrones que implican la contracción de cientos de músculos con mucha precisión. Este aprendizaje simplifica las cosas para que podamos hacer tareas mucho más complejas de las que podemos incluso programar que hagan los robots.

Visto desde esa perspectiva, los hilos no complican los programas simples; simplifican los programas informáticos complejos. Sin programas autónomos como los hilos, los programas complejos como los sistemas operativos serían imposibles de comprender. Los hilos ocultan la complejidad, de forma que podemos confiar en que se produzcan hechos completos, en vez de estar preocupados básicamente por los detalles. Se podría pensar que los aproximadamente cien músculos que se requieren para escribir esta línea son como hilos humanos diferentes que simplifican una tarea extremadamente compleja: la escritura.

Cuando conducimos un coche, ignoramos la mayoría de las dimensiones que nos rodean, especialmente las representadas por procesos autónomos. ¿Nos deberíamos preocupar porque dado que la bujía 3 se acaba de encender y el motor V-8 está a 3.000 rpm, la bujía 1 se debería encender exactamente 1/400 segundos después? ¡Claro que no! Cuando maniobramos para dejar que pase un camión de bomberos, es mejor que no nos preocupemos por el hecho de que el asiento del conductor se pueda mover arriba, abajo, hacia delante y hacia atrás. Conducimos en relación al flujo de tráfico de la derecha, buscamos un hueco y después otro, hasta que llegamos al lateral de la carretera. Ignoramos la mayoría de los hilos del tráfico de la izquierda, excepto para evitar a alguien que quiera intercambiar con nosotros la pintura del parachoques. Ignoramos los hilos que implican al asiento del conductor, las bujías, las válvulas, la calefacción y docenas más. Lo hacemos porque podemos y porque no afectan a lo que estamos intentando conseguir en ese momento.

De manera similar, en un programa informático multihilo, podemos ignorar el hilo que está escribiendo un archivo en el disco, excepto cuando realmente nos preocupe dicha escritura en disco. Si eso nos preocupa, podemos ignorar la mayoría de los otros hilos del programa. Ser capaces de hacer eso simplifica nuestras tareas de programación hasta el punto de poder manejarlas. Realmente podemos crear un sistema operativo e incluso comprenderlo (una parte) yendo hilo a hilo.

A pesar del hecho de que los procesos múltiples permiten a la humanidad crear programas mucho más complejos de los creados sin ellos, el entorno inherentemente multihilo de Java añade nuevas dimensiones a la dificultad de la depuración. La razón es que, aunque tenemos herramientas excelentes para codificar nuestros hilos, tenemos muy pocas herramientas para codificar sus interacciones.

A veces, parece que lo mejor que podemos hacer es crear hilos de la forma más inteligente que podamos, soltarlos y rezar. Sin embargo, no se ha perdido todo.

Este capítulo trata los tipos de errores que se pueden esperar de tener múltiples hilos, cómo evitarlos, la penalización en el rendimiento por hacerlo, técnicas de multihilo más sofisticadas que las que ofrece el JDK en origen y herramientas especializadas para aislar errores potenciales del multihilo.

Revisión de los antiguos algoritmos paralelos

La calculadora de Monroe era una maravilla mecánica en su momento. ¡Podía dividir! Antes de morir, mi antigüedad obtenía aproximadamente un dígito de precisión por segundo, pero hacía el cálculo de forma incorrecta un 2 por 100 de las veces, probablemente porque algún engranaje tenía algún diente estropeado.

El ejército de los Estados Unidos utilizaba durante una época salas repletas de gente que usaban las ruidosas calculadoras de Monroe para averiguar las trayectorias de los proyectiles de artillería. Para acelerar los cálculos, los algoritmos se dividían en fragmentos y se calculaban todos los fragmentos simultáneamente, en paralelo. Como comprobación de errores, un grupo de seis personas realizaba cálculos idénticos en una décima parte de la trayectoria, mientras que otros grupos de seis calculaban las otras décimas partes de la trayectoria. Si cuatro de las seis personas que hacían un cálculo llegaban a la misma respuesta, se consideraba correcta y podían pasar al siguiente cálculo. Cuando se terminaban todos los cálculos para un proyectil concreto disparado con un cierto ángulo, la información pasaba a una tabla de trayectorias impresas que utilizaban los oficiales de artillería.

La llegada de las computadoras digitales cambió todo eso. Al calcular más rápido de lo que cualquier grupo razonable de gente podía, incluso una PC no necesitaba realizar cálculos en paralelo para las trayectorias de artillería. Los cálculos son deterministas y repetibles. Los algoritmos paralelos, que se utilizaron hasta la Segunda Guerra Mundial, han sido sustituidos en gran parte por algoritmos que están más adaptados a las calculadoras de alta velocidad.

Sin embargo, como el sabio rey Salomón observó, no hay nada nuevo bajo el sol. En campos tan diversos como la astronomía, la física de las partículas, la aerodinámica, el entretenimiento y el cifrado, ciertos algoritmos son tan complejos, o los cálculos son tan numerosos, que las computadoras más rápidas pueden necesitar semanas o años para generar los resultados. En disciplinas así, la forma obvia de conseguir resultados más rápidos es la misma que la forma obvia de calcular más rápido las trayectorias de los proyectiles de artillería. Utilizar más calculadoras. En el caso de las computadoras, eso significa utilizar más CPU o tener computadoras que se ejecuten en paralelo.

La primera máquina de conexión conmocionó el mundo de la información al aproximarse a la velocidad de las supercomputadoras con un array de 64 PC normales. Más adelante, se informó de que una instancia del Estándar de Cifrado de Datos (DES), que se consideraba tan complejo que se decía que un Cray necesitaría años en descifrarlo, había resultado ser vulnerable cuando miles de programadores utilizaron la interconectividad de Internet para descifrarlo en unas pocas semanas. El poder del cálculo en paralelo es enorme.

Java está acercando a la actualidad de nuevo los antiguos algoritmos paralelos, porque permite la computación en paralelo.

Hablando estrictamente, una implementación de Java en una máquina de una sola CPU hace muy pocas cosas en paralelo. Los periféricos, como la unidad de disco, son capaces de realizar tareas diminutas mientras la CPU hace otras cosas. Por ejemplo, una CPU puede hacer que la cabeza de una unidad de disco se ponga a mover y, en vez de esperar a que la cabeza llegue al cilindro deseado, la CPU puede poner un píxel en la pantalla. Después, el disco puede interrumpir a la CPU, diciéndola que es el momento de transferir más datos. Esas cosas se producen en paralelo.

Sin embargo, la idea de que diez cálculos de trayectoria simultáneos sean gobernados por una CPU todavía no es posible. En su lugar, la CPU asigna un pequeño intervalo de tiempo a cada hilo y después pasa al hilo siguiente. Por tanto, podríamos pensar que la potencia de multiprocesamiento de Java se pierde en una PC normal con una CPU. Eso no es así, porque aparecen otros factores.

La mayoría de los periféricos, como las unidades de disco, tienen incorporados una cierta inteligencia. Las unidades pueden realizar pequeñas tareas, como desplazar la cabeza de una unidad hasta el cilindro 123 de forma autónoma, quizá poner en una caché lo que haya allí y después enviar una señal que indique que está esperando nuevas instrucciones. Algunas impresoras tienen una gran cantidad de memoria. La mayoría de los nuevos monitores tienen inteligencia. La lista continúa: modems, tarjetas de red, escáneres, cámaras, palancas de juegos, teclados, incluso ratones, habitualmente tienen inteligencia informática. Mientras los periféricos realizan sus tareas, la CPU puede indicar a otro hilo que inicie su tarea. De este modo, se pueden producir a la vez muchas cosas.

Otro factor es el operador humano. Mientras leemos lo que nos aparece en la pantalla, el programa Java puede estar haciendo multitud de cosas. De hecho, ese es un factor clave para escribir programas "rápidos". Proporcione al usuario algo interesante que leer cuando se ejecute un proceso lento. Por ejemplo, si alguna vez se encuentra con mi currículo en la Web, podrá ver mi foto. Tarda unos cuantos segundos en cargarse, por lo que pongo un poco de texto detrás suyo para entretener al lector.

Errores de la computación en paralelo

Incluso los programas más simples utilizan un hilo y, en general, un programa se ejecuta hasta que se terminan todos los hilos.

Hilos de daemon y de usuario

Se pueden especificar hilos que se deben ejecutar en el segundo plano y no parar nunca. Dichos hilos pueden realizar la limpieza de los datos, por ejemplo. Se pueden declarar hilos para que se ejecuten siempre como hilos de "**daemon**" utilizando el método **setDaemon()**, de este modo:

```
Public final void setDaemon (boolean on)
    throws IllegalThreadStateException
```

Si el parámetro *on* se establece a **true**, entonces el hilo es un hilo de **daemon**. Si se establece a **false**, el hilo se convierte en un hilo de **usuario**. Por tanto, se puede convertir un hilo de **usuario** a de **daemon** y viceversa. Se puede determinar si un hilo es de **usuario** o de **daemon** con el método **isDaemon()**.

Cuando la JVM detecta que han terminado todos los hilos de **usuario**, no los hilos de **daemon**, finaliza el programa y, claro está, los hilos de **daemon** terminan con él.

Daemon es un término informático antiguo que significa "Disk And Execution MONitor" (Supervisor de disco y ejecución). Los primeros daemon eran programas pequeños e independientes que vigilaban los discos y programas mientras hacían su trabajo. Hoy en día, los sistemas operativos utilizan los daemon para toda clase de tareas, como la entrega de mensajes desde una parte del sistema a otra.

La protección inherente de Java

Si un hilo inconformista, quizá un hilo de **daemon**, pudiera poner a todos los otros hilos a dormir, cambiar sus prioridades, o peor todavía, finalizarlos, los resultados podrían ser desastrosos. Afortunadamente, Java no permitiría que se produjera eso. Los hilos solamente pueden manipular los hilos de su propio grupo o subgrupos, lo que permite restringir su poder. Así es como funciona.

Cada hilo tiene una interfaz **Runnable** asociada. Esa interfaz puede ser incluso el propio hilo. La interfaz llama a un método **run()**, que contiene la programación del hilo.

| Cuidado con los errores | *Se puede crear un hilo sin una interfaz **Runnable**, pero en ese caso, el hilo simplemente se utiliza a sí mismo como la interfaz **Runnable**. En ese caso, como la acción predeterminada del método **run()** (en la clase **Thread**) es volver, no sucede nada.* |

Siempre se debe especificar una interfaz **Runnable**. Esta es una forma de hacerlo:

```
public Thread(Runnable nombreHilo)
```

En este caso, se llama al método **run()** de *nombreHilo*, y el grupo actual del hilo obtiene un nuevo hilo. Los hilos de este grupo pueden interactuar entre sí, pero no con hilos de otros grupos.

Cuando desee asignar un hilo a otro grupo, puede hacerlo en el momento de creación del hilo con una línea como esta:

```
public Thread(NuevoGrupoDeHilos grupo, String nombreHilo)
```

donde *nombreHilo* es opcional, y aconsejable, de forma que usted y su depurador puedan aislarlo con más facilidad si resulta necesario. En este caso, el nuevo hilo solamente puede interactuar con los hilos de *NuevoGrupoDeHilos* o, como he mencionado, con cualquiera de sus subgrupos.

Paralelización de los bucles

Algunos procesos, como los bucles y la recursión, casi exigen un cálculo simultáneo. Si tenemos un bucle que itera 1.000 veces y una computadora con diez CPU, en teoría, se podría hacer que una CPU ejecute las cien primeras iteraciones, que la segunda CPU ejecute las segundas cien iteraciones, etc. El resultado es un cálculo que se ejecuta en la décima parte de tiempo.

No todos los bucles se pueden beneficiar de esta idea. Un bucle en el que el resultado de cada iteración depende del resultado de iteraciones anteriores, como una ordenación o una búsqueda, no es un candidato para la paralelización. Sin embargo, un bucle que lee datos de un archivo y los pone en otro, claramente lo es.

Aunque es multihilo, Java no tiene una paralelización automática de los bucles. Sin embargo, ¡seguro que está a punto de llegar esta potencia!

De manera similar, se pueden paralelizar algunos procesos recursivos. En algunas búsquedas "en profundidad primero", una CPU puede comenzar a manejar el primer nivel y enviar a la siguiente CPU disponible para cada nodo del segundo nivel. A su vez, la CPU podría utilizar la siguiente CPU disponible para cada nodo del tercer nivel, etc.

Java tampoco hará eso automáticamente. Sin embargo, se pueden escribir bucles y recursión en paralelo en el código y, en una máquina con múltiples CPU, habitualmente se pueden aprovechar todas las CPU.

Lo que hace Java es ejecutar hilos diferentes para cosas como el ratón, la E/S a disco y varias clases. Asigna un intervalo de tiempo diminuto a cada hilo por turnos, de forma que parece que se ejecutan simultáneamente. La dificultad que presenta es que no hay ningún modo sencillo de saber qué hilo se está ejecutando en cada instante. Lo que es más importante, se necesitan herramientas o técnicas especiales para saber cuándo dos hilos intentan entrar en conflicto entre sí.

Afortunadamente, existe software de análisis de hilos para ayudarnos.

Gestión de la entrada y salida

El método **read**(), utilizando **System.in** para especificar la computadora del usuario, acepta la introducción por parte del usuario. Durante **un read**(), la computadora espera hasta que el usuario introduzca algo, como un carácter. A continuación, el programa reanuda la ejecución, quizá comprobando si el carácter se encuentra en una lista de los caracteres permitidos en ese punto. Habitualmente, el paso siguiente es realizar una acción en base a ese carácter. La acción podría ser leer otro carácter, como está haciendo ahora mi procesador de textos. Puedo pulsar casi cualquier tecla de mi teclado y el programa la aceptará, y después esperará a la siguiente. Si mis siguientes caracteres fueran `Alt-A`, el procesador de textos abriría el menú Archivo, lo que restringiría las teclas que aceptaría el programa a un conjunto más pequeño.

Cada vez que se ejecuta la sentencia **read(System.in);**, el programa se bloquea. Si se debe a algo que introduce el usuario, el bloqueo probablemente sea algo bueno, pero si se debe a lo que introduce la red, el bloqueo es probablemente lo opuesto a lo que queremos que suceda, porque no desearemos que el programa se detenga, esperando a que la red se digne a ofrecer una entrada mínima. Sería mucho mejor dejar que la computadora lea los datos de la red a medida que lleguen y, mientras tanto, permitir al usuario que realice otra tarea en la misma máquina. Por tanto, dedique un hilo a leer la entrada. Se pueden utilizar varias técnicas, entre ellas cabe mencionar las siguientes:

Sondear hasta tener una entrada

El método **available**() de Java de la clase **FilterInputStream** permite implementar el sondeo. En esta técnica, el programa comprueba si hay o no datos disponibles. Si no es así, el programa puede hacer otras cosas. Si hay datos disponibles, el programa puede procesarlos y quizá volver a su tarea de sondeo. Se puede implementar el sondeo con facilidad con un bucle **while** o uno **do while**.

24×7

Cuando sondee un socket, cree un hilo especial. Permita que ese hilo se bloquee cuando no haya datos disponibles en el socket. De ese modo, otros hilos pueden ejecutar el resto del programa sin impedimentos.

Señalización de que hay una entrada disponible

Java no admite esta técnica de "supervisar y señalizar" directamente, pero podemos escribir código en Java para señalizar que hay una entrada disponible. Se especifica que la fuente de entrada envíe una señal asíncrona cuando lleguen datos. Permitimos que la señal interrumpa al programa, forzando al mismo a procesar los datos antes de continuar. La señalización es mejor, a menudo, que el sondeo por dos razones:

- En el sondeo, un proceso comprueba la entrada periódicamente. Eso consume ciclos de CPU. Por otra parte, la técnica de señalización se apoya en la presencia de datos para hacer que la computadora sepa que han llegado datos. La diferencia es equivalente a llamar a alguien por teléfono de vez en cuando para saber si está en casa, frente a dejarle una nota que indique que le llame cuando vuelva. Si casi siempre hay datos, como en una red rápida, entonces el sondeo es una elección correcta.
- El sondeo es una medición y todas las mediciones cambian independientemente de lo que midan. Lo más probable es que los cambios no tengan consecuencias en este caso, pero la señalización no cambia los datos de entrada.

Multiplexación de múltiples tipos de entradas

El método **select()** de Java puede permitir que un programa sepa cuándo llegan datos. Se pueden combinar todos los tipos de entrada. A continuación, el programa puede manejar la entrada igual que si procediese del usuario. Es posible que sea necesario que cada paquete de información se identifique de algún modo, para poder decodificar su procedencia.

La salida se puede bloquear

Si cargamos datos a través de un módem, habitualmente tendremos un problema de velocidad. En este caso, la computadora puede ser más rápida que el módem en más de un orden de magnitud. Probablemente habrá visto casos en que parece que la computadora se bloquea hasta que se acelera el módem. Este es un caso de bloqueo de la salida.

---

24 × 7

Si ha creado un hilo para utilizarlo como entrada, probablemente necesite otro para la salida.

Tareas asíncronas

Debido a sus hilos, Java está pensado especialmente para comportarse de forma asíncrona.

Acostumbraba a desactivar el guardado automático en mi procesador de textos, porque de vez en cuando mi teclado se bloqueaba. Era frustrante perder el hilo (cerebro derecho) e intentar recordar después (cerebro izquierdo) lo que estaba sucediendo, e intentar retomar después el hilo. Mi procesador de textos favorito no tiene esta dificultad. El guardado automático se produce totalmente en el segundo plano, ejecutándose probablemente en un hilo.

Varios tipos de servidores necesitan realizar tareas asíncronas, como un sistema operativo. Si diez personas se dirigen al servidor de impresora en menos de un segundo solicitando distintas impresiones, el servidor de impresora debe planificar de forma asíncrona las tareas.

Planificadores

Muchos servidores de impresora tienen más de un modo de planificación. Para satisfacer al mayor número de usuarios lo más rápido posible, un método popular cambia la planificación de todas las tareas pendientes de forma que vaya primero la más breve. Este modo satisface a la mayor parte de la gente con mucha rapidez. Sin embargo, si envía todos los capítulos de un libro a la impresora como tareas diferentes, el modo "más corto primero" puede mezclar los capítulos. En su lugar, se puede establecer que la impresora funcione en el modo "primero en entrar, primero en salir" (FIFO).

Los planificadores de los sistemas operativos a menudo dan más énfasis a los programas que utilizan mucha E/S y menos a los que realizan muchos cálculos matemáticos. Una empresa que trabaje con cálculos complejos podría optar por precisamente lo opuesto en sus computadoras. Por tanto, cuando escriba ese sistema operativo fantástico y que nunca falla, tiene que admitir varias metodologías de planificación. Una posibilidad es escribir un hilo para cada modo de planificación y dejar que los administradores del sistema seleccionen cuál activar.

Independientemente del modo de planificación, el programa probablemente debería crear hilos diferentes para las tareas asíncronas de forma que si uno se bloquea, el resto pueda continuar. Además, debería crear hilos que desbloqueen los hilos bloqueados con una pulsación del ratón.

Java tiene un medio predeterminado de planificar los hilos. Siempre que se suspende, espera o se pone a dormir un hilo, Java busca en el conjunto de hilos y ejecuta otro. Se les pueden asignar a los hilos prioridades diferentes mediante el método **setPriority()**, y la JVM toma el que tenga la máxima prioridad para su ejecución. Si hay varios con la misma prioridad, simplemente elige uno de ellos.

Los hilos reciben un valor de prioridad predeterminado que es igual a **Thread.NORM_PRIORITY**.

| Cuidado con los errores | *La prioridad del hilo tiene límites, y éstos son* **Thread.MIN_PRIORITY** *y* **Thread.MAX_PRIORITY**. *Se*
produce una excepción **IllegalArgumentException** *si la prioridad de un hilo se sale de los límites. Los algoritmos, como los utilizados en el sistema operativo o en la planificación de tareas de impresión, que elevan o reducen las prioridades de los hilos deben comprobar si permanecen dentro del rango permitido. Compruebe la prioridad de un hilo con el método* **getPriority()**.

Varias implementaciones de la JVM pueden elegir sus propias prioridades mínima y máxima de hilo. Si el código se debe ejecutar en los sistemas operativos Windows, UNIX y MAX, debería comprobarlo en los tres.

Es posible establecer las prioridades de los hilos sin saber los valores de **Thread.MIN_PRIORITY** y **Thread.MAX_PRIORITY**. Esta es la forma de hacerlo:

Si el mínimo es 1 y el máximo es 10, entonces hay diez posibles prioridades (Max – Min + 1). Se puede normalizar esta diferencia a una escala de, por ejemplo, 1-100 y elegir una prioridad en esa escala 1-100 dividiendo las 10 posibles prioridades en 100, obteniendo un factor de 10. Después, para establecer una prioridad de, por ejemplo, 30, en la escala de 1-100, se divide 30 por 10, obteniéndose 3 y se suma ese 3 al mínimo de 1 y se resta 1. Se establece la prioridad del hilo a 3. Aunque puede preferir utilizar float o double y conversiones de tipo, en vez de una división entera, el pseudocódigo es el siguiente:

```
// Establecer la prioridad a 30 en una escala de 1-100, como ejemplo.
prioridad = 30;

rango = (Thread.MAX_Priority - Thread.MIN_Priority + 1);
factor = 100 / rango;
nuevaPrioridad = (Thread.MIN_Priority - 1 + (prioridad / factor));
Thread.setPriority(nuevaPrioridad);
```

Diferencias de la JVM

Si se basa en la prioridad de los hilos para mantener las cosas sincronizadas, es importante comprobar las diversas clases de JVM. También es importante probar las aplicaciones frente a las applets de Java, porque se encontrarán diferencias.

Temporizadores

El programa puede poner en funcionamiento temporizadores y después reanudar la ejecución. Cuando se termine el tiempo, el temporizador puede enviar una señal al programa, interrumpiéndolo, indicándole de este modo que haga algo como una copia de seguridad de un archivo, marcar de nuevo en el módem o poner un aviso en la pantalla.

Cuidado con los errores *No confíe demasiado en la precisión del temporizador. En la clase **Thread**, el método **sleep(long)** permite especificar el tiempo con una precisión de nanosegundos, pero pocas computadoras tienen relojes que puedan admitir dicha precisión tan exagerada. Después de todo, los ciclos de CPU en un microprocesador de un GHz se producen cada 1 nanosegundo. La mayoría de las computadoras simplemente redondean los nanosegundos al milisegundo más cercano y utilizan eso, si es que admiten la precisión del milisegundo. Algunas no lo hacen.*

Errores en los hilos sensibles al tiempo

Los errores sensibles al tiempo se producen cuando dos procesos entran en conflicto, como cuando compiten por el mismo recurso. Con unas pocas excepciones, Java tiene cuidado de no permitir que dos procesos tengan el mismo recurso a la vez. Sin embargo, esta precaución permite que vayan mal otras cosas. Los problemas se producen cuando su idea de lo que debería ser un recurso sea diferente de la de Java. Es una cuestión de granularidad. Un grano atómico (indivisible) en Java es la asignación. Excepto para números **long** y **double**, dos hilos no pueden intentar asignar un valor a la misma variable a la vez, dado que el resultado sería indeterminado.

En el caso de números **long** y **double**, dos hilos pueden asignar valores a ellos simultáneamente. El resultado no deseable es que un hilo cambie algunos bits y que el otro hilo cambie el resto. Nada puede predecir de antemano qué hilo puede cambiar ciertos bits.

Consejo de diseño *Cuando más de un hilo pueda asignar un valor a un **long** o **double**, es preferible que sincronice esa asignación por seguridad.*

Cuidado con los errores *Sea consciente de que la recogida de basura puede afectar a todos los hilos que se ejecutan en una JVM. La recogida de basura se produce de forma autónoma, y cuando lo hace, puede suspender temporalmente cualquiera o todos los hilos. Esto puede crear problemas de sincronización a la mínima.*

Carreras de datos

No desearemos carreras de datos en los programas. Provocan errores desagradables. Cuando un programa se ejecuta bien la mayor parte del tiempo, pero se bloquea aleatoriamente, probablemente tiene un problema de carrera de datos. Las carreras de datos son tan sensibles al tiempo que el programa podría funcionar perfectamente para todo el mundo menos para uno de sus clientes. Podría funcionar bien para usted, pero no para su colega, ¡en la misma máquina! Podría no haber ningún patrón o razón discernibles en los fallos. Es posible que se corrompan los datos sólo ocasionalmente y que, cuando recorra el programa, exactamente los mismos datos se actualicen perfectamente. El programa se podría ejecutar de forma magnífica a excepción de que la versión que se ha entregado al público se muere aleatoriamente.

Si un programa se ejecuta bien durante el desarrollo, pero fracasa de forma consistente en la versión definitiva, es posible que esté utilizando un tipo diferente de asignación de memoria. Probablemente tenga que corregir variables sin inicializar, no una condición de carrera. Las condiciones de carrera provocan generalmente paradas aleatorias.

Las carreras de datos pueden ser incluso sensibles a lo rápido que pulse dos veces el botón izquierdo del ratón. ¡Intente depurar eso!

Lo importante respecto a las carreras de datos es que los datos forman parte realmente del programa. Más concretamente, la forma de actuar del programa depende de los datos. Como ejemplo trivial de un capítulo anterior, un programa que tiene que crear una tabla inicial lo hace una sola vez. Si existe esa tabla, el programa hace algo diferente. Vamos a ver un ejemplo menos trivial.

Piense en un programa que resalte una línea de texto dada invirtiendo los colores de su primer y segundo plano. Los colores de una pantalla se pueden expresar en función del rojo, verde y azul, teniendo cada uno valores entre 0 y 255. Para resaltar una línea de texto, se podría sumar 128 a cada valor, con módulo 256, de forma que un valor 60 se convierta en 188 y un valor 250 se convierta en 122. Es un algoritmo auto-reversible. Ejecútelo de nuevo y el texto vuelve a sus colores originales. Aquí está el pseudocódigo:

```
void InvertirColores() {
  foreRed   = (foreRed   + 128) % 256;
  backRed   = (backRed   + 128) % 256;
  foreGreen = (foreGreen + 128) % 256;
  backGreen = (backGreen + 128) % 256;
  foreBlue  = (foreBlue  + 128) % 256;
  backBlue  = (backBlue  + 128) % 256;
  repaint();
}
```

Un bloque de código así puede actuar de forma incorrecta si otro hilo puede entrar en él e invertir el proceso. Se puede producir en el código anterior, porque el método **repaint()** no actúa inmediatamente. Pone en cola su solicitud. Por ejemplo, si el proceso de volver a pintar se produce antes de que se reinicialice **foreGreen**, los colores serán erróneos, al menos hasta que actúe el siguiente método **repaint()**, porque **foreGreen** y el resto no habrán sido cambiados todavía.

Claro está, la solución es impedir que otros hilos cambien los colores antes de que termine el primer hilo. El comando **synchronized** hace que un bloque sea atómico, es decir, indivisible. Cualquier hilo que desee entrar en el bloque se para hasta que se haya terminado de ejecutar el bloque. El nuevo pseudocódigo sería así:

```
synchronized void InvertirColores() {
  foreRed    = (foreRed    + 128) % 256;
  backRed    = (backRed    + 128) % 256;
  foreGreen  = (foreGreen  + 128) % 256;
  backGreen  = (backGreen  + 128) % 256;
  foreBlue   = (foreBlue   + 128) % 256;
  backBlue   = (backBlue   + 128) % 256;
}
repaint();
```

Observe que ahora **repaint()** está fuera del bloque de código. Siendo el bloque anterior atómico (por usar **synchronized**), **repaint()** no puede actuar hasta que se termine el bloque y se hayan establecido todos los colores con seguridad.

El comando **synchronized** introduce su propio conjunto de dificultades (¿no va a terminar nunca este camino?):

- El hilo bloqueado no puede hacer nada durante un tiempo, lo que afecta a su rendimiento.
- El bloqueo introduce la posibilidad de bloquear todo el programa o permitir fugas de memoria.
- Un proceso sincronizado se ejecuta aproximadamente a la cuarta parte de la velocidad que el mismo proceso sin sincronizar.

Por tanto, la palabra clave **synchronized** se debe utilizar con cuidado y muy de vez en cuando.

Prevenir las carreras de datos. Para evitar las carreras de datos, debería supervisar todos los accesos a todas las variables. En un ámbito limitado, se puede hacer esto. Si se accede a una variable más de una vez, pero no existe ningún bloqueo común que pueda impedir que múltiples hilos accedan a la variable a la vez, tendrá una carrera de datos potencial.

En JProbe, el "Lock Covers Analyzer" (Analizador de coberturas de bloqueo) hace exactamente eso para todos los accesos a todas las variables, y marca las carreras de datos potenciales.

Bloqueo total

Si un hilo A bloquea un código sincronizado que el hilo B necesita, y el hilo B bloquea un código sincronizado que el hilo A necesita para liberar su bloqueo, el programa estará totalmente bloqueado. El hilo A no puede liberar su bloqueo, lo que permitiría que el hilo B se ejecutara y liberara el bloqueo que impide... Bueno, ya comprende el problema.

Los bloqueos pueden implicar a múltiples hilos, en círculo:

- El hilo A bloquea código que el hilo B necesita.
- El hilo B bloquea código que el hilo C necesita.
- El hilo C bloquea código que...
- ... que el hilo N necesita.
- El hilo N bloquea código que el hilo A necesita.

A menudo es posible, pero no siempre, demostrar si el código se va o no a bloquear. Es más sencillo buscar casos sospechosos.

Observe que un bloqueo activo puede o no aparecer para bloquear su computadora. Si se produce el bloqueo entre los hilos de entrada y de salida de una aplicación de Web, es posible que todavía pueda desplazar el ratón y editar lo que está en la pantalla, porque es posible que los hilos del ratón y del teclado estén funcionando perfectamente. Sin embargo, si el hilo del ratón se bloquea, el cursor del ratón no se moverá. Si se bloquean los hilos del ratón y del teclado, es posible que parezca que es necesario reiniciar la computadora, aunque una descarga de 20 MB esté funcionando perfectamente.

Podría ocurrir que cuando termine la descarga de 20 MB, se termine un hilo, liberando una reserva y resolviendo el bloqueo total. Si es así, tiene una detención, no un bloqueo total verdadero.

Evitar los bloqueos totales. Busque situaciones en las que los hilos intenten obtener la misma serie de bloqueos, pero no en el mismo orden. En el ejemplo anterior, un hilo podría adquirir bloqueos en el orden A, B, C, pero otro hilo adquirirlos en el orden C, A, B. En este caso, es posible un bloqueo total, pero no es seguro que se produzca.

La prevención es tediosa, pero herramientas como JProbe la automatizan.

No permita que un proceso se ponga a dormir a través del método **wait**(), mientras tenga bloqueos abiertos. Si no se despierta, no podrá liberar dichos bloqueos. JProbe también busca esta condición.

Detenciones

Una detención es similar a un bloqueo total. Supongamos que dos hilos se pueden bloquear, pero la tarea de un tercer hilo es liberar uno de los bloqueos. En este caso, tenemos una condición de detención potencial. El problema es que el tercer hilo puede no liberar un bloqueo, dado que se ejecuta de forma autónoma. También se puede morir antes de liberar ese bloqueo. De este modo, el programa se podría ejecutar perfectamente durante un rato y después pararse. Obviamente, dichos errores que parecen aleatorios son difíciles de localizar.

Dado que la acción de ese nuevo hilo puede no ser determinista, puede ser imposible demostrar que se producirá una detención. Las herramientas como Assure son capaces de destacar condiciones sospechosas para que podamos decidir si se necesita o no una corrección.

Un hilo podría detenerse durante un período largo por su diseño. Por ejemplo, podría estar esperando a que llegue una entrada a un puerto. Casi lo mejor que puede hacer una herramienta como Assure es indicar que un hilo se ha detenido durante un rato. El resto lo debe decidir usted.

Evitar los conflictos entre hilos

Existe un problema clásico de libro en la programación concurrente, llamado "Lectores y escritores." En una de sus variantes, se tienen varios procesos rápidos que necesitan leer datos que están siendo escritos lentamente por otro proceso. No pasa nada si múltiples lectores leen algo que ha sido escrito, pero no cuando se está escribiendo. ¿Cómo se puede implementar esto?

Estos son los conceptos:

- Múltiples lectores pueden leer datos a la vez.
- Sólo un escritor puede escribir datos a la vez.
- Mientras un escritor escribe, ningún lector puede comenzar a leer.
- Mientras un lector lee, ningún escritor puede comenzar a escribir.
- Estas ideas se traducen en un conjunto diferente que implica un **readLock** (bloqueo de lectura), que impide la lectura, y un **writeLock** (bloqueo de escritura), que impide la escritura.
- Al establecer **readLock** se asegura que sólo un lector bloquee y desbloquee el **writeLock**.
- Al establecer **writeLock** se asegura que sólo un hilo esté escribiendo a la vez.
- Al establecer **writeLock** se asegura que ningún lector esté leyendo durante una escritura.

Este pseudocódigo resuelve el problema:

```
/* Declaraciones */
Bloqueo readLock;       // Impide la lectura
Bloqueo writeLock;      // Impide la escritura
int lectores = 0;       // Contador de lectores

/* El método Lector */
read() {

        // Sólo el primer lector establece el bloqueo de lectura.
        bloquear (readLock);

        // Si este es el primer lector
        if (lectores == 0) {
                // Impedir cualquier escritura hasta que se termine la
                // lectura
        bloquear (writeLock);
        }
        // En cualquier caso, incrementar el número de lectores.
        lectores++;

        // Obtener los datos. Desbloquear primero.
        desbloquear (readLock);
        /* Leer los datos */
        bloquear (readLock);
        // Se ha terminado la lectura, por lo que se decrementan los
        // lectores.
        lectores--;

        //Sólo desbloquear la escritura cuando no queden lectores.
```

```
        if (lectores == 0) {
            desbloquear (writeLock);
        }

        // Mantenimiento
        desbloquear (readLock);
    }

/* El método Escritor */
write() {
    obtenerDatosAEscribir();
    bloquear (writeLock);
        /* Escribir los datos */
    desbloquear (writeLock);
}
```

¡El truco es implementarlo en Java! Se podría pensar que **synchronized** puede ayudar, y lo hace, pero hay este pequeño problema. La palabra clave **synchronized** no implementa un bloqueo. Implementa lo que se llama una "sección crítica". Hace que la sección sea atómica. Si un hilo entra en una sección crítica, ningún otro hilo puede entrar hasta que salga el primer hilo. Como queremos que múltiples hilos lectores lean los datos a la vez, no podemos simplemente sincronizar el método lector porque eso significaría que sólo el primer lector podría acceder a los datos.

| Consejo de diseño | *Se puede utilizar **synchronized** para vincular secciones críticas, y de este modo crear un sistema de exclusión mutua, también llamado un "mutex", pero la idea de tener múltiples lectores es difícil de entender.* |

¡Bloqueos circulares al rescate!

Un bloqueo circular es una forma de hacer que un proceso espere hasta que otro termine. El proceso de bloqueo circular sondea de forma continua al proceso bloqueado para ver si ya está desbloqueado. Es como marcar el teléfono de una emisora de radio continuamente, confiando en ser el décimo en llamar y ganar ese estupendo Ferrari.

La forma más simple de implementar un bloqueo circular es con un bucle. En el método **write()** que aparece a continuación, el mecanismo de bloqueo circular está en negrita.

```
public class ImplementarBloqueosCirculares {
    private Integer readLock = new Integer(0);
    private int lectores = 0;        // Contador de lectores

    /* El método de los lectores */
    public int read() {
        int datosLeidos = 0;

        // Bloquear a los otros lectores
        synchronized (readLock) {
            // El primer lector bloquea a los escritores
```

```
            // Esto es lo que dice el pseudocódigo:
        //  if (lectores == 0) {
        //     bloquear escritores
        //  }

        // synchronized no permitirá que entren múltiples lectores,
        // por lo que el escritor implementa un bloqueo circular en
        // los lectores

        // Incrementar el número de lectores
        lectores++;
    }

    // Desbloquear los lectores
    /* Leer los datos aquí */
    // Bloquear los lectores

    synchronized (readLock) {
        // Decrementar el número de lectores
        lectores—;

        // Esto procede del pseudocódigo:
        //  if (lectores == 0) {
        //     desbloquear escritores
        //  }
        // En su lugar, permitir que el escritor sondee a los lectores
        // hasta que no queden lectores.


    }

    // Desbloquear los lectores
    // Devolver los datos
    return datosLeídos;
}

    /* El método de los escritores */
    public void write(int x) {
    /* Estrategia: Bloquear a los escritores
          Escribir
          Desbloquear a los escritores
      Sin embargo, debemos utilizar bloqueos circulares.
    */

        // "while" implementa un bonito bloqueo circular.
        boolean éxito = false;
        // Esperar hasta que no queden lectores
        while (!éxito) {
            synchronized (readLock) {
                if (lectores == 0) {
                    // No hay lectores y está establecido readLock.
                    /* Escribir aquí los datos */
                    // Salir del bucle while
                    éxito = true;
                }
```

```
                    }
            if (!éxito) {
                    // Seguir girando, porque al menos queda un lector
                    // yield() para dar a otros hilos su tiempo.
                    Thread.currentThread().yield();
            }
        }
    }
}
```

Bloqueos utilizando monitores y semáforos

Es bastante obvio que un bucle while que se ejecuta continuamente en el método **write**() consume ciclos de CPU. ¿No sería mejor evitar ese problema? Esta es una clase de bloqueo que se basa en las palabras claves **try** y **catch** de Java. En el Capítulo 3, recomendé que no utilizara las palabras claves **try** y **catch** para salir de los bucles, porque hacerlo evita los dogmas básicos de la programación estructurada. Sigue siendo un buen consejo. Sin embargo, esta es una situación ajena a los capturadores de errores en la que try y catch se pueden utilizar con validez por razones de rendimiento.

Los monitores son cosas que se ponen a dormir, consumen muy poca CPU y se despiertan únicamente cuando se les notifica que algo interesante se ha producido.

Los semáforos son portadores de mensajes, o señalizadores. El código siguiente utiliza monitores y semáforos:

```
class Bloqueo extends Object {
// Objetivo: Implementar un bloqueo booleano
  private boolean bloqueado = false; // Indica si el bloqueo está o no
                                     // establecido

  public synchronized void bloqueo() {
      // Si un hilo ha bloqueado este objeto, entonces esperar.

      if (bloqueado) {
        do {
/*
Normalmente, no recomendaría utilizar try de este modo. Sin embargo,
es un mecanismo muy eficiente, en el sentido de no consumir CPU.
Este código se elimina temporalmente de la sincronización.
Cuando se llame a notify(), el programa realizará otra sincronización
y continuará. Observe cómo se manejan las excepciones.
Si no se capturan, una excepción puede arruinar el bloqueo.
*/
            try {
              wait();      // Ir a dormir, esperando a notify()
            }
            catch(InterruptedException e) {
              e.printStackTrace();
            }
            catch(Exception e) {
```

```
            e.printStackTrace();
          }

    // Esperar mientras el otro hilo tiene a éste bloqueado.
    } while (bloqueado);
  }
  // Establecer un bloqueo para este hilo.
  bloqueado = true;
}

public synchronized boolean bloqueo(long milisegundos, int nanosegundos) {
// Los comentarios para este método son similares a los anteriores.
  if (bloqueado)
  {
    try {
      wait(milisegundos, nanosegundos);
    }
    catch(InterruptedException e) {
     e.printStackTrace();
    }

    if (bloqueado) {
      return false;
    }
  }

    bloqueado = true;
      return true;
}

public synchronized boolean bloqueo(long milisegundos) {
// Los comentarios para este método son similares a los anteriores.
  if (bloqueado) {
    try {
      wait(milisegundos);
    }
    catch(InterruptedException e) {
      e.printStackTrace();
    }

    if (bloqueado) {
        return false;
    }
  }

 bloqueado = true;
 return true;
}

  public synchronized void liberarBloqueo() {
  // Establecer bloqueado a false libera cualquier bloqueo que se haya
  // establecido antes.
  {
    if (bloqueado) {
        bloqueado = false;
```

```
                notify();
        }
    }

    public synchronized boolean estáBloqueado()
    {
        return bloqueado;
    }
}
```

Importando la clase **Lock** anterior, es posible resolver el problema de los lectores y escritores sin utilizar **synchronized**. Finalmente, esta es una forma de implementar ese ejemplo de pseudocódigo en Java:

```
import Lock;
public class LectoresEscritoresConBloqueos {
    private Lock readLock = new Lock();
    private Lock writeLock = new Lock();
    private int lectores = 0;        // Contador de lectores

    /* El método de los lectores */
    public int read() {
        int datosLeídos = 0;

    // No permitir la lectura
    readLock.lock();

    // El primer lector bloquea a todos los escritores.
    if (lectores == 0) {
        writeLock.lock();
    }

    // Incrementar el número de lectores.
    lectores++;

    // Permitir la lectura.
    readLock.releaseLock();

    /* Leer los datos aquí. */

    // No permitir la lectura de nuevo.
    readLock.lock();

    // Decrementar el número de lectores
    lectores--;

    // Si no hay más lectores, permitir la escritura.
    if (lectores == 0) {
        writeLock.releaseLock();
    }

    // Permitir la lectura de nuevo
    readLock.releaseLock();

    return datosLeídos;
```

```
    }
    public void write(int x)
    {
        // Bloquear a los otros escritores.
        writeLock.lock();

        /* Escribir los datos aquí. */

        // Permitir que entre otro escritor (si llega).
        writeLock.releaseLock();
    }
}
```

Más aspectos de los monitores y semáforos

Los monitores y semáforos son más eficientes que los bloqueos circulares. Utilizando estos dispositivos, un proceso que desea acceder a un proceso bloqueado se pone a dormir, a través de **wait()**, hasta que el proceso bloqueado le notifique, a través de **notify()**, que es el momento de despertarse. Un proceso que duerme consume muy poca CPU. Es como dejar una nota en la puerta de un amigo en vez de acampar delante de su puerta.

En el ejemplo anterior, **wait()** y **notify()** componen un sistema de monitor y la variable *lectores* es un semáforo que varios procesos pueden comprobar, incrementar y decrementar, señalizando de este modo información entre ellos.

Se imponen unos cuantos comentarios más. ¡Son detalles importantes!

En el método **lock()** de la clase **Lock** anterior, parece que **wait()** y **notify()** se llevan bien con **synchronized**. De hecho, lo hacen. Los comandos **wait()** y **notify()** deben estar en bloques sincronizados para funcionar como sistema de monitor. El método **wait()** detiene su sincronización antes de ponerse a dormir. En caso contrario, **notify()** no podría entrar en el bloque y despertarlo. Cuando llega el mensaje **notify()**,**wait()** reinicia **synchronized** y continúa, habiendo terminado la condición de bloqueo.

Reducido a su funcionamiento básico, el mecanismo de **wait()** y **notify()** es el siguiente:

```
Object o = new Integer(0);

// Ponerse a dormir.
synchronized(o) {
  o.wait();
}

// Despertar al que duerme.
synchronized(o) {
    o.notify();
}
```

Algunas de las mejores técnicas para hilos

En cualquier lenguaje, hay formas buenas, malas y muy feas de hacer las cosas. Esta sección enumera algunas formas prácticas de ayudar al código multihilo a evitar los errores.

Detener un hilo en ejecución

Cuidado con los errores	*Podrá encontrar un método **start**() y uno **stop**() tanto en la clase **Applet** como en la **Thread**. **start**() tiene la misma lista*

*de parámetros (signatura) en ambas clases, igual que **stop**(). Los métodos tienen funciones diferentes, por lo que debe tener cuidado cuando utilice **start**() y **stop**() con las applets de hilos. Se ha eliminado **stop**() de Java 2, reduciendo parte de la posible confusión.*

Cuando ejecute **run**() un hilo, debe terminarlo permitiendo que vuelva del método **run**(), si es posible. Es decir, diséñelo para que se ejecute hasta su terminación.

Java 2 (JDK 1.2) ha eliminado el método alternativo, **stop**(), porque los desarrolladores tenían serios problemas con él. stop() hace exactamente lo que implica su nombre: pararse inmediatamente, sin preocuparse de las tareas de mantenimiento. Eso puede provocar problemas de seguridad, bloqueos y fugas de memoria. Si utiliza versiones anteriores del JDK, le recomiendo que termine un hilo permitiendo que acabe por sí solo, es decir, dejando que vuelva de su método **run**(). Hay varias formas de terminarlo antes cuando resulte necesario hacerlo, como activando una bandera o utilizando el método **isAlive**() o **isActive**() de la clase Applet.

La excepción ThreadDeath

Java permite capturar (**catch**) el error **ThreadDeath** si resulta necesario. Sin embargo, debería utilizar en su lugar el método **finalize**(), que es más seguro. Si captura **ThreadDeath**, asegúrese de lanzarla desde el método que la captura. Si no lo hace, ¿se imagina lo que pasa? ¡Su hilo no se morirá!

isAlive() frente a isActive() y join()

Desde el momento en que el programa llame a **start**(), el hilo estará vivo, pero todavía no estará activo. Es un aspecto sutil, pero crítico. Un breve tiempo después, el hilo comenzará a ejecutarse. Cuando se termina el hilo a través de **stop**(), o porque el hilo vuelve de su método **run**(), ya no está activo, pero permanece vivo durante un breve tiempo. Los métodos **isAlive**() e **isActive**() difieren durante esos breves intervalos de tiempo de los extremos de la existencia de un hilo. Un hilo puede estar vivo y no activo, pero no viceversa.

Se puede hacer un bucle sobre el método **isAlive**() o **isActive**() para ver cuándo es el momento de hacer algo, pero a menudo es preferible el método **join**(). Por ejemplo, si creamos un hilo que envíe algo a través de un socket, se puede hacer otro procesamiento mientras se produce el envío. Un poco después, se puede utilizar **join**() para esperar a que termine el hilo del socket. Cuando el hilo ya no esté vivo, **join**() vuelve. El método **join**() permite especificar un tiempo máximo a esperar a que se termine el hilo del socket, y lo mejor es utilizar dicho parámetro, evitando un posible bloqueo total o una detención.

Los aspectos más positivos de **join**() son los siguientes:

- No realiza ningún sondeo, mejorando el rendimiento.
- No tiene ningún efecto sobre el hilo que ejecuta el **join**(), reduciendo la posibilidad de errores.
- Se puede hacer un **join**() a varios hilos, a través de un bucle.

Vamos a ver un ejemplo sencillo de la utilización de **join**() en el que el programa crea un nuevo hilo para calcular un factorial grande, vuelve a la pantalla para obtener el siguiente número a calcular y después vuelve a esperar a que termine el primer cálculo:

```
double respuesta;       // La respuesta del cálculo irá aquí.
Thread calculadora = new CalcularFactorialGrande (respuesta);
calculadora.comenzar()
   // Código que obtiene el siguiente número a calcular, de la pantalla
calculadora.join()     // Esperar a que termine el cálculo.
```

Cuidado con los errores
*No se preocupe por intentar hacer un **join**() de un hilo consigo mismo. Esperará hasta que se termine el parámetro **time** y entonces no sucederá nada. De forma similar, no se preocupe por comprobar **isAlive**() sobre el hilo actual, porque la prueba siempre devolverá **true**. El hilo actual siempre está vivo, aunque puede no estar activo.*

Consejo de diseño
*No se preocupe por intentar reiniciar un hilo detenido. Si utiliza **start**() sobre un hilo detenido, no sucede demasiado. No se llama al método **run**(), **isAlive**() devuelve **false** y no se lanza ninguna excepción, con una sola excepción. Si el programa llama a **start**() durante el breve tiempo antes de que el hilo se llegue a parar realmente, se observará una excepción IllegalThreadStateException, igual que se obtendría si se intenta iniciar (**start**()) cualquier hilo que ya esté activo. Sin embargo, se puede llamar a **stop**() en un hilo detenido.*

Obligar a los hilos a ser buenos ciudadanos

Probablemente no desee que un hilo como *calculadora* en el ejemplo anterior acapare la CPU, porque su usuario probablemente le llame, y en el momento más inoportuno. Muchas máquinas virtuales de Java permiten la planificación con apropiación, en la que otros hilos obtienen una oportunidad de ejecutarse, incluso aunque uno sea un acaparador virtual. No todas las JVM planifican con apropiación, por lo que cuando programe acaparadores de CPU potenciales, o un analizador como JProbe identifique uno, debería tenerlo en cuenta.

Como también se muestra en el ejemplo anterior de los lectores y escritores, el método **yield**() da a otros hilos la oportunidad de ejecutarse. Este es un ejemplo más pequeño:

```
double respuesta = 0;
for (int i=0; i<10000; i++) {
    for (int j=0; j<10000; j++) {
        respuesta = ((respuesta * i) + j) / j;
    }
Thread.yield();
}
```

Aspectos de rendimiento

Afróntelo. Un rendimiento pobre es un error. Se necesitaría otro banco de memorias, una CPU más rápida o un disco duro más grande para eliminar el error, pero esto también es un error.

Recogida de basura

Cada vez que se ejecuta la recogida de basura, consume una cantidad considerable de tiempo de CPU, pero solamente durante poco rato. Después, la CPU funciona con mayor eficiencia, hasta que la basura comience a apilarse de nuevo. JProbe tiene una pantalla que muestra el ciclo de recogida de basura y su documentación avisa sabiamente que si la recogida de basura se produce demasiado a menudo, ese hecho puede indicar un problema. El problema puede ser que algo esté creando demasiada basura.

Me parece que la recogida de basura funciona de forma magnífica con los hilos. El sistema sabe cuándo se están ejecutando todos los hilos y reclama la mayoría de los recursos cuando se paran. Sin embargo, en algunos casos, preferiremos eliminar la referencia de un hilo manualmente para permitir que actúe la recogida de basura.

Lentitud de synchronized

En Java, la utilización de la palabra clave **synchronized** puede ser el método equivocado por cuestiones de rendimiento, porque impide que los hilos hagan nada. Cuando se utiliza synchronized, realmente se impide que Java sea multihilo. Se obliga a que funcione como monohilo en sus procesos. Además, mis pruebas revelan que los procesos sincronizados se ejecutan aproximadamente a la cuarta parte de la velocidad de los procesos no sincronizados.

Seguridad de los hilos

Algunos procesos no tienen seguridad frente a hilos. Con unas pocas excepciones documentadas, las clases de **Swing** no son seguras frente a hilos. Es decir, las restricciones y salvaguardas habituales que se colocan en los hilos no están activas. No quiero decir que se deba evitar la utilización de las valiosísimas clases de **Swing**, sólo que cuando las utilice debe ser especialmente cuidadoso con los hilos. Cuando observe un comportamiento errático en las clases de **Swing**, lo primero que debe sospechar es que tiene uno o dos hilos desmadrados.

Prevención

Al comienzo del capítulo, intenté exponer los argumentos en favor de que los hilos simplifican la programación, cuando hablaba de la conducción en las autopistas entre cinco y quince dimensiones de actividad. Creo que los mejores conductores son los que son conscientes de las múltiples facetas de la conducción, y evitan de este modo situaciones en las que deban considerar demasiadas dimensiones a la vez. De forma similar, los mejores pilotos son los que nunca se permiten llegar a situaciones en las que sean necesarias sus increíbles habilidades.

En la programación, parece que cuanto más podamos ampliar nuestra conciencia, y más podamos ser conscientes de las diversas facetas de la programación (a menudo los hilos), menos reaccionamos y más actuamos con determinación. Parte de la clave de escribir hilos sin errores es adoptar la actitud de que los hilos simplifican la programación. El resto de la clave es probar en entornos estériles, para poder encontrar procesos que siempre le ayuden.

Después de toda esta lectura, si sigue teniendo uno o dos errores, tendrá que reclutar a sus usuarios. Los necesitará para echar a esos últimos errores. El capítulo siguiente entra en las distintas formas de conseguir eso.

CAPÍTULO 12

El que se ha escapado

Observe el humor de las bases cuando desee comprender la frustración.

¿Cómo perciben los usuarios los errores?

Probablemente habrá visto el famoso chiste en el que un usuario blandía un gran mazo cuando estaba a punto de "¡Pulsar cualquier tecla!".

Vi una foto de una unidad de disco con una marca profunda de una bala del calibre 45. Alguien la había devuelto avergonzado a la fábrica solicitando la recuperación de los datos.

Está circulando un vídeo que no tiene precio dedicado a la vigilancia de una oficina. Muestra a un hombre dando patadas a una computadora, tirándola de su escritorio y después saltando sobre ella, destrozándola totalmente.

Un amigo mío cogió un teclado hasta la esquina de su mesa, rompiéndolo por la mitad. Llevo en el bolsillo la tecla "X" como souvenir de haber presenciado ese incidente.

La gente que dispara a los discos o destroza computadoras, costándoles a veces sus trabajos, demuestra gráficamente la frustración que el resto de nosotros sentimos. Algunas personas casi llegan al estatus de héroes populares.

Literalmente invertimos parte de nuestras vidas utilizando programas de computadora, solamente para descubrir que el software ha despilfarrado dichas partes de nuestras vidas. Es un robo de la peor clase.

Yo no soy inmune. El jefe de mi jefe me dijo si quería actualizar mi nuevo portátil de Windows 3.0 al nuevo Windows 95. Un mes después, un cliente potencial me preguntó cuántos años tenía esa computadora que tardaba seis minutos en iniciarse. Le contesté que tenía tres meses, pero que había instalado Windows 95.

Bromeó conmigo, para mi vergüenza, "¿quiere saber cómo acelerar Windows 95?" Le respondí, sin convicción, que tenía muy pocas ideas. Me contestó, sin sonreír, "actualícese a Windows 3.0".

Cuatro meses después, tras haber gastado $450 en RAM, sin necesidad, me llevé el portátil en un viaje de negocios, porque necesitaba retocar una novela por las noches. Tenía que entregarla en el formato del procesador de textos más popular, pero había utilizado el segundo programa más popular para escribirla. Por tanto, compré el otro procesador de textos e importé la novela, pero el proceso de importación falló. Después, descubrí que ¡la importación había corrompido también mi archivo original! Mi copia de seguridad estaba a mil kilómetros de distancia.

Pronto obtuve el soporte técnico de ambas empresas en dos líneas telefónicas y escuché cómo se echaban la culpa entre sí. No coincidimos en nada en ese aspecto, excepto en que estaban de acuerdo en que era un problema conocido y que no había ninguna forma de recuperar la novela hasta que llegara a casa.

Esperando aprovechar algo mis noches en el motel, utilicé el nuevo procesador de textos para volver a introducir y corregir un contrato que me habían ofrecido. Después utilicé mi software original para importarlo desde el programa nuevo al antiguo, como copia de seguridad. ¿Lo adivina? ¡El proceso de transferencia inversa corrompió también ambas copias!

Más llamadas de teléfono. Esta vez, técnicos mejor informados de ambas empresas me dijeron que tenían software corregido (patches) que podía descargar para evitar el problema, pero que nada podría recuperar mis archivos. Descargué el software corregido y básicamente funcionaba, pero los subrayados nunca se llegaron a transferir. Eso era un fastidio porque en una novela de ficción se utilizan los subrayados para varias cosas, como indicar palabras de un idioma extranjero.

Seis años después, los problemas siguen estando ahí. Ayer intenté importar una novela desde uno de esos procesadores de textos en otro, utilizando las últimas versiones, y la conversión falló. Cuando cambié las fuentes, todas las líneas obtuvieron misteriosamente una "A" al principio, y los apóstrofes se convirtieron en signos igual. ¡Sorprendente!

El vendedor de Microsoft prometía que mis quejas por Windows 95 se terminarían si me actualizaba a Windows 98. Mi pobre portátil no tenía espacio en disco suficiente para Windows 98, por lo que, tontamente, me rasqué el bolsillo y gasté unos $2.500 en nuevo hardware. Después, probablemente me gasté un valor de unos $15.000 en tiempo de consultoría que habría podido facturar y que tuve que dedicar a poner en funcionamiento la nueva máquina y aprender a cómo caminar de puntillas sobre el campo de minas llamado habitualmente "la pantalla azul de la muerte."

Hoy, mi máquina más estable de las seis de mi red que ejecutan Windows es una 486/33 que ejecuta Windows 3.0. La siguiente es ese portátil lento con Windows 95, e incluso él se bloquea a veces. Varias veces a la semana, al menos una de mis pantallas se vuelve azul sin aviso previo. Mi última computadora tiene Windows 98, Word 2000 y el software de Java instalado. Nada más. Tiene una CPU rápida, admite 256 MB de RAM y tiene un disco duro enorme. Es casi tan malo como el resto y, por tanto, es el elegido para Linux en cuanto termine este libro.

Cuando se entregó Windows 2000, probadores independientes registraron aproximadamente 65.000 errores en él y Microsoft admitió que eran ciertos más de 30.000. Tenía una lista penosamente breve de periféricos admitidos y varias empresas volvieron a versiones anteriores de Windows, o abandonaron e instalaron otra cosa.

No es sólo Microsoft la que produce un software así. Los usuarios se reúnen delante de las máquinas de bebida y se ponen a despotricar por la baja calidad del software de todo tipo de fabricantes. Los gerentes observan los billones de dólares que literalmente se desperdician, por culpa de software defectuoso, y algunos presentan demandas. Se encuentran en curso pleitos de alto nivel contra las mayores empresas de software de la nación.

El soporte técnico se acaba habitualmente después de 90 días y se vuelve caro a partir de entonces. Cuando se observan las alternativas, que es dinero tirado, una llamada cara al soporte técnico es barata. A veces, he recurrido a una opción más barata. Voy a la tienda y compro una nueva copia del software, la registro y no la utilizo nunca, ¡solamente para obtener otros 90 días de soporte!

Un colega mío me hizo una observación sensata hace unos meses. Me dijo: "Ya lo sabes, los japoneses casi desmantelaron la industria de la automoción en los Estados Unidos por un solo aspecto: la calidad."

Durante el periodo entre la condena a Microsoft por las leyes antimonopolio y el anuncio del castigo por parte del juez, difícilmente se podía tirar una piedra sin darle a algún experto que ofreciese consejos al juez por escrito. La idea más inteligente de ese período fue obligar a Microsoft a ofrecer soporte técnico totalmente gratuito para todos los productos y para siempre. Esa idea profunda animaría a la empresa a producir un software de una calidad drásticamente superior. Claro está, lo que es bueno para Microsoft es bueno para el resto del mercado. Yo, por ejemplo, daría la bienvenida a ese tipo de requisito legal, porque durante 20 años varios de mis colegas y yo hemos garantizado que el software cumpliría las especificaciones para siempre. Aunque esa no es una tarea especialmente sencilla, tenemos la seguridad de que se puede realizar y con beneficios.

Lea casi cualquier acuerdo de licencia de software. Indica que no poseemos el software y que la empresa que ha escrito el mismo no ofrece ninguna garantía en absoluto. En mi modesta opinión, es una situación de ganar o perder el que dichos acuerdos de licencia sean legales. Al menos, son opuestos a los anuncios, que proclaman que lo hacen todo, desde lavar los platos a predecir el futuro, o al menos eso parece.

Ese tipo de licencia, que absuelve a las casas de software de cualquier responsabilidad por la calidad, cambia las reglas del mercado. Hoy en día, el software que se vende es el software que tiene más características anunciadas, tanto si funcionan todo el tiempo como si no. La propaganda hace que el software sea más y más complejo, añadiendo más y más posibilidades para los errores, y haciendo que unas computadoras valoradas en billones de dólares se queden obsoletas.

Así es como los usuarios perciben los errores.

¿Es usted diferente, o salta de alegría cuando recibe una pantalla en azul? ¿Disfruta por el reto que supone un mensaje de error? Si no lo hace, ¿le puedo pedir respetuosamente que busque la perfección en su código? El hacerlo le pone en el camino recorrido por los héroes.

Consiga que su cliente le ame

Si una manada de lobos le ha rodeado y un perro lobo llega trotando, ahuyenta a los lobos y agita su cola en símbolo de amistad, ¿a quién va a amar?

Si todo el software que posee su cliente contiene errores y le cuesta toneladas de dinero, a excepción del software que le ha comprado a usted, ¿a quién va a amar? Hay un dicho que dice algo parecido a lo siguiente: "La amargura de la baja calidad permanece mucho tiempo después de que se desvanezca la dulzura de un precio reducido."

Unas pocas empresas innovadoras se ganan las simpatías de sus clientes de una forma inteligente. De repente, su equipo llega a la puerta del cliente. El equipo presenta sus credenciales y le indica al gerente que han detectado de forma remota un problema en el servidor del gerente o en la máquina de un cliente, o lo que sea, y que han venido para corregir el problema. Si es posible, lo hacen mientras el usuario está comiendo. A veces, nadie de la empresa del cliente llega a enterarse nunca de que había existido un problema o un problema potencial, porque los creadores del software corrigen el problema de forma remota.

En ese caso, ¿ha habido alguna vez un error?

Cuando todas las otras empresas generan software que requiere que se contrate un equipo de técnicos de la casa para mantener el software, y aparecen estas personas, ¿a quién va a amar? ¿De quién serán los productos que va a comprar la próxima vez? ¿Quién se va a llevar el dinero de actualización el año que viene?

El orador maestro Zig Ziglar tiene subidos su pulgar y su índice, separados 0,5 cm, y pregunta a su público: "¿Cuánta diferencia hay entre el mejor y todo el resto?" Su postura es que sólo se necesita una pequeña cantidad de diligencia adicional para convertirse en el mejor en algo. Pablo, el apóstol, llamaba a dicha excelencia ir una milla por delante.

Como desarrollador de Java, debería recordar que el problema y la solución están en el hecho de que está compitiendo con desarrolladores que, por cualquier razón, se ven forzados por las presiones de llegar al mercado cada vez más pronto. El primero en llegar al mercado gana la mayor parte de ese mercado. Sin embargo, ser el primero en el mercado significa a menudo tener que vender software probado parcialmente y que no ofrece algunas de las características que la publicidad afirma que tiene.

Afortunadamente, ya ha llegado lejos en este libro dedicado a la depuración y ha adquirido unos cientos de ideas que reducen el tiempo de desarrollo. Esas ideas le permiten ser competitivo con software de alta calidad.

Es posible que todavía no se crea que puede escribir software libre de errores. Yo no estoy de acuerdo, pero hasta que se lo crea, usted tiene razón. Por tanto, es posible que tenga que solicitar la ayuda de sus usuarios. Cuando instale los mejores tipos de capturadores de errores, sus usuarios le ayudarán de muchas formas y estarán contentos de estar en su equipo.

Cree un capturador de errores mejor

Sí, da pena el pobre usuario que está presionado por entregar un documento a su jefe antes de mediodía, y le aparece una pequeña ventana que dice: "Error no definido."

Hay un botón "Aceptar" y el usuario sabe, sin una sombra de duda, que al pulsar el botón se reinicializará la computadora.

Entonces es cuando el usuario está tentado de destrozar la computadora, o llamar al consejero legal principal de la compañía, pero ninguna de esas soluciones va a ayudar al jefe a conseguir ese documento más rápido.

Consejo de diseño *En cualquier caso, ¿por qué siempre tenemos que hacer copias de seguridad de los archivos? ¡Qué comentario más adverso respecto al estado del software de la computadora! Si el problema está en el sistema operativo, ¿por qué no comprar o escribir uno fiable? Si es su sistema de base de datos, ¿por qué no comprar o escribir uno fiable? Haga que la fiabilidad sea un principio básico de su canon de ética. Exíjaselo, por contrato, a sus proveedores, y evíteles que no firmen contratos así. Todo el mundo tiene competencia y a veces hay que recordar a los proveedores ese hecho tan tozudo.*

El pobre usuario se ve cogido en una trampa. No hay forma de escapar. Se ha perdido el documento y, obviamente, no hay una copia de seguridad. Eso significa que el jefe le echará la culpa al usuario, no al culpable real, que es el desarrollador software sin nombre.

La primera de mis "24 leyes" es simple. "El software nunca se debe interrumpir." Profundizando más, significa que sólo se le permite al usuario detener el software. Todas las situaciones que puedan provocar una interrupción fatal deben ser capturadas y gestionadas con seguridad antes de que se pueda producir la interrupción.

La solución para usted y el usuario es pensar con cuidado en los mensajes de error. Proporcione al usuario una gran cantidad de información bien escrita respecto a cómo resolver el problema y evite de este modo que le despierten a las 3 a.m. con una llamada telefónica.

Cuando se instala un capturador de errores, prepare respuestas para los tipos siguientes de preguntas, en pantalla o tras pulsar un botón "Más información". Parte o toda la información se debería registrar también en disco y, posiblemente, se debería enviar por correo electrónico al desarrollador. Proporcione al usuario un botón Imprimir que imprima esta información como referencia futura. Pegue esta lista cerca de su computadora. No nos importa que fotocopie esta página concreta.

Componentes del mensaje de error perfecto

- ¿Qué ha sucedido?
- ¿Por qué ha sucedido?
- ¿Qué sucederá a continuación?
- ¿Qué puede hacer el usuario ahora mismo?
- ¿Qué puede hacer el usuario en el futuro?
- ¿Dónde puede obtener ayuda el usuario ahora mismo?
- ¿Cómo puede ayudar el usuario a los desarrolladores a mejorar la situación?
- ¿Qué problemas similares se han producido recientemente en el software del usuario?
- ¿Qué le debería decir el usuario a un técnico acerca del problema?

- ¿Qué restitución ofrece el desarrollador del software al usuario?
- ¿Cuál era el estado de la computadora cuando se produjo el problema?
- ¿Está el error en el cliente o en el servidor?
- ¿Qué bases de datos, tablas y campos están abiertos?
- ¿Qué programa, qué módulo, qué método y qué línea han disparado el error?
- ¿Qué hilos están activos a la vez?
- Con tanta precisión como permita la computadora, ¿cuándo se ha producido el problema?
- ¿Quién es el usuario conectado?
- Más adelante en este capítulo, el libro estudia cada tema en detalle.

Toda esa información es demasiada como para ponerla en un cuadro de mensaje de error normal. Los capturadores de errores deben ser concisos y directos. "Error no definido" es demasiado conciso. Revela muy poca información. Sin embargo, pocos usuarios, especialmente los presionados por el tiempo, leerán un mensaje de error que incluya todos los aspectos aquí presentados. La clave de un gran mensaje de error es que toda esa información esté disponible al instante, pero no en la pantalla.

Una solución es proporcionar un botón que proporcione más datos, posiblemente organizados de forma jerárquica. Otra es tomar prestada la idea de la barra lateral de las páginas de Web. Las barras laterales ayudan a organizar grandes cantidades de datos para nodos de Web y podemos hacer lo mismo en los capturadores de errores. Los mensajes de error se adaptan bien al código HTML.

Es necesario dar al usuario suficiente información para que tome una decisión correcta y solamente tendrá unos cuantos segundos para presentarla.

¿Ha visto alguna vez a un usuario pulsar Alt-Ctrl-Supr o el botón de Reset cuando sabe que Alt-Escape o Alt-Tab tiene una probabilidad aceptable de guardar el documento? Varias veces casi he gritado: "¡No!", pero medio segundo demasiado tarde. Una vez, le paré físicamente la mano a una señora cuando estaba a punto de pulsar el botón de Reset. Se sentía insultada, hasta que le mostré una forma de recuperar el documento a pesar de todo. Un tiempo después, me envió una amable carta de agradecimiento.

Cuando su mensaje de error inteligente proporciona al usuario una forma de salir de la trampa, de repente es usted un héroe, aunque su software tenía un error.

Los errores confunden, por definición

Si no fuera así, serían corregidos con rapidez.

Esto significa que el pobre usuario se encuentra en un estado mental anormal y confundido cuando el mensaje de error aparece. Por tanto, tendrá que caminar por la cuerda floja. Sin hablar con su usuario, tiene que explicarlo todo de una forma más simple de lo que está acostumbrado.

A menudo, existen mensajes de error que indican al usuario una forma mejor de hacer algo. Si siente la necesidad de escribir esos tipos de mensajes, entonces:

- ¿Por qué escribir el mensaje, si puede detectar que es un probable error del usuario? Acepte la forma alternativa en que el usuario hace las cosas o rescriba su software para evitar la confusión. Eso puede no ser posible, pero a menudo me ha parecido sencillo de hacer.
- Rebaje el nivel del lenguaje un par de cursos. Haga que sea sencillo de comprender, porque el usuario no siempre ha podido comprender algo importante.
- Piense en todas las maneras en las que el usuario puede haber hecho algo mal para llegar hasta ese punto. Esta es una oportunidad para ser creativo.
- Explique las cosas de forma extremadamente clara y precisa. No deje nada al azar.

¿Qué más puede ir mal?

Adopte la siguiente actitud. Finja que algo más ha fallado y pregúntese qué ha pasado. Entonces corrija eso y vuelva a hacerse la misma pregunta hasta no tener más respuestas.

Pregúnteselo a otra persona. Reciba impresiones frescas.

Escribir mensajes de error buenos es un proceso muy creativo que requiere una buena dosis de lógica. En otras palabras, se deben utilizar ambos hemisferios del cerebro.

Elementos del mensaje de error perfecto

Los mensajes de error buenos se deben comunicar. Deben tranquilizar. Deben hacer cosas que mantengan a su usuario trabajando de forma productiva. Pero lo más importante, ¡no deberían existir! Un mensaje de error siempre exige la pregunta: "Si puede predecir que un usuario pueda cometer un error en un lugar donde ha insertado un mensaje de error, ¿por qué no corregir el problema?"

Sin embargo, seré práctico. Soy consciente de que los mensajes de error son hechos de la programación. Los escribo porque sé que no puedo comprobar todos los errores y no puedo escribir código que los usuarios no puedan hacer fallar. Así que me apoyo en los mensajes de error para capturar el resto de los errores. Vamos a ver cómo escribir un mensaje de error.

Hablar en el idioma del usuario

"Fallo de página no válida" significa poco para un usuario que no ha estudiado sistemas operativos. ¡Significa poco para la mayoría de los programadores! Si puede explicar los fallos de página y los fallos de página inválidos, probablemente tenga al menos un título universitario en informática.

"Fallo de protección general" sólo significa una cosa para el usuario: ¡Se va a colgar! Sería mejor que el mensaje dijera: "¡Su programa está a punto de colgarse!" Eso sería una mejora porque estaría escrito en el vocabulario del usuario, pero es insuficiente. El usuario necesita más información.

Evite ser conciso

Escriba sus mensajes de error en frases completas y sencillas de leer. Dirija su lenguaje un paso o dos por debajo del nivel de experiencia esperado del usuario.

Aunque "Archivo no encontrado" no especifica el trayecto y el nombre del archivo, significa mucho para un programador. Significa poco para un novato. Para el novato, debería comenzar con algo como: "El programa estaba buscando el archivo 'prueba.cat' en la carpeta llamada 'c:\temp\' y no ha podido encontrarlo."

Obviamente, eso es sólo el principio. Podría mencionar que 'c:\temp\' no existía y que es posible que 'prueba.cat' esté mal deletreado. Un gran mensaje podría observar que '.cat' se parece mucho a '.bat' y sugerir '.bat' como extensión del archivo, después de comprobar primero que exista 'prueba.bat'.

Elija las palabras con cuidado

Vi una vez un mensaje de error en magenta en un software comercial que contenía dos palabras, una de ellas obscena, que indicaba "la has pifiado".

Obviamente, en el momento en que moví el ratón, la computadora se reinició. Pensé que tenía un virus, porque nadie pondría palabras obscenas en un mensaje de error comercial.

El técnico del fabricante me dijo avergonzado: "Un error errante se deslizó por equivocación en la producción. Hemos creado una corrección. Le enviaremos una nueva versión, gratuita, y le enviaremos un mensajero para que nos devuelva los discos originales. ¿Puede decirme su dirección?" Obviamente estaba leyendo un guión. Estaba tan impresionado que le pedí que me lo leyera de nuevo para que pudiera copiarlo.

Si la empresa había vendido sólo 100.000 copias de este programa popular, ¡esa única palabra obscena les había costado un millón de dólares! Probablemente me había costado el precio original del programa en tiempo perdido.

Cuando escriba un mensaje de error, pregunte a otra persona si puede pensar en dos formas de interpretarlo. Si puede hacerlo, el mensaje es ambiguo, y debe rescribirlo. Hay docenas de formas de interpretar "Archivo no encontrado," incluyendo una que se refiere al trabajo con metales, otra que se refiere a los armarios con archivadores, etc. ¡Hay personas que no sabían lo que era un archivo de computadora la primera vez que vieron ese mensaje!

La mejor forma de evitar la ambigüedad es utilizar frases completas que contengan verbos y nombres precisos.

Asegúrese de deletrear mal una palabra

¡Sólo era una comprobación! No lo haga. Lo repito, ¡no haga eso!

Si debe emitir un mensaje de error, admitiendo de este modo que hay un error, al menos debería tener una ortografía y gramática correctas.

Si tiene problemas con la ortografía, seguro que hay un experto en lenguaje a tres despachos de distancia del suyo. El gerente tiene una secretaria que probablemente puede citar la mayor parte del diccionario de la RAE de memoria. La RAE vende su diccionario en formato electrónico. Pida ayuda antes de cometer un error ortográfico en un mensaje de error. Utilice un procesador de textos o editor con corrección de errores para escribir el código. Mi procesador de textos tiene la autocorrección activada para corregir mis errores en el deletreo.[7]

Si su idioma nativo no es inglés, le recomiendo encarecidamente que hable mi idioma nativo mucho mejor de lo que yo pueda hablar el suyo. Pero recuerde, ¿cuánto tiempo necesitó para perfeccionar su propia lengua? El inglés no es un idioma sencillo de dominar. Tiene miles de irregularidades. Podría pedirle a un nativo que verifique sus mensajes de error. Si habla inglés y está escribiendo para el público alemán, debería pedirle a un alemán nativo que compruebe los mensajes. En ese aspecto, el inglés hablado en varios países tiene bastantes variaciones locales, por lo que debería pedir a un nativo que comprobase su trabajo, especialmente el deletreo de palabras como "color" y "colour."

Disculparse nunca hace daño

Erich Segal escribió en *Love Story* que el amor significa no tener nunca que decir lo siento. Era una gran línea en un libro maravilloso, pero lo siento, Erich se equivocó. En un mensaje de error, como en el amor, una disculpa nunca hace daño y siempre ayuda.

Poner la palabra "perdón" en un mensaje de error le quita gran parte de su aguijón. Igual que insertar la palabra "por favor." Los usuarios ya están disgustados con usted; por tanto, ¿por qué provocarles?

Una revelación total es lo mejor

Si está viajando a medio camino a través del país hasta un lugar de vacaciones que no ha visitado nunca, probablemente consulte un mapa. Ya sabe que perder un poco de tiempo planificando el viaje le puede ahorrar una o dos horas de conducción después.

De manera similar, si planifica los mensajes de error y se toma el tiempo de revelar todos los detalles razonables a sus usuarios, probablemente se ahorre después un tiempo valioso. Un amigo me dijo hace un año: "No has vivido hasta que recibes una llamada de auxilio a las 2 a.m. de alguien que está en Hong Kong".

---

[7] N. del T.: Obviamente, este párrafo es una adaptación del original al castellano, no una trascripción literal.

El usuario está en un estado cercano al pánico

Vi un cartel inteligente encima de nuestra fotocopiadora. Indicaba que esta fotocopiadora tenía instalada la última versión de un "detector de pánico", por lo que, cuando detectaba un estado de pánico en el usuario, podía atascarse.

Si una carrera de datos se convierte o no en algo destructivo, puede depender de cosas sutiles como la rapidez con que pulse dos veces el ratón. Un usuario que está bajo la pistola hace las cosas de forma diferente, y ese hecho introduce nuevos factores en el programa. Un software que funciona bien en circunstancias normales se puede encontrar con un usuario atemorizado que prueba formas innovadoras de extraerle un poco de rendimiento adicional. Entonces es cuando el usuario puede pulsar por error o pasar a entornos poco probados. Entonces es cuando los hilos pueden colisionar inesperadamente.

Sus mensajes deben ser capaces de tranquilizar una mente atemorizada y de proporcionar un alivio inmediato.

Los mensajes de error deben calmar

Uno de los mensajes de error más famosos del mundo es "Houston, tenemos un problema." Escuché una grabación de la situación original, y el mensaje se dijo exactamente igual que en la película *Apolo 13*, con una voz tranquilizadora y profesional que iba en serio. Esas cuatro palabras galvanizaron a cientos de personas en una acción decidida, meditada y salvadora de vidas.

Nunca ponga una pantalla en azul con texto en blanco a propósito. Si lo hace, tendrá una legión de usuarios pulsando los botones de Reset innecesariamente. De forma similar, nunca ponga el segundo plano de toda una ventana en rojo o amarillo brillante. Esos colores pueden generar emociones desde la ira al terror, en el peor momento posible.

Escriba sus mensajes de forma que el usuario respire hondo, pase al pensamiento del cerebro izquierdo y adopte la acción correctiva. Texto en negro sobre una pantalla en gris claro es lo mejor.

Evite ser condescendiente con algo

La pantalla de Scandisk, que aparece después de reiniciar tras un apagado incorrecto por cualquier razón, obviamente tenía buenas intenciones. Sin embargo, la gente debería haber pensado en la redacción con más cuidado. "Como Windows no se cerró correctamente, una o más de sus unidades de disco puede tener errores. Para evitar ver este mensaje en el futuro, cierre siempre la computadora pulsando el botón Inicio."

Obviamente, al usuario le gustaría no tener que ver esa pantalla en el futuro, porque se tarda mucho tiempo mientras el sistema se repara a sí mismo. Un mensaje de error no es el sitio donde reprender a un usuario.

Lo que es especialmente irritante para un usuario impaciente es que la pantalla aparece después de cada reinicio espontáneo y el usuario no puede controlarlo. La culpa del reinicio es un fallo de los programadores del sistema operativo, no del usuario. Si el sistema operativo hubiese sido más estable, ese mensaje nunca hubiera obtenido el estatus de infamia.

Estandarice la redacción

Algunos sistemas, especialmente los grandes, seleccionan el texto de los mensajes en un conjunto común, en función de un número. Esto es útil cuando varios módulos interactúan, como en un sistema de fabricación para toda la empresa. Esta técnica es útil también cuando se puede utilizar un mensaje en una docena de sitios en el sistema. Ahorra espacio. La razón más importante para no utilizar este tipo de sistema es que el programa no puede indicar a un programador de mantenimiento exactamente qué mensajes se le están presentando al usuario. Una línea como ésta le indica muy poco al programador de mantenimiento:

```
MostrarMensajeError(2137);
```

Se necesita un comentario explicativo cerca del mensaje, pero si inserta un comentario, también podría sustituir el comentario por el número de error. Se puede crear una línea que dice mucho más utilizando cadenas cuyos nombres indiquen su contenido. Dichas cadenas podrían ser como las siguientes:

```
msjArchivoNoEncontrado = "Perdón, no he podido encontrar el archivo: ";
títuloArchivoNoEncontrado = "Archivo no encontrado ";
msjTrayectoNoEncontrado = "He mirado en el directorio: ";
```

Si tiene cuidado, podrá construir la mayor parte de un mensaje de error a partir de cadenas estándares. Es sencillo ensamblar componentes del mensaje en un conjunto, dependiendo de parámetros que se le pasen al sistema de mensajes.

Ya le pasamos parámetros al cuadro de mensaje. En el método del cuadro, podemos detectar qué parámetros pasar. En consecuencia, una sentencia **switch** puede concatenar frases como "El programa se interrumpirá a continuación. Por favor, guarde todos los archivos abiertos." o "Si pulsa sobre 'Sí', se detendrá el programa." o "El programa continuará." La misma sentencia **switch** puede cambiar el color del título de su cuadro de mensaje y su título. Puede añadir palabras como "Error fatal" al título.

El pseudocódigo siguiente puede no asignar colores y mensajes de acuerdo a sus gustos o estándares de la empresa, pero da algunas ideas de lo que se puede hacer:

```
// Se muestran a continuación algunos mensajes estándares que se pue-
// den añadir delante o detrás:
// Observe también la inclusión de espacios después de los signos de
// puntuación, incluso donde no es necesario. Es una buena costumbre a
// adoptar, porque ayuda a evitar la
// posibilidad de que se peguen sentencias durante la concatenación.

títuloInterrupción = "El programa se interrumpe a continuación ";
mensajeInterrupción = "Error fatal. \n"
        "  Lo siento, pero el programa se debe interrumpir"+ a
        "continuación. Por favor, guarde todos " +
        "los archivos abiertos antes de pulsar sobre el botón Aceptar. \n" +
```

```
                "  Alt-Tab conmutará entre programas en ejecución para que pueda"+
                "  guardar los archivos. ";
        títuloPregunta = "Se necesita información ";
        mensajeContinuación = "El programa continuará a continuación. ";

        switch(parámetro) {
                case 1:          // Error crítico
                        MsgBox.Title = MsgBox.Title.Caption + abortTitle;
                        MsgBox.TitleBackColor = red;
                        MsgBox.TitleForeColor = white;
                        MsgBox.Caption = abortMessage + MsgBox.Caption;
        // No recomiendo un cuadro en rojo y blanco, a no ser que realmente quiera
        // atraer la atención del usuario, es decir, es un momento casi de pánico.
                        MsgBox.BackColor = red;
                        MsgBox.ForeColor = white;
                        break;

                case 2:          // Pregunta
                        MsgBox.Title = MsgBox.Title.Caption + questionTitle;
                        MsgBox.TitleBackColor = yellow;
                        MsgBox.TitleForeColor = black;
                        MsgBox.BackColor = lightgrey;
                        MsgBox.ForeColor = black;
                        MsgBox.Caption = MsgBox.Caption + continueMessage;
                        break;

                case 3:          // Información
                        MsgBox.TitleBackColor = blue;
                        MsgBox.TitleForeColor = white;
        // ¡Por favor, no ponga el cuadro de mensaje completo en azul con
        // texto en blanco!
                        MsgBox.BackColor = lightgrey;
                        MsgBox.ForeColor = black;
                        MsgBox.Caption = MsgBox.Caption + continueMessage;
                        break;

        default:
                break;
        }
```

Los títulos de los botones

Cuando instale títulos sobre botones, asegúrese de que los títulos respondan adecuadamente a cualquier pregunta que haga el cuadro de error. Por ejemplo, un cuadro que indica "Por favor, introduzca el nombre de archivo:", lo razonable es que ofrezca un botón Aceptar. Sin embargo, un cuadro que diga "¿Desea continuar o parar?" no debería tener los botones Aceptar y No, ni incluso los botones Sí y No. Debería tener los botones Continuar y Parar.

- "Aceptar" puede ser confuso, por lo que rara vez lo utilizo, excepto para mensajes informativos en cuadros modales. A un usuario frustrado le puede parecer que "Aceptar" es especialmente irritante en un cuadro que meramente indique algo como: "El programa se va a interrumpir, ¿de acuerdo?" ¡El usuario no está de acuerdo en absoluto! Sería mucho mejor pedir por favor, perdón, gracias y cosas agradables. Podría explicar que el programa se ha parado por conveniencia del usuario, para permitir que el usuario atienda a cualquier tarea final, como guardar archivos. Después, el usuario puede pulsar un botón del cuadro de error que finalmente reinicializará la computadora. Cómo decir eso, en 25 palabras o menos, depende de la tarea concreta.

- "Sí" y "No" se deberían utilizar básicamente cuando el cuadro haga una pregunta. En algunos casos, se debería añadir un botón "Ayuda" para que lo elija el usuario.
- "Cancelar" puede ser confuso. ¿Está cancelando el usuario un cuadro, el error, el programa, la sesión o incluso reinicializando la computadora?
- "Reintentar" debería dar al usuario la oportunidad de afectar al programa antes de que tenga lugar el reintento, lo que implica una explicación en el texto. Si necesita un botón Reintentar en un cuadro que le pide al usuario que localice y copie un archivo, entonces debería dar pistas para la localización y copia del archivo.
- Se debería explicar "Interrumpir". ¿Qué se está interrumpiendo? ¿Es la pantalla, el informe, el formulario, la escritura, la lectura, el módulo o todo el programa?

¿Cómo dar formato a un mensaje de error?

Un cuadro de mensaje normal entrega un mensaje de error cómodamente. Sin embargo, es posible que prefiera programar su propio cuadro personalizado para poder añadir exactamente los botones que quiera, aceptar los parámetros deseados, cambiar los colores, etc. Por ejemplo, la mayoría de los cuadros de mensaje restringen los diseños y el número de botones que se pueden instalar. Escriba el suyo propio y conviértalo en un objeto para poder utilizarlo de forma continuada.

Preparar un buen mensaje de error es como escribir un buen anuncio de revista, excepto que los mensajes de error están en desventaja: los anuncios utilizan gráficos.

Como en un anuncio, debe captar la atención de su usuario con las primeras palabras e inducir al lector, de algún modo, para que termine de leer la primera frase. Esa frase, de algún modo, debe forzar a los usuarios a leer el resto del texto importante de forma que puedan tomar una decisión informada acerca de cómo manejar el problema.

He experimentado poniendo el segundo plano en color rojo para los errores críticos, y otros colores para otros mensajes. Los experimentos tuvieron éxito, pero demasiado. Después de ver que los usuarios casi tuvieron una apoplejía, volví al texto en negro sobre cuadros en gris claro o, a veces, texto en negro sobre segundos planos en colores pastel, muy ligeros, con un ligero tinte rojo, amarillo, verde o azul. Me gusta poner los títulos en colores brillantes, pero nunca hago que parpadeen.

Una vez le pedí a un colega que probara un programa que emitía un mensaje de error con una pantalla azul. Para mi sorpresa, en el momento en que su pantalla se puso azul, pulsó Alt-Ctrl-Supr dos veces e interrumpió el programa. Le expliqué que se suponía que mi programa debía poner la pantalla en azul y que solamente quería ver si le gustaba el esquema de colores. Me explicó que ya había sufrido tres "pantallas azules" en su computadora esa mañana y pensó que simplemente le había pasado lo mismo otra vez.

Microsoft ha establecido inadvertidamente un nuevo estándar. Incluso los vendedores de Microsoft hablan acerca de cómo sus últimos productos reducen las "pantallas azules". Una pantalla azul con texto grande y blanco indica a la mayoría de los usuarios que la computadora está a punto de reinicializarse espontáneamente, o que ya lo ha hecho. Si hace que su mensaje de error emule la pantalla azul de la muerte, hará que sus usuarios aprieten el botón de encendido innecesariamente, antes de leer el texto que ha preparado cuidadosamente.

Contenido del mensaje de error

Antes en este capítulo, he presentado una lista de preguntas que el mensaje de error debería responder. Esta sección las estudia en detalle.

¿Qué ha sucedido?

El mensaje debería explicar, en lenguaje claro y suave, por qué ha aparecido el mensaje de error. En mi opinión, se debería programar la barra de título de un mensaje de error para que muestre un resumen reducido del error. "Error" no es suficiente. "Error: archivo no encontrado" es casi correcto, aunque es casi todo lo que algunos programadores llegan a poner en el texto del mensaje. El texto debería explicar qué archivo no ha sido encontrado, etc.

Lo que se utiliza a menudo para un mensaje de error, como "Archivo no encontrado", pertenece al título del cuadro de mensaje, no su texto. En este caso, el texto debería nombrar el archivo que no ha sido encontrado y el trayecto. Sin embargo, reserve las explicaciones detalladas para el botón "Más información" que pondrá en el cuadro de mensaje. Querrá que el texto se lea con rapidez, para que por lo menos sea leído.

¿Por qué ha sucedido?

Esta información es una ampliación de lo anterior. Es uno de los fragmentos más difíciles de escribir, porque si puede escribirlo, probablemente podrá evitar que aparezca ese mensaje de error. Escríbalo para informar al usuario, pero también para ver si puede descartar un escenario completo de mensajes de error.

¿Qué sucederá a continuación?

¿Se va a reinicializar la computadora? ¡El usuario realmente quiere saber eso!

El suyo puede no ser el único programa en ejecución. El usuario puede tener un programa de hoja de cálculo abierto y puede haber lanzado su programa para buscar información adicional, o para bucear por la Red durante un rato. Si el programa reinicializa la computadora, el usuario puede perder horas de trabajo en esa hoja de cálculo.

Puede ser posible todavía guardar los archivos que están abiertos en un programa concurrente. Si el programa ha detectado un error que puede bloquear al sistema operativo y ha sido capaz de informar del problema, el usuario habitualmente podrá guardar los archivos, quizá pulsando Alt-Tab o sobre la barra de programas. Debería anunciar esas opciones a sus usuarios, en vez de confiar en que piensen en ellas.

A menudo, es posible cerrar el programa actual y volver a lanzarlo. Con la misma frecuencia, es algo inseguro, porque algunos de los sistemas operativos actuales son especialmente intolerantes a los fallos. En muchos casos, debería avisar al usuario de que guarde todos los archivos e intente apagar la computadora con normalidad, a la vez que se disculpa educadamente, solicitando la ayuda del usuario y ofreciéndose a corregir el software con rapidez.

¿Qué puede hacer el usuario ahora mismo?

Obviamente, el usuario puede pulsar sobre cualquier botón del cuadro de mensaje de error. Proporcione a los usuarios información respecto a lo que hacen los diversos botones, porque si no lo hace, la mayoría de los usuarios simplemente pulsarán el botón Aceptar y rezarán. Recuerde, un usuario que mira a un mensaje de error está en un estado mental alterado, y es por su culpa.

Si no ha utilizado los cuadros inmóviles antes, o si los llama de forma diferente, son unos cuadros pequeños, habitualmente amarillos, que dicen unas pocas palabras acerca del objeto que está bajo el cursor del ratón. Debería instalar este tipo de cuadros que aparecen cuando el usuario coloca el cursor del ratón sobre los botones. Si lo hace, haga que los cuadros aparezcan inmediatamente, no en 1 o 2 segundos como normalmente se hace. Queremos que el usuario sea plenamente consciente de lo que hacen esos botones.

Toda esta actividad refuerza la idea de programar una versión especial de un cuadro de mensaje para poder utilizar técnicas de programación sensibles al contexto para explicar los efectos de los botones. Si no desea entrar en ese esfuerzo, al menos explique lo que hacen realmente los botones Aceptar, Cancelar, etc.

Si el usuario puede solucionar el problema, quizá lanzando un programa concurrente y desplazando un archivo al directorio que lo necesita, dígaselo. Si puede identificar el archivo y localizarlo, también dígaselo. Mejor todavía, haga que su programa se ofrezca para moverlo o copiarlo, evitando de este modo un error futuro.

Algunas páginas de ayuda hacen un buen trabajo al listar procesos complicados a seguir y después desaparecen cuando el usuario hace cualquier cosa distinta de recorrer la página de ayuda arriba o abajo. Aunque unos pocos usuarios pueden sentirse halagados por el hecho de que usted crea que pueden memorizar un proceso de 12 pasos, la mayoría se sienten frustrados cuando se les pide que lo hagan. Deje su página de ayuda o cuadro de mensaje en la pantalla como referencia hasta que el usuario la quite.

Instale un botón Imprimir para que el usuario pueda imprimir la página.

Podría desear que se permitan las funciones copiar y pegar, de forma que el usuario pueda tomar partes destacadas del mensaje de error en el documento culpable, corrigiéndolo.

Si hay un procedimiento complicado que el usuario debería haber seguido, quizá pueda redireccionar al usuario a su nodo de Web, o a un lugar específico en su sistema de ayuda.

¿Qué puede hacer el usuario en el futuro?

Este es un buen lugar para controlar sus palabras con cuidado.

Recordando que se pueden instalar capturadores de errores para casi todo, recuerde también que dichos capturadores de errores deben detectar primero los errores. Si puede detectar un error, a menudo puede corregirlo sobre la marcha. Por ejemplo, si comprueba si un usuario introduce una fecha correctamente, es muy simple añadir un cero inicial al mes si el usuario no lo hace. Es igual de simple permitir años de dos o de cuatro dígitos, corrigiendo la información antes de escribirla en el archivo.

Si le preocupa que el usuario introduzca una fecha en el formato AA/MM/DD, DD/MM/AA o MM/DD/AA, el cuadro de entrada podría preguntar por el formato deseado. Si está más preocupado, puede escribir una rutina de verificación de fechas que capture la mayoría de las fechas erróneas y solicite una clarificación si hay una ambigüedad.

Obviamente no desearemos molestar al usuario con una consulta así cada vez que introduzca una fecha. En su lugar, podría poner botones de radio en el formulario, permitiendo que el usuario seleccione el formato preferido.

¿Dónde puede obtener ayuda el usuario ahora mismo?

Los mensajes de error indican al usuario dónde encontrar más ayuda. Podemos indicarles la página adecuada del manual de instrucciones. Si se dispone de ayuda en la computadora, un botón debería ser capaz de mostrarles la pantalla. Si está disponible en Internet, un botón debería ser capaz de acceder a esa página exactamente en su nodo de Web. ¡Asegúrese de no mover esa página!

Si se dispone de ayuda en la sección de soporte técnico, su número gratuito debería estar disponible cuando los usuarios pulsen el botón "Más información".

No debe preocuparle falsamente el coste de su soporte técnico. Yo siempre prefiero un software mediocre que hace el trabajo, pero tiene un soporte técnico excelente al que puedo acceder frente a un software excelente que tengo dificultades para entenderlo y cuyo soporte técnico está incomunicado por cualquier razón.

¿Cómo puede ayudar el usuario a los desarrolladores a mejorar la situación?

Este es el Santo Grial de los mensajes de error.

A la mayoría de los usuarios les encantaría ayudarle, porque pueden sentir que forman parte del proceso. Si les puede inducir a hacer lo que les encanta hacer, habrá mejorado su producto y probablemente se haya ganado unos cuantos clientes más para toda la vida.

Me quedé totalmente entusiasmado cuando mi software antivirus me pidió una vez que, por favor, enviara ciertos archivos al fabricante del software antivirus porque había detectado un nuevo virus. Incluso más amable fue el breve diálogo por correo electrónico que tuve con un técnico, ayudándole a comprender cómo un virus casi había infectado mi sistema informático. Espero que esa información les haya ayudado a rastrear el virus hasta su origen. Por ese simple detalle, decidí utilizar ese tipo de software antivirus en todas mis computadoras que no lo tenían, tanto si otra empresa ofrece un producto equivalente como si no.

Como esa actividad de virus concreta se producía en el nivel de DOS, el creador del antivirus no tenía una oportunidad que usted sí tiene. Puede instalar un botón que envíe el mensaje de error a su correo electrónico automatizado por Internet. Podría recibir una tonelada de correo electrónico, pero puede utilizar filtros de correo electrónico para ocuparse de esos detalles. Simplemente asigne a cada posible mensaje de error un número único en su tema, y los filtros pueden redirigir el correo en función de la línea de asunto.

La mayoría de los usuarios no saben que en Windows 3.0 y posteriores, Alt-PrintScreen o sólo PrintScreen copia la imagen de una ventana o pantalla en el búfer de copiar y pegar de Windows. Los usuarios pueden lanzar Word, Write, Paint, PowerPoint, etc., y pegar el contenido del búfer en el programa recién lanzado. Allí, pueden imprimir la imagen de la ventana, el mensaje de error y todo. El usuario puede anotar la impresión con un lápiz y enviar esta información a su personal de soporte técnico. O puede anotar el archivo con cualquiera de los programas mencionados anteriormente y enviárselo por correo electrónico a su personal.

Podría mencionar dichas opciones al usuario en sus instrucciones. Siempre que he informado a los usuarios de ese truco, mi estatus de héroe ha subido un escalón.

Si instala un botón Imprimir en el cuadro de mensaje, el usuario podrá imprimir toda la información que la computadora ha recopilado acerca del error para consultarla en profundidad o para enviársela a usted.

Si utiliza la idea de la cola circular que explico en el apartado siguiente, el usuario puede enviarle por correo electrónico el archivo que contiene esa cola y tendrá los últimos cien mensajes de error del usuario. Incluso puede instalar un botón para simplificar al usuario dicha acción.

¿Qué problemas similares se han producido recientemente en el software del usuario?

Las computadoras hacen un seguimiento de cosas innumerables. Por tanto, ¿por qué no dejar que hagan un seguimiento de los errores que genera su software? Una razón es que un bucle infinito de errores podría causar un problema todavía mayor. El registro podría desbordar el espacio libre del disco duro. Afortunadamente, existe una solución simple a ese detalle. Se le llama cola circular. Se puede escribir una estructura de datos para implementar una cola así o puede guardar la información en una base de datos Oracle, pero hay una forma más simple y mejor.

Por una razón, es preferible que un editor o procesador de textos ordinario sea capaz de leer el archivo. Por tanto, el texto ASCII habitual es lo mejor. Esta es una forma hábil de implementar una cola circular con este objetivo concreto:

1. Instale el último conjunto de información de error en el primer elemento de un array de errores. Cada elemento del array tendría varios campos. Es decisión suya cómo implementar eso, pero le sugeriría las cadenas entre comillas, delimitadas por comas.
2. Desde el segundo elemento hasta al final del array de errores, o hasta el final del archivo de registro de errores en disco (lo que se produzca primero), lea la información de error en el array. Si el archivo de registro de errores no existe, simplemente cree uno en blanco y no tendrá nada que leer de él.

---

24 × 7

No querremos dar un nombre al archivo que atraiga una atención indebida o que pueda hacer que lo borren. Ciertamente, .TMP no debería ser su extensión. Ni debería residir en uno de los diversos directorios temporales del disco, porque muchos usuarios borran periódicamente todo lo que haya allí. Para un programa llamado Mirage, MIRAGE.FIL sería mi elección. Pongo el archivo en el directorio del ejecutable. Me aseguro de que el nombre del archivo no tenga más de ocho caracteres y la extensión no más de tres para aumentar la compatibilidad.

Consejo de diseño | *Si está escribiendo un archivo de texto de DOS, querrá evitar un error "Archivo no encontrado". Abrir un archivo abierto genera ese error. Puede cerrar cualquier archivo de DOS sin problemas, incluso si no está abierto, por lo que antes de abrir el archivo, ejecute un cierre por precaución.*

3. Cierre el archivo de entrada y vuelva a abrirlo para salida.
4. Escriba el array de errores completo en disco, en forma de texto ASCII con comillas dobles, delimitado por comas.
5. Cierre el archivo, claro está.

Este tipo de cola tiene varias ventajas, pero la principal es su alta versatilidad. Si restringe el tamaño del array a 100 elementos de hasta 250 caracteres cada uno, el archivo en disco no puede nunca crecer más allá de unos 25 KB. Además, como es texto ASCII, cualquier editor, procesador de textos u otro programa que pueda importar texto típico podrá leerlo. El archivo es sencillo de imprimir, de ir hacia delante y de analizar cuando reciba una copia.

¿Qué hacer con la información?

Cuando se produce el mismo error varias veces, ¿por qué no dar al usuario la opción de pulsar un botón de la pantalla y enviarnos el registro del error por correo electrónico? Todos los usuarios tienen que introducir su información de contacto, junto con comentarios opcionales. Habrá casi automatizado una de las tareas más onerosas a las que se enfrenta un usuario: la necesidad de esperar en el teléfono durante un cuarto de hora de calambres en el cuello, confiando en poder ser capaces de comprender la explicación de lo que ha ido mal y que podremos curar la herida.

Supongo que a la mayoría de la gente no les gusta hablar en público más que lo anterior, pero no mucho más.

Por tanto, recibiremos un correo electrónico con los últimos 100 mensajes, ordenados en función de la fecha y hora, junto con un comentario o dos del usuario. Para reducir el tráfico de correo electrónico, podría diseñar el software para que envíe solamente los últimos 10 mensajes y cualquier mensaje que esté duplicado entre los últimos 100. En cualquier caso, tendrá la mayoría de la información que necesita.

Obviamente, contestaremos de forma automática que hemos recibido la información y que la vamos a examinar inmediatamente. Por cierto, ¡la contestación automática debe ser en una cuenta de correo electrónico que pueda recibir mensajes! Pocas cosas incitan a la ira a los usuarios más que no ser capaces de responder a un correo electrónico del soporte técnico. Firme siempre sus mensajes, incluso aunque tenga que inventar un seudónimo.

A veces, el software será capaz de localizar la corrección y proporcionarle un mensaje enlatado que usted puede corregir, firmar y enviar.

El software que está en su máquina debería ser capaz de destacar los errores en el mensaje con varias opciones:

- Todas las apariciones del último error registrado.
- Todas las apariciones de cualquier error del que informa el usuario en los comentarios.
- Todas las apariciones del error más habitual, el segundo más habitual, etc.
- Errores que parecen estar relacionados por alguna razón. Podría tener una tabla de errores relacionados, o el software podría recoger relaciones de algunos de los campos de los que se informa en el mensaje.

Hacia delante, hacia el Santo Grial

Ahora que ya tiene una forma de que la computadora del cliente le envíe sus síntomas, obtenga el permiso de su cliente para tratar el problema. Deje que esa computadora le envíe por correo un mensaje de error si su software genera uno. Después, puede presentarse en su puerta, presentar sus credenciales y reparar la máquina del cliente a la hora de la comida, o lo que mejor le venga a su cliente.

Si conoce el sistema de su cliente en profundidad, podría organizar la utilización de una sesión de la Invocación remota a método (RMI) para reparar la computadora de su cliente desde la distancia.

Al instante, en vez de ser un fastidio ¡se habrá convertido en un héroe!

Cuidado con los errores	*No imponga actualizaciones no solicitadas a sus clientes sin*

permiso. La gente reacciona negativamente a esta costumbre. Piense en la siguiente situación que le sucedió a un cliente mío. El cliente tenía instalado su explorador en un directorio no estándar, pensando que hacerlo le ayudaría a desbaratar algunos tipos de ataques a través de Internet. Realmente no es una mala idea. La unidad c: de su servidor tenía 47 MB de espacio libre, lo que era adecuado. La unidad d: tenía unos 14 GB libres. De repente vino una actualización automática, no solicitada y no deseada de su Proveedor de servicios de Internet (ISP), que consumió 46 MB de la unidad c: de su servidor y que puso a su empresa fuera del mercado durante un día. Mi amigo y la mayoría de sus empleados tienen etiquetas adhesivas que dicen "Amigos, no dejéis que vuestros amigos contraten XXX", donde XXX es el nombre de ese ISP.

¿Qué le debería decir el usuario a un técnico acerca del problema?

¿Cómo sabe el usuario qué decir a un técnico en primer lugar? El usuario ya está confundido, o la llamada de socorro no se habría realizado. Esta es una razón por la que los sistemas de Preguntas realizadas más frecuentemente (FAQ) pueden no alcanzar todo su potencial. La dificultad es hacer la pregunta adecuada.

¿Por qué no utilizar sistemas de FAQ?

Ignorando el hecho de que los sistemas de FAQ pueden ser tediosos y no ofrecer ninguna recompensa al usuario, parece que tienen la respuesta aproximadamente la mitad de las veces. La mayoría de los usuarios prefieren contarle el problema a un humano, por un motivo. Se le llama discusión. Un archivo de FAQ tiene una gran dificultad en hacer la pregunta correcta al usuario, porque está diseñado para proporcionar información, no hacer preguntas. Un buen técnico puede hacer unas pocas preguntas y el usuario probar un par de cosas, y a menudo localizarán el error rápidamente.

He probado software beta que no había sido probado nunca por usuarios, pero que llegó con una larga lista de FAQ en un sistema software automatizado. Entonces, ¿quién había realizado las preguntas? Realmente, algún escritor técnico había pensado durante un tiempo en qué preguntas harían probablemente los usuarios, y escribió unas buenas respuestas. ¡Las preguntas no son las realizadas más frecuentemente, a no ser que se pregunten frecuentemente!

Si los científicos aeroespaciales todavía no pueden programar un robot para que aterrice en Marte de forma infalible, ¿por qué nosotros los mortales pensamos que podemos escribir software que responda automáticamente preguntas respecto a errores que no hemos sido capaces de evitar desde el principio? Una larga lista de FAQ es poco más que una lista de errores no resueltos, que obviamente se debe imprimir si los errores están ahí, pero que significa también que el software está muy poco maduro para su entrega.

En un mundo puro, no deberían existir las Preguntas realizadas más frecuentemente y, en realidad, no se debería necesitar el personal de soporte técnico. De acuerdo, el mundo no es tan puro, pero eso sólo significa que deberíamos esforzarnos para que el software tenga tan pocos errores que no requiera casi ningún soporte. Si realmente se hace una pregunta con frecuencia, quizá hay algo que no está escrito lo suficientemente claro, o que se puede automatizar un proceso de diez pasos.

En general, si algo de un software comercial requiere más de 3 o 4 pulsaciones de un ratón, se aproxima a ser demasiado complejo. No es una coincidencia que su número de teléfono y su número de la seguridad social se expresen en grupos de 3 o 4 dígitos. La mayor parte de la personas inteligentes pueden recordar procesos de 3 o 4 pasos, pero tienen dificultades con cosas más largas.

¿Cómo puede obtener más información el usuario?

Instale un acceso directo en la pantalla principal del usuario. Puede ser cualquier cosa que se pueda pulsar, como el logotipo del cliente. A veces, he puesto una imagen invisible del tamaño de un sello postal y que se puede pulsar en la esquina superior izquierda. Una forma de hacerla invisible es poner su segundo plano con el mismo color que el de la pantalla principal.

Cuando el usuario pulsa dos veces o pulsa con el botón derecho en ese sitio, la computadora muestra un cuadro de desplazamiento con el archivo completo de mensajes de error, que lee del disco. Claro está, no es necesario hacer un desplazamiento para ver el error actual. Puede añadir todos los adornos que desee, como los siguientes:

- Pulsar sobre la cabecera de cualquier campo ordena la información en función de ese campo, primero en orden ascendente, después descendente, después ascendente de nuevo, a medida que el usuario pulsa.
- Arrastrar una cabecera a la izquierda o derecha cambia el orden de las columnas.
- Seleccionar dos o más cabeceras de columna y pulsar dos veces sobre una de ellas implementa una ordenación más/menos basada en el orden en que se seleccionaron las cabeceras.
- Los botones de la parte inferior de la pantalla permiten al usuario imprimir los elementos resaltados, o imprimir todos los elementos, o enviárselos todos.

Cuando el cliente llame al soporte técnico, el técnico puede pedir al cliente que pulse dos veces en el acceso directo y que lea los resultados. Si el programa está totalmente estropeado, el técnico puede pedir al cliente que ejecute cualquier editor o procesador de textos, cargue el archivo y lea los resultados a través del teléfono.

Una sala de chat ayuda

¿Ha pensado alguna vez en una sala de chat (sistema de charlas a través de Internet) para el soporte técnico? Nuestro técnico puede hablar como mucho con una persona a la vez por teléfono. Sin embargo, ese mismo técnico puede manejar probablemente de cuatro a seis consultas de chat a la vez. Eso significaría que no tendría que contratar a tantos técnicos de ayuda.

Las salas de chat son sencillas de instalar en las páginas Web. La mayoría de las herramientas más modernas de creación de páginas Web incluyen asistentes para crear salas de chat. Incluso podrá encontrar empresas a las que les pueda subcontratar el soporte de ayuda estilo sala de chat.

¿Qué restitución ofrece el desarrollador del software al usuario?

Estoy bromeando, ¿no le parece?

Realmente no. Se me conoce por ofrecer primas por errores. He ofrecido billetes de $5 a los descubridores de errores, con las siguientes puntualizaciones: el solicitante tenía que ser el primero en informar del error y la definición de "un error" era que el programa funcionaba de forma diferente a lo que decía el manual de usuario. ¿Me arruiné? De hecho, mi cliente probablemente vendió más software de lo que hubiera hecho en caso contrario, y no ha habido ningún informe de errores hasta el momento. Bueno, ¡en cierto modo lo preveía!

He ofrecido actualizaciones gratuitas del software a los que me informen de errores. Incluso he ofrecido actualizaciones gratuitas para toda la vida. De nuevo, no he recibido nada.

Tengo algo de software disponible en la Web. Lo que es no importa aquí, pero un programa tiene unos cientos de registros. Los datos cambian cuando las empresas abandonan el negocio o se trasladan, por lo que, para mantener la información más o menos actualizada, ofrezco actualizaciones gratuitas cuando la gente me informa de cambios en los datos. En dos años, he recibido 20 solicitantes y mis datos permanecen relativamente actualizados a la vez que exigen menos trabajo por mi parte. No es un sistema perfecto, pero se le acerca.

¿Cuál era el estado de la computadora cuando se produjo el problema?

Si el capturador de errores puede recogerla, una información así, como el porcentaje de memoria utilizada, nombres de los hilos en ejecución y sus prioridades, otros usuarios conectados y espacio en disco libre, puede ser valiosísima en algunos casos.

¿Está el error en el cliente o en el servidor?

A veces el capturador de errores no puede ni siquiera localizar un error con esta precisión, pero incluya siempre tanta información de localización del error como pueda. Si puede identificar la computadora que alberga el programa con errores, dele un nombre.

¿Qué bases de datos, tablas y campos están abiertos?

El programa Java probablemente sea dependiente de los datos. Es posible que un error concreto no esté relacionado con los datos, pero el programa puede determinar con facilidad qué datos están disponibles. Dicha información puede ser la clave para aislar un error.

¿Qué programa, qué módulo, qué método y qué línea han disparado el error?

Desgraciadamente, algunos errores no se pueden capturar. Cuando sea posible, evite los programas y sistemas operativos que generen errores no capturables. Dado que esto rara vez es factible, pida al usuario que ayude al personal del soporte técnico.

Si es factible, incluya algo único que apunte directamente a la línea exacta de código que ha lanzado el mensaje. Podría ser un número de línea, además del método, la clase, el programa, etc. Pida al usuario que lo escriba o realice una impresión de la pantalla, a través del método Alt-PrintScreen, y que proporcione la información al soporte técnico. Alt-PrintScreen copia la pantalla en el búfer de Windows para que pueda ser pegado en cualquier programa que pueda imprimir gráficos.

Esta idea requiere una previsión que a menudo evita el error. Después de todo, si puede identificar que una línea concreta de código pueda provocar un error, ¿por qué no cambiarla por algo más robusto? Si eso no es posible, ¿puede saltar a una rutina que corregirá el problema? Por ejemplo, en vez de decir "Archivo no encontrado", se podría saltar a una rutina que haga lo siguiente:

1. Crea el archivo perdido o encuentra el correcto y lo copia a donde debía estar.
2. Reinicializa el error.
3. Retrocede una línea y vuelve a ejecutar la línea que ha provocado el error.

Si es así, tendrá un error que se corrige a sí mismo, y el usuario nunca verá el mensaje de error. Si un usuario no ve nunca un error que se corrige a sí mismo, ¿ha existido alguna vez un error?

¿Qué hilos están activos a la vez?

Es una cuestión sencilla sondear el sistema y preparar información acerca de los hilos activos. Basta con utilizar los métodos **isActive()**, **isAlive()**, **enumerate(Thread[])**, **getName()** o **getPriority()**. Este código lista todos los hilos activos y sus prioridades en un programa que crea hilos con un objetivo que aquí no importa:

```
public void run() {
  Thread listThreads[];          // Declara un array de hilos
  while (Thread.activeCount() > 1) {
     listThreads = new Thread[Thread.activeCount()];
     Thread.enumerate (listThreads);

//Listar la información de los hilos.
     System.out.println("Están activos los siguientes hilos:");
     for (int i=0; i<listThreads.length; i++)
       System.out.println("Nombre de hilo: " + listThreads[i].getName() +
       "    Prioridad: "+ listThreads[i].getPriority());

  } //while
}
```

Con tanta precisión como permita la computadora, ¿cuándo se ha producido el problema?

El momento en que se produce el error ayuda a hacer un seguimiento de la secuencia del error. También ayuda a analizar otros datos, buscando patrones que aíslan errores. Por ejemplo, podría descubrir que un error concreto rara vez se produce después de las 9 a.m. Quizá solamente se produce cuando la gente se conecta y ejecuta el programa por primera vez. Los errores que se producen en días concretos del mes pueden estar asociados al procesamiento de fin de mes. Si una empresa realiza el procesamiento del cambio de precios cada miércoles por la mañana a las 2 a.m., entonces varios errores que se producen cada semana aproximadamente a esa hora pueden ser debidos o disparados por los cambios de precios.

Puede intentar obtener la hora del sistema hasta los nanosegundos, pero la mayoría de las computadoras redondearán la precisión hasta el milisegundo más cercano. Para la mayoría de los objetivos, es una precisión suficiente. De hecho, redondear al segundo más cercano es suficiente a menudo.

Algunos errores que se deben a colisiones entre hilos se resuelven más fácilmente si se sabe exactamente cuándo se ha producido el error. Por ejemplo, podríamos tener tres errores de los que se informa con unos milisegundos de diferencia. Podríamos descubrir que el primero ha provocado los otros dos. Quizá corregir el primero asegure que los otros dos nunca se produzcan. Por otra parte, los otros dos errores podrían ser realmente autónomos y requerir sus propias correcciones.

A menudo, el tiempo se lo dirá.

¿Quién es el usuario conectado?

Pregúnteselo al sistema operativo o a la red.

¿Qué mostrar en la pantalla o informe?

El mensaje debería responder a estas preguntas para el usuario:

- ¿Qué ha sucedido? Habitualmente, esta es la única información que recibe un usuario, e incluso esta información es demasiado escasa. Por ejemplo, "Archivo no encontrado" solamente confunde al usuario. El texto del mensaje de error debería dar detalles, como qué archivo no se ha encontrado y posiblemente por qué el programa necesita dicho archivo. También es útil indicar al usuario dónde estaba buscando el archivo la computadora. Quizá el usuario pueda corregir el problema simplemente copiando un archivo, o la computadora puede ofrecerse para hacer la copia automáticamente. ¿Qué puede hacer el usuario al respecto? Obviamente, el usuario puede pulsar uno o más botones del cuadro de error. Proporcione al usuario información respecto a lo que hacen esos botones. Esto implica habitualmente programar una versión especial de un cuadro de mensaje para poder utilizar técnicas de programación sensibles al contexto para explicar los efectos de los botones. Sin eso, el texto del mensaje debería explicar lo que hacen realmente los botones "Aceptar", "Cancelar", "Más información", etc. El usuario podría ser capaz de lanzar un programa concurrente y corregir el problema sobre la marcha.

- ¿Qué va a suceder a continuación? Si se va a producir una interrupción fatal, eso puede ser una información crucial para el usuario. Por ejemplo, el usuario podría desear lanzar otro programa, como el Explorador de Windows, e intentar guardar el trabajo, a no ser que la computadora corrompa su sistema operativo a continuación. En dicho caso, avise al usuario de que eso es posible. Si se van a perder datos, avise al usuario. Si es seguro continuar, pero los datos introducidos se van a perder, quizá porque son datos inválidos, dígaselo al usuario. Si el usuario tiene varias opciones, explíqueselas. No hay nada que diga que un mensaje de error no pueda incluir un botón de Ayuda.

Garantice que su software cumple las especificaciones para siempre

Cuando tenía veinte años, era mecánico de coches extranjeros. Recuerdo cuando desensamblé mi primer motor de un Porsche. Grabadas dentro de la caja se encontraban las palabras en alemán correspondientes a "Ensamblado por Hans Gregor". Nunca descubrí si Herr Gregor simplemente estaba orgulloso de su trabajo o la fábrica le obligaba a grabar su nombre.

Le hablé del motor a mi padre y aprendí una lección muy sabia. "Si tú siempre firmas tu trabajo, lo harás lo mejor que puedas," me aconsejó. Desde entonces, siempre he puesto mi nombre en un sitio donde se vaya a encontrar si algo se rompe. Eso incluye al código fuente. Hace diez años, adquirí un número de teléfono personal y gratuito, y empecé a incluirlo también.

Decidir garantizar que el software cumple las especificaciones para siempre no es una decisión que se deba tomar a la ligera. Significa que se debe escribir software de alta calidad, o resignarse a recibir llamadas a todas horas.

A lo largo del camino más elevado, las rocas son más afiladas y los deslices más costosos. Pero desde ahí arriba se puede ver mucho más a lo lejos.

PARTE III

Rendimiento

CAPÍTULO 13

Utilice la mejor estrategia de pruebas

La mayoría de los programas grandes constan de varios módulos. En Java, cada módulo puede componerse de una o varias clases. Un nuevo compilador de Java podría tener un módulo para cada palabra clave. Un paquete de contabilidad podría tener módulos diferentes para las cuentas de pagaderos, el libro mayor general, el cambio de los pagos, etc. Un sistema de fabricación podría tener cientos de módulos agrupados en submódulos para administración, contabilidad, desarrollo, departamento legal, inventario, recepción, envíos, planta de tienda, etc.

Cuando se prueban dichos programas, la estrategia que se emplea afecta a los resultados, además de al tiempo necesario para probar el sistema. La conclusión obvia es que es necesario emplear la mejor estrategia.

Prueba incremental frente a la de módulos

La prueba incremental es aditiva. Se prueba un módulo. Después se añade otro módulo y se prueba el sistema completo, centrando la mayor parte de las pruebas en el módulo añadido. Se continúa de ese modo hasta haber probado el sistema como conjunto.

Por otra parte, la prueba de módulos es el método más tradicional que se utiliza. Se prueba cada módulo por separado, como programa autónomo, y después se combinan los módulos en una unidad.

Ventajas de las pruebas incrementales

Las pruebas incrementales tienen varias ventajas sobre la estrategia tradicional de la prueba de módulos. Entre las ventajas se encuentran las siguientes:

- Con las pruebas incrementales, detectará los errores de interfaz antes (de promedio un 50 por 100 antes), cuando son más baratos de corregir y consumen menos tiempo. Como los errores debidos a la interoperabilidad entre los módulos no son evidentes hasta que se combinan los módulos, las estrategias tradicionales de pruebas no los descubren hasta el final de la fase de pruebas.
- Como los errores de interfaz no aparecen hasta el final del proyecto, y como la mayoría de los proyectos van retrasados, la presión por la finalización de un plazo anima a menudo al equipo a tomar atajos con este tipo de errores. Esa es probablemente la razón por la que los errores de interoperabilidad siempre han existido en los conjuntos de software de oficina, excepto escasos conjuntos como StarOffice que han sido diseñados como conjuntos desde el principio. Es difícil conseguir que varios módulos desarrollados por separado hablen el mismo lenguaje informático. A menudo, se deben escribir traductores para conseguirlo.
- Con las pruebas incrementales, los errores de interoperabilidad son más sencillos de localizar porque, de promedio, se producirán después de que se hayan probado la mitad de los módulos. Esto localiza los errores y hace que sean más sencillos de eliminar.
- Las pruebas incrementales son inherentemente más exhaustivas. A medida que se prueba cada nuevo módulo, se prueban sus interfaces con los módulos que ya se han probado, pero que es posible que no hayan sido probados totalmente. El Capítulo 1 mostró la inutilidad de intentar desarrollar un amplio conjunto de pruebas de entrada/salida, y la misma dificultad se traslada a otras formas de hacer las pruebas. Es habitual que los usuarios encuentren errores en código bien probado. Cuantas más veces someta un módulo a pruebas, más errores encontrará y menos opciones dejará para que los descubran los usuarios.
- Las pruebas incrementales requieren menos código de prueba, es decir, menos esqueletos de pruebas, porque muchos de ellos se pueden reutilizar por el camino.

Ventajas de las pruebas de módulo

Por otra parte, las pruebas de módulos tradicionales tienen un par de ventajas:
- Las pruebas de módulo ofrecen más oportunidades para probar varios módulos en paralelo.
- Las pruebas en paralelo se pueden producir en un momento en el que probablemente tenga el número máximo de personas en el proyecto.

Pruebas de la integración

Si crea un proyecto muy grande, especialmente si tiene módulos y submódulos, es posible que descubra que debe combinar las dos estrategias de prueba. Por ejemplo, podría tener diez equipos de diez programadores creando los cien módulos de un paquete muy grande de fabricación. A medida que se terminan y se prueban los módulos, un equipo integrador podría mezclarlos con lo que ya se hubiera probado y comprobar los resultados. Dicho equipo dedicado probablemente tenga mucho trabajo que hacer, porque las pruebas podrían consumir del 20 al 50 por 100 del proyecto completo.

Pruebas arriba-abajo frente a pruebas abajo-arriba

Vamos a suponer que tenemos un proyecto similar al modelo parcial de la Figura 13.1. Como veremos más adelante, este diagrama es defectuoso.

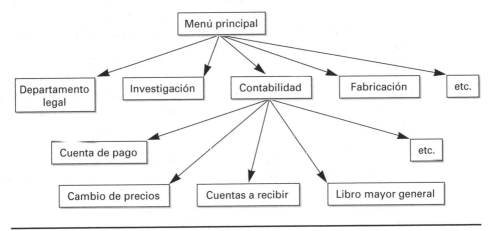

Figura 13.1. *Sistema de fabricación.*

En la Figura 13.1, cada módulo podría ser un programa autónomo. Incluso los módulos que están bajo Contabilidad pueden actuar por sí solos. Están integrados en un paquete caro que está usted creando. ¿En qué orden debería probar los módulos?

Pruebas arriba-abajo

En el enfoque arriba-abajo se comienza por el Menú principal, y después se pasa progresivamente al siguiente nivel. Pero en este caso, ¿se debe utilizar la prueba "en anchura primero", es decir, los módulos Departamento legal, Investigación, Contabilidad, Fabricación, etc., antes de probar los submódulos de Contabilidad? ¿O se debe utilizar la prueba "en profundidad primero"? En ese caso, después de probar la Contabilidad, se omitirían los otros módulos de su nivel y se iría directamente a sus submódulos Cuentas de pago, Cambio de precios, Cuentas a recibir, Libro mayor general, etc.

En las pruebas arriba-abajo tradicionales, hay una sola regla inviolable para seleccionar qué módulo probar a continuación: se debe haber probado ya el padre de un módulo. Sin embargo, hay muchas otras consideraciones que no tienen la importancia de una regla:

- Los módulos arriesgados se deben probar pronto, porque es más probable que tengan defectos fatales que requieran cambios de diseño importantes.

- Los módulos de entrada y salida se deben probar lo más pronto posible. El hacerlo simplifica la introducción de casos de prueba en el sistema, y para capturar su salida, como en archivos e impresora. La presencia de módulos de E/S probados también facilita las pruebas de regresión, que detectan si un sistema ha sufrido o no una regresión a un estado menos estable después de ser mejorado. En un tipo de prueba de regresión, se le proporcionan a un módulo un conjunto de entradas y se observan los resultados; después se revisa el módulo. Más adelante, se le proporcionan al módulo esas mismas entradas de nuevo. Se observan otra vez las salidas para asegurar que los cambios no hayan afectado al código correcto anterior, y que el código haya progresado desde su estado anterior.

- Las pruebas arriba-abajo pueden ser un canto de sirenas. Después de haber probado totalmente unos módulos, es muy sencillo pensar que el diseño puede continuar de forma concurrente con las pruebas. Esta idea habitualmente prolonga el proceso de generar el software, en vez de reducirlo. El acto de diseñar módulos de más bajo nivel a menudo provoca cambios en el diseño de los de nivel superior. Si se codifican y prueban, el ímpetu por conseguir que los módulos de nivel superior sean lo más buenos posibles disminuye. En el caso mejor, las mejoras se esperan a una nueva versión y, en el caso peor, nunca se implementan. No quiero decir que la codificación y las pruebas se deban producir en instantes separados. Sin embargo, el diseño se debería terminar antes de que comience cualquier prueba, salvo las más rudimentarias, de un marco de trabajo global.

- Un módulo que se va a probar habitualmente tendrá que apoyarse en la existencia de módulos que están debajo suyo en la cadena. En este caso, los programadores pueden escribir códigos tipo esqueleto para simular dichos módulos inexistentes en un proceso que se llama "crear los arneses." Sin embargo, cuando los módulos sustituyen a los esqueletos, es obligatorio volver a hacer pruebas porque el módulo llamante espera habitualmente mucho más que el tipo de mensaje simple que devuelve un esqueleto. El módulo llamado podría devolver varias filas y columnas de una tabla, que el llamante debe procesar a continuación. Cualquier esqueleto que pueda simular una actividad tan compleja también podría ser el módulo terminado. En la mayoría de los casos, un esqueleto debe ser más complejo de lo que en principio parece necesario. ¡Un conjunto típico de código de esqueleto debería equivaler al tamaño del código fuente que se prueba!

¿Por qué el diagrama de flujo es defectuoso?

La Figura 13.1 es un diagrama típico, con un defecto típico. No aparecen muchas líneas de comunicación. Por ejemplo, el módulo del Departamento legal puede colaborar con casi todos los otros módulos del sistema. No se ha dibujado ninguna de estas líneas. De hecho, si se dibujaran todas las posibles líneas de comunicación, el diagrama sería abrumador e inútil.

Los sistemas informáticos deben gestionar el espacio en blanco en los diagramas organizativos, es decir, el espacio entre los módulos, casi igual que si fueran los cuadros y las líneas dibujadas. La interfaz entre el Departamento legal y la Contabilidad puede ser tan informal como revisar una copia impresa. Podría adoptar la forma de los límites que el Departamento legal aplica a los precios, o disparadores en ciertos módulos de contabilidad que podrían requerir un estudio legal para ciertas cuentas de suministrador seleccionadas.

El mismo tipo de afirmaciones exigen una conectividad software entre la Contabilidad y casi todas las fases de un sistema de fabricación. La Investigación hace interfaz habitualmente con la Fabricación, porque ésta ayuda a Investigación a permanecer dentro de los límites de lo que es físicamente posible en la planta. Las pruebas deben evaluar el espacio en blanco en el diagrama de flujo, porque, por ejemplo, si el Departamento legal no puede hacer interfaz con Contabilidad es muy probable que fracase el proyecto. Este requisito impone todavía más exigencias al modelo de pruebas arriba-abajo, a causa de la gran cantidad de submódulos, que deben estar presentes cuando se prueba cualquier módulo concreto. Si no están presentes, una gran cantidad de código esqueleto debe simularlos, y se deben realizar pruebas de regresión cuando se sustituyan los esqueletos por código real.

Sin embargo, una razón crucial para considerar las pruebas arriba-abajo es que se puede demostrar el marco de trabajo global muy pronto en el ciclo de desarrollo de un proyecto. Esto mejora la capacidad del equipo de atraer financiación y personal para el proyecto. Es una razón política, pero como la mayor parte de las razones políticas, es la realidad. Con unas pruebas abajo-arriba estrictas, la ópera no se termina hasta que Sansón derriba el templo. Es decir, el marco de trabajo global no está preparado para su demostración hasta que está listo todo el producto.

Pruebas abajo-arriba

Si codifica y prueba primero los módulos del nivel inferior, y después sus padres, estará realizando unas pruebas abajo-arriba. La regla inviolable para la selección del módulo a probar es simple: todos los módulos a los que el módulo candidato llama deben estar codificados y probados.

Casi cualquier objeción a las pruebas arriba-abajo se convierte en una ventaja en las pruebas abajo-arriba, y viceversa.

Como con las pruebas arriba-abajo, hay ideas importantes a considerar. Los módulos de alto riesgo se deben probar lo más pronto posible, para reducir la posibilidad de que aparezcan defectos fatales en su interior.

Los módulos de entrada y salida se deben codificar y probar lo más pronto posible, para que los probadores puedan utilizarlos para introducir en el sistema datos de prueba y observar los resultados.

Como he mencionado antes, las pruebas abajo-arriba no ofrecen una visión preliminar del programa al principio de su desarrollo. En la mayoría de los desarrollos, esto es un requisito. Ciertamente lo es si va a utilizar el Análisis del factor de riesgo (RFA) como se explica en el Capítulo 4.

Cuando se prueba cualquier módulo, todos los módulos a los que llama están preparados y probados. Eso significa que rara vez, por no decir nunca, es necesario escribir esqueletos, y mucho menos sofisticados.

El canto de sirenas del diseño de módulos de nivel inferior se acalla sistemáticamente cuando se prueban los de nivel superior.

Un compromiso

El proceso siguiente habitualmente suaviza el camino hacia su meta final. Es una combinación de las pruebas arriba-abajo y abajo-arriba:

- Use el RFA para identificar los módulos de diseño hasta el nivel de granularidad deseado. Eso le ayudará a proporcionar estimaciones precisas de los recursos.
- Cree una demostración totalmente aparte basada en dichos módulos. Probarla asegura que el esqueleto es seguro y proporciona herramientas para ayudarle a vender el proyecto.
- Diseñe el sistema completo en base al esqueleto.
- Desarrolle y pruebe de abajo a arriba, seleccionando primero los módulos críticos y después los de entrada y salida. Después de eso, se pueden seleccionar los módulos casi en cualquier orden, siempre y cuando la selección siga la regla inviolable de las pruebas abajo-arriba que exige que todos los submódulos estén terminados y probados.

Filosofía de las pruebas

¡Recuerde que encontrar errores es bueno! El objetivo de las pruebas no es demostrar que un módulo funciona bien, sino que se busca localizar los errores que se sabe que están merodeando por ahí para poder exterminarlos.

Una prueba de módulo que no pueda descubrir ningún error habrá fracasado totalmente. Mida el éxito de una prueba por el número de errores que encuentra frente al número que se sospecha que existen. Consulte dicho procedimiento en el Capítulo 10.

Comprobar el espacio en blanco de un diagrama de flujo

Supongamos que estamos desarrollando un sustituto competitivo del software de oficina más popular del mundo. Sabemos que el personal de ventas de la empresa se enfrentará a él. Para tener éxito, nuestro programa tendrá que ofrecer más valor que su sustituto, y el valor es un artículo difícil de cuantificar. El programa tendrá que ofrecer ventajas en algunas de estas áreas para poder tener éxito:

- **Coste total bajo de la propiedad.**   Podemos ocuparnos de esto mediante nuestro esquema de licencias y la tasa de errores.

- **Utilización intuitiva.**   Esto podría significar tener que tomar las mejores ideas de la competencia. Como no puede tomar el copyright de las ideas, pero se pueden patentar, esto podría resultar problemático.

- **Sencillo de utilizar.**   Cuanto más a menudo se utilice una característica, más sencillo debe ser el encontrarla. Pulsar una sola tecla A-Z del teclado es la acción más sencilla que puede realizar un usuario. Pulsar una tecla o número especial es la siguiente. A continuación, está el pulsar una tecla de función, seguido de cerca de combinaciones de dos teclas, como Ctrl-X. Después de eso vienen cosas que requieren que desplacemos la mano, como el teclado numérico y después el ratón. Y en último lugar, se encuentran los elementos que requieren varias pulsaciones del teclado en varios menús desplegables que pueden resultar difíciles de memorizar. Esa es una teoría, pero los usuarios novatos se apuntan a otra. No les gusta memorizar pulsaciones de teclado como Ctrl-H y prefieren utilizar el ratón. Debe conocer cuál va a ser su público.

- **Curva de aprendizaje plana.**   La gente aprende las cosas con más facilidad cuando les parecen familiares. Una nueva forma de programación puede estar años por delante de cualquier producto del mercado, pero, a no ser que los usuarios puedan aprender a utilizarla con facilidad, fracasará. Esa es la razón principal por la que Java se parece a C, en vez de, por ejemplo, a APL, que es un lenguaje elegante pero muy poco conocido.

- **Interoperabilidad excelente entre los módulos.**   La información de su hoja de cálculo se debería importar sin problemas en su procesador de textos, su base de datos, su programa de presentaciones, su programa de imágenes, etc., en varios formatos, sin tener que seleccionar los mismos.

- **Coste de desarrollo razonable.**   Probablemente deba obtener un beneficio.

- **Facilidad de ampliación.**   Debe ser capaz de mejorar el producto, respondiendo a los cambios de la competencia. En otro nivel, sus usuarios necesitan la capacidad de personalizar el sistema a sus necesidades. En el Capítulo 5, este libro muestra cómo ampliar Word y convertirlo en un editor de Java sin sumergirnos en el lenguaje de programación real en el que se ha escrito Word. No, Word no ha sido escrito en VBA. Incorpora VBA para ayudarle a personalizar su utilización de Word. De forma similar, los componentes de Star Office se pueden reprogramar.

- **Disponibilidad.**   Es necesario que a los usuarios les resulte sencillo conseguir copias de su software.

- **Instalación sencilla.**   Por ejemplo, hasta que Caldera fue pionero en un sistema sencillo de instalación para Linux, la mayoría de los usuarios de Linux eran expertos y eran un número muy reducido. La mayoría de sus compañeros de trabajo utilizaban Windows.

Ninguno de estos puntos se preocupa de si un módulo funciona o no. Todos asumen que los módulos funcionan sin defectos. Sin embargo, si su software no se ocupa de éstos y otros conceptos, sus usuarios potenciales se desanimarán. Para sus usuarios potenciales, la ausencia de estas características es un error. Los usuarios ven un error del tamaño de un castillo si ni siquiera pueden instalar el sistema o si pueden instalarlo, pero no pueden interaccionar con sus controladores de vídeo, módem o impresora. Aunque algunos usuarios podrían perdonar a un sistema que ponga la pantalla en azul una vez a la semana, devolverían uno que no puedan conseguir ejecutar después de instalarlo y probablemente rechazarán pensar en su sucesor.

Debe pensar en el nivel de sistema. La mayoría de los diagramas de flujo de programación no se preocupan de ninguno de estos puntos, pero las pruebas del sistema deben hacerlo. Por tanto, debería hacer lo siguiente:

1. Tenga una reunión creativa con sus usuarios para obtener sus necesidades y deseos, recordando que un usuario observa muy pocas diferencias entre los dos.
2. Mida el coste de satisfacer cada necesidad y deseo.
3. Busque necesidades y deseos que entren en conflicto.
4. Intente introducir ideas de los expertos de la empresa que puede encontrar en otros departamentos diferentes, como el Departamento legal, Publicidad, Ventas, Producción, Recursos humanos, Contabilidad, Ingeniería, Arte, Relaciones con el cliente y los directivos de alto nivel. Le sorprenderán las ideas que le puede ofrecer la secretaria personal de su jefe de sección.

Obviamente, estas personas deberían influir en el diseño original del sistema. Sin embargo, en el momento de las pruebas, es inteligente reunirlos de nuevo para recibir sus ideas.

Sistemas de pruebas automatizados

En el Capítulo 1, gastamos una buena cantidad de tinta en mostrar lo difícil que puede ser escribir conjuntos de datos de prueba, y después pasamos a ver formas de conseguir que la generación de dichos datos fuera más eficiente. Jtest[8], de ParaSoft, se ocupa de esto, en el nivel de clase.

Jtest automatiza totalmente tres tipos básicos de pruebas:

- Pruebas de caja transparente.
- Análisis estático.
- Pruebas de regresión.

Basta con indicar a Jtest qué clase o clases probar, pulsar el botón de Inicio y observar los resultados de las pruebas.

El producto automatiza gran parte de un cuarto tipo de pruebas, las pruebas de caja negra. En estas pruebas, es posible que desee añadir sus propias entradas y debe indicar la relación correcta entre entrada y salida para cada clase, pero eso es todo.

En cuanto compile una clase, puede dejar que Jtest la juzgue por usted. Jtest examinará su clase y creará un amplio conjunto de pruebas para ella. Jtest también crea

---

[8] N. del T.: Actualmente este producto ya no se comercializa. La razón que han dado sus distribuidores es que sus ventas eras reducidas. De todos modos, es uno de los mejores productos de depuración en opinión del autor del libro.

unos "arneses" para esa clase, ahorrándole la dificultad de hacerlo y asegurando que los arneses prueban todos los aspectos de la clase.

Sin embargo, la potencia real de Jtest es lo que favorece: a usted. Como ya no necesita dedicar horas y horas a generar los conjuntos de pruebas y crear un conjunto de condiciones de prueba para cada clase, Jtest le anima a probar cada clase en su totalidad. Antes de que Jtest llegara a la escena de Java, dicho conjunto de pruebas amplio no era práctico. Ahora, es sencillo, porque Jtest automatiza todo el proceso.

Incluso se puede ejecutar Jtest en modo por lotes, lo que permite hacer que trabaje mientras dormimos.

El efecto es que la calidad del software mejorará drásticamente, a la vez que se reducirán los costes de desarrollo.

Esta es la ventana "Class Testing" (Pruebas de clase) de Jtest, después de ejecutar una prueba sobre su programa de demostración:

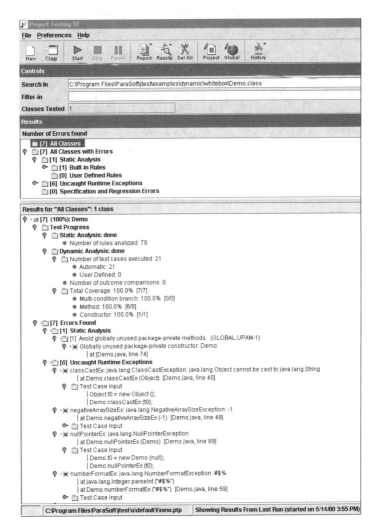

Como puede observar, el producto ha encontrado siete errores, uno de los cuales fue capturado por el análisis estático del código fuente, y seis han sido excepciones en tiempo de ejecución no capturadas.

La ventana muestra que las pruebas han cubierto el 100 por 100 del programa de prueba, incluyendo todas las ramas de múltiples condiciones, todos los métodos y el único constructor.

Como Jtest es capaz de localizar errores específicos, tiene todo el sentido que proporcione el acceso a un editor para que pueda corregirlos. Basta con pulsar sobre el error para ir directamente a esa línea. Jtest utiliza WritePad como editor predeterminado, dado que ese editor está incluido en Windows. Puede especificar cualquier editor que desee utilizar, incluyendo la versión especial de Word que es posible que haya creado siguiendo los conceptos del Capítulo 5. La figura siguiente muestra a Jtest ejecutando un editor para corregir un error que ha encontrado.

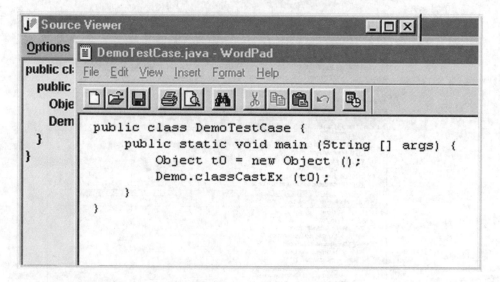

No todo lo que marca Jtest es realmente un error. Por una buena razón, podríamos decidir utilizar un **switch** sin ninguna sentencia **break** en él. Algunas construcciones de la informática, como las "máquinas de estados", se pueden beneficiar del hecho de que un **switch** de Java permita que el código pase a la siguiente sentencia **case** si no hay ningún **break**. Como el que no aparezca una sentencia **break** es normalmente un error, Jtest lo marcará como tal. Si prueba un nuevo intérprete, probablemente prefiera suprimir este tipo de errores detectados, e incluso otros. La figura superior de la página siguiente muestra lo sencillo que es realizar esto.

Java ayuda con los errores y los errores potenciales que marca. Proporciona descripciones escritas con claridad de lo que podrían ser los problemas, muestra ejemplos, e incluso permite ver cómo se ha creado la regla. La figura inferior de la página siguiente muestra una **NullPointerException** que Jtest acaba de descubrir *in fraganti*.

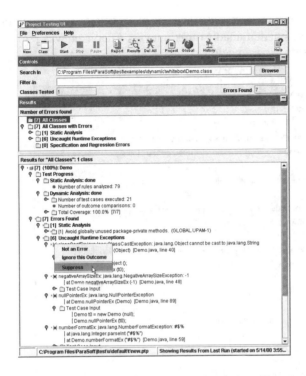

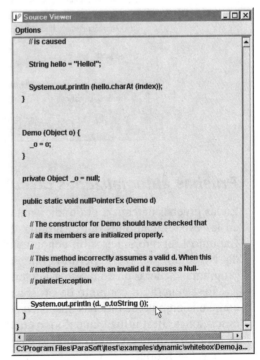

A continuación se muestra una regla de Jtest. Se pueden editar o eliminar cualquiera de las reglas y se pueden añadir otras nuevas. Añadir nuevas reglas permite imponer los estándares de programación.

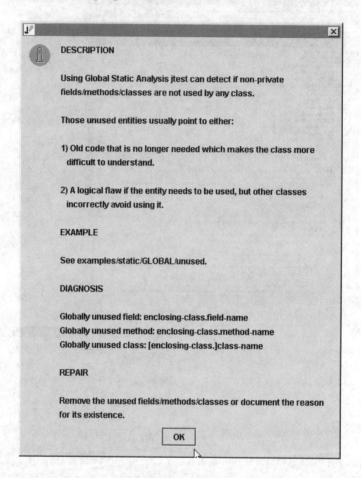

Pruebas automatizadas de caja negra

En las pruebas de caja negra tradicionales, se escriben una serie de entradas basadas en las especificaciones del programa. En el ejemplo de la fórmula de Heron del Capítulo 1, el reto era escribir conjuntos de entradas que generasen la salida esperada. No se utilizaba ni se permitía ningún conocimiento de la estructura interna del programa. Generar un conjunto así de pruebas es una tarea realmente difícil.

Jtest genera un conjunto de pruebas de caja negra, aunque no es tan completo como un conjunto de pruebas que usted podría generar utilizando el conjunto de especificaciones. Jtest utiliza un enfoque único y patentado. Analiza los códigos de bytes de cada clase para crear un conjunto básico de entradas, al cual le deberíamos añadir las nuestras propias.

El producto presenta el conjunto de entradas en árbol, con este aspecto:

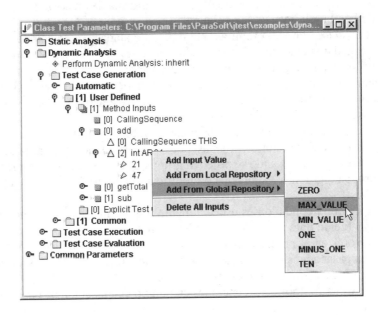

Como muestra la figura, se pueden añadir valores de entrada, además de añadir datos de repositorios locales o globales que se especifiquen. En la figura, se han introducido los valores de usuario *21* y *47*, y está a punto de añadirse *MAX_VALUE* desde el repositorio global. Se pueden añadir datos a cualquier nodo del árbol de datos de entrada.

Si ejecuta varias pruebas de caja negra secuencialmente, Jtest indica cuándo se producen errores de especificaciones o de regresión.

Pruebas automatizadas de caja transparente

En las pruebas de caja transparente, se examina la estructura de la clase y se generan pruebas que evalúan todo lo que tiene posibilidad de generar un cuelgue. Los programas escritos en la mayoría de los lenguajes se terminan cuando hay un cuelgue, pero la capacidad de Java de capturar excepciones en tiempo de ejecución ayuda a evitar la mayoría de los cuelgues. Sin embargo, esto no es bueno habitualmente, porque hay efectos secundarios indeseados como la corrupción de la base de datos o una salida errónea en la pantalla o impresora, mientras el programa no proporciona ninguna indicación al usuario de que algo ha ido mal.

Obviamente, el desarrollador realiza una gran cantidad de pruebas de caja transparente a medida que escribe el código. Sin embargo, al desarrollador le preocupa conseguir que algo funcione, no hacer que falle. Por tanto, se necesitan más pruebas. Cuando no se realicen, los errores abundarán.

Jtest ejecuta cada clase con una Máquina virtual simbólica, buscando excepciones en tiempo de ejecución no capturadas. Utiliza una tecnología patentada para crear casos de prueba que ejecutan cada rama del código. Cuando Jtest encuentra una excepción en tiempo de ejecución no capturada, informa de un error, incluyendo un volcado de la pila y la secuencia de llamadas hasta esa línea de código.

Las clases no son eremitas. No existen aisladas. Interaccionan con archivos y bases de datos externas. Utilizan recursos como las bibliotecas Arquitectura común de agente de solicitudes de objeto (CORBA) y Java Beans de empresa (EJB). Para probar estas vinculaciones, Jtest genera automáticamente entradas a partir de recursos externos que utiliza la clase. Las pruebas están diseñadas para ser amplias, probando la clase de todas las formas posibles.

Jtest no está limitado a clases únicas. También permite ejecutar conjuntos de clases a través de su motor de pruebas, por lo que se puede verificar la integración entre las clases. Incluso cuando se prueban grupos de clases, no es necesario escribir casos de prueba o guiones, esqueletos o modificar el código fuente especialmente para las pruebas.

La última condición es especialmente importante porque cuando se modifica el código fuente para probarlo, se pueden ocultar los errores, y se pueden generar nuevos errores en el proceso. Los hilos que anteriormente se ejecutaban sin problemas pueden pasar a no sincronizarse de la forma que lo hacían. Además, el esqueleto es tan susceptible a errores como el propio código.

Hay cuatro tipos de excepciones en tiempo de ejecución no capturadas de las que informa Jtest:

- **Métodos que no se comportan correctamente.** El método está lanzando una excepción para los argumentos derivados, pero no debería hacerlo. Se debe corregir este código.
- **Argumentos inesperados.** El método no espera uno o más de los argumentos que se están pasando. La rutina llamante espera que el método funcione de forma diferente a la real, por lo que se debe cambiar el llamante o el llamado.
- **Métodos que se comportan correctamente.** El método está funcionando correctamente, en el sentido de que está diseñado para lanzar (**throw**) una excepción; sin embargo, la excepción que se lanza debe estar escrita en la cláusula **throws** del método. Esto es más un problema de mantenimiento que un error que provoque dificultades en la salida. Instalando la excepción en la clase **throws**, no se preocupará en el futuro por si la excepción es o no un error.
- **Métodos que sólo debe utilizar el desarrollador.** En estos casos, el desarrollador es la única persona que utiliza el método, y no debería pasar los argumentos fuera del método. Probablemente se debería hacer que el método sea privado.

Jtest permite guardar estos casos de prueba después de utilizarlos, porque son valiosos para las pruebas de regresión.

Pruebas automáticas de regresión

El objetivo de las pruebas de regresión es asegurar que las modificaciones no han provocado que el código retroceda a un estado anterior y con más errores. Cuando falla un programa que funciona, el desarrollador inteligente quiere saber qué ha cambiado, porque los cambios atraen errores. Los hilos de Java hacen posible que el código se ejecute bien durante varios meses y que después fallen a causa de una carrera de datos. Sin embargo, los cambios provocan más errores que las carreras de datos.

Cuando desee mejorar un programa, se puede proteger frente a una regresión utilizando Jtest. Permita que Jtest cree un conjunto de pruebas o reutilice las pruebas que creó durante las pruebas de caja transparente. Ejecute dichas pruebas y permita que Jtest guarde los resultados. Después mejore el programa y ejecute de nuevo las pruebas. Comparando los resultados, sabrá si las mejoras han destrozado algo o no.

En su aspecto positivo, las pruebas de regresión permiten que sepamos que el código ha mejorado después de haber compilado las mejoras. Se ejecuta el mismo conjunto de entradas antes y después, y comprobar si las salidas, antes y después, son exactamente lo que deseamos.

Con Jtest, no es necesario especificar la salida deseada, aunque podemos hacerlo. El producto recuerda la salida de cada prueba, compara los resultados y marca cualquier cosa que haya cambiado. A continuación, podemos verificar que los cambios en la salida son todos positivos.

Ejecutar una prueba de regresión solamente requiere unas pocas pulsaciones del ratón.

Análisis automático estático

El análisis estático tiene un objetivo. Impone los estándares de codificación. Estos estándares pueden variar en gran medida en lo que imponen. Las violaciones de los estándares se pueden deber a lo siguiente:

- Errores de sintaxis, que nunca pasarían de la compilación.
- Posibles errores de codificación, que podrían venir indicados por la indentación y llaves, paréntesis o puntos y comas que parezcan estar mal colocadas.
- Variaciones de estilo, como dónde se coloca la llave inicial de un bloque de código.
- Métodos preferidos de creación de bucles.
- Algoritmos preferidos.
- Estándares muy localizados para un conjunto concreto de clases.

El análisis estático permite imponer estándares de codificación de forma que su equipo escriba código que evite los errores desde el principio. Sólo tiene sentido hacer eso porque todos los errores se encuentran en el código. Los errores que no se escriben nunca, nunca tendrán que eliminarse, ahorrando el tiempo dedicado a escribirlos y el dedicado a eliminarlos. La calidad se incrementa, igual que la producción, cuando se escribe evitando los errores desde el principio.

Cuando un equipo se adhiere a un buen conjunto de estándares de codificación, los días perdidos por vacaciones o enfermedad tienen menos efecto en la producción porque es más sencillo que se introduzca otro miembro del equipo. Además, cuando llega el momento de las mejoras, no es necesario que el codificador original esté disponible para hacer el trabajo. Esto simplifica la planificación.

La meta tan buscada y rara vez conseguida de reutilización del software requiere un buen conjunto de estándares de codificación, utilizados en común entre todos los miembros del equipo. Por tanto, cuando una empresa de programación comienza a utilizar estándares comunes, se abre otra puerta a la productividad.

No caiga en la trampa de una rigidez extremada. Si se dedica a legislar estándares de programación severos, ¡puede eliminar la innovación de su equipo! (recuerde mi pequeño adagio de que las reglas y las leyes existen para que la gente no tenga que pensar.)

JLint, que hemos visto en el Capítulo 6, es un analizador estático. Examina el código fuente de acuerdo a un conjunto de reglas y marca las posibles violaciones. Se puede personalizar el conjunto de reglas de JLint y el producto es gratuito.

De manera similar, Jtest realiza un análisis estático basado en reglas y es bastante más sencillo de utilizar, pero el producto no es gratuito. Jtest proporciona una herramienta gráfica, llamada el RuleWizard (Asistente para reglas), para la creación de reglas personalizadas.

Los autores de Jtest reconocen dos tipos de estándares de codificación, llamados "tradicionales" y "globales".

Los estándares tradicionales se aplican a construcciones internas a la clase que se prueba. Por ejemplo, utilizar el operador ==, en vez de la palabra clave equals, cuando se comparan cadenas, probablemente sea un error.

Los estándares globales aseguran que los proyectos utilizan campos, métodos y clases de la forma deseada. Los errores que los estándares globales evitan son los siguientes:

- Errores en las decisiones lógicas.
- Campos, métodos o clases no utilizados.
- Campos, métodos o clases demasiado accesibles.

Tanto si utiliza el producto como si no, puede aprender mucho acerca de la depuración examinando las reglas de Jtest y cómo las implementa. Al igual que JLint, analiza el código fuente Java de las clases que se deben probar. Sin embargo, como Jtest utiliza archivos **.class** en vez de **.java** para imponer las reglas de programación, se puede utilizar Jtest para realizar un análisis estático global incluso cuando no se tiene el código fuente **.java**.

Jtest tiene un gran número de reglas que prueban el código. El producto puede informar de un conjunto de errores demasiado grande, por lo que asigna niveles de gravedad de 1 a 5 a las reglas, donde 1 es la mayor gravedad. Por defecto, informa de las violaciones de las reglas con niveles de gravedad de 1 a 3, pero se pueden cambiar los niveles de los que se informa. También se pueden inhabilitar o volver a habilitar reglas individuales, o reglas de cualquier categoría de gravedad. Todo lo que se necesita es una pulsación del ratón. De este modo, se puede reducir la lista de errores a los que son más relevantes para su equipo o su proyecto.

Esta es la amplia lista de reglas de prueba que utiliza Jtest. ParaSoft está añadiendo reglas continuamente. Permiten añadir reglas personalizadas al conjunto y, aceptando nuestra experiencia con Java, han desarrollado un método automatizado para ayudarnos a mejorar el producto sugiriendo nuevas reglas.

- Código no utilizado (muerto):
  - Hay un campo estático privado no utilizado.
  - Una interfaz tiene un modificador innecesario.
  - No se está utilizando un campo privado.
  - No se está utilizando una variable.
  - No se necesita un parámetro.
  - Se importa explícitamente el paquete **java.lang**.
  - No se está utilizando un método privado.

- Estándares de codificación:
  - Están declaradas variables de tipos diferentes en una sentencia.
  - Miembros de grupo con el mismo nombre están separados físicamente.
  - Se llama a un método abstracto desde un constructor de una clase abstracta.
  - Una sentencia **switch** tiene un gran número de sentencias **case**.
  - La función **main()** no es la primera.
  - Se lanza directamente la clase **Exception**.
  - **Exception** o **RuntimeException** están en una clase **catch**.
  - Se lanza directamente **Error**.
  - Las constantes no se definen en interfaces.
  - Se debería utilizar la "L" en vez de la "l" minúscula para un entero long.

- Inicialización:
  - Los campos estáticos no se inicializan explícitamente.
  - Un constructor no inicializa explícitamente cada dato miembro.

- Posibles errores en código que se compila:
  - Una sentencia **switch** tiene un case erróneo.
  - Una sentencia **for** tiene un cuerpo vacío.
  - Una sentencia **if** tiene un cuerpo vacío.
  - Parece que un método debe ser suplantado.
  - Probablemente se debería utilizar **equals** en vez de **==**.
  - Una sentencia **else** tiene un cuerpo vacío.
  - Se está convirtiendo un tipo de datos primitivo a una precisión inferior.
  - Una etiqueta de texto se encuentra dentro de una sentencia **switch**.
  - Hay una asignación de variable en una condición **if**.
  - Una sentencia **switch** no tiene una cláusula **default**.
  - Hay una asignación incrustada.
  - Se están comparando números en coma flotante.
  - Se cambia bruscamente una variable de control de bucle dentro del bucle.
  - Los nombres de parámetro de un método entran en conflicto con los nombres de miembros de la clase.
  - El operador **+** se puede confundir con la concatenación de **String**.

- Programación orientada a objetos:
  - Las funciones miembro estáticas heredadas están ocultas.
  - Las clases pueden estar anidadas con demasiada profundidad.
  - Las variables de instancia heredadas están ocultas.

- Se ha suplantado un método **private**.
- Una clase interna no está asociada o no es visible para la clase que la contiene.
- Una variable de instancia es **public** o está en un **package**.
- Los métodos y datos **public** o **package** no se listan primero.
- Una interfaz se ha implementado trivialmente o no es **abstract**.

- Convenciones de la asignación de nombres:
  - Un nombre de clase no cumple los estándares.
  - Un nombre de interfaz no cumple los estándares.
  - Un nombre de excepción no cumple los estándares.
  - Un nombre de método no cumple los estándares.
  - Un nombre de campo estático no cumple los estándares.
  - Un nombre de método estático no cumple los estándares.
  - Un nombre de parámetro de método no cumple los estándares.
  - Un campo de instancia no cumple los estándares.
  - Un nombre de variable local no cumple los estándares.
  - Un campo estático final tiene letras minúsculas en él.
  - Un método que devuelve un Boolean no está precedido de "es" (is) o "tiene" (has).
  - Un campo miembro de interfaz contiene letras minúsculas.
  - Se utiliza un nombre de variable no convencional.

- Optimización:
  - Un bloque **finally** tiene un flujo no cerrado.
  - Se utiliza un bucle **for** para copiar un array, en vez de utilizar **System.array-copy()**.
  - Hay evaluaciones **instanceof** innecesarias.
  - Hay una conversión de tipos de variable innecesaria.
  - Se puede utilizar un operador de asignación abreviado.
  - Se utiliza **StringBuffer** para una cadena constante, en vez de utilizar **String**.
  - Una condición de bucle es demasiado compleja.
  - El operador de negación se utiliza con demasiada frecuencia.

- La recogida de basura:
  - **finalize()** no llama a **super.finalize()**.
  - El bloque **finally** de un método **finalize** no llama a **super.finalize()**.
  - Se llama explícitamente a **finalize()**.
  - Cuando se convierten tipos primitivos a **String** se utilizan variables temporales innecesarias.
  - Se utiliza **date[]** cuando se debería utilizar **long[]**.

- Comentarios de Javadoc:
  - Hay una etiqueta de Javadoc mal utilizada.
  - Se distingue mal entre los comentarios de Javadoc y los normales.

- Hilos:
  - Se utiliza **synchronized**, lo que ralentiza el rendimiento.

- Análisis estático global:
  - Los campos **package-private** están demasiado accesibles.
  - Los métodos **package-private** están demasiado accesibles.
  - Las clases **package-private** están demasiado accesibles.
  - Los campos **public/protected** están demasiado accesibles.
  - Los métodos **public/protected** están demasiado accesibles.
  - Las clases **public/protected** están demasiado accesibles.
  - Los campos **public/protected** globales no se utilizan.
  - Los métodos **public/protected** globales no se utilizan.
  - Las clases **public/protected** globales no se utilizan.
  - Los campos **package/private** globales no se utilizan.
  - Los métodos **package/private** globales no se utilizan.
  - Las clases **package/private** globales no se utilizan.

- Java Beans de empresa (EJB):
  - La clase de Bean no está definida como **public**.
  - La clase de Bean está definida erróneamente como **abstract**.
  - La clase de Bean está definida erróneamente como **final**.
  - La clase de Bean implementa un método **ejbCreate()**.
  - La clase de Bean define erróneamente el método **finalize**.
  - El modificador de control de acceso de **ejbCreate()** no está definido como **public**.
  - **ejbCreate()** en **SessionBean** no devuelve un **void**.
  - El modificador del método buscador no está definido como **public**.
  - El tipo devuelto por el método buscador no es una clave primaria ni una colección de claves primarias.
  - **ejbPostCreate()** tiene un modificador de control de acceso que no es **public**.
  - **ejbPostCreate()** no devuelve un tipo **void**.

- Varios:
  - Los campos miembro están ocultos en métodos miembro.
  - El contador de un bucle no se incrementa.
  - Una sentencia **for** no contiene una condición booleana.
  - Existe un método **clone()** que no llama a **super.clone()**.
  - Una sentencia **for** no tiene un bloque de código.
  - Un parámetro de método ha recibido una asignación.

Podemos añadir nuevas reglas a esta larga lista. Jtest tiene un RuleWizard (Asistente para reglas) que proporciona una forma sencilla de construir reglas nuevas, "apuntando y pulsando", sin tener que aprender cómo funciona el analizador sintáctico de Jtest. Hay cuadros de diálogo que permiten personalizar las nuevas reglas a voluntad. De este modo, podemos implementar cualquier tipo de estándares de codificación y Jtest se encargará de imponerlos.

Supongamos que queremos añadir una regla que diga que todas las variables de instancia deben comenzar con subrayados. Esta figura muestra cómo se llega al RuleWizard en tres pulsaciones.

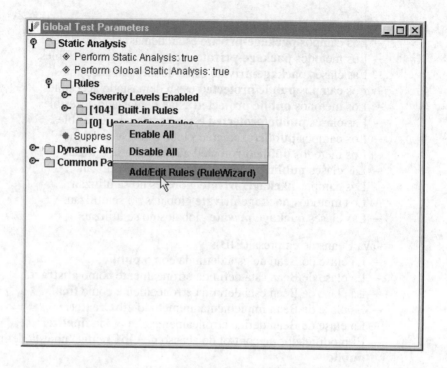

En primer lugar, se selecciona un nodo de campo para el cual crear la regla. Se puede elegir cualquier tipo de entidad de Java y crear una regla para ella. En este caso, la regla verificará primero que el campo no sea estático. Después, introduciendo la expresión regular ^_, se especifica que al principio del nombre deseamos un subrayado, y que solamente debe coincidir el primer carácter. Si no ha estudiado las expresiones regulares, Jtest se lo dirá todo acerca de ellas.

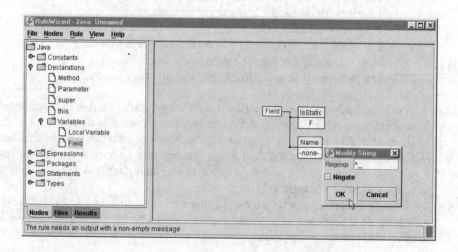

La figura siguiente muestra cómo se puede introducir el texto que deseamos que se muestre cuando se viola la regla que acabamos de introducir. Exprésese con claridad en estas frases, a no ser que desee confundir a un desarrollador que ya está confundido. Podría incluso citar un documento impreso que incluya todos los detalles.

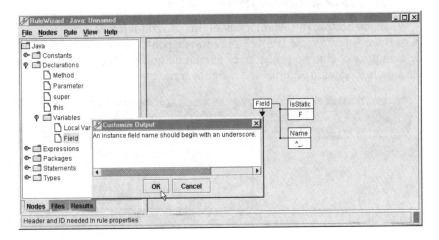

El RuleWizard también solicita información acerca de los siguientes aspectos de la regla:

- Accesibilidad: es decir, si se puede probar con ella código **public**, **private**, **protected** o **package**.
- Tipo, contexto e inicialización. En estas áreas, se puede crear un "colector", que puede especificar los operadores de conjunto Union (Unión), Intersection (Intersección), Difference (Diferencia) y XOR. Puede especificar etiquetas. Puede contener un contador de incidencias o puede disparar una salida específica. Puede mantener un cómputo basado en varias expresiones.
- Número de línea. Instale aquí el número de línea que desee.
- Nombre de archivo. Se pueden almacenar las reglas en varios nombres de archivo.

A medida que cree la regla, una barra de mensajes de la esquina inferior izquierda permite saber qué más se necesita para terminarla. Cuando la regla sea válida, un pequeño cuadro rojo de la esquina inferior derecha se pondrá en color verde.

Análisis automático de la cobertura

JProbe, de KL Group, contiene una herramienta de análisis automático de la cobertura. Su objetivo es identificar y cuantificar líneas no probadas del código. Como he mencionado en el Capítulo 8, el código hace lo siguiente:

- Identifica y cuantifica código no probado.
- Utiliza filtros avanzados para definir código específico a probar.

- Mezcla los datos de cobertura procedentes de múltiples ejecuciones del programa.
- Permite visualizar, compartir e imprimir los resultados en forma de texto o como documentos HTML.
- Ayuda a probar el código del extremo de servidor (únicamente la edición de extremo de servidor de JProbe Coverage).

Cuando se toman instantáneas de un programa en el Analizador de cobertura (Coverage Analyzer) de JProbe, una serie de pantallas desplegables le llevan a la raíz de cualquier código no probado, es decir, cualquier código que no se haya ejecutado durante la ejecución de prueba. La figura siguiente lo demuestra:

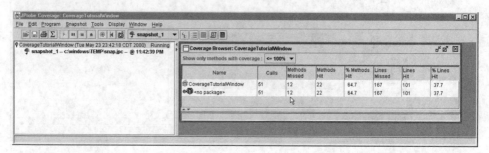

Aquí se resalta alguna actividad sospechosa. Aunque se ha pasado por 22 métodos, 12 no se han tocado. La pregunta es por qué. Al pulsar el icono que está al lado de "**\<no package\>**" se pasa al nivel de clase, donde se dispone de más información, como se muestra en la Figura 13.2.

En este punto, podemos ver que sólo se ha cubierto el 50 por 100 de **SuperLinkedList**. Otros elementos tienen también áreas sin cubrir, pero descendiendo por **SuperLinkedList** podemos ver la pantalla de la Figura 13.3.

Ahora se identifican a dos culpables, **iterator**() y **containsObject**(), como no visitados por el análisis de cobertura. Se podría deber a que no se pueden ejecutar. Al pulsar dos veces sobre el método **iterator** en la ventana inferior permite ver al código fuente, con las líneas codificadas mediante colores. Las líneas en rojo son las líneas por las que no se ha pasado y por las líneas en negro sí se ha pasado (véase la Figura 13.4). Puede cambiar los colores en la forma que desee.

Puede observar que JProbe representa en rojo la línea situada donde está el cursor tipo flecha. Observe que no hay ninguna llamada a esta línea concreta.

En este punto, puede revisar su conjunto de pruebas, o instalar uno nuevo que esté diseñado para pasar por las líneas de código hasta ahora olvidadas. Después de hacerlo, puede volver a ejecutar la prueba de cobertura.

La importancia de ejecutar pruebas como ésta a lo largo del ciclo de desarrollo rara vez se destaca lo suficiente. El siguiente apartado muestra cómo el coste de corregir un error se incrementa drásticamente cuanto más tarde se encuentra. Esto tiene mucho sentido, porque un error detectado tarde exige a los desarrolladores rehacer mucho más trabajo que un error detectado pronto. Encuentre sus errores lo más pronto posible, haciendo pruebas pronto y a menudo. El Análisis de cobertura de JProbe ayuda a asegurar que se prueben todos los fragmentos de código.

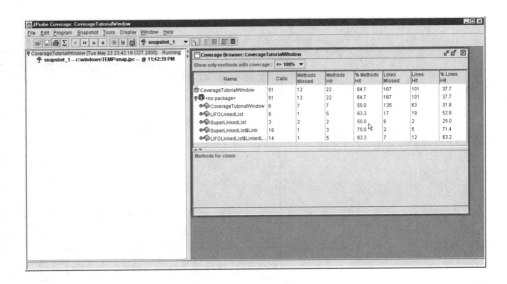

Figura 13.2. Nivel de clase de JProbe.

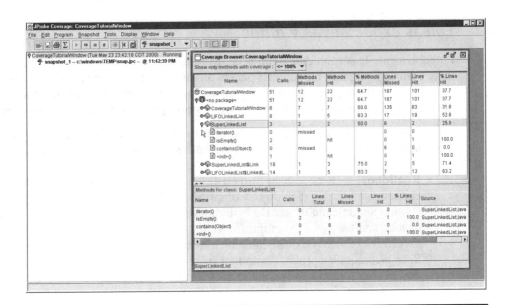

Figura 13.3. Visualizador de cobertura.

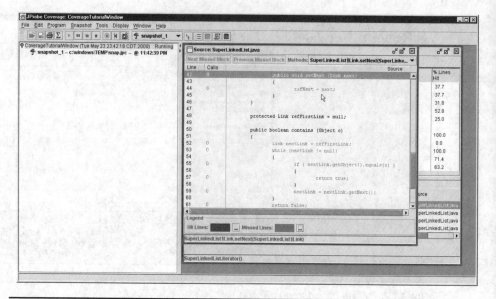

Figura 13.4.   *Identificar los métodos no visitados por el análisis de cobertura.*

Falsas expectativas y mitos

Probablemente le sorprendan algunos de los mitos que rodean a las pruebas automáticas. Para darle algunas municiones para la próxima vez que alguien intente conseguir que usted recorte su presupuesto o el personal por darle una herramienta de automatización, aquí tiene unos cuantos mitos, por escrito, para que se los pueda mostrar:

- **Mito.**   Gástese un poco de dinero para comprar una herramienta de pruebas automáticas y un proyecto retrasado automáticamente volverá a recuperar el ritmo.
- **Realidad.**   Es necesario utilizar las herramientas de prueba en cuanto se comienza a escribir el código. Compruebe cada clase y compruebe el sistema cuando añada cada clase. De este modo, descubrirá los errores muy pronto cuando son baratos de corregir. La Tabla 13.1 de la página 318 muestra cómo los errores se vuelven drásticamente más caros cuanto más tarde se encuentren. Si implementa las pruebas automáticas más tarde, seguirá observando resultados positivos, pero nada parecido a los resultados obtenidos cuando se comienza un proyecto con las pruebas automáticas.

- **Mito.**   La herramienta de pruebas generará un plan de pruebas.
- **Realidad.**   Nada disponible comercialmente puede hacer eso, hasta la fecha. Jtest puede generar muchos casos de prueba, pero nada tan amplio como un plan de pruebas completo. Las herramientas de pruebas solamente mejoran las pruebas manuales, aunque en gran medida.

- **Mito.**   Una herramienta de pruebas sirve para todo.
- **Realidad.**   Simplemente no es así. Actualmente hay demasiados tipos de computadoras y sistemas operativos para que esto sea cierto. Se necesitan varias herramientas por cuestiones de portabilidad.

- **Mito.**   Se reducirá el esfuerzo dedicado a las pruebas, recortando los costes.
- **Realidad.**   Las herramientas permiten que se realicen más pruebas, pero como actualmente se hacen muy pocas, todo lo que sucederá es que se incrementará la calidad. Además, cualquier herramienta de pruebas tiene una curva de aprendizaje. Un desarrollador experimentado puede empezar a ser productivo con Jtest o JProbe en una mañana, y experto en una semana, pero el arte de probar el software no es tan trivial de aprender. Las herramientas automáticas funcionan en un campo de pensamiento diferente del de los métodos manuales, y se deben aprender los nuevos procesos del pensamiento.

- **Mito.**   Las herramientas casi se utilizan ellas solas.
- **Realidad.**   Realmente, una herramienta como Jtest puede realizar comprobaciones sofisticadas en el código sin intervención manual. Sin embargo, las pruebas de caja negra forman parte integral de las pruebas de software y no se puede generar automáticamente un conjunto completo de pruebas de caja negra. Los productos de pruebas exigen habitualmente que el usuario escriba guiones, o al menos retoque lo que la herramienta de pruebas almacena, antes de que los guiones sean lo suficientemente robustos como para utilizarlos.

- **Mito.**   Las herramientas lo prueban todo.
- **Realidad.**   No todo. Las herramientas de pruebas tienen dificultades con añadidos de terceras empresas, interfaces gráficas de usuario y características personalizadas como los controles circulares. Una herramienta de pruebas puede verificar que se está creando una copia impresa, pero un humano debe ir hasta la impresora, comprobar que le quede tinta, coger el papel y verificar los resultados manualmente. Un usuario que esté a medio mundo de distancia puede tener que preparar datos para poder transferirlos, verificando que funcione dicha transferencia.

- **Mito.**   Las herramientas automatizadas pueden realizar pruebas exhaustivas.
- **Realidad.**   No va a suceder esto en toda nuestra vida. Por ejemplo, es posible una cantidad inmensa de contraseñas en un sistema típico de seis u ocho caracteres. Probar todas ellas podría requerir años y, por tanto, ser totalmente no factible.

Coste de la corrección de los errores

La Tabla 13.1 muestra cómo el coste de eliminar los errores se incrementa cuanto más tarde se encuentran. Destaca la importancia de utilizar las pruebas automatizadas a lo largo del ciclo de vida de desarrollo del software.

Tabla 13.1. *El coste creciente de la corrección de los errores*

Fase de desarrollo	Coste (en dólares)
Definición	1
Diseño de alto nivel	2
Diseño de bajo nivel	5
Código	10
Prueba de las unidades	15
Prueba de la integración	22
Prueba del sistema	50
Después de la entrega	100 o mucho más

Otros tipos de pruebas

Las así llamadas "pruebas de monos" han sido notoriamente olvidadas en este libro hasta este momento. Si sienta a un mono ante el teclado, a veces el animal podrá hacer fallar al código, pero introducir datos aleatorios rara vez es efectivo. A continuación se muestran otros diez tipos de pruebas más que verá que realiza de vez en cuando.

Puertas de calidad. La gestión debería implementar puertas e introducir porteros cuyo objetivo sea asegurar que antes de que se acepte el software, pase por ciertas pruebas de calidad. Sólo entonces se permite que el software pase a la fase siguiente.

Pruebas de entrega. Cualquier cosa que se entregue de un equipo a otro, o a un cliente, se debe probar en ese momento. Tiene poco sentido entregar algo a un equipo que espera que cumpla las especificaciones sin haberlo probado antes. El equipo que lo recibe no tiene acceso a casi todos los conocimientos del diseño y del código que tiene el equipo que lo envía. Además, cuando se encuentren defectos, el equipo receptor deberá decidir si son realmente defectos u otra cosa. Ese proceso puede costar una cantidad de tiempo desmesurada.

Sin embargo, el equipo receptor debería probar si lo que reciben cumple las especificaciones que tienen.

Inserción de fallos. Similar a la idea de sembrar de errores el código para ver cuántos quedan, la inserción de fallos siembra errores, pero con un objetivo diferente. La idea es ver que el código se comporta correctamente cuando un disco está lleno, hay poca RAM, se ha perdido o se corrompe un archivo, etc.

Fugas de memoria. Este tipo de pruebas intenta encontrar dónde el programa no está liberando los recursos correctamente. Por ejemplo, los hilos detenidos pueden provocar fugas de memoria.

Pruebas de rendimiento. Estas pruebas miden la rapidez y eficiencia con que se ejecuta el programa. A menudo, las pruebas de rendimiento están interesadas en la velocidad de la entrada y la salida, las tasas de utilización de la CPU, los tiempos de respuesta por una consulta y el número de acciones de E/S.

Pruebas de tensión. Para probar un sistema que funciona al límite, hay que cargarlo. Se ejecutan múltiples copias del programa entre otros programas y se observa cómo maneja el sistema los resultados. Este es un tipo de pruebas de rendimiento, pero se produce en un sistema muy cargado.

Integridad de los datos. Este tipo de pruebas comprueba que los tipos de datos, nombres de archivo, longitudes de campo y la amplitud de la precisión sean correctos en ambos extremos de una transferencia de datos. La seguridad de los datos está implicada en estas pruebas, igual que la corrupción de los mismo.

Pruebas de copia de seguridad. Será necesario hacer una copia de seguridad de los datos, porque los sistemas son imperfectos. Y no sólo eso, es necesario poder recuperar los datos. Puede ser relativamente simple comprobar la integridad de los datos de un sistema de copia de seguridad, porque basta con hacer una copia de seguridad, recuperarla y después comprobar que no haya cambiado ningún dato. Sin embargo, puede haber algo más en las pruebas de copia de seguridad. Una copia de seguridad diaria que consuma 25 horas, obviamente es inaceptable. Tuve que corregir una situación así. Un proceso de recuperación que tarda días puede ser inaceptable, incluso si se recuperan todos los datos perfectamente. Si un desastre afecta a todo un edificio, el sistema de copia de seguridad debe permitir su recuperación manteniendo las copias en algún otro sitio.

Pruebas de compatibilidad. Muy a menudo un sistema debe interactuar con otros sistemas. Un ejemplo excelente de esto es un conjunto de software de oficina, en el que un procesador de textos debe ser capaz de importar una hoja de cálculo y después pasarla a un gestor de presentaciones. A no ser que los sistemas tengan formatos de archivo comunes y formas similares de acceder a dichos archivos, las interfaces fallarán y los programas serán incompatibles.

Pruebas de usuarios. Es necesario que los usuarios se impliquen pronto y en todo el proceso de desarrollo. Aunque sostengo que un sistema se debería desarrollar de acuerdo a lo que está en un manual de usuario, al final del día, el usuario, no solamente el manual, debe estar satisfecho. Habitualmente, un conjunto de usuarios prueban el sistema de acuerdo a las especificaciones y lo aceptan o lo rechazan.

¿Cuántos errores quedan?

Aunque los productos como Jtest y JProbe son buenos, podríamos esperar que fueran perfectos. Por ejemplo, no están diseñados para capturar los errores de diseño. Además, el problema de generar un conjunto completo de pruebas de caja negra se escapa de la tecnología actual. Por tanto, no podemos esperar que encuentren todos los errores.

Como no nos podemos fiar de que estos productos encuentren todos los errores, ¿cómo sabemos que hemos terminado la depuración? Aplicando las técnicas estadísticas del Capítulo 10, se puede predecir cuántos errores quedan en el proyecto. Hágalo de este modo:

1. Ejecute Jtest sobre el programa y catalogue los errores.
2. Envíe el programa a la experiencia de un equipo de probadores.
3. Calcule la suma de todos los errores encontrados por ambos métodos, es decir, halle la unión matemática.
4. Calcule el número total de errores que han sido encontrados por el equipo y por Jtest, es decir, halle la intersección matemática.
5. Cree el cociente de los encontrados en común dividiendo la intersección por la unión.
6. Entre en el gráfico que se muestra a continuación, reproducido del Capítulo 10, y estime el porcentaje de errores que se han encontrado.

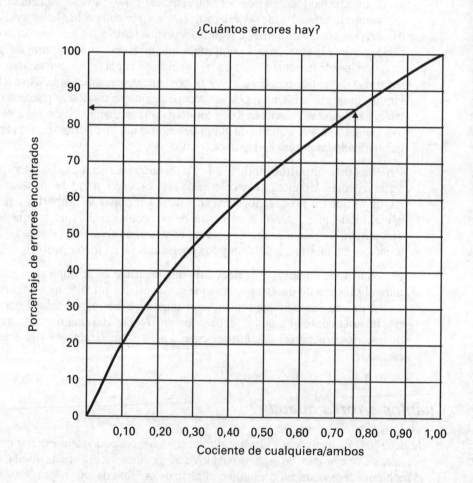

¿Cuántos errores hay?

Que el aroma de su café sea embriagador, que sus días de trabajo sean dulces, que sus momentos de ocio sean largo, y que su código no tenga nunca errores.

Software comercial

No pasa un día sin que docenas de empresas intenten comprar otras. Mientras escribía este libro, dos de mis empresas de software preferidas han cambiado de manos. Eso probablemente sea bueno. Con seguridad, algunas de las empresas que se enumeran a continuación habrán cambiado información vital durante las pocas semanas que necesita Osborne/McGraw-Hill para poner en marcha las prensas y distribuir el libro a las librerías.

Esta no es una lista de productos recomendados. Es simplemente una lista de productos que puede ayudarle a encontrar exactamente el adecuado para sus necesidades concretas. Se enumeran en orden aleatorio.

Si su empresa favorita no aparece a continuación, o si lo está y la información tiene errores tipográficos, por favor acepte mis disculpas.

petición ~ solicitation > Request

Agentes de solicitud de objeto (ORB)

ORBacus
www.ooc.com/notify
978-439-9285
44 Manning Rd.
Billerica, MA 01821

Analizadores

JProbe
KL Group
www.klgroup.com
416-594-1026
260 King Street East
Toronto, Ontario, Canada M5A 4L5

Bibliotecas añadidas

ProtoView

ProtoView Development Corp.
www.protoview.com
800-231-8588
2540 Route 130
Cranbury, NJ 08512

Rogue Wave Software

www.roguewave.com
800-487-3217
5500 Flatiron Parkway
Boulder, CO 80301

Colaboradores

StarBase

www.starbase.com
888-782-7700

iam

www.iam-there.com
212-580-2700
200 West 72nd Street, Suite 35
New York, NY 10023

Comercio electrónico

eWave

Unify Corporation
www.ewavecommerce.com
408-451-2000
100 Century Center Court, 3rd Floor
San Jose, CA 95112

BankFrame

Eontec
www.javabanking.com
781-229-5848

Cysive

www.cysive.com

Segue
www.segue.com
800-287-1329

ObjectSwitch
www.objectswitch.com

Jsales
Sales Vision
www.salesvision.com
800-275-4314

Compiladores e intérpretes

Smalltalk/JVM
Mission Software, Inc
www.SmalltalkJVM.com

Creadores de informes

Elixir Report
Elixir Technology
www.elixirtech.com

Enterprise Reports
EnterpriseSoft
www.EnterpriseSoft.Com
510-742-6700
7573 Waterford Drive
Cupertino, CA 95014

Java Printing Components
InetSoft Technology Corp.
www.inetsoftcorp.com
732-235-0137
559 Buckingham Drive
Piscataway, NJ 08854

JClass Page Layout
KL Group, Inc
www.klgroup.com/pagelayout
888-328-9599
260 King Street East
Toronto, Ontario, Canada M5A 4L5

JavaReporter
>   ObjectWave Corporation
>   www.objectwave.com

Elixir Report
>   Elixir Technology Ple Ltd
>   www.elixirtech.com
>   +65-532-4300
>   20.21B Circular Rd.
>   Republic of Singapore 049376

Datos y datos de web

PointBase
>   www.pointbase.com
>   877-238-8798

IBM WebSphere Transcoding Publisher
>   IBM
>   www.ibm.com/developer
>   914-499-1900
>   New Orchard Rd.
>   Armonk, NY 10504

Java Blend
>   Sun Microsystems
>   www.sun.com

Sybase
>   www.sybase.com
>   800-879-2273

ObjectFX
>   www.objectfx.com
>   800-762-7748

ThinAccess
>   ThinWeb
>   www.thinweb.com
>   877-844-6932

DBArtisan
>   Embarcadero Technologies
>   www.embarcadero.com

Javelin
Object Design, Inc.
www.objectdesign.com/javelin
800-962-9620
25 Mall Road
Burlington MA 01803-4194

Poet
www.poet.com/downloads
800-950-8845

CodeBase
Sequiter Software, Inc.
www.sequiter.com
780-437-2410

JServer
Oracle
www.oracle.com

 Oracle

VantagePoint and DataVista Pro
Visualize, Inc.
www.visualizeinc.com
602-861-0999

Relational Object Framework
Watershed Technologies, Inc
www.watershed.com

ACL-Base
Plyasys, Inc
www.plyasys.com
617-354-8115
2285 Massachussets Ave., Suite 204
Cambridge MA 02140

WebXi Data Server
WebXi.Inc
www.webxi.com
781-272-1111
83 Cambridge St.
Cambridge, MA 01803

DataDirect SequeLink
Merant
www.merant.com

JClass HiGrid, Livetable, Field, and DataSource
KL Group
www.klgroup.com
888-328-9396
260 King Street East
Toronto, Ontario, Canada M5A 4L5

InterBase
InterVase Software Corporation
www.interbase.com
800-451-7788

SpacialVision
Sedona Geoservices
www.sedonageo.com
610-495-6701
649 North Lewis Road, Suite 220
Limerick, PA 19468

Jasmine
Computer Associates
www.cal.com
888-752-7646

JYD Object Database
JYD Software Engineering Ply Ltd
www.jyd.com
+61-2-9980-7812
P.O. Box 744
Pennant Hills, NSW 1715
Australia

Depuradores

Metamata Debug
www.metamata.com
510-796-0915
Metamata, Inc.
2140 Peralta Blvd., Suite 2138
Fremont, CA 94536

JBuilder
Borland/Imprise
www.borland.com/jbuilder
831-431-1000
100 Enterprise Way
Scotts Valley, CA 95066-3249

JProbe Suite
KL Group
www.klgroup.com
888-361-6205
260 King Street East
Toronto, Ontario, Canada M5A 4L5

JTest
ParaSoft, Inc.
www.parasoft.com
888-305-0041

DevPartner
NuMega
800-468-6342

SilkPilot
Seague Software, Inc.
www.seague.com
800-287-1329
1320 Centre St.
Newton Centre, MA 02159

AnyJ
NetComputing GmbH
www.netcomputing.de
+49-0-721-9715480
Erzbergerstr. 131
Karlsruhe 76133
Germany

Desarrollo gráfico

JLOOX
LOOX Software Inc.
www.loox.com
650-903-0942
4962 El Camino Real, Suite 206
Los Altos, CA 94022

INT
Interactive Network Technologies, Inc.
j-extreme.int.com
713-975-7434

KAL espresso
Espial
Espial.com

J/Carnac

Interactive Network Technologies, Inc
www.int.com
713-975-7434
2901 Wilcrest, Suite 100
Houston, TX 77042-6011

RasterMaster for Java Imaging SDK

Snowbound Software
www.snowbnd.com
617-630-9495
29 Crafts St., Suite 550
Netwon, MA 02458

Jimi Pro

Activated Intelligence
www.activated.com
212-896-8220

EspressChart

Quadbase Systems, Inc
www.quadbase.com
408-982-0835
2855 Kifer Rd., Suite 203
Santa Clara, CA 95051

Editores

DevPartner

NuMega
www.compuware.con/numega
800-468-6342

Multi-Edit

American Cybernetics
www.multiedit.com
602-968-1945
1830 W. University Dr.
Tempe, AZ 85281-3248

Equipo de desarrollo de software (SDK)

Sun Microsystems

www.sun.com

Extractor automático de JAR

SelfExtract-Pro
EquitySoft
www.kagi.com/EquitySoft
+4-1-1276-47-1255
1 Owen Road
Windlesham Surrey GU2O 6JG
United Kingdom

Generadores de código

Access Converter (Access a Java)
Diamond Edge, Inc.
www.diamondedge.com
801-785-8473
184 South 300 West
Lindon, UT 84042

Applet Designer (VB a Java)
Diamond Edge, Inc.
www.diamondedge.com
801-785-8473
184 South 300 West
Lindon, UT 84042

Aonix
www.aonix.com
800-972-6649

Gen-It
Codagen Technologies Corp.
www.codagen.com
514-288-4802
2075 University St., Suite 1080
Montreal, Quebec, H3A 2L1

Mini Packs
Demicron
www.demicron.com
+46-8-289450
Hogklitavagen 9
172 64 Sundbyberg, Sweden

Tango

Pervasive Software, Inc.
www.pervasive.com
512-231-6000
12365 Riata Trace Parkway, Building II
Austin, TX 78727

WinA&D & WinTranslator

Excel Software
www.excelsoftware.com
515-752-5369
P.O. Box 1414
Marshalltown, IA 50158

Gestores de proyectos y de seguimiento

Track

Soffront
www.soffront.com

PR-Tracker

Softwise Company
www.prtracker.com
425-513-0413

Herramientas de documentación

DocJet

Tall Tree Software Company
www.talltree.com
512-453-4909
3104 King Street
Austin, TX 78707

VisiComp

www.visicomp.com

Utility+

WoodenChair Software
www.woodenchair.com
905-479-2243
8 Kemsing Court
Markham, Ontario L3R 4P7

DocCentral
QuickStream
888-768-9898

CommentMaster
Objectsoft, Inc.
www.objsoft.com
888-625-7638

Herramientas de modelado, UML y CASE

Together/J
TogetherSoft LLC
www.togethersoft.com
919-772-9350
1720 Leigh Drive
Raleigh, NC 27603

GDPro
www.advancedsw.com
800-811-2784
7851 South Elanti St., Suite 102
Littleton, CO 80120

Power Design
Sybase
www.sybase.com
800-879-2273

Visual UML
Visual Object Modelers
www.visualobjectmodelers.com
800-900-1902

CC-Rider
Western Wares
www.westernwares.com
970-327-4898
Box C
Norwood, CO 81423

Elixir CASE
Elixir Technology Ple Ltd
www.elixirtech.com
+65-532-4300
20.21B Circular Rd.
Republic of Singapore 049376

ClearCase and Rational Suite

Rational Rose
www.rational.com

TOPLink

The Object People
www.objectpeople.com
613-569-8855
99 Bank Street, Suite 100
Ottawa, ON Canaca K1P5A3

Jvision

Object Insight, Inc.
www.object-insight.com

MetaEdit+

MetaCase Consulting, Inc.
www.metacase.com
+358-14-4451-400

System Architect

Popkin Software
www.popkin.com
800-732-5226
11 Park Place
New York, NY 10007

WinA&D

Excel Software
www.excelsoftware.com
505-771-3719

Softeam

www.objecteering.com

ObjectDomain

ObjectDomain Systems, Inc
www.objectdomain.com
919-461-4904
200 Laver Drive
Cary, NC 27511

Herramientas de pruebas

Jtest, de ParaSoft

www.parasoft.com

TETware
> The Open Group
> tetworks.opengroup.org/datasheet.html

WebLoad
> RadView

WinRuner
> Mercury Interactive

SilkTest
> Seague Software, Inc.
> www.seague.com
> 800-287-1329
> 1320 Centre St.
> Newton Centre, MA 02159

Herramientas de visualización y visualizadores

4thPass LLC
> www.4thpass.com

Escape
> Espial Group, Inc.
> www.espial.com

Netscape
> Netscape Communications Corp.
> www.netscape.com

BrowserHawk
> CyScape
> www.cyscape.com
> 800-932-6869

Aviva
> Eicon Technology, Inc.
> www.eicon.com
> 800-803-4266
> 2155 Chenault Dr., Suite 503
> Carrolton, TX 75006

Hoja de cálculo

Formula One
> TideStone
> www.tidestone.com
> 800-884-8665

IDE y herramientas de desarrollo

JBuilder
Borland/Imprise
www.imprise.com
831-431-1000
100 Enterprise Way
Scotts Valley, CA 95066-3249

Visual Café
Symantec Corporation
www.visualcave.com
408-254-9600
20330 Stevens Creek Blvd.
Cupertino, CA 95014

Sun
www.sun.com

JClass Enterprise Suite
KL Group
www.klgroup.com
416-594-1026
260 King Street East
Toronto, Ontario, Canada M5A 4L5

Kalos Architect
Espial
www.espial.com

Elixir IDE
Elixir Technology
www.elixirtech.com

JdesignerPro
BulletProof Corp
www.bulletproof.com
800-505-0105
20533 Biscayne Blvd., Suite 451
Aventura, FL 33180

ArcStyler
Interactive Objects Software GmbH
www.io-software.com
+49-761-400730 (Germany)
Basler Strasse 65
D-79100 Freiburg

Cerebellum

Cerebellum Software
www.cerebellumsoft.com
412-208-6500
600 Waterfront Drive, Suite 250
Pittsburgh, PA 15222

Components by Design

Flashline.Com
www.flashline.com
1300 E. 9th St., Suite 1310
Cleveland, OH 44114

SwingBuilder

SwingSoft
www.swingsoft.com
+44-0-208-469-0827
Suite 81, Grosvenor Gardens House
Grosvenor Gardens
London, United Kingdom

SynerJ

Forte' Software, Inc
www.forte.com
510-869-3400
1800 Harrison
Oakland, Ca 94612

jbAssist for JBuilder

Instantiations, Inc
222.instantiations.com
800-808-3737
7618 SW Mohawk St.
Tualatin, OR 97062

NetBeans

NetBeans, Inc.
www.netbeans.com

Vision JADE Developer Studio

Vision Software Tools, Inc.
www.vision-soft.com
800-984-7638
2101 Webster St., Eighth Floor
Oakland CA 94612

Elixir IDE
Elixir Technology Ple Ltd
www.elixirtech.com
+65-532-4300
20.21B Circular Rd.
Republic of Singapore 049376

Simplicity for Java
www.datarepresentations.com

FastJ
DiabData
www.ddi.com

Instaladores y despliegue

InstallAnywhere
222.zerog.com

InstallShield
www.installshield.com
847-240-0618
900 National Parkway, Suite 125
Schaumburg, IL 60173-5108

BulletTrain
Natural Bridge LLC
www.naturalbridge.com
650-327-6544
648 Menlo Ave., Suite 12
Menlo Park, CA 94025

JPacker
InetSoft Technology Corp.
www.inetsoftcorp.com
732-235-0137
559 Buckingham Drive
Piscataway, NJ 08854

KAWA & JFORGE
www.tek-tools.com

Inteligencia artificial

Amzi!
www.amzi.com
913-425-8050
5861 Greentree Road
Lebanon, OH 45036

Internacionalización

Emule
Slangsoft
www.slangsoft.com

II8n Expeditor
OneRealm
www.onerealm.com
303-247-1284

Internet

WebLogic
BEA
www.beasys.com

HOW
Riverton Software Corp.
www.riverton.com
781-229-0070
1 New England Executive Park
Burlington, MA 01803

SynerJ
Forte'
www.forte.com
800-903-6783

JumpStart
The Theory Center
www.theorycenter.com
888-843-6791
1 Winthrop Square
Boston, MA 02110

Java Beans y Java Beans de empresa (EJB)

alphaBeans Suites
IBM
www.ibm.com/developer
914-499-1900
New Orchard Rd.
Armonk, NY 10504

Flashline
www.flashline.com
800-259-1961

JFCSuite & JSuite
ProtoView
www.protoview.com
800-231-8588

Cool:Joe
Sterling Software
www.cooljoechallenge.com
214-981-1000
300 Crescent Ct., Suite 1200
Dallas, TX 75201

InLine Software Inc
www.inline.com

Cool Beans
The Theory Center
www.theorycenter.com
888-843-6791
1 Winthrop Square
Boston, MA 02110

JClass Enterprise Suite
KL Group
www.klgroup.com
416-594-1026
260 King Street East
Toronto, Ontario, Canada M5A 4L5

Jumping Beans
Ad Astra Engineering
www.JumpingBeans.com
408-738-4616

alphaBeans

IBM Corp.
Alphaworks.ibm.com/alphabeans
914-499-1900
New Orchard Rd.
Armonk, NY 10504

BeansDesigner

Streamgate Ltd.
www.probeans.com
+44-171-580-92-59
11 Conway St.
London W1P 5HD
United Kingdom

J-Adapter

ObjectSwitch Corp.
www.objectswitch.com
415-925-3460
900 Larkspur Landing Circle, Suite 270
Larkspur, CA 94939

Virtual Instrumentation Beans

ErgoTech Systems, Inc
www.ergotech.com
888-374-6832

IP*Works

www.dev-soft.com

Mapper

TOPLink

www.objectpeople.com

Máquinas virtuales de Java

Jeode for CE

Insignia Solutions
800-848-7677

Java

Sun Microsystems
java.sun.com

TowerJ
Tower Technology Corp
www.towerj.com
Houston, TX

Jeode
Insignia Solutions
www.insignia.com
800-848-7677

JVM for Windows
IBM
www.ibm.com/java
914-499-1900
New Orchard Rd.
Armonk, NY 10504

Ofuscadores y optimizadores

SourceGuard
4thpass
www.4thpass.com

DashO-Pro
Preemptive Solutions, Inc.
www.preemptive.com
800-996-4556

JCloak
Force5
www.Force5.com

Optimize It!
Intuitive Systems, Inc
www.optimizeit.com

JOVE
Instantiations
www.instantiations.com
800-808-3737
7618 SW Mohawk St.
Tualatin, OR 97062

Condensity
Plumb Design
www.plumbdesign.com
888-237-5862
636 Broadway #1202
New York, NY 10012

Mako

Blue Lobster Software
www.bluelobster
408-371-5300
2005 Hamilton Ave., Suite 270
San Jose, CA 95126

Procesador de textos en Java

Jword

SIC Corporation
www.sic21.com

J-Spell

Wall Street Wise Software
www.wallstreetwise.com/jspell.html
P.O. Box 852
New York, NY 10268

Realización de sistemas de ayuda

JavaHelp

Blue Sky Software
www.bluesky.com
800-559-4423

Reconocimiento de voz

SpeechKit

Chant, Inc.
222.chant.net
310-3410-9895
8820 S. Sepulveda Blvd., Suite 204
Los Angeles, CA 90045

Seguridad

RSA Security

www.rsasecurity.com/go/jumpstart
800-782-5453

Soteria
Aurora Enterprise Solutions
www.aurorasim.com
703-391-9534
12310 Pinecrest Rd., Suite 200
Reston, VA 20191-1636

HiT SSL Server
HiT Software, Inc.
www.hit.com
408-345-4001
4020 Moorpark Ave., Suite 100
San Jose, CA 95117

Servidores y servlets

TomCat
Apache Software Foundation
www.jakarta.apache.org

ProSyst
www.prosyst.com
678-366-5075

ServeletExec
New Atlanta
www.ServeletExec.com

WebSphere Application Server
IBM
www.ibm.com/software/soul/websphere
914-499-1900
New Orchard Rd.
Armonk, NY 10504

ServletExec
New Atlanta
www.newatlanta.com

SilverStream Enterprise Applications.Server
SilverStream Software

PowerTier
Persistence PowerTier
www.persistence.com

IServer

Servertec
www.servertec.com
210-998-1048
18 Oakwood Ave.
Kearny, NJ 07032

SITEFORUM

SFS Software
www.sfs-software.com
+49-172-471-4485
Wolff Strasse 6
99099 Erfurf Germany

Progress Apptivity

Progress Software Corp.
www.progress.com
800-471-6473
14 Oak Park
Bedford, MA 01730

ServeletExec

New Atlanta Communications, LLC
www.newatlanta.com

Voyager Application Server

ObjectSpace, Inc.
www.objectspace.com
800-625-3281
14850 Quorum Dr., Suite 500
Dallas, TX 75240

Sistemas de mensajería

FioranoMQ4

Fiorano, Inc.
www.fiorano.com
408-354-3210
718 University Avenue, Suite 212
Los Gatos, CA 95032

iBus Connection

SoftWired
www.softwired-inc.com/ibus

Java Message Queue

Sun Microsystems
www.sun.com

ebox
Espial
www.espial.com

SonicMQ
Progress Software Corp.
www.progress.com
800-471-6473
14 Oak Park
Bedford, MA 01730

BambooPipe
InetSoft Technology Corp.
www.inetsoftcorp.com
732-235-0137
559 Buckingham Drive
Piscataway, NJ 08854

XML

Bolero
Software AG, Inc.
www.softwareag.com/bolero
925-472-4900
1990 N. California Blvd. Suite 950
Walnut Creek, CA 94595

Enhydra
Lutris Technologies
www.revolution.lutris.com

Breeze Commerce Studio
VSI
www.vsi.com/breeze
800-556-4874

eXcelon
Object Design, Inc.
www.objectdesign.com/javelin
800-962-9620
25 Mall Road
Burlington MA 01803-4194

XwingML
Bluestone Software
www.bluestone.com
888-258-3786
1000 Briggs Rd.
Mount Laurel, NJ 08054

Recursos de Java

Podrá observar que los diversos recursos están enumerados en orden alfabético. Si no aparece su recurso favorito, o encuentra un error tipográfico, por favor acepte mis disculpas.

Cursillos

Absolute Software Co., Inc
www.abssw.com
760-929-0612
5620 Paseo Del Norte #127
Carlsbad, CA 92008-4444

AvantSoft, Inc.
www.avantsoft.com
408-530-8705

Digital Frontier
www.yourpace.com
800-765-9270
Box 561
Brookline, MA 02146

Dunn Systems, Inc.
www.dunnsys.com
800-468-3866

GemStone
www.gemstone.com

Kenetiks, Inc.
www.kenetiks.com
888-536-3845

Knowledge Exchange, Inc.
www.joineel.com
212-742-2225
55 Broad Stret, 7th Fl.
New York, NY 10004

Number Six Software, Inc
www.numbersix.com
202-625-4364
1101 30th Street, NW, Suite 500
Washington, DC 20007-3700

Object Mentor, Inc.
Objectmentor.com
800-338-6716

Pillar Technology Group, Inc
www.knowledgeable.com
248-357-2021

Sysnetics, Inc.
www.sysnetics.com
800-270-6099
150 153rd Ave., Suite 3008
Madeira Beach, FL 33700

The Middleware Company
www.middleware-company.com/ejb

The Object People
www.objectpeople.com
613-569-8855
99 Bank Street, Suite 1300
Ottawa, ON Canada K1P5A3

Valtech
www.valtech.com
972-789-1200
5080 Suite 1010 West
Dallas, TX 75001

Wirfs-Brock Associates
wirfs-brock.com
888-927-1700

Libros

Si desea encontrar casi todos los libros de Java que están disponibles, la mejor fuente de información y los precios están en Internet, en un solo nodo de Web:

http://www.evenbetter.com

No se pueden comprar libros en el nodo de Web de EvenBetter. En su lugar, el nodo de Web busca en varios nodos en los que se pueden comprar los libros. A continuación se proporcionan los precios y los tiempos de envío. Cuando se selecciona una opción, se va al nodo de Web del suministrador.

Cuando encuentre un título interesante, el nodo de Web de EvenBetter enumerará varios sitios en los que podrá comprar el libro con descuentos excelentes, o pagar un extra por hacer que se lo envíen por la noche.

Debe comprobar preparativos finales. Prometían la entrega en un día de un libro que yo quería inmediatamente para conocer XSL. ¡Perfecto! Eso cumplía la información que un vendedor había dado a EvenBetter. Pero mirando en las explicaciones del nodo de Web del suministrador, la entrega de un día se producía después de un retraso de siete días hasta que saliera de su propio almacén. Terminé consiguiéndolo en dos días en Amazon, a un precio mucho mejor.

Newsgroups (Grupos de noticias)

Dudé antes de incluir esta categoría, porque las guerras dialécticas que se libran en ellos hacen perder mucho tiempo. Sin embargo, la mayor parte de la información que florece a su alrededor es muy valiosa.

alt.www.hotjava	comp.lang.java.help
comp.lang.java	comp.lang.java.machine
comp.lang.java.advocacy	comp.lang.java.misc
comp.lang.java.announce	comp.lang.java.programmer
comp.lang.java.api	comp.lang.java.security
comp.lang.java.beans	comp.lang.java.setup
comp.lang.java.databases	comp.lang.java.softwaretools
comp.lang.java.gui	comp.lang.java.tech

Nodos de Web

http://babylontown.softseek.com	http://www.apache.org
http://café.symantec.com	http://www.bluestone.com
http://cirrus.sprl.umich.edu/javaweather	http://www.cetus-links.org

http://debuggingjava.com	http://www.davecentral.com/java.html
http://developer.javasoft.com/developer/early/Access/jdk12/idltojava.htm	http://www.developer.com/directories/pages/dir.java.html
http://developer.netscape.com/library/documentation/javalist.html	http://www.developer.java.sun.com/developer/index.html
http://info.fuw.edu.pl/multimedia.html	http://www.enhydra.org
http://java.miningco.com	http://www.freecode.com
http://java.miningco.com/msubbsrc.htm	http://www.gamelan.com
http://java.sun.com	http://www.homeideas.com/applets
http://java.sun.com/beans	http://www.ibm.com/java/jcentral/basic-search.html
http://java.sun.com/beans/software/bdk_download.html	http://www.ibm.com/java/jdk/jdkfaq
http://java.sun.com/docs/books/tutorial	http://www.imprise.com/appserver
http://java.sun.com/docs/books/tutorial/servlets/TOC.html	http://www.inside-java.com
http://java.sun.com/jde	http://www.internethelpers.com/java
http://java.sun.com/products/ejb	http://www.io.org/-mentor/
http://java.sun.com/products/java-media/2D	http://www.jars.com
http://java.sun.com/products/java-media-jmf	http://www.javacats.com
http://java.sun.com/products/jdbc/jdbc.drivers.html	http://www.javadevelopersjournal.com/java
http://java.sun.com/products/jdk.rmi	http://www.javalobby.org
http://java.sun.com/products/jdk/1.2	http://www.javashareware.com
http://java.sun.com/products/jdk/idl/index.html	http://www.javasoft.com
http://java.sun.com/products/jfc/jaccess-1.2/doc	http://www.javasp.com
http://java.sun.com/products/jfc/swingdoc-current	http://www.microsoft.com/java
http://java.sun.com/products/jfc/tac	http://www.netcraft.com
http://java.sun.com/products/servelet/index.html	http://www.netdynamics.com
http://javaboutique.internet.com	http://www.omg.org
http://jcentral.alphaworks.ibm.com/Internet/power.htm	http://www.oracle.com/asd/oas/oas.html
http://k2.scl.cwru.edu/-gaunt/java/java-faq.html	http://www.sigs.com

http://ncc.hursley.ibm.com/javainfo/ hurindex.html	http://www.silverstream.com
http://sunsite.unc.edu/javafaq/javafaq.html	ttp://www.software.ibm.com/webservers/ appserv
http://sunsite.unc.edu/pub/multimedia	http://www.sun.com/software/jwebserver/ index.html
http://weblogic/beasys.com	http://www.sybase.com/products/ application_servers
http://world.std.com/%7Emmedia/ lviewp.html	http://www.teamjava.com
http://www.afu.com/javafaq.html	http://www.weblications.net

javaGripes

Revistas

Dr. Dobb's Journal
Suscripciones: 800-456-1215
www.ddj.com
400 Borel Avenue, Suite 100
San Mateo, CA94402-3522

Java Developer's Journal
Suscripciones: 800-513-7111
Oficina de la editorial:
914-735-7300
39 E. Central Avenue
Pearl River, NY 10965

JavaPro
www.java-pro.com
Suscripciones: 303-945-5282
P.O. Box 54584
Boulder, CO 80322-4584
Oficina de la editorial:
650-833-7100

Fawcett Technical Publications
209 Hamilton Avenue
Palo Alto, CA 94301-2500

Java Report
www.javareport.com
Suscripciones: 800-361-1279
Oficina de la editorial: 1250 Broadway, 19th Floor
New York, NY 10001
212-268-7766

JBuilder Developer's Journal
Suscripciones: 800-513-7111
Oficina de la editorial:
914-735-7300
39 E. Central Avenue
Pearl River, NY 10965

Revistas electrónicas

Java World
http://www.javaworld.com

Javology
http://www.javology.com/javology

Las veinticuatro leyes de la programación

1. Los errores fatales nunca están permitidos

¡Esta es la regla básica! El usuario es la única persona a la que se le permite parar un programa. Si está a punto de producirse un error fatal, debe capturar el error, informar al usuario, permitirle que haga todo lo que sea necesario para guardar otros datos y dejarle que pulse el botón de finalización para matar el programa. Esto significa que al sistema operativo no se le permita nunca dar al usuario un mensaje de error, porque los mensajes del sistema operativo son casi siempre fatales.

2. Escriba en este orden: manual de usuario, especificaciones, ayuda, código fuente

Con este proceso en vigor, tendrá un bonito conjunto de especificaciones en el momento de empezar el diseño. Implique a sus usuarios en la escritura del manual de usuario. Cumplirá con los plazos con más seguridad y los usuarios estarán encantados con que su diseño cumpla lo que querían desde el principio.

Puede incluir otra cosa, como la documentación técnica, cuando lo desee, pero el manual de usuario, las especificaciones, la ayuda y el código fuente se deben escribir en ese orden.

3. A no ser que utilice el Análisis del factor de riesgo (RFA), un programa tarda el doble en desarrollarse de lo que piensa, recursivamente

Sí, recursivamente. Si dobla la estimación de tiempo del proyecto para tener en cuenta la investigación, seguirá quedando desagradablemente sorprendido.

La dificultad que resuelve el RFA es el tiempo de investigación. Todos los programadores subestiman lo que va a tardar la investigación. Rara vez tenemos el lujo de saber cómo hacerlo todo en el proyecto. Por tanto, ¡a menudo debemos estimar lo que vamos a tardar en hacer algo que ni siquiera sabemos cómo se hace! El RFA proporciona un apoyo en el momento de la investigación.

4. La codificación no debería abarcar más del 20 por 100 del esfuerzo de desarrollo

Si prepara un gran diseño, el despliegue real del código puede suponer sólo un 10 por 100 del desarrollo. Cuando se vea dedicando más del 20 por 100 al proceso de codificación, casi siempre podrá culpar de la dificultad a un diseño inicial pobre.

5. Las pruebas deberían abarcar al menos el 30 por 100 del proyecto

Cuando realice la estimación de su proyecto, asegúrese de añadir el 30 por 100 para pruebas. Incluso si utiliza las pruebas automáticas, y debiera hacerlo, debe dedicar el 30 por 100 a la fase de pruebas. Las pruebas automatizadas simplemente permiten probar de forma más exhaustiva, pero no en su totalidad. Si dedica menos del 30 por 100 de tiempo, habitualmente se deberá a la presión por la finalización de un plazo, que provoca errores y conduce a una documentación penosa.

6. Los comentarios deberían abarcar al menos el 20 por 100 del código fuente

El mantenimiento consumirá la mitad de la vida de un programa, tanto si es para corregir problemas como si es para añadir mejoras. Simplifique la ampliación documentando todas las declaraciones de variable. Cualquier método no trivial debería indicar su objetivo, a no ser que el nombre del método sea suficiente. Los comentarios deberían enumerar también el autor, la fecha de la versión y quizá, aunque falta a menudo, la historia de las modificaciones.

Piense en poner una gran parte de sus comentarios en el formato de Javadoc, de forma que Javadoc pueda ahorrarle mucha escritura.

7. Un mensaje de error debe indicar lo que ha sucedido, qué puede hacer el usuario al respecto, qué hará el programa a continuación y qué línea de código ha provocado el problema. Puede indicar también la hora, el nombre de usuario y el entorno

Lo que habitualmente se considera un mensaje de error va generalmente en el título del mensaje de error. Dele al pobre usuario una oportunidad de quererle en vez de odiarle.

8. Los programas buenos envían automáticamente mensajes de error recientes a medios permanentes

Registre los mensajes en una cola circular, de forma que éstos no consuman el disco. Utilice texto ASCII entre comillas, delimitado por comas, de forma que cualquier editor o procesador de textos pueda leerlo.

Realice los preparativos para que el usuario sea capaz de enviarle los mensajes, pulsando un botón si es posible.

9. ¿Llama a una rutina tres veces? Ocúltela. ¿La llama una vez? No la oculte

Nunca oculte una rutina que solamente utilice una vez. Insértela dentro del código fuente. Sin embargo, si utiliza una rutina varias veces, conviértala en un método, dele un nombre descriptivo y llámela.

10. Las rutinas necesitan exactamente una entrada y una salida. Las excepciones son los menús y capturadores de error

Ninguno de los autores de la *Programación estructurada* apoyan la ausencia de las sentencias **goto**. En cambio, exigen entradas únicas en las rutinas. Sólo permitían tener múltiples salidas para casos excepcionales, como los menús y capturadores de error.

Java maneja estas excepciones de forma tan elegante que no se necesita la palabra clave **goto**.

11. Documente el código con nombres claros para las variables y rutinas

La mejor documentación de todas no son los comentarios, sino el nombre que le de a las variables, métodos, clases y paquetes. Es bueno seguir una serie de convenciones. La convención de nombres del húngaro puede ser impopular para algunos programadores de Java, pero ayuda a mantener los tipos de variable en orden. Además, ayuda a los programadores de mantenimiento con su mitad del ciclo de vida del programa.

12. *Las bases de datos deberían ser relacionales*

Los archivos pequeños, y el archivo que registra los mensajes de error, pueden ser archivos secuenciales de texto. Sin embargo, si piensa utilizar gran cantidad de datos, tómese el tiempo de diseñar una base de datos relacional para las tablas. Por lo general se ahorrará tiempo de desarrollo, consumirá menos espacio en disco y mejorará el rendimiento.

Los mayores ahorros se producen en el momento de las mejoras, especialmente si debe pasar de archivos de texto a un sistema relacional. Eso supone habitualmente tener que recodificar el programa completo.

13. *Utilice siempre el mejor algoritmo*

Debe definir "mejor" en base al rendimiento, la utilización del disco, de la CPU, del espacio ocupado, etc. Sin embargo, el rango que va desde peor a mejor puede ser de miles a uno.

14. *Optimice primero las rutinas más lentas. Utilice un analizador para identificarlas*

Esta es una cuestión de concentrar su energía en donde va a ser más útil. Tiene poco sentido reducir a la mitad una rutina de 1 segundo, cuando con el mismo esfuerzo puede reducir a la mitad una rutina de 100 segundos.

15. *El mejor lenguaje es habitualmente el que tenga el tiempo de desarrollo más breve*

Hay una condición importante aquí. Si está mejorando un programa, tienda a utilizar el lenguaje original porque tiene ventajas de tiempo importantes. Sin embargo, el tiempo en llegar al mercado es habitualmente un factor enorme en la decisión de dar o no fondos para el proyecto, y eso implica elegir el lenguaje que tenga el tiempo de desarrollo más breve, incluso si es un lenguaje nuevo.

Si desea convertir VB o VBA en Java, recuerde que existen los programas Applet Designer (Diseñador de applets) y Access97 Converter (Convertidor de Access 97).

Si desarrolla un programa para más de una plataforma, tendrá un fuerte incentivo por elegir Java.

16. *Exija la firma del cliente*

¿Se compraría una casa sin un contrato? ¿Compraría un coche usado de ese modo? Entonces, ¿por qué comprometer la creación de un programa informático que cuesta tanto como eso, o más, sin una comprensión firme de lo que es necesario hacer? Después de todo, los contratos son únicamente herramientas que finalizan y articulan la comprensión. No son papeles escritos en preparación de una demanda. El contrato dice lo que usted y su usuario harán, y ambos podrán recurrir a él posteriormente.

17. *Programe primero los módulos más arriesgados*

Hacerlo permite que reciba primero las malas noticias, cuando cuesta menos hacer cambios.

18. *Haga que el mantenimiento sencillo sea la luz que le guíe*

Vaya más allá que un gran conjunto de comentarios. Utilice algoritmos simples y claros. Cuando tenga procesos complejos, utilice muchas variables temporales con nombres bien asignados de forma que pueda comentar los pasos sobre la marcha. Dichas variables ayudan también al programador de mantenimiento a inspeccionar valores intermedios, buscando dónde se han desviado las cosas.

19. *Firme y compruebe todo lo que escriba*

Esté orgulloso de lo que hace, lo suficiente para firmarlo con su nombre. Confíe en que alguien le llame algún día y le felicite por el buen trabajo que hizo con un programa. Esa es una de las mejores sensaciones del mundo.

20. *No escriba ningún programa que pueda replicar con una pila de tarjetas de 3 x 5 pulgadas*

Hay algunas cosas que no se deben programar nunca. Por ejemplo, puede coger el teléfono y marcar un número en unos dos segundos. Si tiene una computadora que lo haga por usted, tiene que encenderla, cargar un programa, introducir un número y pulsar un botón del ratón. Claro está, si es un vendedor telefónico, una computadora es una ventaja maravillosa.

Una pila de tarjetas de 3 x 5 es al menos una tabla de una base de datos. Ordenar la pila es un método. Buscar la dirección de Jane en la pila es otro método. Tiene entrada, salida y almacenamiento. Combinado con su mente, la pila es una computadora manual, y muy eficiente. Su tamaño es aproximadamente lo más pequeño que debe llegar a automatizar con silicio.

21. Sepa cuándo se ha terminado algo

El incremento de las especificaciones es la perdición de los proyectos. Evítelo. Rechácelo. Páselo a la fase siguiente para poder llegar a un lugar de parada seguro y exclamar con alivio, "¡Se ha terminado este proyecto!" Entonces, hágase una taza de café, entregue el proyecto y empiece a discutir las mejoras.

22. Ninguna lista está completa nunca

¡Y no es una broma!

23. La dificultad no está donde está mirando

Si lo estuviera, ya la habría encontrado.

24. Las reglas y las leyes existen para que la gente no tenga que pensar

...al menos no tanto.

APÉNDICE **D**

Glosario de Java

Este glosario contiene términos utilizados en este libro, pero ciertamente no es exhaustivo.

ActiveX.   Anteriormente, VBX, y después, OCX. Es un conjunto de tecnologías de Microsoft que se basa en el Modelo Común de Objeto (COM, Common Object Model). Estas tecnologías son el medio que utilizan las aplicaciones de Microsoft para las comunicaciones y la automatización.

Ámbito.   Análogo al campo de visión de un telescopio. El área de un programa en la cual existe una variable. Una variable no se puede utilizar fuera de su ámbito, que es el bloque en el que ha sido creada.

Anidamiento.   Incluir cosas dentro de cosas similares. Por ejemplo, los bucles anidados son bucles contenidos en bucles.

API.   Consulte Interfaz de programación de aplicaciones.

Archivo de Java (JAR).   Un grupo de archivos comprimido. Lo que resulta interesante es que Java puede acceder a estos archivos sin que el usuario tenga que descomprimirlos, porque Java maneja la descompresión de forma selectiva y automática.

Argumento.   Un parámetro variable o constante que se pasa a un método y por el cual se llama a ese mismo método.

Array.   Un grupo indexado de variables con un nombre común.

ASCII.   El comité de estándares que definió cómo se implementa el texto de 8 bits.

Atómico.   No divisible, como se pensó una vez que eran los átomos. En Java, dos hilos no pueden entrar en una sección atómica de código a la vez.

AWT.   Consulte Equipo de herramientas abstractas de ventana.

BDK.   Consulte Beans.

357

Bean.   Un fragmento de software reutilizable que se puede manipular visualmente en una herramienta de creación. Los beans comprenden propiedades y eventos específicos, y aunque su funcionamiento interno está oculto, estas propiedades y eventos se pueden hacer públicos.

Beans.   Equipo de herramientas de desarrollo de beans (BDK, Beans Development Kit). De Sun, un equipo de herramientas que ayuda a los desarrolladores a crear beans reutilizables.

Biblioteca de clases.   Un grupo de **clases** que son código reutilizable útil para que los programadores creen aplicaciones. También se les llama **paquetes**.

Bloque.   Un fragmento de código fuente que comienza con una llave { y termina con otra }.

Booleana.   Una variable que puede tener únicamente los valores **true** o **false**.

break.   Una palabra clave de Java que indica que el control del programa se debe transferir a la sentencia que sigue al bucle más interno o sentencia switch que encierra a break.

Búfer.   Un área de memoria de acceso aleatorio (RAM) u otro almacenamiento que contendrá información. El búfer de copiar y pegar de Windows es un ejemplo.

Búfer de copiar y pegar.   Un lugar en RAM que el sistema operativo (como Windows) reserva para el almacenamiento de datos variados. Se copia algo en el búfer, se navega a otro programa u otra parte del actual, y se pega esa entidad desde el búfer en el nuevo programa. Este búfer sirve como una forma de traductor universal, porque puede albergar muchos tipos de datos.

Caja negra.   Un tipo de prueba del software en el cual no se sabe nada acerca del funcionamiento interno de un proceso, excepto cómo se supone que se procesan los datos. Se introducen entradas específicas en el proceso de caja negra y se esperan unas salidas específicas.

case.   Una parte esencial de cualquier sentencia switch no trivial. Las cláusulas case contienen valores que switch compara con una variable externa antes de elegir la cláusula case que debería ejecutar cuando coincidan.

Clase.   Un tipo de objeto Java.

Clase de base.   La superclase a partir de la cual otras clases heredan miembros.

Clase padre.   Superclase.

Cliente.   Un programa que se apoya en una computadora servidor, o posiblemente un programa servidor en la computadora cliente, para otros servicios. Habitualmente, los servidores contendrán datos o realizarán servicios como la impresión, y los clientes contendrán los programas fundamentales que necesitan los datos o el servicio.

Código de byte.   Código Java compilado que se puede portar a cualquier Máquina Virtual de Java (JVM, Java Virtual Machine).

Comentario de documentación. Un tipo especial de comentario introducido mediante /** y terminado con */, que la utilidad Javadoc puede comprender cuando documenta un programa Java.

Compilador "justo a tiempo" (JIT, Just-In-Time). Un compilador que verifica los códigos de bytes y los convierte en instrucciones nativas de la CPU antes de su ejecución. Dichos compiladores aceleran los programas Java por un factor de hasta 20.

Compilador. En Java, un programa de computadora que lee el código fuente y crea un nuevo archivo que contiene códigos de byte, que puede ser leído por la Máquina Virtual de Java de cualquier computadora. Los compiladores de otros lenguajes generan "código objeto," que, después de un procesamiento posterior, se convierten en bits de código máquina que el hardware puede comprender.

Concatenar. Para unir cadenas, como las cadenas de caracteres en Java.

Condicional. Una expresión booleana que genera como resultado un valor que puede ser true o false.

Conectividad a base de datos de Java (JDBC, Java Database Connectivity). El sistema de programas que implementa las conexiones con bases de datos relacionales.

Constructor. Un método que crea una instancia de una clase.

continue. La sentencia Java que le indica al programa que salte al punto que sigue a la última sentencia del bucle que contiene la sentencia continue.

Conversión de tipos. Obligar que un tipo de datos se convierta en otro, tanto si se pierden bits de datos como si no.

Creación de instancias. El proceso de crear una clase de acuerdo a su patrón.

default. Una parte opcional, pero importante de una construcción switch que le indica al programa qué acción a tomar si ninguna de las sentencias case coincide con el valor pasado en el switch.

Deprecated (anticuados). Un estado que se le da a los métodos de Java que han sido sustituidos por métodos más nuevos, por cualquier razón. Estos métodos anticuados son admitidos habitualmente por los JDK más modernos, pero se pueden descartar. Deben ser sustituidos por sus primos más modernos.

Depurador. Un programa que ayuda en la búsqueda de errores. El SDK de Java contiene un buen depurador y se estudian en detalle herramientas de depuración más poderosas en este libro.

Desarrollo rápido de aplicaciones (RAD, Rapid Application Development). Un método de desarrollo de programas caracterizado por permitir a un programador manejar todos los aspectos del desarrollo posibles.

do. La primera sentencia de un tipo de bucle.

else. Una cláusula opcional en una construcción if que se ejecuta cuando la condición es false.

Entorno de desarrollo integrado (IDE, Integrated Development Environment). Se puede utilizar un editor para escribir cualquier programa en Java, pero un IDE proporciona miles de herramientas para que la programación sea más simple, rápida, con menos errores y más aprovechable. Un IDE proporciona una forma gráfica de escribir la mayor parte del programa, arrastrando los controles en un marco, estableciendo sus propiedades y generando el IDE resguardos de método (el esqueleto del método sin su funcionalidad).

Equipo de herramientas abstractas de ventana (AWT, Abstract Window Toolkit). El conjunto de clases que se utilizan para implementar interfaces gráficas de usuario independientes de la plataforma.

Equipo de herramientas de desarrollo de Java (JDK, Java Development Kit). Los programas que permiten escribir código en Java, probarlo, compilarlo y ejecutarlo.

Esqueleto.   Un método pequeño que no tiene nada o muy poco en su cuerpo, de forma que puede tomar con rapidez el lugar de un método completo del mismo nombre. Un esqueleto permite realizar llamadas a programa a algo que existe, sin generar un error de llamada. Los esqueletos se sustituyen por los métodos completos al avanzar el desarrollo.

Estado.   Análogo a la palabra "está". El estado de un programa consta de todo lo contenido en la computadora física que define el programa en un momento dado.

Evento.   Un componente de un objeto Java que se activa cuando sucede algo. Unos eventos que se utilizan habitualmente son pulsar y activar.

Excepción.   Una condición anormal. También, una excepción es un mensaje de una parte del programa a otra que indica que se ha producido algo anormal.

Expresión.   Un grupo de variables y operadores que se evalúan como dato, por ejemplo, true, 12.0 u "¡Hola, Mundo!".

Fábrica.   Un patrón para la creación de instancias de clase que no necesita un constructor.

Finalizador.   Un método llamado inmediatamente antes de que se recoja como basura una clase.

finally.   Un miembro de la metodología de try para la captura de errores. Cualquier código del bloque finally se ejecutará, independientemente de si un bloque catch captura o no una excepción.

Firma.   Una descripción única de un método, incluyendo el nombre, argumentos y tipo devuelto. Cuando se suplanta un método heredado por otro del mismo nombre, se debe cambiar la firma de algún modo, lo que significa cambiar la lista de argumentos o el tipo devuelto.

Flujo.   Una secuencia de bytes que fluyen entrando o saliendo de un programa.

for.   La primera sentencia de un tipo de bucle.

Fuente.   El código Java en bruto antes de ser compilado. El código fuente es un archivo de texto en casi todos los lenguajes.

Herencia.   La capacidad que tiene una clase de ampliar la definición de su super-clase padre. Por defecto, la clase hereda las variables y métodos del padre, pero puede anular dichas funciones o variables.

Herencia múltiple.   Java no implementa esto directamente, pero se pueden conseguir los mismos resultados. Es la capacidad que tiene una clase de heredar métodos y variables de más de una clase.

Hilo.   Un flujo único de control dentro de un programa. Se puede considerar que un hilo es autónomo, porque actúa sin preocuparse de otros hilos. Un hilo puede entrar en una operación, como una asignación, o un bloque de código synchronized, que impida que otros hilos entren hasta que salga el primer hilo.

IDE.   Consulte Entorno de desarrollo integrado

Identificador.   Un nombre para una clase, método o variable.

if.   La primera palabra de una construcción que sigue una de entre dos ramas posibles, dependiendo de si el condicional (que sigue inmediatamente al if) se evalúa como true o como false.

Instancia.   Un objeto que ha sido declarado, frente a un patrón de un objeto que todavía no ha sido declarado.

Interfaz de programación de aplicaciones (API, Application Programming Interface).   Las bibliotecas, clases, métodos y funciones que permiten al desarrollador escribir aplicaciones a un nivel superior del que podrían sin ella.

Interfaz Gráfica de Usuario (GUI, Graphical User Interface).   Una forma sencilla de que los usuarios controlen sus computadoras, habitualmente mediante la utilización de dispositivos gráficos y punteros, además de otros dispositivos.

Intérprete.   Un programa que lee el código fuente y ejecuta cada orden, línea a línea. Los intérpretes son más lentos que los compiladores, porque estos pueden optimizar los programas mucho mejor que los intérpretes.

JavaBeans.   Conjuntos de objetos Java que se pueden reutilizar y enlazar con objetos de otros lenguajes.

JavaScript.   Un lenguaje diferente que comparte las cuatro primeras letras de su nombre con Java. JavaScript comparte muchas otras características con Java, pero realmente es un lenguaje diferente.

Lenguaje de Marcas Hipertextual (HTML, HyperText Markup Language).   El lenguaje de computadora en el que se escriben los documentos de Web. Un lenguaje que puede contener applets de Java integradas.

Máquina Virtual de Java (JVM, Java Virtual Machine).   Un programa de computadora que para los códigos de bytes de Java es como una computadora física capaz de interpretar dichos códigos de bytes. La JVM interpreta los códigos de bytes, ejecutándolos como código máquina en la computadora host física.

Método. La parte de una clase que actúa. Similar a un verbo. Una función miembro.

Modificador. Una entidad que cambia clases, métodos y variables. Es análogo a un adjetivo o un adverbio.

Multihilo. Permitir que se ejecute en un programa más de una tarea independiente.

null. Un valor que significa que no hay ningún objeto. Es totalmente diferente de un cero.

Objeto. Una analogía software con un sustantivo. Los objetos tienen características y comportamientos. Una analogía común es un perro (objeto) que puede ladrar (método) y tiene un ladrido (propiedad). Observe que tener el ladrido y ladrar son dos cosas diferentes.

Paquete. Una colección de clases relacionadas.

Pila. Una estructura de datos que utiliza el procesamiento tipo "último en entrar, primero en salir". Con recursividad, se pone una instancia de un método en una pila cada vez que se le llama. Cuando es el momento de volver de la recursión, la última instancia del método que se puso en la pila emerge y se ejecuta hasta su terminación. A continuación, la siguiente instancia del método hace lo mismo, etc.

Polimorfismo. La capacidad de un objeto de operar con muchos tipos diferentes.

Primitiva. Un tipo de datos, como el int, que no es un objeto. Observe que String no es una primitiva.

Programación Orientada a Objetos (OOP, Object-Oriented Programming). Una metodología software que se centra en los objetos y sus relaciones en forma de programas más pequeños y sencillos de entender.

Propiedad. Un atributo de un control, como un marco. Las propiedades son cosas como los colores, los títulos y los tamaños.

Protocolo de Transferencia de Hipertexto (HTTP, HyperText Transfer Protocol). El conjunto de reglas de computadora que gobiernan los documentos de la Web y cómo se construyen y procesan.

Proveedor de Servicios de Internet (ISP, Internet Service Provider). Una compañía que proporciona los equipos que permiten a los usuarios conectar sus computadoras a Internet.

Recogida de basuras. El proceso de liberar bloques de memoria no utilizados para su reutilización. Java automatiza este proceso, pero no perfectamente, lo que puede provocar fugas de memoria.

Recursividad. El proceso que utiliza un método para llamarse a sí mismo, pero que realmente es una copia exacta de sí mismo. La recursividad simplifica muchos tipos de ordenación, búsquedas y el trabajo con árboles binarios, además de algoritmos como las series, que tienen aspectos repetibles. La mayoría de los bucles se pueden resolver de forma recursiva, generando un código más simple pero que es más difícil de comprender en profundidad. La mayoría de los algoritmos recursivos se pueden resolver de forma iterativa, pero esto supone habitualmente tener que escribir programas realmente largos. La recursividad, como los bucles, puede ser infinita, pero la recursividad infinita consume habitualmente toda la RAM disponible.

Sección crítica.   Un conjunto de sentencias que es atómico o indivisible. Cuando un hilo está en una sección crítica, todos los otros hilos no pueden entrar en ella.

Sentencia.   Una línea de código.

Sentencia condicional.   Una sentencia Java que utiliza el resultado de una condicional para decidir si realiza un proceso u otro.

Servlet.   Un pequeño programa de extremo de servidor similar a una applet, pero que se ejecuta en un servidor.

Sobrecarga.   Tener múltiples utilidades. Por ejemplo, el signo + está sobrecargado, porque puede significar suma además de concatenación.

Socket.   Un fragmento de software que conecta una red a la aplicación.

Superclase.   Una clase de la cual otras clases heredan sus atributos.

Swing.   Clases en Java que se pueden ampliar bajo la interfaz gráfica de usuario del Equipo de herramientas abstractas de ventana (AWT). Las clases de Swing, en general, no están protegidas frente a fallos en los hilos.

switch.   Un tipo de if múltiple. Mientras que una sentencia if única considera una condición booleana que sólo puede tener dos posibles valores, una sentencia switch considera una expresión que puede tener muchos valores. Cada valor es manejado habitualmente por una sentencia case.

Tipo de datos.   El tipo de datos almacenados en una variable, como un int, un char o un String.

Unicode.   El conjunto internacional de caracteres de 16 bits, bastante análogo al conjunto ASCII de 8 bits, pero mucho más amplio. Unicode permite la utilización de los pictogramas del chino, por ejemplo.

Variable de clase.   Una variable privada de una clase a la que solamente la clase puede acceder.

Variable de instancia.   Una variable privada contenida en una clase. Observe que cuando se crea una nueva instancia de una clase, tiene variables del mismo nombre, pero son copias de las variables de instancia contenidas en las otras clases. Ninguna clase puede acceder a las variables de instancia que pertenecen a otras clases.

Volcar.   Escribir cualquier dato de salida que permanece en un búfer de salida en el objeto de salida. El volcado se realiza habitualmente justo antes de cerrar un archivo o flujo de forma que no se pierdan datos.

Macros de Word

El Capítulo 5 contiene varios consejos de personalización para convertir un procesador de textos ordinario en un editor bueno de Java. Parte de ese proceso implica programar el procesador de textos con macros, como éstas.

Bookmark y GoTo

Este cuarteto de macros le ayudan a navegar dentro de un documento de Word, tanto si es un programa de Java como si no. Estas macros se implementan mejor con cuatro botones de barra de herramientas, como se indica en el Capítulo 5.

Supongamos que estamos escribiendo una rutina de salida que es similar a una rutina de entrada que ya hemos escrito. Quizá hemos identificado varios campos nuevos que es necesario poner en la rutina de entrada. Sería útil ser capaces de saltar adelante y atrás entre las rutinas de salida y de entrada, cortando, copiando y pegando.

Establezca un marcador (bookmark) "B" en la posición actual para poder volver a ella. Busque la zona anterior y establezca allí un marcador "A". Ahora puede copiar y pegar yendo adelante y atrás pulsando sobre un icono. Estas son las macros. El Capítulo 5 muestra cómo colocarlas en las barras de herramientas como iconos.

```
Sub BookMarkA()
'Objetivo:  Establecer un marcador llamado "A" en un documento, para
'           volver posteriormente.
'Versión:  1.0
'Autor:  Will D.Mitchell
'Historia de modificaciones:

    With ActiveDocument.Bookmarks
```

```
            .Add Range:=Selection.Range, Name:="A"
            .DefaultSorting = wdSortByName
            .ShowHidden = False
        End With

End Sub


Sub BookMarkB()
'Objetivo:  Establecer un marcador llamado "B" en un documento, para
'           volver posteriormente.
'Versión:  1.0
'Autor:    Will D.Mitchell
'Historia de modificaciones:

        With ActiveDocument.Bookmarks
            .Add Range:=Selection.Range, Name:="B"
            .DefaultSorting = wdSortByName
            .ShowHidden = False
        End With

End Sub


Sub GoToA()
'Objetivo: Volver a un marcador llamado "A" que ha establecido el lector.
'Versión:  1.0
'Autor:    Will D.Mitchell
'Historia de modificaciones:

        Selection.GoTo What:=wdGoToBookmark, Name:="A"
        With ActiveDocument.Bookmarks
            .DefaultSorting = wdSortByName
            .ShowHidden = False
        End With

End Sub


Sub GoToB()
'Objetivo:  Volver a un marcador llamado "B" que ha establecido el lector.
'Versión:  1.0
'Autor:    Will D.Mitchell
'Historia de modificaciones:

        Selection.GoTo What:=wdGoToBookmark, Name:="B"
        With ActiveDocument.Bookmarks
            .DefaultSorting = wdSortByName
            .ShowHidden = False
        End With

End Sub
```

Ocultar texto

Hay muchas razones para ocultar texto en un documento. Una es que se pueden incluir notas que después eliminaremos antes de su publicación. Podemos indicarle al procesador de textos que muestre u oculte el texto "oculto" en la pantalla de edición o en la impresora.

Si intenta grabar una macro para que funcione **RedHidden**, será considerablemente más larga que esta versión. La grabación intentará establecer el texto a varios estados predeterminados. Probablemente no desearemos que suceda esto, porque se podría cambiar el nombre y el tamaño de la fuente, el subrayado, la negrita, etc.

Si resalta algo de texto y ejecuta esta macro, el texto se pone en rojo y se oculta. Si desaparece, puede pulsar sobre "Herramientas | Opciones" y seleccionar la pestaña Ver, donde puede seleccionar el cuadro "Texto oculto". En la pestaña Imprimir, puede seleccionar si imprimir o no el texto oculto.

Si pulsa sobre esta macro y comienza a escribir, el procesador de textos pondrá lo que introduzca en color rojo y como texto oculto.

```
Sub RedHidden()
'Objetivo:  Establecer el texto a rojo y oculto, sin cambiar otros
'           atributos.
'Versión:  1.0
'Autor:   Will D. Mitchell
'Historia de modificaciones:

    With Selection.Font
        .Hidden = True
        .Color = wdColorRed
    End With

End Sub
```

Necesitamos una macro pareja que devuelva el texto oculto en rojo a su estado anterior. Por un motivo: si comienza a escribir texto oculto en rojo, debe ser capaz de comenzar a escribir texto normal más adelante. La macro siguiente asume que el color del estado anterior es "automático" y que el texto no estaba oculto. No cambia nada más.

Como hacía la macro **RedHidden**(), ésta establecerá cualquier texto resaltado al color automático y sin ocultar:

```
Sub NotRedHidden()
'Objetivo:  Hacer que el texto no sea rojo ni oculto, sin cambiar
'           otros atributos.
'Versión:  1.0
'Autor:   Will D. Mitchell
'Historia de modificaciones:

    With Selection.Font
        .Hidden = false
```

```
        .Color = wdColorAutomatic
    End With

End Sub
```

Una de las razones para ocultar el texto es que se puede eliminar todo antes de su publicación. Esta macro busca todo el texto oculto y lo borra. Puede guardar los resultados con un nombre de archivo diferente si lo desea.

```
Sub RemoveHidden()
'Objetivo:  Quitar todo el texto oculto.
'Versión:  1.0
'Autor:   Will D. Mitchell
'Historia de modificaciones:

'Asegurarse de que no interfiera algún formato previo.
    Selection.Find.ClearFormatting
    Selection.Find.Font.Hidden = True
    Selection.Find.Replacement.ClearFormatting
    With Selection.Find
        .Text = "^?"
        .Replacement.Text = ""
        .Forward = True
        .Wrap = wdFindContinue
        .Format = True
'No restringe lo encontrado a nada.
        .MatchCase = False
        .MatchWholeWord = False
        .MatchWildcards = False
        .MatchSoundsLike = False
        .MatchAllWordForms = False
    End With

'Sustituya todo el texto oculto por nada.
    Selection.Find.Execute Replace:=wdReplaceAll

    End Sub
```

Comentarios personales

Las letras "QQQ" rara vez se producen en los documentos. Cuando desee enviarse a sí mismo una nota, puede escribir estos caracteres seguidos de esa nota. Posteriormente, puede buscar la nota en función de su identificador de tres letras QQQ.

En Java, a la vez que escriba el código, a menudo se sentirá inspirado. Simplemente escriba /* **QQQ** con su nota, seguida de */. Hacerlo le permite permanecer en el modo de funcionamiento del cerebro derecho, mejorando su creatividad.

La macro siguiente simplifica en gran medida ese proceso:

```
Sub QQQ()
'Objetivo:  Insertar /* QQQ */ y desplazar cursor a justo antes del */.
'Versión:  1.1
'Autor:   Will D. Mitchell
'Historia de modificaciones: Añado un espacio después de QQQ y despla-
'                            zo el cursor 3 posiciones hacia atrás en
'                            vez de 2.
    Selection.TypeText Text:="/* QQQ  */"
    Selection.MoveLeft Unit:=wdCharacter, Count:=3
End Sub
```

Palabras clave en verde

Esta macro encuentra todas las palabras clave de Java y las pone en verde, incluso si están en cadenas o en comentarios. Hay que escribir bastante, pero el búfer de copiar y pegar lo simplifica.

```
'Objetivo:  Poner todas las palabras clave de Java en verde, tanto si
'           están en cadenas o comentarios como si no.
'Versión:  1.0
'Autor:   Will D. Mitchell
'Nota:     Esta macro se puede implementar con mucho menos código
'          utilizando un conjunto de datos pequeño y un bucle. Esta
'          versión se ejecuta mucho más rápido. Sin embargo, la razón
'          principal de no utilizar un conjunto de datos es que
'          tendría que acompañar a la macro externamente.
'Historia de modificaciones:

'No permitir que interfiera un formato previo.
    Selection.Find.ClearFormatting
    Selection.Find.Replacement.ClearFormatting
'Asignar el color verde al texto de sustitución.
    Selection.Find.Replacement.Font.Color = wdColorSeaGreen
    With Selection.Find
        .Text = "boolean"
        .Replacement.Text = "boolean"
        .Forward = True
        .Wrap = wdFindContinue
        .Format = True
'Asegurarse de que sólo coincida la palabra completa,
' distinguiendo mayúsculas de minúsculas.
        .MatchCase = True
        .MatchWholeWord = True
        .MatchWildcards = False
        .MatchSoundsLike = False
        .MatchAllWordForms = False
    End With
    Selection.Find.Execute Replace:=wdReplaceAll
    With Selection.Find
```

```
        .Text = "char"
        .Replacement.Text = "char"
        .Forward = True
        .Wrap = wdFindContinue
        .Format = True
        .MatchCase = True
        .MatchWholeWord = True
        .MatchWildcards = False
        .MatchSoundsLike = False
        .MatchAllWordForms = False
    End With
    Selection.Find.Execute Replace:=wdReplaceAll
    With Selection.Find
        .Text = "byte"
        .Replacement.Text = "byte"
        .Forward = True
        .Wrap = wdFindContinue
        .Format = True
        .MatchCase = True
        .MatchWholeWord = True
        .MatchWildcards = False
        .MatchSoundsLike = False
        .MatchAllWordForms = False
    End With
    Selection.Find.Execute Replace:=wdReplaceAll
    With Selection.Find
        .Text = "float"
        .Replacement.Text = "float"
        .Forward = True
        .Wrap = wdFindContinue
        .Format = True
        .MatchCase = True
        .MatchWholeWord = True
        .MatchWildcards = False
        .MatchSoundsLike = False
        .MatchAllWordForms = False
    End With
    Selection.Find.Execute Replace:=wdReplaceAll
    With Selection.Find
        .Text = "short"
        .Replacement.Text = "short"
        .Forward = True
        .Wrap = wdFindContinue
        .Format = True
        .MatchCase = True
        .MatchWholeWord = True
        .MatchWildcards = False
        .MatchSoundsLike = False
        .MatchAllWordForms = False
    End With
    Selection.Find.Execute Replace:=wdReplaceAll
    With Selection.Find
        .Text = "double"
        .Replacement.Text = "double"
```

```
            .Forward = True
            .Wrap = wdFindContinue
            .Format = True
            .MatchCase = True
            .MatchWholeWord = True
            .MatchWildcards = False
            .MatchSoundsLike = False
            .MatchAllWordForms = False
      End With
      Selection.Find.Execute Replace:=wdReplaceAll
      With Selection.Find
            .Text = "int"
            .Replacement.Text = "int"
            .Forward = True
            .Wrap = wdFindContinue
            .Format = True
            .MatchCase = True
            .MatchWholeWord = True
            .MatchWildcards = False
            .MatchSoundsLike = False
            .MatchAllWordForms = False
      End With
      Selection.Find.Execute Replace:=wdReplaceAll
      With Selection.Find
            .Text = "long"
            .Replacement.Text = "long"
            .Forward = True
            .Wrap = wdFindContinue
            .Format = True
            .MatchCase = True
            .MatchWholeWord = True
            .MatchWildcards = False
            .MatchSoundsLike = False
            .MatchAllWordForms = False
      End With
      Selection.Find.Execute Replace:=wdReplaceAll
'Widefp y stringfp son introducidos provisionalmente en JDK 1.2.
      With Selection.Find
            .Text = "widefp"
            .Replacement.Text = "widefp"
            .Forward = True
            .Wrap = wdFindContinue
            .Format = True
            .MatchCase = True
            .MatchWholeWord = True
            .MatchWildcards = False
            .MatchSoundsLike = False
            .MatchAllWordForms = False
      End With
      Selection.Find.Execute Replace:=wdReplaceAll
      With Selection.Find
            .Text = "stringfp"
            .Replacement.Text = "stringfp"
            .Forward = True
```

```
        .Wrap = wdFindContinue
        .Format = True
        .MatchCase = True
        .MatchWholeWord = True
        .MatchWildcards = False
        .MatchSoundsLike = False
        .MatchAllWordForms = False
    End With
    Selection.Find.Execute Replace:=wdReplaceAll
    With Selection.Find
        .Text = "void"
        .Replacement.Text = "void"
        .Forward = True
        .Wrap = wdFindContinue
        .Format = True
        .MatchCase = True
        .MatchWholeWord = True
        .MatchWildcards = False
        .MatchSoundsLike = False
        .MatchAllWordForms = False
    End With
    Selection.Find.Execute Replace:=wdReplaceAll
    With Selection.Find
        .Text = "new"
        .Replacement.Text = "new"
        .Forward = True
        .Wrap = wdFindContinue
        .Format = True
        .MatchCase = True
        .MatchWholeWord = True
        .MatchWildcards = False
        .MatchSoundsLike = False
        .MatchAllWordForms = False
    End With
    Selection.Find.Execute Replace:=wdReplaceAll
    With Selection.Find
        .Text = "this"
        .Replacement.Text = "this"
        .Forward = True
        .Wrap = wdFindContinue
        .Format = True
        .MatchCase = True
        .MatchWholeWord = True
        .MatchWildcards = False
        .MatchSoundsLike = False
        .MatchAllWordForms = False
    End With
    Selection.Find.Execute Replace:=wdReplaceAll
    With Selection.Find
        .Text = "super"
        .Replacement.Text = "super"
        .Forward = True
        .Wrap = wdFindContinue
        .Format = True
```

```
        .MatchCase = True
        .MatchWholeWord = True
        .MatchWildcards = False
        .MatchSoundsLike = False
        .MatchAllWordForms = False
End With
Selection.Find.Execute Replace:=wdReplaceAll
With Selection.Find
        .Text = "if"
        .Replacement.Text = "if"
        .Forward = True
        .Wrap = wdFindContinue
        .Format = True
        .MatchCase = True
        .MatchWholeWord = True
        .MatchWildcards = False
        .MatchSoundsLike = False
        .MatchAllWordForms = False
End With
Selection.Find.Execute Replace:=wdReplaceAll
With Selection.Find
        .Text = "else"
        .Replacement.Text = "else"
        .Forward = True
        .Wrap = wdFindContinue
        .Format = True
        .MatchCase = True
        .MatchWholeWord = True
        .MatchWildcards = False
        .MatchSoundsLike = False
        .MatchAllWordForms = False
End With
Selection.Find.Execute Replace:=wdReplaceAll
With Selection.Find
        .Text = "switch"
        .Replacement.Text = "switch"
        .Forward = True
        .Wrap = wdFindContinue
        .Format = True
        .MatchCase = True
        .MatchWholeWord = True
        .MatchWildcards = False
        .MatchSoundsLike = False
        .MatchAllWordForms = False
End With
Selection.Find.Execute Replace:=wdReplaceAll
With Selection.Find
        .Text = "case"
        .Replacement.Text = "case"
        .Forward = True
        .Wrap = wdFindContinue
        .Format = True
        .MatchCase = True
        .MatchWholeWord = True
```

```
        .MatchWildcards = False
        .MatchSoundsLike = False
        .MatchAllWordForms = False
    End With
    Selection.Find.Execute Replace:=wdReplaceAll
    With Selection.Find
        .Text = "break"
        .Replacement.Text = "break"
        .Forward = True
        .Wrap = wdFindContinue
        .Format = True
        .MatchCase = True
        .MatchWholeWord = True
        .MatchWildcards = False
        .MatchSoundsLike = False
        .MatchAllWordForms = False
    End With
    Selection.Find.Execute Replace:=wdReplaceAll
    With Selection.Find
        .Text = "default"
        .Replacement.Text = "default"
        .Forward = True
        .Wrap = wdFindContinue
        .Format = True
        .MatchCase = True
        .MatchWholeWord = True
        .MatchWildcards = False
        .MatchSoundsLike = False
        .MatchAllWordForms = False
    End With
    Selection.Find.Execute Replace:=wdReplaceAll
    With Selection.Find
        .Text = "do"
        .Replacement.Text = "do"
        .Forward = True
        .Wrap = wdFindContinue
        .Format = True
        .MatchCase = True
        .MatchWholeWord = True
        .MatchWildcards = False
        .MatchSoundsLike = False
        .MatchAllWordForms = False
    End With
    Selection.Find.Execute Replace:=wdReplaceAll
    With Selection.Find
        .Text = "while"
        .Replacement.Text = "while"
        .Forward = True
        .Wrap = wdFindContinue
        .Format = True
        .MatchCase = True
        .MatchWholeWord = True
        .MatchWildcards = False
        .MatchSoundsLike = False
```

```
        .MatchAllWordForms = False
End With
Selection.Find.Execute Replace:=wdReplaceAll
With Selection.Find
    .Text = "for"
    .Replacement.Text = "for"
    .Forward = True
    .Wrap = wdFindContinue
    .Format = True
    .MatchCase = True
    .MatchWholeWord = True
    .MatchWildcards = False
    .MatchSoundsLike = False
    .MatchAllWordForms = False
End With
Selection.Find.Execute Replace:=wdReplaceAll
With Selection.Find
    .Text = "continue"
    .Replacement.Text = "continue"
    .Forward = True
    .Wrap = wdFindContinue
    .Format = True
    .MatchCase = True
    .MatchWholeWord = True
    .MatchWildcards = False
    .MatchSoundsLike = False
    .MatchAllWordForms = False
End With
Selection.Find.Execute Replace:=wdReplaceAll
With Selection.Find
    .Text = "synchronized"
    .Replacement.Text = "synchronized"
    .Forward = True
    .Wrap = wdFindContinue
    .Format = True
    .MatchCase = True
    .MatchWholeWord = True
    .MatchWildcards = False
    .MatchSoundsLike = False
    .MatchAllWordForms = False
End With
Selection.Find.Execute Replace:=wdReplaceAll
With Selection.Find
    .Text = "try"
    .Replacement.Text = "try"
    .Forward = True
    .Wrap = wdFindContinue
    .Format = True
    .MatchCase = True
    .MatchWholeWord = True
    .MatchWildcards = False
    .MatchSoundsLike = False
    .MatchAllWordForms = False
End With
```

```
Selection.Find.Execute Replace:=wdReplaceAll
With Selection.Find
     .Text = "catch"
     .Replacement.Text = "catch"
     .Forward = True
     .Wrap = wdFindContinue
     .Format = True
     .MatchCase = True
     .MatchWholeWord = True
     .MatchWildcards = False
     .MatchSoundsLike = False
     .MatchAllWordForms = False
End With
Selection.Find.Execute Replace:=wdReplaceAll
With Selection.Find
     .Text = "throw"
     .Replacement.Text = "throw"
     .Forward = True
     .Wrap = wdFindContinue
     .Format = True
     .MatchCase = True
     .MatchWholeWord = True
     .MatchWildcards = False
     .MatchSoundsLike = False
     .MatchAllWordForms = False
End With
Selection.Find.Execute Replace:=wdReplaceAll
With Selection.Find
     .Text = "throws"
     .Replacement.Text = "throws"
     .Forward = True
     .Wrap = wdFindContinue
     .Format = True
     .MatchCase = True
     .MatchWholeWord = True
     .MatchWildcards = False
     .MatchSoundsLike = False
     .MatchAllWordForms = False
End With
Selection.Find.Execute Replace:=wdReplaceAll
With Selection.Find
     .Text = "finally"
     .Replacement.Text = "finally"
     .Forward = True
     .Wrap = wdFindContinue
     .Format = True
     .MatchCase = True
     .MatchWholeWord = True
     .MatchWildcards = False
     .MatchSoundsLike = False
     .MatchAllWordForms = False
End With
Selection.Find.Execute Replace:=wdReplaceAll
With Selection.Find
```

```
    .Text = "return"
    .Replacement.Text = "return"
    .Forward = True
    .Wrap = wdFindContinue
    .Format = True
    .MatchCase = True
    .MatchWholeWord = True
    .MatchWildcards = False
    .MatchSoundsLike = False
    .MatchAllWordForms = False
End With
Selection.Find.Execute Replace:=wdReplaceAll
With Selection.Find
    .Text = "static"
    .Replacement.Text = "static"
    .Forward = True
    .Wrap = wdFindContinue
    .Format = True
    .MatchCase = True
    .MatchWholeWord = True
    .MatchWildcards = False
    .MatchSoundsLike = False
    .MatchAllWordForms = False
End With
Selection.Find.Execute Replace:=wdReplaceAll
With Selection.Find
    .Text = "abstract"
    .Replacement.Text = "abstract"
    .Forward = True
    .Wrap = wdFindContinue
    .Format = True
    .MatchCase = True
    .MatchWholeWord = True
    .MatchWildcards = False
    .MatchSoundsLike = False
    .MatchAllWordForms = False
End With
Selection.Find.Execute Replace:=wdReplaceAll
With Selection.Find
    .Text = "final"
    .Replacement.Text = "final"
    .Forward = True
    .Wrap = wdFindContinue
    .Format = True
    .MatchCase = True
    .MatchWholeWord = True
    .MatchWildcards = False
    .MatchSoundsLike = False
    .MatchAllWordForms = False
End With
Selection.Find.Execute Replace:=wdReplaceAll
With Selection.Find
    .Text = "private"
    .Replacement.Text = "private"
```

```
        .Forward = True
        .Wrap = wdFindContinue
        .Format = True
        .MatchCase = True
        .MatchWholeWord = True
        .MatchWildcards = False
        .MatchSoundsLike = False
        .MatchAllWordForms = False
End With
Selection.Find.Execute Replace:=wdReplaceAll
With Selection.Find
        .Text = "protected"
        .Replacement.Text = "protected"
        .Forward = True
        .Wrap = wdFindContinue
        .Format = True
        .MatchCase = True
        .MatchWholeWord = True
        .MatchWildcards = False
        .MatchSoundsLike = False
        .MatchAllWordForms = False
End With
Selection.Find.Execute Replace:=wdReplaceAll
With Selection.Find
        .Text = "public"
        .Replacement.Text = "public"
        .Forward = True
        .Wrap = wdFindContinue
        .Format = True
        .MatchCase = True
        .MatchWholeWord = True
        .MatchWildcards = False
        .MatchSoundsLike = False
        .MatchAllWordForms = False
End With
Selection.Find.Execute Replace:=wdReplaceAll
With Selection.Find
        .Text = "class"
        .Replacement.Text = "class"
        .Forward = True
        .Wrap = wdFindContinue
        .Format = True
        .MatchCase = True
        .MatchWholeWord = True
        .MatchWildcards = False
        .MatchSoundsLike = False
        .MatchAllWordForms = False
End With
Selection.Find.Execute Replace:=wdReplaceAll
With Selection.Find
        .Text = "instanceof"
        .Replacement.Text = "instanceof"
        .Forward = True
        .Wrap = wdFindContinue
```

```
    .Format = True
    .MatchCase = True
    .MatchWholeWord = True
    .MatchWildcards = False
    .MatchSoundsLike = False
    .MatchAllWordForms = False
End With
Selection.Find.Execute Replace:=wdReplaceAll
With Selection.Find
    .Text = "native"
    .Replacement.Text = "native"
    .Forward = True
    .Wrap = wdFindContinue
    .Format = True
    .MatchCase = True
    .MatchWholeWord = True
    .MatchWildcards = False
    .MatchSoundsLike = False
    .MatchAllWordForms = False
End With
Selection.Find.Execute Replace:=wdReplaceAll
With Selection.Find
    .Text = "transient"
    .Replacement.Text = "transient"
    .Forward = True
    .Wrap = wdFindContinue
    .Format = True
    .MatchCase = True
    .MatchWholeWord = True
    .MatchWildcards = False
    .MatchSoundsLike = False
    .MatchAllWordForms = False
End With
Selection.Find.Execute Replace:=wdReplaceAll
With Selection.Find
    .Text = "volatile"
    .Replacement.Text = "volatile"
    .Forward = True
    .Wrap = wdFindContinue
    .Format = True
    .MatchCase = True
    .MatchWholeWord = True
    .MatchWildcards = False
    .MatchSoundsLike = False
    .MatchAllWordForms = False
End With
Selection.Find.Execute Replace:=wdReplaceAll
With Selection.Find
    .Text = "extends"
    .Replacement.Text = "extends"
    .Forward = True
    .Wrap = wdFindContinue
    .Format = True
    .MatchCase = True
```

```
            .MatchWholeWord = True
            .MatchWildcards = False
            .MatchSoundsLike = False
            .MatchAllWordForms = False
    End With
    Selection.Find.Execute Replace:=wdReplaceAll
    With Selection.Find
        .Text = "interface"
        .Replacement.Text = "interface"
        .Forward = True
        .Wrap = wdFindContinue
        .Format = True
        .MatchCase = True
        .MatchWholeWord = True
        .MatchWildcards = False
        .MatchSoundsLike = False
        .MatchAllWordForms = False
    End With
    Selection.Find.Execute Replace:=wdReplaceAll
    With Selection.Find
        .Text = "implements"
        .Replacement.Text = "implements"
        .Forward = True
        .Wrap = wdFindContinue
        .Format = True
        .MatchCase = True
        .MatchWholeWord = True
        .MatchWildcards = False
        .MatchSoundsLike = False
        .MatchAllWordForms = False
    End With
    Selection.Find.Execute Replace:=wdReplaceAll
    With Selection.Find
        .Text = "package"
        .Replacement.Text = "package"
        .Forward = True
        .Wrap = wdFindContinue
        .Format = True
        .MatchCase = True
        .MatchWholeWord = True
        .MatchWildcards = False
        .MatchSoundsLike = False
        .MatchAllWordForms = False
    End With
    Selection.Find.Execute Replace:=wdReplaceAll
    With Selection.Find
        .Text = "import"
        .Replacement.Text = "import"
        .Forward = True
        .Wrap = wdFindContinue
        .Format = True
        .MatchCase = True
        .MatchWholeWord = True
```

```
            .MatchWildcards = False
            .MatchSoundsLike = False
            .MatchAllWordForms = False
       End With
 'const y goto están reservadas para un potencial uso futuro.
       Selection.Find.Execute Replace:=wdReplaceAll
       With Selection.Find
            .Text = "const"
            .Replacement.Text = "const"
            .Forward = True
            .Wrap = wdFindContinue
            .Format = True
            .MatchCase = True
            .MatchWholeWord = True
            .MatchWildcards = False
            .MatchSoundsLike = False
            .MatchAllWordForms = False
       End With
       Selection.Find.Execute Replace:=wdReplaceAll
       With Selection.Find
            .Text = "goto"
            .Replacement.Text = "goto"
            .Forward = True
            .Wrap = wdFindContinue
            .Format = True
            .MatchCase = True
            .MatchWholeWord = True
            .MatchWildcards = False
            .MatchSoundsLike = False
            .MatchAllWordForms = False
       End With
       Selection.Find.Execute Replace:=wdReplaceAll
 End Sub
```

Ayudas a la programación

Esta macro crea un breve esqueleto que se puede colocar al principio de cualquier método cuyo nombre no lo describa totalmente:

```
Sub MethodBeginning()
'Objetivo:  Crear los comentarios de comienzo para un método.
'Versión:   1.0
'Autor:     Will D. Mitchell
'Historia de modificaciones:

    Selection.TypeText Text:="// Objetivo:    "
    Selection.TypeParagraph
    Selection.TypeText Text:="// Entrada:     "
    Selection.TypeParagraph
```

```
    Selection.TypeText Text:="// Salida:        "
    Selection.TypeParagraph
    Selection.TypeText Text:="// Versión:     "
    Selection.TypeParagraph
    Selection.TypeText Text:="// Autor:          "
    Selection.TypeParagraph
    Selection.TypeText Text:="// Historia de modificaciones:   "
'Desplazar de nuevo el cursor a la línea Objetivo.
    Selection.MoveUp Unit:=wdLine, Count:=5
End Sub
```

Esta macro es en cierto modo como la anterior, pero instala un esqueleto más largo diseñado para ayudarle a comenzar una nueva clase:

```
Sub MethodBeginning()
'Objetivo:  Crear los comentarios de comienzo para un método.
'Versión:   1.0
'Autor:     Will D. Mitchell
'Historia de modificaciones:

    Selection.TypeText Text:=" // constantes de la clase:      "
    Selection.TypeParagraph
    Selection.TypeText Text:=" // variables de la clase:       "
    Selection.TypeParagraph
    Selection.TypeText Text:=" // variables de la instancia:   "
    Selection.TypeParagraph
    Selection.TypeText Text:=" // métodos de la clase:         "
    Selection.TypeParagraph
    Selection.TypeText Text:=" // métodos del constructor:     "
    Selection.TypeParagraph
    Selection.TypeText Text:=" // método principal:            "
    Selection.TypeParagraph
    Selection.TypeText Text:=" // Objetivo: "
    Selection.TypeParagraph
    Selection.TypeText Text:=" // Versión:   "
    Selection.TypeParagraph
    Selection.TypeText Text:=" // Autor:       "
    Selection.TypeParagraph
    Selection.TypeText Text:=" // Historia de modificaciones: "
    Selection.TypeParagraph
    Selection.TypeText Text:="package "
    Selection.TypeParagraph
    Selection.TypeText Text:="class    "
    Selection.TypeParagraph
    Selection.TypeText Text:="   public static void main (String[] args) {"
    Selection.TypeParagraph
    Selection.TypeText Text:="   }"
    Selection.TypeParagraph
    Selection.TypeText Text:="    "
    Selection.TypeParagraph
    Selection.TypeText Text:="}   "
```

```
'Desplazar el cursor de nuevo a la línea de constantes de la clase.
    Selection.MoveUp Unit:=wdLine, Count:=16
End Sub
```

Más macros

Será capaz de encontrar más macros en el nodo Web de este libro, en:
http://osborne.com o en http://DebuggingJava.com.

Índice

"corregir los errores más adelante ", 54-55
––, operador, 141
.jpr, archivos, 169, 172
"fuera del límite por un valor", errores, 210
++, operador, 141
3 × 5, tarjetas de índice. *Consulte* tarjetas de índice 4thPass LLC, visualizadores, 33

Access, convertidor de, 329
ActiveX, 357
agente de solicitud de objeto (ORB, object request broker), suministradores de software para, 321
aislamiento de errores
    búsquedas binarias de errores y, 198-202
    enfoque de la pistola, 196
    hacer cambios y, 195-196
    pruebas y, 202-204
    razonamiento y
        enfoque deductivo, 198
        enfoque inductivo, 197-198
ajuste de línea, 149
algoritmos
    errores y, 214
    especificaciones de programación y, 21
    los mejores, 354
    paralelos y, 241-243
    utilización de JProbe con, 177-178
alphaBeans, 339
alphaBeans, Suites, 338
Alt-PrintScreen, 281, 287
ámbito
    definición de, 357
ámbitos globales, 92
Ami Pro, 59
Amzi!, 337
análisis de costes
    desarrollo de módulos y, 298

equipo de computadora y, 234-235
especificaciones de programación y, 21
Análisis del factor de riesgo (RFA), 49-55
    antecedentes del, 51
    cómo funciona, 51-52
    depuración de Java y, 53-55
    finalizaciones de plazos y, 24, 49-50, 53
    por qué funciona, 53
    pruebas abajo-arriba y, 297-298
    tiempo de programación y, 352
análisis del tiempo, 21
análisis estático, 307-313
    estándares globales y, 308
    obligar estándares de codificación con, 307
    reglas de Jtest y, 308-312
        código muerto y, 309
        comentarios de javadoc y, 310
        convenciones de asignación de nombres y, 310
        EJB y, 311
        errores posibles y, 309
        estándares de codificación y, 309
        hilos y, 310
        inicialización y, 309
        optimización y, 310
        programación orientada a objetos y, 309-310
        recogida de basura y, 310
análisis estático global, 311
analizadores
    optimizar rutinas con, 354
    suministradores de software para, 321
anidamiento, 357
AntiC, 114-123. *Consulte también* JLint
AnyJ, depuradores, 327
Aonix, generadores de código, 329
API (Application Programming Interface), 357

APL, 88
Applet Designer (Diseñador de applets)
    conversión de código de VB a Java, 110
    diálogo de opciones de, 111
    generación de código y, 329
    generación del asistente para acceso a datos con, 110-111
    limitaciones de, 111-112
    utilización de la JVM con, 110
archivos
    límites de tamaño y, 210
    límites de versión y, 211
ArcStyler, software de desarrollo, 334
argumento
    definición de, 357
    listas de, 92
aritméticos, operadores, 95
Arquitectura común de agente de solicitudes de objeto (CORBA, Common Object Request Broker Architecture), 306
array
    definición de, 357
    límites de array en Java y, 10
ASCII, 357
asignación de memoria, errores, 10
asignaciones
    booleanos y, 133-134
    comparación de VB con Java y, 94
    operadores de asignación en Java y, 139
asíncronas, tareas, 247-248
    la JVM y, 248
    planificadores y, 247-248
ASP, 88
Assert, 152
Assure, 163-169
    descripción general de, 163-166
        cuándo funciona mejor, 165
        problemas descubiertos con, 165
    ejecución, 166-167
    información de pedido para, 169
    ventana Call Tree (Árbol de llamadas), 167
    ventana Runtime Call Stack (Pila de llamadas en tiempo de ejecución), 168-169
    ventana Source Code (Código fuente), 167-168
atómico, 357
autocorrección
    aprendizaje, 77-80
    errores de deletreo y, 273

lista de entradas para, 79-80
    utilización, 78-79
available(), método, 140, 245
AvantSoft, Inc., cursillos, 345
AWT (Equipo de herramientas abstractas de ventana), 357
ayuda
    FAQ y, 284-285
    mensajes de error y, 280-281
    salas de Chat y, 284

BambooPipe, software de mensajería, 344
BankFrame, software de correo electrónico, 322
barras de herramientas, edición, 63-64
bases de datos
    prueba de errores en, 8
    relacionales, 354
beans, 358
BeansDesigner, software de Java Beans, 339
bibliotecas
    clases y, 358
bloque
    definición de, 358
    utilización de * con comentarios de bloque, 147
bloqueos
    monitores y semáforos y, 256-259
bloqueos circulares, 254-256
bloqueos totales
    definición de, 163
    errores sensibles al tiempo y, 252
    JLint y, 118-119
Bolero, software de XML, 344
boolean
    asignaciones y, 133-134
    comparación de cadenas, 132-133
    comparación de objetos, 133
    comparaciones legales e ilegales, 131-132
    variables booleanas y, 358
break, 358
Breeze Commerce Studio, visualizadores, 344
bucles
    comparación de VB con Java y, 96
    infinitos, 125-126
    paralelización de, 244-245
búfer de copiar y pegar
    ampliación, 76-77
    definición de, 358
búferes, 358
BulletTrain, software de despliegue, 336

búsqueda de patrones, razonamiento inductivo y, 197
búsquedas
no mezclar las búsquedas en profundidad
primero y en anchura primero, 152-154
técnicas de búsqueda y sustitución, 68-69
búsquedas en anchura primero, 152-154
búsquedas en profundidad primero, 152-154
byte, 135-139

C/C++, 88-92
ámbitos globales y, 92
archivos de cabecera y, 91-92
class, struct, union y, 92
compilación y, 90
declaraciones de variable y, 91
listas de argumentos y, 92
método **main()** y, 90-91
métodos y, 92
nombres de archivo y, 92
orientación a objetos y, 89-90
preprocesadores y, 89
punteros en, 88
recogida de basura y, 89
sentencia **goto** y, 89
tipos de datos y, 92
variables de entorno y, 91
cabeceras
comparación de Java y C/C++ y, 92
estandarización de, 147
cadenas
booleanos y, 132-133
comprobar los límites de cadena en Java,
10
límites y, 211
capturadores de error. *Consulte también*
excepciones
categorías naturales de error y, 34-35
código de núcleo separado del código de
error y, 32-34
código y, 150-152
comparación de VB con Java y, 96
control de bucle y, 149-150
eliminación de **RuntimeException**, 36
enfoque de **try/catch/finally** y, 10
excepciones comprobadas y no comprobadas y, 38
localización de errores y, 286
orden de la ejecución y, 35-36
rutinas y, 353
sentencia **goto** y, 37

trasladar hacia arriba los, 34
verificaciones obligadas por el compilador
y, 37-38
capturadores de errores permanentes, 28
capturadores de errores temporales, 28
capturas. *Consulte también* excepciones
capturadores de errores permanentes y
temporales, 28
para errores no predecibles, 29
para errores predecibles, 29
caracteres especiales, 68
carreras de datos
definición de, 163
errores sensibles al tiempo y, 249-251
CASE, suministradores para herramientas,
331-332
catch
palabras clave de excepción y, 30
utilizaciones pobres de, 31-32
catch, bloque, 38-40
CC-Rider, software de modelado, 331
Cerebellum, software de desarrollo, 335
cerebro derecho, programación del, 12-14
cerebro izquierdo, programación y, 12-14
Chat, mensajes de error y salas de, 285
clase
bibliotecas de, 358
comparación de Java y C/C++ y, 91
definición de, 358
jerarquías de, 34-35
Jtest y, 305-306
variables de, 363
Visual Café y, 187
clase de base, 358
clases de errores. *Consulte* errores, clases de
ClearCase, software de modelado, 332
cliente
definición, 358
firmas de contrato, 355
satisfacción
código libre de errores y, 268
creación de un capturador de ratón
mejor y, 268-269
mensajes de error perfectos y, 269-270
cobertura de las decisiones, 9
Cobol, 88
CodeBase, software de datos, 325
código
código de núcleo segregado del código de
error, 32-34
edición en Visual Café, 185

código *(Cont.)*
  escritura de código libre de errores, 99
  estándares de Jtest para, 308
  explicación de código inteligente, 147
  métodos estándares y, 149-152
  ordenación en Microsoft Word, 69
  revisión, 218
código, escritura de,
  comentarios y, 87-88
  como porcentaje del esfuerzo de desarrollo, 352
  comparación de Java con otros lenguajes
    C/C++, 88-92
    Visual Basic, 92-96
  editores de java y, 71
  enseñar a los verificadores ortográficos
    para, 80-81
  IDE y, 97-102
    JBuilder, 97-100
    JDK Commander, 100
    Mojo, 100
    Visual Café, 100-102
  marcador QQQ y, 82-83
  Microsoft Word y, 59-70
    cambiar los colores y el formato, 69
    creación de plantillas, 60-61
    edición de barras de herramientas, 63-64
    grabación de pulsaciones de teclado, 70
    ordenación de líneas de código, 69
    personalización del menú de Word, 61-63
    utilización de los iconos de barra de
      herramientas Ir A, 67
    utilización de los iconos de barra de
      herramientas Marcador, 64-66
    utilización de macros, 64
    utilización de teclas de acceso rápido,
      67-68
    utilización de técnicas de búsqueda y
      sustitución, 68-69
  secuencia principio-final-zona intermedia
    y, 81-82
  subconjuntos de Java y, 86-87
  tarjetas de índice y, 83-86
  trucos de edición y, 72-80
    ampliar el búfer de copiar y pegar, 75-77
    cambiar a un formato más legible, 72-74
    encontrar errores tipográficos, 74-75

preparar la autocorrección, 77-80
utilización de procesadores de textos para,
  57-59
código de byte
  definición de, 358
  verificación de, 10
código desmesurado, 113-114
código fuente, 351
código libre de errores, 9, 268
código muerto, Jtest y, 309
colaboradores, software de, 322
colores
  cambio de, 69
  límites y, 213
comentario en línea, 147
comentarios
  comentarios de bloque, 147-148
  comentarios de documentación, 359
  como porcentaje de fuente, 352
  costumbres estándares para, 146-148
  javadoc y, 21-22
  macros para comentarios personales, 368-369
  personales, 368-369
  regla "comentar, primero; codificar, después", 87-88
comercio electrónico, software de, 322-323
CommentMaster, software de documentación, 331
compiladores
  comparación de Java y C/C++ y, 90
  compilación condicional y, 209
  compiladores "Justo a tiempo" (Just-In-Time), 177
  definición de, 359
  errores de sintaxis y, 108
  forzar verificaciones de errores en, 37-38
  suministradores de software para, 323
Components by Design, software de desarrollo, 335
computadora, programación. *Consulte* programación
concatenar, 359
Condensity, software ofuscador, 340
condicionales
  comparación de VB con Java y, 95-96
  definición de, 359
condiciones de carrera
  carreras de datos y
    definición de, 163
    errores sensibles al tiempo y, 249-251

condiciones de carrera *(Cont.)*
    JLint y, 119
Conectividad a base de datos de Java (JDBC, Java Database Connectivity), 359
constantes
    código y, 149
    nombres y, 148-149
    numéricas, 94
constructores
    convenciones estándares y, 149
    definición de, 359
contadores, 208
continue, sentencia, 359
convenciones estándares, 146-152
    código y, 149-152
    comentarios y, 147-148
    errores y, 214-215
    implementadores, fábricas o constructores y, 149
    Java y, 146
    nombres y, 148-149
conversión de tipos, 359
conversiones de datos, 212
Cool Beans, software de Java Beans, 338
Cool:Joe, software de Java Beans, 338
copyright, 146
Coverage Analyzer (Analizador de cobertura), JProbe
    análisis automático en, 313-316
    pruebas de código y, 182
creación de instancias, 359
creatividad, 14-17
    aburrimiento como estímulo de, 14-15
    consejos para, 16
    organización y, 16
    técnicas para, 13-14
        QQQ, marcadores, 13-14, 82-83
        tarjetas de índice, 14, 83-86
Cuaderno de notas, editores de Java y, 71
cuadros emergentes, 208
cursillos, 345-346
    Absolut Software Co., Inc., 345
    AvantSoft, Inc., 345
    Digital Frontier, 345
    Dunn Systems, Inc., 345
    GemStone, 345
    Kenetiks, Inc., 346
    Knowledge Exchange, Inc., 346
    Number Six Software, Inc., 346
    Object Mentor, Inc., 346
    Pillar Technology Group, Inc., 346
    revisiones de código y, 218
    Sysnetics, Inc., 346
    The Middieware Company, 346
    The Object People, 346
    Valtech, 346
    Wirfs-Brock Associates, 346
curva de aprendizaje, 299
curva del resto, 225-226
Cysive, software de correo electrónico, 322

daemon, hilos, 243-244
DashO-Pro, software ofuscador, 340
DataDirect SequeLink, software de datos, 325
datos
    comparación de Java y C/C++ y, 92
    suministradores de software para, 324-326
    tipo de, 363
datos de Web, software de, 324-326
DBArtisan, software de datos, 324
declaraciones
    comentarios y, 147
    comparación de VB con Java y, 93
deprecated (anticuados), métodos Java, 359
depuradores
    aprender la utilización de, 157-158
    Assure, 163-169
        descripción general de, 163-166
        ejecución, 166-167
        ventana Call Tree (Árbol de llamadas), 167
        ventana Runtime Call Stack (Pila de llamadas en tiempo de ejecución), 168-169
        ventana Source Code (Código fuente), 167-168
    definición de, 359
    Java Debugger (JDB), 158-162
        descripción general de, 158-159
        instalación, 158
        referencia de comandos para, 159-162
    JBuilder, 98, 169-176
        descripción general de, 169
        función de depuración de, 169-171
        utilización, 171-176
    JProbe, 176-182
        Coverage Analyzer (Analizador de cobertura) y, 182
        descripción general de, 176-177
        Heap Browser (Visualizador del montículo) y, 181

depuradores *(Cont.)*
　Profiler and Memory Debugger (Analizador y depurador de memoria) y, 177-179
　Threadalyzer (Analizador de hilos) y, 181-182
　ventana "Call Graph" (Gráfico de llamadas), 180
　ventana "Method Detail" (Detalles de método), 180
　ventana "Runtime Heap Summary" (Resumen del montículo en tiempo de ejecución), 179
　ventana "Source Code" (Código fuente), 181
　suministradores para, 162-163
　Visual Café, 102, 182-192
　　asociarse a múltiples programas, 191-192
　　asociarse a programas en ejecución, 191
　　depuración remota con, 190-191
　　descripción general de, 182-184
　　manejo de excepciones en, 190
　　modo "Run In Debugger" de, 191
　　ventana "Source Code" (Código fuente), 185
　　ventana Breakpoints (Puntos de ruptura), 186-187
　　ventana Calls (Llamadas), 188
　　ventana Class Browser (Explorador de clases), 186
　　ventana Hierarchy Editor (Editor de jerarquía), 189
　　ventana Messages (Mensajes), 190
　　ventana Threads (Hilos), 189-190
　　ventana Variables, 188
　　ventana Watch (observación), 185
　　VM en espera y, 191
DES (Estándar de cifrado de datos), 242
desarrolladores, ayuda de usuario y, 280-281
desarrollo. *Consulte también* programación
　codificación y, 352
　costes de desarrollo de módulo y, 298
　lenguaje y, 354
　suministradores de herramientas para, 334-336
Desarrollo rápido de aplicaciones (RAD, Rapid Application Development), 359
desbordamiento, problemas de, 134-139
desplazamientos, errores matemáticos y, 134-139

despliegue, software de, 336
detenciones, 252
detenciones de hilo, 163-164
DevPartner
　editor software, 328
　software de depurador, 327
diagramas de flujo
　defectos de las pruebas en, 296-297
　desarrollo de módulos y, 300
diccionarios, Java, 80-81
diferenciación de mayúsculas y minúsculas
　comparación de VB con Java y, 93
Digital Frontier, cursillos, 345
disciplinas mentales, 145-155
　convenciones estándares y, 146-152
　　código y, 149-152
　　comentarios y, 147-148
　　estándares de programación de Java y, 146
　　implementadores, fábricas o constructores y, 149
　cuándo depurar y, 154-155
　entorno y, 155
　no mezclar las búsquedas en profundidad primero y en anchura primero, 152-154
　utilización de reglas y leyes y, 145-146
do, sentencia, 359
DocCentral, software de documentación, 331
DocJet, software de documentación, 330
documentación, 351. *Consulte también* comentarios
　código y, 353-354
　como base del plan de pruebas, 18-19
　finalizaciones de plazo y, 50
　javadoc y, 21-23
　software de documentación y, 330-331
　ventajas de documentar primero, 18-19
double, números
　errores sensibles al tiempo y, 249
　utilización de, 134-139
Do-While, formatos de bucle, 150
Dr. Dobb's Journal, 349
Dunn Systems, Inc., cursillos, 345

ebox, software de mensajería, 344
Edit, MS-DOS, 71
editores
　JBuilder y, 99-100
　suministradores de software para, 328
　VisualCafé y, 102
Elixir CASE, software de modelado, 331

Elixir IDE, software de desarrollo, 334

Elixir Report, software de creación de informes, 323

else, cláusulas, 359

EMACS, editores de Java y, 71

Emule, software de internacionalización, 337

Enhydra, software de XML, 344

Enterprise Reports, software de creación de informes, 323

entorno, 155
  límites y, 213
  variables de, 91

Entorno de desarrollo integrado (IDE, Integrated Development Environment), 97-102
  definición de, 360
  JBuilder, 97-100, 169
  JDK Commander, 100
  Mojo, 100
  suministradores de software para, 334-336
  VisualCafé, 100-102

entrada/salida
  bloqueo de la salida y, 246-247
  JProbe y, 176-177
  límites y, 212
  multiplexación de la entrada y, 246
  señalizar que hay una entrada disponible, 246
  sondear si hay una entrada, 245-246

entrada/salida, pruebas, 7

enumerate(Thread[]), 287

equipo de desarrollo de software (SDK, software development kit), 328

Equipo de herramientas abstractas de ventana (AWT, Abstract Window Toolkit), 360

Equipo de herramientas de desarrollo de Java (JDK, Java Development Kit)
  creación de un diccionario de Java y, 80-81
  definición de, 360
  JDB y, 158

Error, clases de Java y, 30

errores
  áreas arriesgadas y, 24
  categorías de
    impredecibles, 29
    predecibles, 28-29
  clases de
    errores de diseño, 105-108
    errores de sintaxis, 108-123
    errores en las decisiones lógicas, 123-128

  errores matemáticos, 129-139
  eliminación desde el principio, 8-10
  errores fantasma y, 45
  errores "fuera del límite por un valor", 210
  errores poco habituales, 139-141
  finalización de un plazo y, 25, 49-50, 53-55
  generación de métodos, 46
  Jtest y, 309
  limitaciones de pruebas para, 3-7
  localización de, 207, 209-217
  lógicos, 123-124
  percepción del usuario de, 265-267
  prueba y error como causa de, 195

errores causados por datos, 140-141

errores de algoritmo, 123-128
  conflictos de hilos, 124-125
  errores en el algoritmo, 123-124
  fugas de memoria, 124
  precedencia de operadores, 126-128

errores de compilación, 46

errores de diseño, 105-108
  buscar condiciones adicionales y, 106-107
  evitarlos, 105
  mentalidad "por qué no ha funcionado eso" y, 107-108

errores de efecto secundario, 141

errores de seguridad, eliminación, 10

errores de sintaxis, 45, 108-123
  generadores de código y, 108-114
    algoritmo correcto no garantizado en, 113
    Applet Designer (Diseñador de applets), 110-112
    código desmesurado en, 113-114
    compatibilidad de formatos en, 113
    descripción general de, 112
    sintaxis garantizada en, 112
  identificación del compilador de, 108
  lista de, 114-123
  verificadores de código y, 114-123
    JLint y AntiC y, 114-123
    Lint y, 114

errores fantasma, 45

errores sensibles al tiempo
  bloqueos totales y, 251-252
  carreras de datos y, 249-251
  detenciones y, 252

errores tipo "spaghetti", 10

Escape, visualizadores, 333

especificaciones, 351

especificaciones, 351 *(Cont.)*
  crecimiento del ámbito y, 20-21
  encontrar errores de especificaciones con Jtest, 305
  garantías y, 289
  manuales de usuario y, 19-20
  valor de, 19
especificaciones de la programación. *Consulte* especificaciones
EspressChart, software de gráficos, 328
esqueleto, 360
estado, 360
Estándar de cifrado de datos (DES, Data Encryption Standard), 242
estimación, comprobaciones de la realidad y, 216-217
estrategias de depuración, 193-205
  aislamiento de errores, 194-204
    búsquedas binarias de errores y, 198-202
    enfoque de la pistola, 196
    probar los cambios, 195-196
    pruebas, 202-204
    razonamiento y, 196-198
  consejos para, 154-155
  ensamblar los mejores recursos y, 193-194
  preguntas a realizar cuando se encuentre bloqueado, 204-205
evento, componente, 360
eWave, software de correo electrónico, 322
eXcelon, software de XML, 344
excepciones
  anidamiento del bloque **try** y, 41
  búsquedas binarias de errores y, 199-200
  captura de errores y
    ausencia de la sentencia **goto** y, 37
    categorías naturales de error y, 34-35
    código de núcleo separado del código de error y, 32-34
    eliminación de errores **RuntimeException**, 36
    excepciones comprobadas y no comprobadas, 38
    orden de la ejecución y, 35-36
    trasladar hacia arriba los, 34
    verificaciones obligadas por el compilador y, 37-38
  codificación para, 38-41
    codificación del bloque **catch**, 39-41
    mensajes de error pesados y, 39
  definición de, 360

  descripción general de, 30
  palabras clave de excepción y, 30-31
  utilización de **try** y **catch**, 31-32
  utilización especializada para finally, 31
  lanzar (**throw**) sus propias, 42
  métodos para el manejo de, 38-39
  palabra clave **throws** y, 42-45
  Visual Café y, 190-191
excepciones en tiempo de ejecución, 306. *Consulte también* excepciones
Exception, clases de Java y, 30
expresión, 360

fábricas
  convenciones estándares y, 149
  patrones de fábrica y, 360
FastJ, software de desarrollo, 336
Fawcett Technical Publications, 349
finalizaciones de plazo
  análisis del factor de riesgo y, 49-50, 53
  errores y, 25, 214
  evitar la presión de, 25
finalizador, métodos, 360
finally
  definición de, 360
  palabras clave de excepción y, 30-31
  utilización especializada de, 31
FioranoMQ4, software de mensajería, 343
firma, 360
firma del proyecto, 20
firmas digitales, 10
Flashline, software de Java Beans, 338
float, 135-139
flujos
  compatibilidad de Java con, 140-141
  definición de, 360
  pruebas de tensión, 319
flujos **markable** (marcables), Java, 140-141
flush(), método, 141
for, bucle de Java, 24-25
for, sentencia, 360
formato
  cambiarlo en Microsoft Word, 69-70
  generadores de código y, 113
  mensajes de error y, 277-278
fórmula de Heron, 3-4, 7
Formula One, software de hoja de cálculo, 333
fuente, 361
fugas de memoria

fugas de memoria *(Cont.)*
"Heap Browser" (Visualizador del montículo) y, 181
errores de algoritmo y, 124
JProbe y, 178
fugas de memoria, pruebas, 318

GDPro, software de modelado, 331
GemStone, cursillos, 345
generadores de código, 112-114
código desmesurado en, 113-114
condición lógica correcta no garantizada en, 113
descripción general de, 112
Diseñador de Applets y, 110-112
errores de sintaxis y, 108-112
formatos admitidos en, 113
sintaxis garantizada en, 112
suministradores de software para, 329-330
gestores de proyectos, software de, 330
getMessage(), 39
getName(), 287
getPriority(), 287
GoTo
macros y, 365-366
utilización en Microsoft Word, 67
goto, sentencia
captura de errores y, 37
comparación de Java y C/C++ y, 89
evitar los errores tipo "spaghetti" y, 10
grabadoras, instrumentos de código y, 208
gráficos de desarrollo, software de, 327-328
gráficos de Windows, límites y, 213
grupos de noticias, recursos, 347
grupos múltiples, pruebas, 226-228

hardware, 232-234
invertir en, 232-234
límites y, 213
Heap Browser (Visualizador del montículo), 181
herencia
definición de, 361
JLint y, 120
múltiple, 361
herramienta de análisis, 221
herramienta de análisis dinámico de cobertura, 222-223
herramienta de análisis estático de cobertura, 222

herramienta de ayuda para datos de prueba, 224-225
herramienta de seguimiento de los errores, 223-224
hilo, 239-263
definición de, 361
detención, 260
errores de algoritmo y, 124
errores de cálculo en paralelo y
daemon e hilos de usuario y, 243
errores de hilo sensibles en el tiempo, 249-252
manejo de la entrada y salida y, 245-247
paralelización de bucle y, 244-245
tareas asíncronas y, 247-248
temporizadores y, 249
evitar conflictos en, 253-262
aspectos de rendimiento y, 262
bloqueos circulares y, 254-256
descripción general de, 253-254
mejores métodos para hilos y, 260-262
monitores y semáforos y, 256-259
seguridad de los hilos y, 262-263
simplificación de programas y, 263
Java y, 11
Jtest y, 311
límites y, 213-214
naturaleza multidimensional de, 239-241
seguridad de, 262-263
Threadalyzer y, 181-182
Visual Café y, 190
hilos de usuario, 243
HiT SSL Server, software de seguridad, 342
hoja de cálculo, software de, 333
HOW, software de Internet, 337
HTML. *Consulte* Lenguaje de marcas hipertextual (HTML)
HTTP (Protocolo de transferencia de hipertexto), 362

iBus Connection, software de mensajería, 343
IDE. *Consulte* Entorno de desarrollo integrado (IDE)
If, formatos, 150
if, sentencias, 361
II8n Expeditor, software de internacionalización, 337
implementadores, 149
import, 152
impresoras, 213

incrementales, pruebas
    integración con pruebas de módulo, 294-295
    ventajas de, 293-294
indentación del código, 149
informes
    límites y, 213
inicialización, Jtest y, 308
InLine Software Inc, software de Java Beans, 338
InputStream, 140
instaladores, software, 336
InstallAnywhere, software de instalador, 336
InstallShield, software de instalador, 336
instancia, 361
instantáneas, 201
instrumentos de código, 28-29
    capturadores de errores permanentes y, 28
    capturadores de errores temporales y, 28
    tipos de, 208
int, 135-139
INT, software de gráficos, 327
inteligencia artificial, 337
Interfaz de programación de aplicaciones (API, Application Programming Interface), 361
Interfaz Gráfica de Usuario (GUI)
    compartir objetos de GUI en Java y VB, 93
    creación de ejemplos para, 20
    definición de, 361
    JBuilder como, 169
internacionalización, software de, 337
Internet, software de, 337
interoperabilidad, 299
intérpretes
    definición de, 361
Invocación remota a método (RMI, Remote Método Invocation), 283
IOException, clase, 37
IP*Works, software de Java Beans, 339
isActive(), método, 261-262, 287
isAlive(), método, 261-262, 287
IServer, software de servidor, 343
IsNull(), 93
ISP (Proveedor de servicios de Internet), 362

J/Carnac, software de gráficos, 328
J-Adapter, software de Java Beans, 339
Jasmine, software de datos, 326
Java
    convenciones estándares para, 146

convertir VB a, 110-112
editores de java y, 71
subconjuntos de, 86-87
Java Archive (JAR), archivos, 357
JavaBeans
    definición de, 361
    suministradores de software para, 338
Java Beans de empresa (EJB)
    Jtest y, 306, 311
    suministradores de software para, 338
Java Blend, software de datos, 324
Java Debugger (JDB), 158-162
    descripción general de, 158-159
    instalación, 158
    referencia de comandos para, 159-162
Java Developer's Journal, 349
Java Message Queue, software de mensajería, 343
Java Printing Components, software de creación de informes, 323
Java Report, 350
Java World, 350
java.lang, 38
javadoc
    comentarios y, 147-148
    documentación con, 21-23
JavaHelp, software de creación de ayuda, 341
Javalogy, 350
JavaPro, 349
JavaReporter, software de creación de informes, 324
JavaScript, 361
Javelin, software de datos, 325
jbAssist para JBuilder, software de desarrollo, 335
JBuilder Developer's Journal, 350
JBuilder, 97-100, 169-176
    asistentes para, 98-99
    características de, 97-98
    descripción general de, 169
    editor para, 99-100
    información de pedido para, 176
    software de depuración, 326
    software de desarrollo y, 334
    utilización, 171-176
JClass Enterprise Suite
    software de desarrollo, 334
    software de JavaBeans, 338
JClass HiGrid, software de datos, 326
JClass Page Layout, software de creación de informes, 323

JCloak, software ofuscador, 340
JDBC (Conectividad a base de datos de Java), 359
JdesignerPro, software de desarrollo, 334
JDK. *Consulte* Equipo de herramientas de desarrollo de Java (JDK)
JDK Commander, 100
Jeode para CE, software de JVM, 339
Jeode, software de JVM, 340
JFCSuite&Suite, software de Java Beans, 338
JFORGE, software de instalador, 336
Jimi Pro, software de gráficos, 328
JLint, 114-123
    bloqueos totales y, 117-118
    como analizador estático, 308
    detección de condiciones de carrera con, 118-120
    herencia y, 120
JLOOX, software de gráficos, 327
join(), método, 260-261
JOVE, software ofuscador, 340
JPacker, software de instalador, 336
JProbe Suite, depuradores, 327
JProbe, 114, 176-182
    análisis automático de cobertura en, 313-316
    Coverage Analyzer (Analizador de cobertura) y, 182
    descripción general de, 176-177
    Heap Browser (Visualizador del montículo), herramienta de, 181
    información de pedido para, 182
    Memory Debugger (Depurador de memoria), 124
    Profiler (Analizador), 177-179
    Threadalyzer (Analizador de hilos), 181-182
    ventana "Call Graph" (Gráfico de llamadas), 180
    ventana "Method Detail" (Detalles de método), 180
    ventana "Runtime Heap Summary" (Resumen del montículo en tiempo de ejecución), 179
    ventana "Source Code" (Código fuente), 181
Jsales, software de correo electrónico, 323
JServer, software de datos, 325
J-Spell, procesador de textos, 341
JSuite, software de Java Beans, 338

Jtest, de ParaSoft
    análisis estático con, 307-313
        análisis estático global y, 311
        código muerto y, 309
        comentarios de javadoc y, 310
        convenciones de asignación de nombres y, 310
        EJB y, 311
        errores posibles y, 309
        estándares de codificación y, 309
        hilos y, 310
        inicialización y, 309
        optimización y, 310
        programación orientada a objetos y, 309-310
        recogida de basura y, 310
    pruebas automatizados con, 300-304
    pruebas de caja negra y, 304-305
    pruebas de caja transparente y, 305-306
    pruebas de regresión y, 306-307
    pruebas software y, 332
    software de depurador y, 327
Jumping Beans, software de Java Beans, 338
JumpStart, software de Internet, 337
Just-In-Time (JIT, Justo a tiempo), compiladores
    compilación y, 90
    JProbe y, 177
Jvision, software de modelado, 332
JVM para Windows, 340
JVM. *Consulte* Máquina virtual de Java (JVM)
Jword, procesador de textos, 341
JYD Object Database, software de datos, 326

KAL espresso, software de gráficos, 327
Kalos Architect, software de desarrollo, 334
KAWA, software de instalador, 336
Kenetiks, Inc., cursillos, 346
Knowledge Exchange, Inc., cursillos, 346

Lenguaje ampliable de marcas (XML, Extensible Markup Language), 223-224
Lenguaje de Marcas Hipertextual (HTML, HyperText Markup Language)
    definición de, 361
    javadoc y, 22-23
    mensajes de error y, 271
lenguajes, 88-96
    comparación de C/C++ con Java, 88-92

lenguajes *(Cont.)*
    comparación de Visual Basic con Java, 92-96
    tiempo de desarrollo y, 354
leyes, valor de, 145-146
libros, recursos, 347
límites
    agrupamiento en torno a, 209-210
    errores matemáticos y, 129-131
    errores y, 210-214
Lint, 114
Livetable, software de datos, 326
llaves, código entre, 150
localización de errores
    agrupación alrededor de los límites, 209-210
    agrupación alrededor de otros errores, 214-215
    errores "fuera del límite por un valor" y, 210
    límites y, 210-214
    verificaciones de la realidad y, 216-217
lock(), método, 259
long
    errores sensibles al tiempo y, 249
    utilización, 135-139

macros de Word, 365-383
    ayudas a la programación, 381-383
    comentarios personales, 368-369
    marcador e IrA, 365-366
    más macros, 383
    ocultar texto, 367-368
    palabras clave en verde, 369-381
macros
    funcionalidad incrementada con, 64
    herramienta de grabación de macros y, 221
main(), método, 90-91
Mako, software ofuscador, 341
manuales de usuario, 19-20
mapper, software, 339
Máquina Virtual de Java (JVM, Java Virtual Machine)
    compilación con, 90
    definición de, 362
    software para, 339-340
    utilización con el Applet Designer (Diseñador de applets), 110
Marcador, iconos de barra de herramientas, Microsoft Word, 65-67

marcadores, 365-366. *Consulte también* QQQ, marcador
matemáticos, errores, 129-139
    booleanos y, 131-134
    desplazamientos y, 134-139
    límites y, 130-131
mediciones, JProbe y, 178-179
memoria, puntos críticos, 177
mensajería, software de, 343-344
mensajes de error, 270-289
    amigables, 7, 270
    calidad de
        efecto calmante de, 274
        elegir las palabras con cuidado, 272
        evitar ser condescendiente, 274-275
        hablar en el lenguaje del usuario, 271-272
        pánico del usuario y, 274
        pedir perdón y aspecto revelador y, 273
        títulos de los botones y, 276-277
        utilizar una redacción estandarizada, 275-276
    contenido de, 407, 278-289
        ¿cómo puede el usuario ayudar al desarrollador?, 280-281
        ¿cuál era el estado de la computadora cuando se produjo el problema?, 286
        ¿cuándo se produjo el problema?, 288
        ¿dónde puede obtener ayuda el usuario?, 280
        ¿está el error en el cliente o en el servidor?, 286
        ¿por qué ha sucedido?, 278
        ¿qué bases de datos, tablas y campos están abiertos?, 286
        ¿qué ha sucedido?, 278
        ¿qué hilos estaban activos a la vez?, 287
        ¿qué le debe decir el usuario a un técnico acerca del problema?, 284-286
        ¿qué mostrar en la pantalla o en un informe?, 288-289
        ¿qué problemas similares se han producido recientemente?, 281-284
        ¿qué programa, módulo, método o línea han provocado el error?, 287
        ¿qué puede hacer el usuario al respecto?, 279-280
        ¿qué restitución ofrece el desarrollador del softwareal al usuario?, 286

mensajes de error *(Cont.)*
    ¿qué sucederá a continuación?, 278-279
    ¿quién es el usuario conectado?, 288
  enviar a medios permanentes, 353
  formato de, 277-278
  registro de, 46-47
  satisfacción del cliente y, 270
mensajes, Visual Café, 190
menús
  personalización en Microsoft Word, 61-63
  rutinas y, 353
MetaEdit+, software de modelado, 332
Metamata Debug, depuradores, 326
métodos. *Consulte también* en función del
    nombre específico
  comparación de Java y C/C++ y, 92
  creación excesiva de, 178
  definición de, 362
  límites y, 211-212
Microsoft Word, 59-70
  cambiar los colores y el formato, 69
  caracteres especiales útiles en, 68
  comandos útiles en, 62-63
  creación de plantillas, 60-61
  edición de barras de herramientas, 63-64
  grabación de pulsaciones de teclado, 70
  incrementar la funcionalidad con macros,
    64
  ordenación de líneas de código, 69
  personalización del menú de Word, 61-63
  restablecimiento de valores predetermina-
    dos, 60
  utilización de los iconos de barra de herra-
    mientas Ir A, 67
  utilización de los iconos de barra de herra-
    mientas Marcador, 64-66
  utilización de teclas de acceso rápido, 67-
    68
  utilización de técnicas de búsqueda y sus-
    titución, 68-69
Mini Packs, generadores de código, 329
modelado, software de, 331-332
modificador, 362
módulo, pruebas
  integración con pruebas incrementales,
    294-295
  ventajas de, 294
Mojo, 100
monitores, bloqueos y, 256-259
mono, pruebas, 360
Monroe, calculadora, 241

MS-DOS, 71
Multi-Edit (ME), software de editor, 71, 328
multihilo
  definición de, 362
  hilos y, 241
  Java y, 11
multiprocesamiento. *Consulte* multihilo
multitarea. *Consulte* multihilo

NaN, 140
NetBeans, software de desarrollo, 335
Netscape, visualizadores, 333
new, operador, 141
nodos de Web, recursos, 347-349
nombres
  comparación de los nombres de archivo de
    Java y C/C++ y, 92
  convenciones de Jtest para, 310
  convenciones estándares para, 148
  límites de nombre de archivo y, 211
nombres de archivo. *Consulte* nombres
nombres especiales, 148
nombres globales, 148
null, valores
  comparación de VB con Java y, 93
  definición de, 362
NullPointerException, 302
Number Six Software, Inc., cursillos, 346
números, límites y, 211

Object Mentor, Inc., cursillos, 346
ObjectDomain, software de modelado, 332
ObjectFX, software de datos, 324
ObjectSwitch, software de comercio electró-
    nico, 323
objetos
  booleans y, 132-133
  creación excesiva de, 178
  definición de, 362
ocultar texto, 367-368
OOP. *Consulte* Programación orientada a
    objetos (OOP)
operadores. *Consulte también* en función del
    tipo individual
  código y, 149
  desplazamientos y, 134-139
  precedencia real y percibida de, 126-128
optimizadores
  de código, 141-142
  errores provocados por optimizadores,
    141-142

optimizadores *(Cont.)*
  Jtest y, 310
  suministradores de software para, 340-341
Optimize It!, software ofuscador, 340
ORB (agente de solicitud de objeto),
  suministradores de software para, 321
ORBacus, software de ORB, 321
orden de ejecución, 35-36
organización
  creatividad y, 16-17
  manuales de usuario y, 21-22

palabras clave en verde, 369-381
pantallas táctiles, límites y, 213
paquetes
  definición de, 362
  nombres y, 148
paralelo, computación en, 241-243
paralelo, errores de computación en, 243-252
  daemon e hilos de usuario y, 243
  errores de hilos sensibles al tiempo, 249-
    252
  gestión de la entrada y salida y, 245
  paralelización de bucles y, 244-245
  tareas asíncronas y, 247-248
  temporizadores y, 249
paste. *Consulte* búfer de copiar y pegar
pila, 362
pila de llamadas, Visual Café, 188
Pillar Technology Group, Inc., cursillos, 346
planificadores, 247-248
plantillas, 60-61
Poet, software de datos, 325
PointBase, software de datos, 324
polimorfismo, 362
portapapeles, ampliación de, 76-77
posibilidad de ampliación, desarrollo de
  módulo y, 299
Power Design, software de modelado, 331
PowerTier, software de servidor, 342
Preguntas realizadas más frecuentemente
  (FAQ), 284-285
preprocesadores, 89
presupuestos, 213
println(), método, 187, 196
PrintScreen, 281, 287
probadores automatizados
  análisis de cobertura, 313-316
  descripción general de, 300-304
  mitos y expectativas de, 316-317
  pruebas de análisis estático, 307-313

pruebas de caja negra, 304-305
pruebas de caja transparente, 305-306
pruebas de regresión, 306-307
procesadores de textos, 57-70, 341
Profiler and Memory Debugger (Analizador
  y depurador de memoria), JProbe, 177-179
programación
  24 leyes de, 351-356
  creación frente a pruebas, 17-18
  documentarse primero, 18-19
  evitar la presión por la finalización de un
    plazo, 25
  integrar las funciones del cerebro izquier-
    do y derecho, 12-14
  obtener una firma segura, 20
  ocuparse primero de los elementos arries-
    gados, 23-25
  programación de hilos concurrentes, 239-
    240
  ser más creativo, 14-17
  ser más organizado, 17
  utilización del manual de usuario como
    base de las especificaciones, 19-20
programación concurrente, hilos en, 239
Programación Orientada a Objetos (OOP,
  Object-Oriented Programming)
  comparación de Java y C/C++ y, 89-90
  definición de, 362
  Jtest y, 309-310
programación secuencial, 240
programas
  inicialización de, 201
  interrumpir frente a cometer errores, 195
  límites y, 211-212
Progress Apptivity, software de servidor, 343
propiedades
  definición de, 362
  límites y, 211-212
ProSyst, software de servidor, 342
Protocolo de Transferencia de Hipertexto
  (HTTP, HyperText Transfer Protocol), 362
ProtoView, software de biblioteca integrada,
  322
Proveedor de Servicios de Internet (ISP,
  Internet Service Provider), 362
prueba de caminos, 9
prueba de la copia de seguridad, 319
pruebas, 202, 207-237
  cerebro derecho e izquierdo en, 11-12
  como porcentaje del tiempo del proyecto,
    352

pruebas *(Cont.)*
    comparadas con el proceso de creación, 17-18
    compilación condicional y, 209
    costes de eliminar los errores y, 317-318
    cuándo parar, 225-230
        curva de lo que queda y, 225-226
        errores restantes y, 319-320
        pruebas de grupos múltiples y, 226-228
    documentación como base de, 18-19
    ejemplos de, 203-204
    escribir esqueletos de pruebas, 202-204
    finalizaciones de plazo y, 49-50
    hardware y software para, 232-234
    instrumentos de código y, 208-209
    limitaciones de, 3-7
    localización de errores y, 208
    Prueba de todas las decisiones lógicas y, 219-220
    prueba del espacio en blanco de un diagrama de flujo, 298-300
    pruebas de caja negra y, 217
    pruebas de caja transparente y, 217-219
    sembrar semillas de errores y, 230-232
pruebas abajo-arriba
    combinación con pruebas arriba-abajo, 298
    ventajas de, 297-298
pruebas arriba-abajo
    combinación con pruebas abajo-arriba, 298
    ventajas de, 295-296
pruebas automatizadas, 300-317
    análisis de cobertura, 313-316
    análisis estático, 307-313
    descripción general de, 300-304
    mitos y expectativas, 316-317
    pruebas de caja negra, 304-305
    pruebas de caja transparente, 305-306
    pruebas de regresión, 306-307
pruebas de caja negra
    automatización de, 304-305
    definición de, 358
    encontrar errores con, 217
    limitaciones de, 8
pruebas de caja transparente
    automatizadas, 305-306
    descripción general de, 217-219
    ventajas e inconvenientes de, 8
pruebas de compatibilidad, 319
pruebas de inserción de fallos, 318
pruebas de integración, 294-295

pruebas de integridad de los datos, 319
pruebas de regresión
    automatizadas, 306-307
    búsquedas binarias de errores y, 200-201
    Jtest y, 305
Pruebas de todas las condiciones lógicas, 219-220
Pruebas de todas las ramas, 219
pruebas de usuarios, 319
pruebas que se entregan, 318
pruebas, de arriba-abajo frente a abajo-arriba, 295-298
    combinación, 298
    defectos de los diagramas de flujo y, 296-297
    pruebas abajo-arriba, 297-298
    pruebas arriba-abajo, 295-296
pruebas, herramientas, 220-225, 235-237
    analizador de las mejores costumbres, 221-222
    analizador dinámico de la cobertura, 222-223
    analizador estático de la cobertura, 222
    asistente para datos de prueba, 224-225
    grabador de macros, 221
    seguimiento de errores, 223-224
    suministradores para, 332-333
pruebas, incremental frente a por módulos, 293-295
    pruebas de integración y, 294-295
    ventajas de las pruebas incrementales, 293-294
    ventajas de las pruebas por módulos, 294
pruebas, localización de errores y, 209-217
    agrupación alrededor de los límites, 209-210
    agrupación alrededor de otros errores, 214-216
    comprobaciones de la realidad y, 216-217
    errores "fuera del límite por un valor" y, 210
    límites y, 210-214
puertas de calidad, pruebas, 318
pulsaciones de teclado, grabación, 70
punteros
    comparación de Java y C/C++ y, 88
    eliminación en Java, 10
puntos de observación, 208
puntos de ruptura
    instrumentos de código y, 208-209
    Visual Café y, 187

QQQ, marcador
creatividad y, 13-14
escritura de código y, 82-83
utilizado como identificador, 368-369

RasterMaster for Java Imaging SDK, software de gráficos, 328
Rational Suite, software de modelado, 332
razonamiento. *Consulte* razonamiento deductivo; razonamiento inductivo
razonamiento deductivo, 198
razonamiento inductivo, 197-198
read(), método, 245
recogida de basura
aspectos de rendimiento y, 262
comparación de Java y C/C++ y, 89
definición de, 362
Jtest y, 310
reconocimiento de voz, software, 341
recopilación de información, 197
recursión
definición de, 362-363
paralelización y, 245
pruebas de caja transparente y, 8
recursos, 345-350
cursillos, 345-346
grupos de noticias, 347
libros, 347
nodos Web, 347-349
revistas, 349-350
revistas electrónicas, 350
RedHidden(), macros, 367-368
referencias, especificaciones de programación y, 20-21
registro de mensajes de error, 46-47
reglas, valor de, 145-146
remota, depuración con Visual Café y, 190-191
rendimiento, 262. *Consulte también* pruebas
recogida de basura y, 262
synchronized lento y, 262
rendimiento, pruebas, 318
repaint(), método, 251
revistas electrónicas
Java World, 350
Javalogy, 350
revistas, recursos, 349-350
Dr. Dobb's Journal, 349
Fawcett Technical Publications, 349
Java Developer's Journal, 349
Java Report, 350

JavaPro, 349
JBuilder Developer's Journal, 350
RFA. *Consulte* análisis del factor de riesgo (RFA)
RMI (Invocación remota a método), 283
Rogue Wave Software, software de biblioteca integrada, 322
RSA Security, software de seguridad, 341
Rule Wizard (Asistente para reglas), Jtest, 311-313
Runnable, interfaces, 244
RuntimeException, errores, 36
rutinas
cuándo ocultarlas, 353
entradas y salidas y, 353
optimización, 354

salida. *Consulte* entrada/salida
SDK (Equipo de desarrollo de software), 328
secciones críticas, 363
secuencia principio-final-zona intermedia, 81-82
Segue, software de correo electrónico, 323
seguimiento, software de, 394
seguridad, software de, 341-342
select(), método, 246
SelfExtract-Pro, software de extracción automática de JAR, 329
semáforos, bloqueos utilizando, 256-260
sentencia, 363
ServeletExec, software de servidor, 342-343
servidor, software de, 342-343
Servlet, software, 342-363
setDaemon(), método, 243
seudo-errores, 142-144
short, 135-139
SilkPilot, depuradores, 327
SilkTest, pruebas software, 333
SilverStream Enterprise Applications.Server, software de servidor, 342
Simplicity for Java, software de desarrollo, 336
sintaxis, 112
sistemas de observación, 208
sistemas de seguimiento de la utilización de la red, 208
sistemas de seguimiento de la utilización del disco, 208
sistemas operativos, 211
SITEFORUM, software de servidor, 343
Smalltalk/JVM, software de compilador, 323

sobrecarga, 363
socket, 363
Softeam, software de modelado, 332
software, 232-235
   herramientas para Java y, 235-237
   límites y, 213-214
software ofuscador, 340-341. *Consulte también* optimizadores
sondeo
   implementación, 245-246
   mensajes de error y, 287
SonicMQ, software de mensajería, 344
Soteria, software de seguridad, 342
SourceGuard, software ofuscador, 340
SpacialVision, software de datos, 326
SpeechKit, software de reconocimiento de
voz, 341
StarBasc, software de colaborador, 322
StarWriter, 59
struc, 92
suministradores de software
   agente de solicitud de objeto (ORB), 321
   analizadores, 321
   bibliotecas añadiddas, 322
   colaboradores, 321
   comercio electrónico, 322-323
   compiladores e intérpretes, 323
   creadores de informes, 323-324
   datos y datos de web, 324-326
   depuradores, 326-327
   desarrollo gráfico, 327-328
   editores, 328
   equipo de desarrollo de software (SDK),
328
   extractor automático de JAR, 329
   generadores de código, 329-330
   herramientas de documentación, 330-331
   herramientas de visualización y visualizadores, 333
   herramientas y suites de pruebas, 332-333
   hojas de cálculo, 333
   IDE y herramientas de desarrollo, 334-
336
   instaladores y despliegue, 336
   inteligencia artificial, 337
   internacionalización, 337
   Internet, 337
   Java Beans y Java Beans de empresa
(EJB), 338-339
   mapper, 339
   Máquinas Virtuales de Java, 339-340

mensajería, 343-344
modelado, herramientas de UML y
   CASE, 331
ofuscadores y optimizadores, 340-341
procesador de textos en Java, 341
reconocimiento de voz, 341
seguridad, 341-342
servidores y servlets, 342-343
sistemas de seguimiento, gestores de proyectos, 330
XML, 344
Sun, software de desarrollo, 334
Sun Microsystems, software de SDK, 328
Superclase, 363
swing, clases, 262-263, 363
SwingBuilder, software de desarrollo, 335
switch
   código y, 151
   definición de, 363
Sybase, software de datos, 324
synchronized
   bloqueos de hilos y, 254
   bloqueos totales y, 163, 251
   búsquedas binarias de errores y, 199
   carreras de datos y, 251
   rendimiento lento y, 262
SynerJ, software de desarrollo, 335
SynerJ, software de Internet, 337
Sysnetics, Inc., cursillos, 346
System Architect, software de modelado,
   332

Tango, generadores de código, 330
tarjetas de índice
   creatividad y, 14, 83-86
   organización de, 84-85
teclas de acceso rápido, 67-68
temporizadores
   errores de cálculo en paralelo y, 248
   instrumentos de código y, 208
texto, ocultar, 386-387
The Middleware Company, cursillos, 346
The Object People, cursillos, 343
ThinAccess, software de datos, 324
Threadalyzer, 182
ThreadDeath, excepción, 260
throw
   comparado con **throws**, 42-45
   lanzar excepciones con, 41-42
   palabras clave de excepción y, 30-31
Throwable, 30

throws
comparado con **throw**, 42-45
instrumentos de código y, 208
palabras clave de excepción y, 30-31
tiempo de revisión, búsquedas binarias de errores y, 202
tipos de datos primitivos, 363
títulos de botón, 276-277
Together/J, software de modelado, 331
TomCat, software de servidor, 342
TOPLink
software de mapper, 339
software de modelado, 332
TowerJ, software de JVM, 340
Track, software de seguimiento, 330
trucos de edición, 72-80
ampliación del búfer de copiar y pegar, 75-77
enseñar a la autocorrección, 77-80
hacer que los errores tipográficos se identifiquen ellos mismos, 74-75
try
instrumentos de código y, 208
palabras clave de excepción y, 30-31
utilización pobre de, 31-32
try, bloque
anidamiento, 41
codificación para excepciones y, 38-39
typedef, C/C++, 88

UML, software de, 331-332
unicode, caracteres, 363
unidad, pruebas de, 9
UNIX
depuradores para, 158
Editores de Java para, 71
usuarios
calidades de los mensajes de error y
confusión del usuario por, 270-271
hablar en el lenguaje del usuario, 271-272
pánico del usuario, 274
contenido de los mensajes de error y
¿cómo puede el usuario ayudar al desarrollador?, 280-281
¿dónde puede obtener ayuda el usuario?, 280
¿qué le debe decir el usuario a un técnico acerca del problema?, 284-286
¿qué puede hacer el usuario ahora mismo?, 279

¿qué restitución ofrece el desarrollador al usuario?, 286
¿quién es el usuario conectado?, 288
instantáneas y, 201
percepción de los errores por, 265-268
Utility+, software de documentación, 330

Valtech, cursillos, 346
VantagePoint, software de datos, 325
variable de instancia, 363
variables
código y, 149
declaraciones y, 91
tipos de, 93
Visual Café y, 185-187
verificaciones de error, 37-38
verificadores de código, 114-123
AntiC y, 114-123
JLint y, 114-123
bloqueos totales y, 117-119
condiciones de carrera y, 119-120
herencia y, 120-121
Lint y, 114
verificadores ortográficos
enseñar a, 80-81
vi, editores de Java y, 71
Virtual Instrumentation Beans, software de Java Beans, 339
virus, 142-143
VisiComp, software de documentación, 330
Vision JADE Developer Studio, software de desarrollo, 335
Visor del portapapeles, 76-77
Visual Basic (VB)
comparado con Java, 92-96
asignaciones y, 94
bucles y, 96
capturadores de error y, 96
comparaciones y, 95-96
condicionales y, 95
constantes numéricas y, 94
declaraciones y, 93
diferenciación entre mayúsculas y minúsculas y, 93
IsNull() frente a **NaN** y, 93
operadores aritméticos y, 95
tipos de variable y, 93
conversión a Java, 110-112
Visual Café, 100-102, 182-192
asistentes de, 101
asociarse a múltiples programas, 191-192

Visual Café *(Cont.)*
    asociarse a programas en ejecución, 191
    capacidad de depuración remota de, 190-191
    capacidades de núcleo de, 182
    características de, 100-101
    depuración, 102, 183
    editor para, 102
    información de pedido para, 191-192
    manejo de excepciones en, 190
    modo "Run In Debugger" de, 191
    software de desarrollo, 334
    ventana "Source Code" (Código fuente), 185
    ventana Breakpoints (Puntos de ruptura), 186-187
    ventana Calls (Llamadas), 188
    ventana Class Browser (Explorador de clases), 186
    ventana Hierarchy Editor (Editor de jerarquía), 189
    ventana Messages (Mensajes), 190
    ventana Threads (Hilos), 189-190
    ventana Variables, 188
    ventana Watch (observación), 185-186
    VM en espera y, 191
Visual UML, software de modelado, 331
visualizadores, suministradores de, 333

VM de depuración, 191
volcar datos de salida, 363
volver hacia atrás, 199
Voyager Application Server, software de servidor, 343

WebLoad, software de pruebas, 333
WebLogic, software de Internet, 337
WebSphere Application Server, software de servidor, 342
WebXi Data Server, software de datos, 325
While, formatos, 151
WinA&D, generadores de código, 330
WinA&D, software de modelado, 332
WinRuner, software de pruebas, 333
WinTranslator, generadores de código, 330
Wirfs-Brock Associates, cursillos, 346
Word Perfect, 59-60
Word. *Consulte* Microsoft Word
WordPad, 71
Write, 71

XML (Lenguaje ampliable de marcas), 223, 344
XwingML, software de XML, 344

yield(), método, 262

McGraw-Hill/Interamericana de España, S. A. U.
División Profesional
C/ Basauri, 17 - 28023 Aravaca. Madrid
Avda. Josep Tarradellas, 27-29 - 08029 Barcelona
España

☐ **Por favor, envíenme el catálogo de productos de McGraw-Hill**

☐ Informática ☐ Ecónomía/Empresa ☐ Ciencia/Tecnología

☐ Español ☐ Inglés

Nombre y apellidos _____

c/ _____ n.º _____ C.P. _____

Población _____ Provincia _____ País _____

CIF/NIF _____ Teléfono _____

Empresa _____ Departamento _____

Nombre y apellidos _____

c/ _____ n.º _____ C.P. _____

Población _____ Provincia _____ País _____

Correo electrónico _____ Teléfono _____ Fax _____

McGraw-Hill quiere conocer su opinión

**5 FORMAS RÁPIDAS Y FÁCILES
DE SOLICITAR SU CATÁLOGO**

**EN LIBRERÍAS
ESPECIALIZADAS**

FAX
(91) 372 85 13
(93) 430 34 09

TELÉFONOS
(91) 372 81 93
(93) 439 39 05

E-MAIL
profesional@mcgraw-hill.es

WWW
www.mcgraw-hill.es

¿Por qué elegí este libro?

☐ Renombre del autor

☐ Renombre McGraw-Hill

☐ Reseña de prensa

☐ Catálogo McGraw-Hill

☐ Página Web de McGraw-Hill

☐ Otros sitios Web

☐ Buscando en librería

☐ Requerido como texto

☐ Precio

☐ Otros

**Temas que quisiera ver tratados
en futuros libros de McGraw-Hill:**

_____

_____

_____

_____

_____

_____

_____

_____

_____

_____

Este libro me ha parecido: **JAVASIN**

☐ Excelente ☐ Muy bueno ☐ Bueno ☐ Regular ☐ Malo

Comentarios: _____

CONÉCTESE A www.mcgraw-hill.es

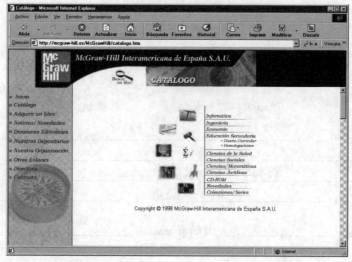

Para otras web de McGraw-Hill, consulte:
www.pbg.mcgraw-hill.com/international.htm

OFICINAS IBEROAMERICANAS

ARGENTINA
McGraw-Hill/Interamericana, Ltda.
Suipacha 745 - 8.º
(1008) Buenos Aires
Tel.: (541) 322 05 70. Fax: (541) 322 15 38

BRASIL
McGraw-Hill do BRASIL
Rua da Assenbléia, 10/2319
20011-000 Río de Janeiro
Tel. y Fax: (5521) 531 23 18

CARIBE
McGraw-Hill/Interamericana del Caribe
Avenida Muñoz Rivera, 1121
Río Piedras
Puerto Rico 00928
Tels.: (809) 751 34 51 - 751 24 51. Fax: (809) 764 18 90

CHILE, PARAGUAY Y URUGUAY
McGraw-Hill/Interamericana de Chile, Ltda.
Seminario, 541 Providencia
Santiago (Chile)
Tel.: (562) 635 17 14. Fax: (562) 635 44 67

COLOMBIA, ECUADOR, BOLIVIA Y PERÚ
McGraw-Hill/Interamericana, S. A.
Apartado 81078
Avenida de las Américas, 46-41
Santafé de Bogotá, D. C. (Colombia)
Tels.: (571) 368 27 00 - 337 78 00. Fax: (571) 368 74 84
E-mail: Divprofe@openway.com.co

ESPAÑA
McGraw-Hill/Interamericana de España, S. A. U.
Edificio Valrealty, Planta 1.ª
Basauri, 17
28023 Aravaca (Madrid)
Tel.: (341) 372 81 93. Fax: (341) 372 85 13
E-mail: profesional@mcgraw-hill.es

GUATEMALA
McGraw-Hill/Interamericana Editores, S. A.
11 Calle 0-65, Zona 10
Edificio Vizcaya, 3er. nivel

Guatemala, Guatemala
Tels.: (502) 332 80 79 al 332 80 84. Fax: (502) 332 81 14
Internet: mcgraw-h@guate.net

MÉXICO Y CENTROAMÉRICA
McGraw-Hill/Interamericana Editores, S. A. de C. V.
Atlacomulco 499-501
Fracc. Ind. San Andrés Atoto
53500 Naucalpan de Juárez
Edo. de México
Tels.: (525) 628 53 53. Fax: (525) 628 53 02
Cedro, 512 - Col. Atlampa
06460 México D. F.
Tels.: (525) 171 15 15. Fax: (525) 117 15 89
Centro Telemarketing
Tels.: (525) 628 53 52 / 628 53 27. Fax: (525) 628 83 60
Lada. sin costo 91 8834 540

PANAMÁ
McGraw-Hill/Interamericana de Panamá, S. A.
Edificio Banco de Boston, 6.º piso. Oficina 602,
Calle Elvira Méndez
Panamá, Rep. de Panamá
Tel.: (507) 269 01 11. Fax: (507) 269 20 57

PORTUGAL
Editora McGraw-Hill de Portugal, Ltda.
Estrada de Alfragide, lote 107,
bloco A-1 Alfragide
2720 Amadora (Portugal)
Tel.: (3511) 472 85 00. Fax: (3511) 471 89 81

USA
McGraw-Hill Inc.
28th. floor 1221 Avenue of the Americas
New York, N.Y. 10020
Tel.: (1212) 512 26 91. Fax: (1212) 512 21 86

VENEZUELA
McGraw-Hill/Interamericana de Venezuela, S. A.
Apartado Postal 50785
Caracas 1050
Final calle Vargas. Edificio Centro Berimer. P. B. Ofic. P1-A1
Boleíta Norte, Caracas 1070
Tels.: (582) 238 24 97 - 238 34 94 - 238 59 72. Fax: (582) 238 23 74